Loch Kelly

REISE
INS
ERWACHEN

Loch Kelly

REISE INS ERWACHEN

Die Wissenschaft und Praxis des Gewahrseins mit offenem Herzen

Aus dem amerikanischen Englisch von Peter Brandenburg

arbor

Arbor Verlag
Freiburg im Breisgau

Die Originalausgabe erschien unter dem Titel:
Shift Into Freedom. The Science And Practice of Open-Hearted Awareness

1. Auflage 2019

Titelbild: © Mark Basarab/unsplash.org
Lektorat: Pascal Frank
Druck und Bindung: Kösel, Krugzell
Hergestellt von mediengenossen.de

Dieses Buch wurde auf 100% Altpapier gedruckt und ist alterungsbeständig. Weitere Informationen über unser Umweltengagement finden Sie unter www.arbor-verlag.de/umwelt

www.arbor-verlag.de

ISBN 978-3-86781-217-7

Wichtiger Hinweis
Die Ratschläge und Übungen in diesem Buch sind vom Autor sowie dem Verlag sorgfältig geprüft worden. Dennoch kann eine Garantie nicht übernommen werden. Bei Beschwerden sollten Sie auf jeden Fall eine Ärztin, Psychotherapeutin, Psychologin oder Heilpraktikerin Ihres Vertrauens zu Rate ziehen. Eine Haftung des Autors oder des Verlages für Personen-, Sach- und Vermögensschäden ist ausgeschlossen.

**Für Paige, für all ihre Liebe,
Unterstützung und Inspiration.**

Der Mensch ist ein Teil des Ganzen, das wir Universum nennen – ein in Raum und Zeit begrenzter Teil. Wir erfahren uns, unsere Gedanken und Gefühle als etwas vom Rest Getrenntes – eine Art optischer Täuschung des Bewusstseins. Diese Täuschung ist für uns eine Art Gefängnis, die uns auf unsere persönlichen Wünsche und die Gefühle für die wenigen Personen reduziert, die uns am nächsten sind. Unser Ziel muss es sein, uns aus diesem Gefängnis zu befreien, indem wir den Kreis unserer Nächstenliebe so erweitern, dass er alle lebenden Wesen und das Ganze der Natur in ihrer Schönheit einschließt. Der wahre Wert eines menschlichen Wesens bemisst sich an dem Maß und dem Sinn, in denen es Befreiung vom Selbst erlangt hat. Wir werden eine grundlegend neue Art des Denkens benötigen, wenn die Menschheit überleben soll.

ALBERT EINSTEIN, *MEIN WELTBILD,* 1955

INHALT

VORWORT VON ADYASHANTI

Eine neue Spiritualität nimmt Gestalt an, in der alte Ideologien überprüft und vertraute Annahmen infrage gestellt werden. Neue Lehren und Lehrer treten in Erscheinung und kommen zur Blüte. In Zeiten wie diesen, wenn spirituelle Lehren eine Blütezeit erleben, braucht man große Klarheit und Unterscheidungskraft, um durch die sich verändernden Gewässer zu navigieren und sich an dem zu orientieren, was authentisch und reif ist.

Auf vielerlei Weise ist unser modernes Leben von Veränderung, Unsicherheit und der Öffnung neuer und kreativer Möglichkeiten gekennzeichnet. Inmitten all dieser Bewegung und Veränderung suchen unsere Herzen sehnsüchtig nach tieferen Formen von Verbundenheit und Weisheit, die das menschliche Verlangen ansprechen, zu den heiligen Dimensionen des Lebens zu erwachen. Nicht nur in Form von Transzendenz, sondern auch in der Form der Verkörperung des Heiligen in unserer eigenen Menschlichkeit sowie im kreativen Ausdruck unseres Lebens.

Erwachen wird nicht länger als exklusive Aufgabe religiöser Adepten in Klöstern betrachtet; es wird jetzt als etwas gesehen, das für alle Menschen zugänglich ist, unabhängig vom Hintergrund der sozialen Klasse oder der religiösen Überzeugung. Und während diese neue geistige Offenheit ein großer Segen für uns alle ist, müssen wir auf die Herausforderungen und Anforderungen achten, mit denen uns authentische Formen der Spiritualität konfrontieren. Die Evolution der alten Formen spiritueller Praxis zu neuen Formen ist eine äußerst wichtige Angelegenheit. Sie verlangt große spirituelle Einsicht und Hingabe, um die tiefe Weisheit der alten Traditionen zu behalten, während man den Kontext säkularen Lebens willkommen heißt, der sich ständig verändert. Die Möglichkeit, spirituelle Freiheit zu demokratisieren, liegt bei uns. Aber wir sind es auch, die dafür sorgen müssen, dass diese neue Öffnung von Möglichkeiten in authentischer und reifer spiritueller Einsicht geerdet ist.

Wir brauchen aufrichtige, direkte und zugängliche Formen der Spiritualität, die fest in den alten Weisheitstraditionen unserer Vorfahren geerdet sind, während sie zugleich die moderne Weisheit der Psychologie und Wissenschaft einbeziehen. Und obwohl gute und nützliche Landkarten dieses inklusiven Terrains der Befreiung wichtig sind, brauchen wir auch weise und liebevolle Führer und Mentoren, die den Weg, der vor uns liegt, selbst verkörpern – damit wir nicht schließlich auf die Landkarte starren, statt die Reise selbst zu unternehmen. Dies ist keine kleine Aufgabe, aber es ist eine notwendige, wenn wir unser aus Erfahrung gewonnenes Wissen darüber, wer und was wir sind, weiterentwickeln und neue Perspektiven von Freiheit und Liebe in dieser sich ständig verändernden Welt verkörpern wollen. Denn unser menschliches Herz ruft nach Freiheit, so wie das Herz der Welt nach unserer weisen und liebevollen Teilnahme in ihr ruft.

Das Buch, das Sie gerade in den Händen halten, ist ein großer Schatz alter, moderner und kreativer, neuer spiritueller Lehren. Es ist in einzigartiger Weise geeignet für die Herausforderungen des Erwachens und der Verkörperung und dafür, die tiefsten Offenbarungen unserer wahren Natur im täglichen Leben auszudrücken. Ich kenne und arbeite mit Loch Kelly seit vielen Jahren und fühle, dass er einer derjenigen ist, die authentische erwachte Freiheit und Liebe am klarsten zum Ausdruck bringen. Sein Lachen und seine Wärme erfüllen mich stets mit Freude, und seine große Erfahrung und Offenheit für alle Dimensionen unseres Menschseins sind ein seltener und willkommener Aspekt seiner Persönlichkeit. Dieses Buch ist ein Kleinod in der modernen spirituellen Landschaft. Es lädt Sie ein, fordert Sie heraus und verlangt, dass Sie ganz an Ihrem Erwachen zur Wahrheit und an der Verkörperung von Liebe teilnehmen.

Der Titel dieses Buches, »Reise ins Erwachen«, verweist auf die Unmittelbarkeit und Anwendbarkeit der Lehren, die es enthält, sowie auf Loch Kellys Wunsch, diese Lehren in der denkbar zugänglichsten und nützlichsten Form vorzustellen. »Reise ins Erwachen« ist eine weise und liebevolle Medizin für alle, die bereit sind, die Verantwortung für ihre eigene Befreiung hier und jetzt zu übernehmen. Denn die Lehren, die dieses Buch enthält, geben Ihnen alle Hilfsmittel für Ihre Befreiung in Körper, Geist und Denken an die Hand. Man braucht hier keine Verehrung eines Lehrers, keinen Glauben, keine Theologie, der man sich verpflichten müsste – nur direkte, unmittelbare und praktische Führung. Diese hat sich aus Lochs umfassender Erfahrung und tiefer innerer Verpflichtung gegenüber dem ganzen Spektrum menschlichen Potentials sowie aus seinem Wunsch heraus entwickelt, zu spiritueller Freiheit zu erwachen. Die komplexe innere Verpflichtung zu Klarheit und Anwendbarkeit, die in das Schreiben dieses Buches einfloss, ist ein Geschenk an uns alle. Ich für meinen Teil bin für Lochs lebenslangen inneren Einsatz für den Dharma und für seine Hingabe dankbar, mit der er diese mächtigen Lehren auf eine Weise präsentiert, die unserer Zeit so angemessen und so zugänglich ist.

EINLEITUNG

Sag mir, was willst du mit deinem einen
wilden und kostbaren Leben machen?
MARY OLIVER, AUS DER *SOMMERTAG*[1]

Ich erinnere mich, es war einer dieser kalten, klaren Winterabende. Als die Bibliothek meines Colleges ihre Türen schloss, begann ich den steilen Hügel zu meinem Studentenheim hinaufzustapfen. Mein Körper war erschöpft, mein Herz war schwer vor Trauer, mein ganzes Denken kreiste um die Ereignisse des vergangenen Jahres. Ich hatte meinen Vater verloren, der zwei Jahre lang gegen einen Hirntumor gekämpft hatte. Meine Großmutter, die seit zwölf Jahren bei unserer Familie gelebt hatte, war vor Kurzem gestorben. Und dann, einen Monat später, war einer meiner besten Freunde bei einem tragischen Autounfall ums Leben gekommen. Ich war tief in den Strom von Alter, Krankheit und Tod gestürzt worden – und ich versuchte zu schwimmen oder mich wenigstens über Wasser zu halten.

Auf halber Höhe des Hügels hörte ich innerlich einen Gedanken wie eine Stimme: *Ich weiß nicht, ob du so viel Schmerz aushalten kannst.* Ich hielt an und stand still. Wer sprach da und wer konnte den Schmerz nicht aushalten? Ich wandte mich nach innen und suchte nach dem, der da sprach, aber fand zu meiner Überraschung nur offenen Raum. Meine Gedanken wurden ruhig und mein Herz brach weit auf. Das Gewicht meiner Verzweiflung wurde leichter. Ich empfand nicht nur

Erleichterung, sondern auch, wie allgegenwärtige Freude, Wohlbefinden und Liebe mein Sein durchströmten. Tränen liefen mir die Wangen herunter, und ich lachte und weinte zugleich. Ich schaute nach oben zu den funkelnden Sternen am grenzenlosen Nachthimmel und fühlte mich verbunden und unterstützt.

Als ich so dastand und tief atmete, fiel mir auf, dass mein gewohntes Selbst-Gefühl nicht länger da war, dennoch fühlte ich mich ganz in meinem Körper und lebendig. Von dieser Nacht an konnte ich die Trauer fühlen, doch es existierten mehr Raum und Mitgefühl, die mir halfen, meine Emotionen zu empfinden, ohne überwältigt zu werden. Ich kann mich sogar daran erinnern, zu denken, dass auch ich eines Tages sterben würde – aber selbst das schien in Ordnung zu sein. Etwas in mir hatte sich verändert, und ein neuer Prozess hatte begonnen. Mir wurde klar, dass ich die Freiheit hatte, wählen zu können, was ich mit meinem Leben mache.

Die Erfahrung zeigte mir die Möglichkeit, dass sich das Bewusstsein unbeabsichtigt verschiebt, doch zu dieser Zeit wusste ich noch nicht, wie ich es bewusst loslassen und in es hineingehen konnte. Meine Motivation, dieses Buch zu schreiben, ist, einen klaren Führer zum Erwachen anzubieten, der in moderner Sprache verfasst ist – einen Führer, wie ich ihn selbst gern inmitten meiner eigenen Reise gelesen hätte. Das Schreiben dieses Buchs war ein Werk der Liebe mit der Absicht, mit Ihnen diese Hilfsmittel zu teilen.

Damals erzählte ich meine Erfahrung ein paar engen Freunden und meiner Familie, aber niemand konnte etwas damit anfangen. Also versuchte ich sie zu verstehen, indem ich über andere Menschen mit ähnlichen Erfahrungen las. Zu dieser Zeit hatte ich gerade *Die Vielfalt religiöser Erfahrung* von William James beendet, einem Psychologen, der um die Wende zum 20. Jahrhundert lebte. Er hatte sich mit ähnlichen Erfahrungen befasst und versucht, sie nicht allein aus religiöser Sicht zu verstehen, sondern aus spiritueller und psychologischer sowie im Hinblick auf das Bewusstsein. Er bezog sich dabei auch auf Berichte einfacher Menschen, die Bewusstseinszustände beschrieben, die höher und tiefer als unser gewöhnliches, egoisches Selbstbewusstsein waren.

Ich hatte schon früher ähnliche spontane Bewusstseinsverschiebungen erlebt, aber nach dieser Nacht fing ich an, nach Möglichkeiten zu suchen, mein Bewusstsein absichtlich in einen anderen Zustand zu bringen. Diese Erforschung erwies sich als ein langer und gewundener Weg, auf dem ich oft dem Licht entgegen stolperte. Schließlich wurde mir klar, dass der wichtigste und allgemeinste Aspekt die Befreiung von der Last eines »Selbst« ist. Ich fragte mich: Ist diese Erleichterung ein vorübergehender Zustand? Oder ist es möglich, dass das Gefühl von Liebe, Wohlbefinden und Einheit die potentielle Grundlage von uns allen ist, immer gegenwärtig unter unserem plappernden Geist?

Um von denen zu lernen, die sich mit ähnlichen Fragen beschäftigt hatten, besuchte ich die Graduate School und erhielt ein Auslandsstipendium für Aufenthalte in Sri Lanka, Indien und Nepal. Dort hatte ich Zeit, zu meditieren und bedeutenden Menschen zu begegnen, die ihre Erfahrungen und Reisen frei diskutierten. Als ich zurückkehrte, machte ich eine Ausbildung zum Psychotherapeuten, der Meditation mit Psychologie kombiniert, und arbeitete viele Jahre im Bereich der Gemeindepsychiatrie. Ich begann selbst eine Psychotherapie, wurde nüchtern und heiratete eine durch und durch erstaunliche Frau, die die Liebe meines Lebens ist.

Ich hatte mich auch in die Erforschung des Spiels des Bewusstseins und des Potenzials verliebt, dass alle Menschen erwachen können. 2002 gab mir ein Freund ein Buch mit den Worten, der Autor und ich hätten die gleiche Weise, über Erwachen und Verkörperung zu sprechen. Ich besuchte den in Amerika geborenen Meditationslehrer Adyashanti und meditierte mit ihm. Bald darauf lud er mich ein, gemeinsam mit ihm einen modernen, nichtdualen Ansatz des Erwachens zu lehren. Dieser Ansatz betonte die Möglichkeit des Erwachens mitten im Alltag. Ich hatte diese Art Ansatz erstmals bei meinem tibetischen Lehrer Tulku Urgyen Rinpoche in Nepal studiert. Seit der Zeit studierte ich viele Jahre bei seinen Söhnen Tsoknyi Rinpoche und Mingyur Rinpoche. 2004 erzählte ich Mingyur Rinpoche bei einem Treffen nach einem Retreat von dem Ansatz, den ich entwickelte, um Meditation zu lehren. Nach einer langen, ausführlichen Diskussion, während der mich Rinpoche über meine Sicht und Erfahrung befragte, autorisierte er mich zu lehren und sagte: »Ich möchte, dass du Sutra Mahamudra lehrst.« Wir diskutierten, wie wichtig es wäre, die heutige Wissenschaft einzubeziehen und Möglichkeiten zu finden, Menschen Erwachen zugänglicher zu machen.

Mahamudra wird heute vor allem im tibetischen Buddhismus gelehrt, seine Wurzeln aber hat es im indischen Buddhismus des 2. Jahrhunderts. Mahamudra war in erster Linie eine Bewegung von Laien, die einen Praxisstil entwickelten, um das Erwachen inmitten ihres täglichen Lebens zu erleichtern. Die Praxis des Mahamudra blühte auf, weil sie einfach und direkt war und keine komplizierten physischen oder energetischen Übungen umfasste. Einer meiner Lehrer, Dzogchen Ponlop Rinpoche, sagt: »Die Meditation des Sutra Mahamudra besteht im Wesentlichen darin, den Geist ruhen zu lassen, frei von mentaler Aktivität, im Zustand nichtkonzeptueller Weisheit … [Sutra Mahamudra] wird als eine sehr tiefe Methode gesehen, weil es keine verfeinerten und komplexen tantrischen Rituale, Visualisierungsübungen aus dem Götter-Yoga oder *Samayas* verlangt … Sutra Mahamudra hat eine Tradition kunstreicher Mittel, die tiefe Methoden enthält, unmittelbar auf die selbstlose und leuchtende Natur des Geistes hinzuweisen.«[2]

Ein moderner Ansatz von Sutra Mahamudra beginnt mit Achtsamkeitsmeditation, die erwiesenermaßen Stress reduziert, und geht dann weiter zu den nächsten Stufen der Meditation, darunter mühelose Achtsamkeit und Herz-Achtsamkeit, die tiefer liegendes Leiden lindern. Heute verwende ich beim Lehren Beispiele aus dieser und vielen anderen Meditationstraditionen, was ich als eine moderne *Abstammungslinie des Menschen* betrachte.

Wo sind wir jetzt?

Die Menschheit hat während der letzten Jahre auf Gebieten wie Technologie, Medizin oder Kommunikation rasante Fortschritte gemacht. Teile unseres Gehirns und Bewusstseins funktionieren aber immer noch so, als lebten wir in primitiven Zeiten. Wenn wir im 21. Jahrhundert überleben und gedeihen wollen, müssen wir bewusst daran teilnehmen, unser eigenes Betriebssystem zu entwickeln und upzugraden. Wirksame Bewusstseinswerkzeuge werden jetzt sehr gebraucht, wenn wir unseren Planeten erhalten und eine nachhaltige Lebensqualität für alle Menschen erreichen wollen. Die gute Nachricht: Wir können lernen, unser Bewusstsein absichtlich zu verändern, um in die nächste Stufe menschlicher Entwicklung hineinzuwachsen.

Wir haben das Glück, dass vor Kurzem viele seltene, alte Meditationshandbücher aus ihren Ursprungsländern gebracht, übersetzt, veröffentlicht und allgemein zugänglich gemacht wurden. Diese uralten Anleitungen verwenden jedoch häufig eine archaische oder esoterische Sprache. Dieses Buch ist ein Versuch, diese Praktiken in eine moderne, einfache und erfahrungsnahe Sprache zu übersetzen. Um Erwachen zu verstehen, kann man nicht nur die physische, mentale, emotionale oder psychologische Ebene der Erfahrung im Blick haben. Aus diesem Grund kann es anfangs schwer verstehbar scheinen.

Wir müssen einen neuen Weg finden, die Bewusstseinswerkzeuge zu nutzen, um die Ebenen des Bewusstseins in uns zu untersuchen. Dies ist eine neue Sichtweise, aber sie ist nicht schwieriger, als unsere mentale oder psychische Erfahrung zu betrachten. Es gibt keine Worte im Englischen, um die subtilen Zustände des Bewusstseins genau zu beschreiben, die im Prozess des Erwachens zu entdecken sind. Die subtileren Ebenen des Bewusstseins können sehr schwer zu artikulieren oder zu verstehen sein, wenn man sie nicht selbst erfahren hat. Auch wenn sich das Erwachen möglicherweise einer genauen Beschreibung entzieht, ist Leben von offenherzigem Gewahrsein aus eine greifbare Erfahrung – und daher lernbar und lehrbar.

»Reise ins Erwachen« ist eine Verbindung von uralter Weisheit, moderner Psychologie und aktueller neurowissenschaftlicher Forschung. Dies ist kein psychologischer oder religiöser Ansatz, sondern eine für Erwachsene bestimmte Art, die Vorgehensweise und die Hilfsmittel kennenzulernen, mit denen man sein eigenes Bewusstsein transformieren kann. Die Absicht ist dabei, den Prozess des Erwachens in unserer modernen Kultur bekannt zu machen, damit er studiert, diskutiert und in derselben Weise aufgenommen werden kann wie die Psychologie und in jüngerer Zeit die Achtsamkeitsmeditation. Mein Fokus liegt nicht auf der psychologischen Arbeit, die einem hilft, sich auf das Erwachen vorzubereiten, sondern darauf, wie man seine Gedanken und Emotionen annehmen und entgiften kann, nachdem man zu erwachen begonnen hat. Dieses Buch bietet einzigartige Gewahrseinsübungen für Körper, Geist und Emotionen, die man inmitten des Alltags machen kann. Das Ergebnis dieser Übungen ist die Entdeckung eines tieferen Gefühls von Wohlbefinden, innerem Frieden und liebevoller Verbundenheit. Die einmalige Prämisse dieses Buches besteht darin, dass wir Wohlbefinden nicht erreichen, indem wir den Geist beruhigen, unsere Gedanken verändern oder unsere inneren Haltungen anpassen, sondern indem wir tatsächlich auf eine Geistesebene wechseln, die bereits ruhig und aufmerksam ist.

»Reise ins Erwachen« beginnt da, wo viele Bücher über spirituelles Wachstum, Meditation und Psychologie aufhören. Dieses Buch erweitert die Definition von Erwachen. Man hält Erwachen für ein seltenes Ereignis, weil man seine Prinzipien noch nicht auf eine moderne Weise verstanden hat. Einer Sichtweise nach kann man nicht erwachen, weil es zu schwer ist, wenn man nicht in einem Kloster oder in einer Höhle lebt. Die andere Auffassung besagt, dass es nichts zu tun gibt – dass es keine Meditationen, Schritte oder Stufen gibt. Aus dieser Sicht kann man nicht absichtlich erwachen, es passiert nur durch Zufall oder Gnade – und dann bleibt man erwacht. Der mittlere Weg besteht darin, dass eine Reihe von Erfahrungen direkter Erkenntnis zu einer allmählichen Entfaltung mit Schritten und Stufen führen kann. Erwachen ist demnach nicht zu schwierig, wenn man interessiert und motiviert ist. Es ist wie Lesen und Schreiben lernen: Wir alle besitzen die Fähigkeit zu erwachen.

Wir beginnen damit, zu lernen, wie wir aus unserer falschen Identität erwachen, machen weiter, indem wir in unseren Körper und unsere Emotionen »einwachen« und dann zu Beziehungen mit anderen »auswachen«, wobei wir erkennen, dass wir ein Teil eines größeren Ganzen sind. Das Buch stellt Leben von offenherzigem Gewahrsein aus als die nächste Stufe menschlicher Entwicklung vor.

Die Hilfsmittel in diesem Buch befähigen uns, über unsere gegenwärtige kleine, selbstbezogene Sichtweise hinauszuwachsen und mit einem weiter geöffneten Herzen von einem stärker verbundenen und verkörperten Seinsgrund aus zu leben. Viele Beschreibungen von und Reden über Meditation wurden mit modernen Metaphern auf einen neuen Stand gebracht. Die Betonung liegt dabei darauf, die Übungen zu modernisieren, um sie für alle verfügbarer zu machen. Der Ansatz des offenherzigen Gewahrseins aktualisiert das, was als fortgeschrittene Meditationen betrachtet wird. Diese Methoden sind jedoch so leicht zu lernen, wie Meditationsübungen für Anfänger.

Der Ansatz des Erwachens und Heranwachsens mit offenherzigem Gewahrsein zielt nicht darauf ab, Ihnen zu zeigen, wie man die Natur des Menschen transzendieren oder ihr entkommen kann. Sondern darin, Sie dabei zu unterstützen, ein volles menschliches Leben in all seiner Tiefe zu leben. Um das tun zu können, muss man erst die Fähigkeit entwickeln, die Dinge so zu sehen, wie sie wirklich sind. Dazu gehören sowohl die positiven Qualitäten als auch die Fähigkeit, die Wahrheit zu erkennen, wie wir Leiden für uns selbst und andere verursacht haben.

Lernen, wie man Gewahrsein verwendet, um sein Bewusstsein zu lenken, zu verändern und neu zu konfigurieren, ist der Schlüssel zu Freiheit und Glück. Statt Meditation nur zu nutzen, um kurze Perioden der Erleichterung und Stressverringerung zu genießen, kann man lernen, wie man selbst eine stabile Stufe aufrichtigen, klaren und mitfühlenden Ausdrucks entwickelt und zu seinem vollen Potential als Mensch erwacht.

»Reise ins Erwachen« soll Ihnen helfen, das getrennte, kleine Gefühl eines Selbst hinter sich zu lassen, das Sie entfremdet, allein und ängstlich macht, und die Unterstützung wachen Gewahrseins anzunehmen, das schon ruhig, aufmerksam, liebevoll und weise ist. Wenn man einmal in den Zustand der Freiheit übergeht, tritt die wahre Natur spontan als ein unermesslich weiter, verbundener Seinsgrund hervor.

Wegweiser auf der Reise

Der erste Teil dieses Buches, *Die Sicht*, liefert eine Übersicht über den Ansatz des offenherzigen Gewahrseins und erläutert, wie er Wissenschaft, Psychologie und Meditation miteinander verbindet. Das erste Kapitel beschreibt waches Gewahrsein als eine natürliche menschliche Fähigkeit, das zweite erklärt die Methode, waches Gewahrsein direkt zu erkennen und sich auf seine Entfaltung zu fokussieren. Das dritte Kapitel enthält eine Landkarte der Ebenen des Geistes, die wir durchschreiten. Im vierten Kapitel wird das einzigartige Hilfsmittel des lokalen Gewahrseins vorgestellt, das uns erlaubt, unser Bewusstsein zu verändern. Der erste Teil des Buches endet mit neuerer wissenschaftlicher Forschung zum Thema Erwachen und bettet es in einem modernen Kontext ein, der allen Menschen zugänglich ist.

Der zweite Teil legt den Fokus auf Veränderungen in unserer Art zu wissen sowie unserer Identität. Er beginnt damit, einen Wechsel von konzeptuellem Wissen, das auf Gedanken beruht, zu einem nichtkonzeptuellen, gewahrseinsbasierten Wissen zu beschreiben. Anschließend wird die Wurzelursache unserer falschen Identität beschrieben. Der zweite Abschnitt schließt mit einer Beschreibung der Anatomie von Gewahrsein und des Wechsels in das Leben von verkörpertem offenherzigem Gewahrsein aus.

Der letzte Teil des Buches behandelt »Erwachen«, »Einwachen« und »Auswachen« als die nächsten Stufen menschlicher Entwicklung. Ich bespreche mühelose Achtsamkeit als eine Möglichkeit der Praxis, um offenherziges Gewahrsein zu stabilisieren und von ihm aus zu leben.

Dieser Abschnitt endet mit einer Besprechung des Prozesses der Entfaltung, Entgiftung und Neuverschaltung, um von dem neuen, gewahrseinsbasierten Betriebssystem aus zu leben.

Am Ende jedes Kapitels sind Übungen, die Ihnen helfen sollen, das im Kapitel beschriebene Material direkt zu erfahren. Manche Themen und Definitionen werden sich wiederholen, denn dieses Buch ist ein Praxisbuch: Neuer Stoff soll eingeführt und neue Gewohnheiten sollen entwickelt werden. Es wirkt bekräftigend, wenn man dieselben Dinge auf unterschiedliche Weise ausdrückt. Häufig gebe ich zuerst eine einfache Definition und erläutere ein Grundprinzip, um später weiter in die Tiefe zu gehen und zu zeigen, wie sich beides zu neuen Themen und Übungen verhält. Ich verwende auch verschiedene Metaphern für dasselbe Thema, um Menschen aller Lernstile den Zugang zu erleichtern. Diesen Ansatz kann man mit dem Umschreiten eines Gegenstandes vergleichen, um ihn von allen Seiten zu betrachten. Die Worte in diesem Buch sind Hinweise, die Ihnen helfen sollen, in die Freiheit überzugehen und von ihr aus zu leben.

Die erfahrungsnahe Landkarte

»Reise ins Erwachen« wird Ihnen die Anatomie des Bewusstseins zeigen und so eine nützliche Landkarte sein, die Ihnen erlaubt, auf Ihrer Reise den Kurs zu halten. In diesem Buch geht es in besonderer Weise um den Weg nach dem ersten Erwachen und darum, wie man emotionale Intelligenz entwickelt, um die Entfaltung zu unterstützen. Selbst wenn Sie sich dafür entscheiden, nicht die ganze Reise zu machen, die in diesem Buch zugänglich gemacht wird, gibt es Hilfsmittel, die Sie sofort nutzen können. Schon ein einziger flüchtiger Blick in das, was ich »waches Gewahrsein« nenne, kann Ihr Leben verändern. Sie werden lesen, wie man sofort in offenherziges Gewahrsein übergehen kann, indem man wiederholt kurze, flüchtige Blicke anwendet. Diese flüchtigen Blicke schulen Ihr Gehirn um und können Sie auf eine neue Entwicklungsstufe heben.

Es ist eine Sache, am Strand zu sitzen und ein Buch über das Meer zu lesen; es ist eine andere, ins Wasser zu springen! Ich weise Ihnen den Weg zum Meer, aber Sie werden solange nicht vollständig verstehen, bis Sie selbst hineingesprungen sind. Sie werden Ihr neues Bewusstsein nicht intellektuell verstehen müssen, bevor Sie direkt einen flüchtigen Blick darauf erhaschen. Die Beschreibungen sollen der Weise, wie Sie Dinge sehen, eine neuen Rahmen geben. Ich ermutige Sie weiterzulesen, auch wenn Sie nicht alle neuen Begriffe auf Anhieb verstehen. Später, wenn Sie ein paar Übungen gemacht haben, können Sie zurückkommen, die Beschreibungen nachlesen und sie mit Ihrer Erfahrung vergleichen. Erwachen gleicht eher Fahrradfahren, Schreiben auf einer Tastatur oder Autofahren zu lernen, als sich auf eine Prüfung vorzubereiten. Wenn Sie diese Zustände und Stufen des Bewusstseins einmal unmittelbar erfahren haben, werden sie für Sie vollkommen natürlich werden. Ihr Bewusstsein zu wechseln, wird Ihnen leicht fallen.

Dieses Buch ist ein Benutzerhandbuch für Ihr Bewusstsein, das an Ihren individuellen Lernstil angepasst werden kann. Ich gebe Ihnen die Landkarte, zeige Ihnen die Richtung, in die Sie gehen müssen, und liefere Beschreibungen der Landschaft, die Sie vielleicht vorfinden. Die Wegweiser sind da, Ihnen zu helfen, Ihr eigenes inneres Navigationssystem zu finden, damit Sie Ihren eigenen Weg gehen können. Aber Sie werden nicht wissen, wie Ihr Weg wirklich ist, ohne selbst dort gewesen zu sein. Nehmen Sie meine Worte, meine Hinweise oder meine impressionistische Landkarte nicht zu wörtlich. Lesen Sie zuerst, um den Geist des Ansatzes zu erfassen, aber vertrauen Sie dem, was Sie aus Ihrer eigenen Erfahrung lernen.

Eine detaillierte Landkarte des Erwachens kann zwar für viele hilfreich sein, sie soll Sie aber nicht durch einen zwingend erforderlichen schrittweisen Prozess führen. Es gibt keine richtige oder falsche Weise, den Prozess des Erwachens zu erfahren. Auch wenn ich Erwachen als Schritte durch geistige Ebenen beschreibe, denken Sie bitte daran, dass diese Ebenen ineinander stecken. Menschen haben geistige Ebenen auf viele unterschiedliche Weisen gewechselt und sind durch verschiedenste Türen des Erwachens gegangen. Während ich zum Beispiel vier kleine, deutlich voneinander getrennte Schritte beschreibe, erreichen manche Menschen offenherziges Gewahrsein in einer einzigen Bewegung, die nicht in einzelne Schritte aufgeteilt ist. Wenn manche Anleitungen Sie verwundern sollten, machen Sie sich keine Sorgen. Dieses Buch stellt verschiedene Varianten vor, das Territorium des Erwachens kennenzulernen und sich in ihm zu bewegen. Es gibt natürlich allgemeine Prinzipien, doch jeder Mensch hat seine eigene Art und Weise, sie zu leben.

Die Übungen in offenherzigem Gewahrsein liefern Ihnen Hinweise, die Sie zu der lebendigen Wahrheit zurückführen sollen, die bereits in Ihnen ist. Meine Absicht ist, Ihnen eine Hypothese und eine Reihe Experimente vorzustellen. Es liegt an Ihnen, diese Experimente auszuprobieren und die Ergebnisse zu beobachten. Meine Hoffnung besteht darin, dass diese Erfahrung Sie auf eine neue Weise wissen und sein lässt. Um zu lernen, mit dem Ansatz des offenherzigen Gewahrseins zu erwachen, ist es nötig, sich mit einer neuen Art des Lernens und Verlernens vertraut zu machen. Diese muss zu einer täglichen Gewohnheit werden, um den größten Gewinn zu erzielen. Wenn Sie mit einem Anfängergeist und einem offenen Herzen beginnen, wird die Erfahrung von Freiheit und Liebe gewiss zu Ihrer Motivation werden.

TEIL I

DIE SICHT

1

ZU HAUSE SEIN UND ZUGLEICH NACH HAUSE KOMMEN

Geh nicht in den dichten Dschungel, um den großen erwachten Elefanten zu suchen, denn der liegt schon ruhig bei Dir zu Hause vor deinem Herd.

LAMA GENDUN RINPOCHE[1]

Es war einmal ein Fisch, der Geschichten von der Quelle des Lebens gehört hatte, die allen, die sie fanden, ihre Herzenswünsche erfüllte. Der Fisch schwamm in jeden Winkel des Meeres und fragte: »Wo ist die Quelle des Lebens? Wie kann ich sie finden?« Er wurde immer wieder auf andere Aufgaben und in immer entlegenere Teile des Meeres verwiesen – entferntere, tiefere, flachere.

Nach vielen Jahren der Suche gelangte der Fisch an die Stelle, von der er seinerzeit aus gestartet war. Als er in seine Heimatgewässer kam, begegnete er einem älteren Fisch, der ihn fragte: »Was ist mit dir los, mein Freund? Warum siehst du so sorgenvoll und niedergeschlagen aus?«

»Ich habe Jahre damit verbracht, nach der Quelle des Lebens zu suchen«, erklärte der Fisch. »Allein damit zu beginnen, aufzuzählen, wie viele Dinge ich versucht oder an wie vielen Orten ich gesucht habe, wäre schon zu viel – alles war umsonst. Ich nehme nicht an, dass du weißt, wo ich sie finde?«

Der alte Fisch lächelte und sagte: »Ich habe im Laufe meines Lebens viele Namen für die Quelle des Lebens gehört, aber der einfachste ist ›Wasser‹.«

So wie der Fisch waren wir auf der Suche nach einer besonderen Quelle des Lebens. Unsere Fähigkeit reicht zwar nicht aus, diese Quelle mit Worten genau zu beschreiben, aber wir haben ihr viele Namen gegeben: Wahrheit, Gott, Frieden, Quelle, Liebe, wahre Natur, Erleuchtung, Einheit oder Geist, aber der einfachste Name ist *Gewahrsein*. Wie der Fisch haben wir womöglich oben und unten, innen und außen nach dieser Quelle von Leben und Freiheit gesucht. Was wäre aber, wenn das, wonach wir suchen, uns näher als unser eigener Atem wäre? Wie wäre es, wenn die Quelle des Lebens uns schon umgäbe und durchdränge?

Ich bin Tausenden von Menschen aus vielen Kulturen und allen Gesellschaftsschichten begegnet und habe die Erfahrung gemacht, dass die meisten das »Wasser des Lebens« gekostet haben. Viele haben die Tiefe und die essenzielle Qualität unseres Seins flüchtig zu sehen bekommen: eine Erfahrung von Frieden und Liebe, die frei von unserem begrenzten Geist ist. Wie der Fisch sehnen wir uns danach, diese Ebene des Gewahrseins zu finden und von ihr aus zu leben. Doch weil die meisten von uns unabsichtlich auf sie gestoßen sind, wissen sie nicht, wie sie sie bewusst, mit Absicht finden können.

Gewahrsein ist das Fundament, um ein menschliches Leben zu führen. Ohne es können wir nichts wissen. Und obwohl es so wesentlich ist, wissen wir doch sehr wenig darüber. Meistens setzen wir es als selbstverständlich voraus und konzentrieren uns auf den Inhalt: auf Dinge, derer wir uns bewusst sind, statt auf das Gewahrsein selbst. Das Gewahrsein, das wir suchen, ist hier und jetzt vorhanden und für jeden von uns gleich verfügbar. Ähnlich wie die Funktionen des autonomen Nervensystems, wie zum Beispiel die Atmung, ist waches Gewahrsein schon von sich aus da. Gewahrsein bleibt jedoch normalerweise schwer zu fassen, weil wir nicht wissen, wie wir es erkennen können. Gewahrsein ist nichts, was man herstellen oder entwickeln muss. Wir werden einen Weg finden müssen, dieses Gewahrsein zu entdecken, offenzulegen oder wiederzugewinnen. Zum Entdecken von Gewahrsein gehört ebenso Verlernen wie Lernen. Doch ich bin überzeugt, dass es eine Möglichkeit für jeden von uns gibt, in einen Zustand des Gewahrseins zu gelangen, die Freiheit zu fühlen, die er bietet, und zu lernen, von ihm aus zu leben. Man kann diese Freiheit des Gewahrseins so leicht erblicken und in sie überwechseln, wie wir jetzt vom Zustand, in dem wir uns bewusst sind, dass wir lesen, übergehen können, uns der Empfindungen in der rechten Hand bewusst zu sein.

Gewahrsein ist wach

Wenn sich unser Gewahrsein als Grundlage dessen herausstellt, wie wir wissen und wer wir sind, kann man es »waches Gewahrsein« nennen. Die Entdeckung wachen Gewahrseins ist der Schlüssel zur Transformation des Bewusstseins, die *Erwachen* genannt wird und die dazu führt, dass wir von Freiheit, Wohlbefinden und liebevoller Verbundenheit aus leben können. Erwachen ist eine Verschiebung unserer Identität und auch eine Veränderung der Weise, wie wir wissen. Waches Gewahrsein ist die Essenz von beidem: unserem Seinsgrund und der Quelle unseres Geistes. Diese Transformation ist eine einfache Verschiebung wachen Gewahrseins vom Hintergrund unseres Bewusstseins in den Vordergrund.

Weil wir die Gewohnheit haben, uns auf schnelle Gedanken und intensive Emotionen zu konzentrieren sowie Glück außerhalb von uns selbst zu suchen, nehmen wir waches Gewahrsein nicht wahr. Unsere gegenwärtige Konstellation von Bewusstsein schränkt die Wahrnehmung unserer Ganzheit ein. Erwachen beginnt nicht damit, dass wir unser Glaubenssystem verändern oder äußere Lebensumstände verbessern. Erwachen beginnt damit, die Weise aufzugeben, wie wir gegenwärtig unser Denken und unsere Identität organisieren. Sie führt zu Unwissenheit und Verwirrung. Wir können lernen, wie wir unseren auf Gedanken beruhenden Geist aufgeben und zu einer Art des Wissens übergehen, die auf

Gewahrsein basiert. Von gewahrseinsbasiertem Wissen aus können wir dann jede Erfahrung verkörpern, uns mit ihr verbinden und sie annehmen. Das Gefühl verkörperten, gewahrseinsbasierten Wissens ähnelt einem Flow-Zustand, völlig in etwas aufzugehen, verliebt zu sein, selbstlos zum Wohl anderer zu handeln oder mit guten Freunden zu lachen. Es bedeutet, ganz lebendig im Jetzt zu sein, so dass man »sich vergisst«. Wenn man von einem Wissen aus lebt, das auf Gewahrsein beruht, bedeutet das wahre Wahlfreiheit.

Waches Gewahrsein ist unsichtbar, inhaltslos, formlos, grenzenlos und zeitlos, aber es ist unser Seinsgrund. Wenn man aus seinem konventionellen Selbstgefühl heraustritt, entsteht erst eine Lücke von Nichtwissen. Waches Gewahrsein ist das, was wir vor der persönlichen Konditionierung sind, an die wir uns normalerweise wenden, um eine Identität zu erhalten. Statt uns an unsere Gedanken, Erinnerungen, unsere Persönlichkeit oder Rolle zu halten, um uns zu identifizieren, lernen wir waches Gewahrsein als primäre Dimension dessen kennen, wer wir sind – unser Seinsgrund. Mit unkonditioniertem wachem Gewahrsein als Fundament unserer Identität können wir dann konditionierte Gedanken, Emotionen und Sinnesempfindungen als Wellen auf dem Meer unseres Lebens einbeziehen. Menschen, die waches Gewahrsein als primäre Dimension des Bewusstseins wahrnehmen, berichten von einem essenziellen Wohlbefinden, das frei, liebevoll und sicher ist. Waches Gewahrsein als der Seinsgrund ist in uns allen dasselbe. Unsere Individualität geht aus ihm hervor.

Waches Gewahrsein wird manchmal »reines Gewahrsein« genannt, dabei ist es in allen Formen unseres Bewusstseins enthalten. Auch der Begriff »erwecktes Gewahrsein« ist üblich, aber Gewahrsein ist immer wach und ist daher nicht erweckt worden. Waches Gewahrsein ist immer schon da; es geht nur darum, zu lernen, wie man einen direkten Zugang zu ihm bekommt. Zu den wichtigsten Dingen, die man lernen muss, gehört, wie man Gewahrsein und Denken trennt. Dann erkennen wir, dass Gedanken und Gefühle nicht im Zentrum dessen stehen, wer wir sind. Wir entdecken weiter, dass Gewahrsein die Quelle des Geistes ist, die jenen Frieden bringt, der über das Verstehen hinausgeht. Ein Schüler hat einmal gesagt: »So fühlt es sich an, einen offenen Geist zu haben.« Es ist unser natürlicher Weisheits-Geist, sowohl vor als auch jenseits von konzeptuellem Denken. Waches Gewahrsein kann etwas »wissen«, ohne sich offen auf Gedanken zu beziehen, aber es kann, wenn nötig, auch Gedanken verwenden.

Wenn wir die wichtige Fähigkeit entdecken, einen Schritt zurückzutreten, identifizieren wir uns nicht mehr mit unseren sorgenvollen Gedanken und ängstlichen Emotionen. Das, was sich der Angst bewusst ist, hat keine Angst. Wenn man waches Gewahrsein als etwas erfährt, das allem innewohnt, dann empfindet man Einheit mit allem Leben. Man beginnt, sich aus einem Zustand der Aufgeschlossenheit zu *offenherzigem Gewahrsein* zu bewegen. Dies ist der Ausdruck wachen Gewahrseins, der die bedingungslose Liebe und wechselseitige Verbundenheit aller Dinge kennt. Das Erkennen von wachem Gewahrsein als Seinsgrund ist wie eine »Rückkehr nach Hause« und wie ein Ruhen als der, der man schon immer gewesen ist.

In waches Gewahrsein überzuwechseln, ist nicht so, als setzte man eine rosarote Brille auf; es ist eher so, als nähme man Scheuklappen ab. Beim Ansatz des offenherzigen Gewahrseins versucht man nicht, die wilden Pferde der Gedanken und Emotionen zu zähmen und in einen zu kleinen Pferch zu zwängen. Man öffnet vielmehr einfach die Tore und entdeckt das weite Feld von Gewahrsein, auf dem sich die Gedanken frei bewegen können. Die hilfreichste Art, sich von störenden Gefühlszuständen zu befreien, besteht nicht im Versuch, sie zu »brechen« oder sie loszuwerden. Sondern darin, zu erkennen, dass diese Zustände selbst aus Gewahrsein bestehen. Wachem Gewahrsein als der primären Quelle, wie wir wissen und wer wir sind, kann kein intensiver Gefühlszustand etwas anhaben. Sie werden entdecken, dass man essenzielles Wohlbefinden nicht erreicht, indem man seinen Geist beruhigt oder seine Gedanken oder inneren Haltungen verändert, sondern indem man tatsächlich aus seinem plappernden Geist heraus- und in eine Freiheit eintritt, die schon da ist.

Die Reise des Erwachens besteht aus einer Reihe von Verschiebungen und flüchtigen Blicken. Waches Gewahrsein kann augenblicklich erblickt und direkt erfahren werden, was zu großer Erleichterung führt. Ein Mann, der mir eines Tages mit meinem Computer half, bat mich, bevor er ging, um einen für ihn erfahrbaren Hinweis auf waches Gewahrsein. Ich zeigte ihm eine Übung, die den »Blickübungen« am Ende dieses Kapitels ähnelte. Später schickte er mir eine E-Mail, in der er schrieb: »Als ich zu Ihnen kam, war ich wochenlang ängstlich, überwältigt und gestresst gewesen. All das schien in Minuten von mir abzufallen und fing nicht wieder an. Diese Woche war wahrscheinlich die beste meines Lebens.« Dies ist ein Beispiel dafür, warum waches Gewahrsein häufig die »ultimative Medizin« genannt wird. Waches Gewahrsein zu entdecken und aufzudecken, öffnet uns sofort für die natürlichen Qualitäten von Frieden, Freude, Liebe und Mut.

Warum wir waches Gewahrsein nicht erkennen

Wenn waches Gewahrsein etwas ist, was wir alle schon einmal erfahren haben, und wenn es so nah und zugänglich ist, warum ist es uns dann nicht vertrauter? Wie konnte es uns entgehen? Warum konnten wir nicht bewusst und mit Absicht Zugang zu ihm bekommen? Wenn waches Gewahrsein auf so vielfältige Weise von Nutzen ist, warum spielt es dann in unseren psychologischen Konzepten keine wichtigere Rolle?

Die Shangpa-Kagyü-Schule des tibetischen Buddhismus gibt eine poetische Antwort auf die Frage, warum wir waches Gewahrsein nicht erkennen. Wir erkennen waches Gewahrsein nicht, denn es ist:

so nah, dass man es nicht sehen kann,
so subtil, dass der Geist es nicht verstehen kann,
so einfach, dass man es nicht glauben kann,
so gut, dass man es nicht annehmen kann.

Wir sind so klug und unser Leben ist so komplex, dass kaum zu glauben ist, die Lösung für unser Leiden könnte einfach darin bestehen, waches Gewahrsein zu entdecken. Es ist auch schwer zu glauben, dass die wichtigste Entdeckung bereits hier in uns ist. Man muss sich auf keine Odyssee begeben, um sie zu finden, zu verdienen oder zu entwickeln. Wir sind so gewohnt, uns durch unsere Probleme, Dramen und Obsessionen zu kennen, dass wir waches Gewahrsein, das unsere wahre Natur und grundlegende Güte ist, schwer als unsere wahre Identität akzeptieren können.

Das Haupthindernis, unser Leiden zu lindern, ist unsere gegenwärtige Identität, ist das, was Einstein unsere »optische Täuschung des Bewusstseins« nannte. Paradoxerweise versucht dieselbe Identität, das Problem unseres Leidens zu lösen. Diese Identität scheint sehr real zu sein, als wäre sie ein getrenntes Selbst, das sich anfühlt, als befände es sich in unserem Kopf. Uralte Weisheit und moderne Neurowissenschaft stimmen darin überein, dass es keinen physisch bestimmbaren Ort eines getrennten Selbst gibt, der im Gehirn gefunden werden könnte. Leben, als gäbe es ein getrenntes Selbst im Kopf, wird als ein Leben mit falscher Identität betrachtet. Dies ist die Wurzel von Leiden. Wir werden diesen mentalen Prozess, mit dem man sich auf sich selbst bezieht, *Ego-Identifikation* nennen.

Auf Scham beruhende Geschichten, man sei im Kern nicht liebenswert und wertlos, werden durch die falsche Identität zusammengehalten. Aber vom Gefühl, wertlos zu sein, kann man sich befreien, indem man in waches Gewahrsein wechselt. Die Ego-Identifikation ist nur eine begrenzte Weise, um Identität zu organisieren. Ego-Identifikation bedeutet nicht, dass »Sie« sich mit »Ihrem Ego« identifizieren. Sie ist ein Muster des Bewusstseins, das aus Denken und Ego-Funktionen, wie beispielsweise Streben und Schutz, besteht, die sich im Laufe unserer frühen biologischen Entwicklung bilden. Wenn dieses Muster der Ego-Identifikation einmal das Gefühl zu erzeugen beginnt, eine physische Grenze zu haben, entsteht ein zentraler Sitz der Identität.

Die Ego-Identifikation ist nicht unsere Persönlichkeit, unsere persönliche Geschichte oder die Gesamtheit unserer Ich-Funktionen. Die einfache

Verwechslung von Ich-Funktionen (was wir tun) und Selbstbewusstheit (die Fähigkeit, über Denken nachzudenken) mit unserer Identität (wer wir sind) befindet sich an der Wurzel dieser Art existentiellen Leidens. Die Ego-Identifikation ist ein mentales Muster des Bewusstseins, das zu dem Gefühl führt, man hätte ein »Mini-Ich« in seinem Kopf. Sie muss nicht bekämpft, unterdrückt, ausgelöscht, verleugnet oder getötet werden. Man wird nicht zu einem Niemand, einem Engel oder einer Couch-Potato. Vielmehr können unsere Ich-Funktionen, wenn wir waches Gewahrsein als unsere wahre Natur entdecken, wieder ihre natürliche Rolle übernehmen und ihren zweiten Job als Identität aufgeben.

Eine Frau sagte mir, ihr Leben hätte sich aufgrund dieser Übungen transformiert. »Die Panikattacken, die ich hatte, haben aufgehört«, erzählte sie. »Ich lache mehr – und vor allem über mich selbst!« Sie brachte ihren Mann zu einem Einführungskurs mit, den ich leitete. Er saß mit verschränkten Armen hinten im Raum und sah während meiner einführenden Rede aus, als schliefe er halb. Als ich nach der zweiten praktischen Übung fragte, welche Wirkung der Wechsel in waches Gewahrsein gezeigt hätte, hellte sich seine Miene plötzlich auf und er sagte: »Das bin ich! Das *wirkliche* Ich, das ich seit meiner Kindheit nicht gefühlt habe.«

Wenn man die Ego-Identifikation aufgibt und daraufhin waches Gewahrsein als wahren Seinsgrund erkennt, fühlt man, dass es nichts gibt, was man bekommen oder loswerden müsste, um auf der Ebene der Identität mit sich zufrieden zu sein. Man entdeckt Freiheit und Liebe nicht, indem man seine physischen Bedürfnisse einschränkt, einen stärkeren, gelasseneren oder fokussierteren Geist entwickelt oder versucht, sich Sicherheit und Erfolg in der Welt zu verschaffen. Figuren auf dem Schachbrett des Geistes zu bewegen, klärt weder unsere Verwirrung noch beendet es unser Leiden. Hierfür muss man die Ego-Identifikation aufgeben und zu wachem Gewahrsein übergehen.

Indem man die Ego-Identifikation dekonstruiert oder verlässt, entdeckt man nicht notwendigerweise waches Gewahrsein. Man kann schließlich abheben, in seligen Gefühlen landen oder sich im Unbewussten verlieren. Man kann auch in meditative Zustände geraten, zum Beispiel in ein Gefühl »angenehmer Taubheit« oder in ein distanziertes »Zeugenschutzprogramm«. Es genügt nicht, eine Einsicht in die Abwesenheit eines getrennten Selbst zu haben. Man muss auch die Anwesenheit von gewahrseinsbasiertem Wissen entdecken, um von dort aus leben zu können.

Waches Gewahrsein kann wie eine neue Erfahrung erscheinen; es ist aber kein veränderter Bewusstseinszustand, kein transzendenter und auch kein meditativer Zustand. Waches Gewahrsein ist unsere angeborene wahre Natur, die immer da ist. Nachdem man in waches Gewahrsein gewechselt ist, erkennt man, dass in Wirklichkeit die Identifikation mit dem Ego der veränderte Bewusstseinszustand ist. Indem wir waches Gewahrsein erkennen, heben wir die hypnotische Wirkung der Ego-Identifikationstrance auf.

SIND WIR UNS SCHON EINMAL BEGEGNET?

Viele von uns hatten im Laufe ihres Lebens unabsichtlich flüchtige Erfahrungen von wachem Gewahrsein. Tatsächlich suchen wir sogar häufig seine angenehmen Qualitäten, ohne zu realisieren, dass waches Gewahrsein ihre Quelle ist. Von unserer gegenwärtigen Ebene des Geistes aus können wir den Seinsgrund, tiefe Weisheit oder offenherziges Gewahrsein nicht erfahren. Auch wenn wir es vielleicht nicht wussten: Wann immer wir Liebe oder Weisheit empfanden, war ein Wechsel der Geistesebenen der Grund.

Viele von uns sind, ohne es zu wissen, beim Wandern in der Natur, Kreativsein, Sex oder Sport in waches Gewahrsein geraten. Manche von uns haben es in einer Krise erfahren, die zu einer Chance wurde. Aktivitäten wie Wandern in der Natur sind an sich schon angenehm, aber sie entspannen auch die Dominanz der Ego-Identifikation und erlauben so, dass waches Gewahrsein aus dem Hintergrund hervortritt.

Wenn wir wandern gehen und auf dem Gipfel eines Hügels ankommen, hört unser Streben auf, ein Ziel zu erreichen. Wir entspannen uns völlig, und unsere Identität als Suchende fällt ab, wodurch das wache Gewahrsein offenbar wird, das von Natur aus schon die ganze Zeit da war. In solchen Momenten zeigen sich natürliche Qualitäten wachen Gewahrseins – darunter Klarheit, grenzenlose Freiheit, innerer Friede, Freude, Verbundenheit und ein Gefühl von Wohlbefinden. Weil wir nicht wissen, dass die Quelle von Freude und Freiheit schon in uns ist, sagen wir später vielleicht: »Mir geht es dieser Tage schlecht. Ich muss einfach warten, bis ich im nächsten Jahr wieder auf den Gipfel des Hügels steigen kann.«

Es gibt eine alte Spruchweisheit: »Stille ist nicht die Abwesenheit von Geräusch, sondern die Abwesenheit des Selbst«.[2] Mit anderen Worten: Man muss keinen physisch stillen Platz aufsuchen. Man kann sowohl die tiefe Stille als auch die tanzende Lebendigkeit erfahren, die zugleich entstehen. Stille und Ruhe sind jetzt, während Sie dieses Buch lesen, in Ihnen präsent. Waches Gewahrsein und seine natürlichen Qualitäten sind weder an einen besonderen Ort, eine bestimmte Person oder Aktivität gebunden – noch hängt waches Gewahrsein von bestimmten Gedanken oder äußeren Bedingungen ab. Wenn wir unsere Erfahrung zu reproduzieren versuchen, indem wir wieder auf denselben Hügel steigen, kann es sein, dass unsere Erwartungshaltung uns hindert, den suchenden Geist lange genug loszulassen, damit sich waches Gewahrsein einstellen kann.

Viele von uns haben versucht, waches Gewahrsein zu finden. Wir haben versucht, es durch gute Taten zu verdienen, durch Meditation zu erlangen oder darum zu beten, auf dass es gewährt werde. Manche glauben, dass es nur für Menschen erreichbar ist, die hoch entwickelt sind. Andere glauben, dass es nur durch Glück, Zufall oder eine Art Gnade in Erscheinung tritt, die einem entweder gegeben wird oder aber einfach nicht im Leben existent ist. Wenn sich die Verdunklung auflöst, die die Ego-Identifikation ist, kann es so scheinen, als seien Gnade oder waches Gewahrsein vorher abwesend gewesen und hätten sich neu irgendwoher eingestellt. Wie wäre es, wenn man waches Gewahrsein nicht durch gute Taten verdiente und es nicht nur ein paar Glücklichen zuteilwürde? Wie wäre es, wenn waches Gewahrsein nicht fehlen und nicht kommen und gehen würde? Wie wäre es, wenn waches Gewahrsein schon *immer* da wäre und jedem von uns innewohnen würde? Wir können lernen, für Gnade empfänglich zu werden, indem wir uns damit vertraut machen, uns für die Gnade zu öffnen, die schon immer in und um uns herum da ist.

Viele Menschen geraten in die Falle, sich nur auf Manifestationen des unsichtbaren Gewahrseins zu fokussieren. Zu Manifestationen dieser Art gehören Licht, Energie, Begeisterung, Glückseligkeit, äußerer Erfolg, Charisma, eine innere Stimme, Visionen oder Stille. Diese Manifestationen sind real, aber sie sind nur vorübergehende Wirkungen von Meditation. Sie sind nicht das wache Gewahrsein selbst. Positive energetische Ausdruckformen können vorbereitende Schritte oder Eingänge zu wachem Gewahrsein sein.

Man kann auch dabei hängen bleiben, seine Aufmerksamkeit auf positive Manifestationen in der Welt als Ziel zu richten. Wenn man aber nicht die unmanifestierte Quelle aller Manifestationen erkennt, können die positiven Manifestationen zur Annahme verführen, dass äußere Dinge, die kommen und gehen, die Quelle unseres Glücks sind. Wenn man ohne einen Grund glücklich ist, ist man frei, Entscheidungen zu treffen, die einem selbst und anderen von Nutzen sind.

Viele, die sich danach sehnten und strebten, waches Gewahrsein kennenzulernen, haben es verfehlt, nicht weil es ihnen an Verlangen oder Entschlossenheit gefehlt hätte, sondern weil sie nicht wussten, wo oder womit sie suchen sollten. Ein Grund, warum man *es nicht finden, nicht sehen* oder *nicht verstehen kann*, besteht darin, dass waches Gewahrsein kein »es« ist. Waches Gewahrsein ist kein Objekt oder Ding, das gesehen, gehört, berührt, gerochen oder geschmeckt werden kann. Es ist kein Gedanke, kein Gefühl, kein Glaube, keine Sinnesempfindung und auch keine Energie. Die Zen-Tradition sagt: »Den Geist mit dem unterscheidenden Verstand zu suchen, ist der größte aller Fehler.« [3] Weder die fünf

Sinne, der denkende Verstand, das Ego, der Wille, die Imagination noch Aufmerksamkeit können waches Gewahrsein kennen. So wie das Auge keine Töne hören kann, können Denken und Aufmerksamkeit waches Gewahrsein nicht erfassen. Jemand, der diese Worte liest und versucht, waches Gewahrsein zu erfahren, kann das nicht tun, bevor er die Art zu wissen aufgibt, die er in anderen Lebensbereichen anwendet. Nur waches Gewahrsein kann waches Gewahrsein kennen.

Die Macht des Wie: Lokales Gewahrsein

Einer der Hauptgründe, weshalb wir nicht erwachen, besteht darin, dass wir noch nicht dieses Paradox gelöst haben: *Nur Gewahrsein kann Gewahrsein kennen*. Dies führt zu folgender Frage: Wenn wir jetzt nicht von Gewahrsein aus operieren, wie bekommen wir dann Zugang zu dem Bewusstsein, das waches Gewahrsein kennen kann?

Die häufigste Antwort lautet, längere Zeit zu meditieren, damit sich der plappernde Geist beruhigt und schließlich zulässt, dass sich waches Gewahrsein offenbart. Dazu ist gewöhnlich eine durchgängige Entschlossenheit erforderlich. Wenn wir jedoch lokales Gewahrsein entdecken, haben wir sofort Zutritt zu wachem Gewahrsein, überall und jederzeit. *Lokales Gewahrsein* ist der Ausdruck wachen Gewahrseins, das sich vom Denken lösen und sich selbst kennen kann. Auch wenn man vielleicht nicht versteht, was lokales Gewahrsein ist oder wie man es findet: Eine kurze Einführung in lokales Gewahrsein durch die Übungen mit flüchtigen Blicken am Ende des Kapitels genügt, um festzustellen, dass es so leicht anzuwenden ist wie Schuhebinden.

Der Ansatz des offenherzigen Gewahrseins führt Sie zunächst in lokales Gewahrsein ein. Das lokale Gewahrsein macht Sie anschließend mit allen Ebenen des Geistes und Orten der Identität bekannt. Dann können Sie anfangen, Ihr eigenes Bewusstsein zu steuern. Sie werden fähig sein, von vollständig verkörpertem, offenherzigem Gewahrsein aus zu leben. Lokales Gewahrsein, das primäre Werkzeug des Ansatzes des offenherzigen

Gewahrseins, ist der Modus oder Ausdruck wachen Gewahrseins, der in der Lage ist, sich zu verschiedenen Geistesebenen zu bewegen.

Normalerweise wird lokales Gewahrsein durch unsere sich schneller bewegenden Gedanken und intensiveren Emotionen verdunkelt. Wir erkennen aber, dass sich lokales Gewahrsein leicht vom Denken lösen und in waches Gewahrsein übergehen kann, das dann unseren neuen Seinsgrund bildet. Dieser Prozess, bei dem sich lokales Gewahrsein vom Denken löst und dann mit wachem Gewahrsein verbindet, heißt *Losmachen* und *Erkennen*. Wir lernen eine einfache Reihe von Übungen kennen, um das lokale Gewahrsein von der Ego-Identifikation zu lösen und mit seiner Hilfe direkt in waches Gewahrsein einzutreten. Lokales Gewahrsein ist in der Lage, Gewahrsein zu kennen, das schon mühelos wach ist, weil es nie von ihm getrennt ist. Sobald man mit wachem Gewahrsein in die Welt blickt, ist man schon zu einem Betriebssystem übergegangen, das auf Gewahrsein beruht. Von ihm aus kann man leben.

DAS PROGRAMM WECHSELN

Lokales Gewahrsein ist vergleichbar mit einem Radioempfänger oder einer Fernsehfernbedienung: Es kann uns bewusst zu anderen Bandbreiten des Bewusstseins bringen. Lokales Gewahrsein kann wegschalten von dem engen, mentalen, sich mit dem Ego identifizierenden Sender, der der Alltagsgeist ist, und sich auf den Sender der Körpersinne einstellen. Lokales Gewahrsein kann sich auch auf *ausgedehntes Gewahrsein* einstellen, den Ausdruck wachen Gewahrseins, der unkonditioniertes, grenzenloses, reines Gewahrsein ist.

Ihr Geist ist wie ein Fernseher oder Radio mit vielen Sendern, die alle zugleich eingeschaltet sind. Viele von uns haben den ganzen Tag den Gedanken-Sender eingestellt, auf dem meistens Talkshows laufen. Wir verstehen nicht, dass es einen Empfänger gibt, der uns ermöglichen wird, den Sender zu wechseln. Wenn man aber lernt, lokales Gewahrsein zu nutzen, müssen die Talkshows auf dem Gedanken-Sender nicht länger unsere üblichen Hauptsendungen sein. Es gibt andere Dimensionen des Geistes und der Identität, die immer verfügbar sind und die man mit lokalem Gewahrsein betreten kann.

Man ist zunächst erleichtert, wenn man in der Lage ist, den Gedanken-Sender wegzuschalten. Doch wenn man nicht weiß, welchen Sender man als nächsten wählen soll, kann es sein, dass man beim Schlechte-Laune-Kanal oder dem Unbewusste-Albträume-Sender landet. Manche Menschen entscheiden sich vielleicht für den Zu-ernst-Satelliten-Kanal, den Du-taugst-nichts-Rundfunk oder den Angst-und-Sorge-Nachrichtensender. Man kann sich sogar mit einer einzelnen Stimme im Kopf identifizieren und glauben, diese kleine, schmale Bandbreite sei man selbst. Dieser laute Ich-bin-Sender ist so eingestellt, dass er die anderen Frequenzen unseres Lebens übertönt.

Sie sehen vielleicht alte Episoden aus Ihrem frühen Leben, die sich vor Ihrem inneren Auge abspielen. Unabhängig davon, ob es Seifenopern oder Horrorshows sind, sehen Sie sie wahrscheinlich aus der Sicht einer Figur in der Geschichte und nicht von außen als Beobachter. Es ist leicht, sich in Verfolgungsjagden, Racheplänen oder romantischen Tragödien zu verwickeln, wenn man nicht weiß, dass sie nur Aufnahmen sind, die immer wieder abgespielt werden. Wir glauben, diese regelmäßig ablaufenden Programme wären der Ort, wo wir die Lösung für die Unzufriedenheit mit unserem Leben fänden. Daher zappen wir ständig hin und her. Aber Wiederholungen, Realityshows oder Gameshows, die Bargeld und Preise verheißen, sind der falsche Ort, um Befriedigung zu finden.

Wir können den Zustand der Ego-Identifikation verlassen, in dem wir die Welt als eine virtuelle Realität oder Reality-TV betrachten. Glücklicherweise können wir mit lokalem Gewahrsein lernen, die Frequenzen mit Geplapper bewusst zu verlassen und die stille Musik des wachen Gewahrseins einzustellen, die immer im Hintergrund ist. Wenn man in waches Gewahrsein wechselt und waches Gewahrsein verkörpert wird, ist man mit der Welt und sich selbst in wirklichem Kontakt.

Das Paradox des Erwachens

Die Bewegung von einer kurzen Erfahrung wachen Gewahrseins zum Wissen und Leben von wachem Gewahrsein aus, nennt man *Erwachen*. Erwachen hat nichts damit zu tun, einfach zu glauben, alles sei gut; es geht darum, in die Geistesebene zu wechseln, die weiß und fühlt, dass alles gut ist. Man kann Erwachen nicht verstehen, wenn man nur Verhalten, Denken und Psychologie berücksichtigt. Um Erwachen zu verstehen, muss man die Ebene der Erfahrung von Bewusstsein und Gewahrsein betrachten. Dies ist vielleicht neu, aber nicht schwierig, besitzt man einmal das Grundwissen, wie, wo und wonach zu suchen ist. Erwachen intellektuell zu verstehen ist so, als hätte man eine Weihnachtslichterkette; Erwachen direkt zu erfahren ist so, als würde man sie an den Strom anschließen.

Auch wenn wir schon zu Hause sind, wissen wir es nicht – also müssen wir lernen zurückzukehren. Wir beginnen mit flüchtigen Blicken auf das Endziel. Das Ziel ist unser Weg. Es gibt einen Satz im tibetischen Dzogchen, wonach die Reise des Erwachens wie Klettern auf einen hohen Berg ist, während man zugleich im Flug von oben in die Tiefe schießt. Man kommt hierher, während man hier ist.

Hier ist das Paradox, zu Hause zu sein, während man nach Hause kommt: 1. Letztlich sind Sie schon in wachem Gewahrsein zu Hause und alles ist gut, wie es ist. 2. Dennoch erleben wir dies mit unserem Alltagsgeist normalerweise nicht. 3. Waches Gewahrsein ist wie die Sonne: Sie ist nie weg, nur von Wolken verdeckt. 4. Nicht zu wissen, dass wir zu Hause sind, ist die Ursache von Leiden. 5. Man kann den Alltagsgeist, der auf Gedanken basiert, verlassen und zu wachem Gewahrsein zurückkehren. 6. Auf der Ebene der Identität gibt es nichts zu verbessern. 7. Auf der Ebene des Geistes kann man waches Gewahrsein kennenlernen, um dann von wachem Gewahrsein aus zu wissen und zu leben.

Erwachen wird Sie wissen lassen, dass Sie nicht der sind, für den Sie sich halten, und Sie mit Ihrer wahren Natur bekannt machen. Um mit einer neuen Sicht leben zu können, müssen wir die alte erst loslassen.

Was sich anfühlt wie Weggehen von zu Hause, begleitet von der Angst vor Obdachlosigkeit, stellt sich schließlich als Rückkehr zu dem Zuhause heraus, das man nie verlassen hat.

DER PROZESS DES ERWACHENS

Erwachen ist für Sie möglich. Es mag sich wie eine große, esoterische Sache anhören – insbesondere wenn Sie einen schlechten Tag haben. Wir alle sind unvollkommen. Das wird sich nicht ändern, aber ebenso wenig die Tatsache, dass wir erkennen können: Wir sind bereits bedingungslose Liebe. Heutzutage besteht Potential für eine neue Stufe menschlicher Entwicklung, die Erwachen und Heranwachsen miteinander verbindet. Es ist offensichtlich, dass man nur bis zu einem gewissen Punkt wachsen kann, ohne zu erwachen. Es ist zudem wichtig, psychisch zu reifen, während man erwacht. Wie fortgeschritten wir spirituell auch werden sollten, das Ziel besteht nicht darin, unser Menschsein zu transzendieren.

Um zu erwachen, ist es nicht notwendig, sein Leben aufzugeben, in eine Höhle zu gehen, auf olympischem Niveau zu meditieren oder bestimmte religiöse Überzeugungen anzunehmen. Unabhängig vom Glaubenssystem oder der spirituellen Orientierung (oder Nicht-Orientierung) kann man beginnen, mitten im Alltag zu erwachen. Man muss nicht einmal darauf warten, sein Leben auf die Reihe zu bekommen. Tatsächlich fühlt man sich nie ausreichend vorbereitet oder gut genug, wenn man von der Ego-Identifikation aus schaut. Die meisten Erwachsenen sind bereit. Wenn Sie dieses Buch lesen, sind Sie wahrscheinlich soweit. Wenn Sie darin geübt sind, sich zu konzentrieren, Aufgaben in der Schule und bei der Arbeit zu erledigen und Beziehungen einzugehen, dann sind Sie erwachsen genug, um aufzuwachen und zu lernen, von offenherzigem Gewahrsein aus zu leben.

Beim Erwachen geht es darum, durch eine Veränderung der Identität und von Wissen unser Leiden zu lindern und Wohlbefinden zu steigern. Wir alle kennen Schmerzen, Frustrationen und Leiden auf allen

Ebenen unseres physischen, mentalen und emotionalen Lebens. Es gibt verschiedene Möglichkeiten, diese Probleme anzugehen. Das Leiden, an das sich das Erwachen wendet, ist jedoch eine bestimmte Art von Leiden – eine allgegenwärtige Verwirrung und andauernde Unzufriedenheit, deren Ursache die Ego-Identifikation ist. Erwachen muss sich an die Wurzelursache wenden – nicht nur an die Symptome von Begierde und Abneigung. Obwohl physischer und emotionaler Schmerz legitimes Leiden und normale Bestandteile menschlichen Lebens sind, ist es optional, an unserer falschen Identität zu leiden.

Bei diesem Ansatz beginnt Erwachen mit einer direkten Erkenntnis, um sich dann aber schrittweise zu entfalten. Es ist keine augenblickliche Erleuchtung, und man entkommt so auch nicht der Natur des Menschen. Letztlich ist der, der man ist, immer waches Gewahrsein – und doch löst diese Erkenntnis eine Entfaltung in menschliche Form aus. Bereits ein flüchtiger Blick in Ihre grundlegende Natur kann an sich eine tiefe Veränderung sein.

Der Prozess des Erwachens beginnt häufig mit einem ersten *Aufwachen* aus der Ego-Identifikation in waches Gewahrsein. Anschließend geht es weiter mit *Einwachen*, um Körper, Gedanken und Emotionen aus nicht-konzeptuellem Wissen und Verweilen zu kennen und einzubeziehen. Die dritte Stufe, *Auswachen*, besteht darin, von offenherzigem Gewahrsein aus schöpferisch und in Beziehung zu sein. Jede Stufe bringt ihre eigene Befreiung mit sich. Erwachen führt dazu, frei von der Angst vor dem Tod zu sein. Einwachen führt dazu, frei von der Angst vor dem Leben zu sein. Und Auswachen führt dazu, frei von der Angst vor Liebe zu sein.

Aufwachen, die erste Stufe des Erwachens, kann in zwei wichtige Bewegungen unterteilt werden. Die erste dieser Bewegungen ist Aufwachen *aus* der Ego-Identifikation, der normalen Art, unsere Identität zu organisieren, die zu Leiden führt. Die zweite Bewegung ist Aufwachen *hinein in* waches Gewahrsein als einer Alternative zu unserer falschen Identität und Erkennen, dass Gewahrsein schon wach und intelligent ist.

Zu realisieren, dass wir aus der Ego-Identifikation in waches Gewahrsein überwechseln können, ist heute so revolutionär wie im 17. Jahrhundert die Erkenntnis, dass sich die Erde um die Sonne dreht.

Viele Weisheitstraditionen verwenden den Begriff *Erwachen*, weil Menschen berichten, dass ihre Erfahrung dem Erwachen aus einem Traum ähnele. Gegenwärtig befinden wir uns in einem veränderten, traumähnlichen Zustand, der zu Leiden und Verwirrung führt. Er verschwindet, wenn man erwacht. Wenn man nachts träumt, identifiziert man sich ganz mit der Traumwelt und erlebt sie als real und vollständig. Sobald man aber aufwacht, ist einem klar: »Oh, das war nur ein Traum!«

Wenn man aus einem Traum erwacht, verschwindet die ganze Traumwelt. Wenn man aus der Ego-Identifikation erwacht, verschwinden unsere ängstlichen und begehrenden Gedanken und Projektionen und lassen die physische Welt einfacher und klarer zurück. Wenn man aus einem Traum erwacht, erkennt man, dass man nicht wirklich der ist, für den man sich im Traum hielt. Die traumähnliche Wahrnehmung unserer Ego-Identifikation verschwindet, und wir hören auf, wie Nachtwandler durch unser Leben zu gehen. Wenn wir erwachen und in Gewahrsein geerdet sind, ist unsere Ego-Identifikation nicht mehr das Zentrum dessen, wer wir sind. Vielleicht haben wir das Gefühl, als hätte es eine Traumgestalt mit unserem Namen gegeben, die versuchte, unser Leben zu leben.

Wenn man aus der Ego-Identifikation erwacht, kann man überrascht sein zu entdecken, dass unsere begrenzte Perspektive nur ein kleiner Teil einer viel größeren Realität ist. Erwachen ist, als käme man aus einem Kino, in dem man ein fesselndes Drama miterlebt hat. Was vorher eine reale Gefahr für das »Mini-Ich« der Ego-Identifikation zu sein schien, sehen wir nun als eine Geschichte. Wenn wir erwachen, sind wir nicht länger besorgt und ängstlich wegen imaginärer Situationen, die einmal so beunruhigend erschienen. Wir verstehen, dass wir das weite Bewusstsein sind, das eine kleine Rolle ausagiert hat.

Die meisten von uns gehen davon aus, dass ihre Ego-Identifikation das ist, was sie sind, und leben daher ihr Leben aus ihrer Perspektive. Wir denken, dass die beste Möglichkeit für ein sicheres, gesundes Leben darin besteht, diese Ego-Identität zu stärken. Durch die Linse der Ego-Identifikation betrachtet sind die subtileren Dimensionen der Realität verschwommen, und wir fühlen uns von allem deutlich getrennt. Erwachen ist der Schritt in die unmittelbare Erfahrung einer volleren Realität, die bisher von Unwissenheit und Täuschung verdunkelt war.

Wenn man nur dadurch aufwacht, dass Mini-Ich zu dekonstruieren oder zu transzendieren, ist es möglich, in einer Lücke zu landen, die sich wie negative Leere anfühlt. Dies kann wie ein beängstigender Übergang erscheinen und wie ein Rückschlag wirken, der uns ins Mini-Ich zurückversetzt. Es gibt ein natürliches magnetisches Ziehen der Gewohnheit, das darauf abzielt, das Bewusstsein wiederherzustellen, indem wir uns mit dem Wissen identifizieren, das auf Denken beruht. Vielleicht haben wir den Eindruck, als sei der denkende Geist unser Zuhause. Für viele von uns ist er tatsächlich das einzige Zuhause, das sie kennen. Möglicherweise haben wir gelernt, uns zu sagen: »Verlier nicht den Verstand.« Oder: »Vermeide die Leere.« Sobald man sich an seinen denkenden Geist wendet, um eine zweite Meinung einzuholen, identifiziert man sich wieder mit seinem beengten Selbstgefühl. Indem wir waches Gewahrsein sofort erkennen, entdecken wir eine positive Leere, die nicht nur eine Abwesenheit, sondern eine lebendige Präsenz, ein offener Geist, ein sicherer Raum und unser neuer Seinsgrund ist. Wir können nur wissen, wer wir wahrhaft sind, wenn wir auf Wissen zurückgreifen, das auf wachem Gewahrsein beruht. Dann können wir die Angst vor negativer Leere als ein Gefühl annehmen.

Wenn man einwacht, fühlt man sich geerdet, zentriert und mehr in seinem Körper. Wenn man auswacht, fühlt man sich kreativer und mit anderen verbundener als jemals zuvor. Die meisten von uns haben einen großen Teil ihres Lebens an dem Projekt gearbeitet, ihr Gefühl eines getrennten Selbst zu verbessern und zu entwickeln, um erfolgreich, anerkannt und glücklich zu sein. Wir müssen die Bereitschaft haben, durch die Lücke von Nichtwissen, Nicht-Ego und Kontrollverlust zu gehen. Indem wir waches

Gewahrsein sofort erkennen und anerkennen, haben wir die Unterstützung, unsere neue Lebensphase zu beginnen. Erwachen mag wie eine gewaltige Herausforderung erscheinen, aber es ist nicht schwerer als andere Stufen des Lernens und Wachsens, die Sie schon durchlaufen haben – und es ist lohnender. Damit unser Erwachen tatsächlich verkörpert wird, müssen wir uns zeigen und alle Aspekte menschlichen Wachstums, menschlicher Beziehungen und menschlicher Entwicklung miteinbeziehen.

Erwachen beginnt damit, das Gewahrsein zu entdecken, das schon frei, wach und verbunden ist, unabhängig davon, ob unsere Gedanken positiv oder negativ sind. Erwachen ist kein einmaliges Ereignis, sondern ein schrittweiser Entfaltungsprozess, der uns von der Gewohnheit abbringt zu versuchen, ein Zentrum, einen Standpunkt und die Vorherrschaft eines sich getrennt fühlenden Selbst aufrechtzuerhalten. Der Prozess des Erwachens und Verkörperns folgt allgemeinen Prinzipen, entfaltet sich aber individuell und auf einzigartige Weise. Wir können unseren Prozess mit flüchtigen Blicken in waches Gewahrsein beginnen und diese Blicke dann viele Male wiederholen.

Sich in kurzen Blicken zu üben, wird unser ganzes Betriebssystem neu verschalten und den sich entfaltenden Prozess des Erwachens fördern. Unser ganzes Körper-Geist-System hat sich durch unsere Versuche verknotet, den Schmerz abzuwehren, den unsere falsche Identität verursacht hat. Aus diesem Grund machen die meisten von uns einen Prozess des Auftauens, der Entgiftung und allmählichen Neuverschaltung unserer neuronalen Netzwerke durch. Die Reise des Erwachens heißt unsere tiefsten Zweifel und Ängste willkommen und erlöst sie. Folgende Kerngeschichten – *Ich bin nicht gut genug … Etwas stimmt nicht mit mir … Ich bin nicht liebenswert* – sind nicht mehr überzeugend. Wir lernen, zu wachem Gewahrsein als unserem Seinsgrund zurückzukehren, und üben uns darin, in ihm zu bleiben. Der Wechsel zu einer neuen Wahrnehmung, neuem Wissen und einer neuen Identität bringt eine neue Art Vitalität hervor. Als Ergebnis entdeckt man ein neues Maß an Motivation und kreativem Ausdruck.

Man muss dort anfangen, wo man ist, doch jener, der die Reise beginnt, ist nicht derjenige, der erwacht. »Sie« erwachen nicht und Gewahrsein erwacht ebenso wenig. Waches Gewahrsein, das inhaltslos und unkonditioniert ist, realisiert, dass es immer wach gewesen ist und die primäre Grundlage Ihrer Konditionierung und Ihres menschlichen Lebens darstellt. Viele Menschen nennen das *Realisierung* oder *Erinnerung an den, der man in Wahrheit ist.* Jemand hat einmal gesagt: »Das ist das Gefühl von dem, der ich in jedem Alter meines Lebens gewesen bin und der sich nicht verändert hat.« Es ist so gewöhnlich, dass es außergewöhnlich ist. Wenn man erwacht, erwacht man aus einem sich widerholenden Denkmuster, das man »Ich« nannte und sich anfühlt, als befände es sich hinter den Augen, in der Mitte des Kopfes. Aber Erwachen verwandelt Sie nicht in einen Niemand, glücklichen Idioten oder geistlosen Roboter. Man ist einfach nicht mehr die besondere Identität, für die man sich bisher hielt. Diese Reise beginnt damit, dass wir uns davon befreien, uns mit unserem Körper und Geist zu identifizieren. Doch sie endet damit, dass wir alles mit offenherzigem Gewahrsein einschließen und annehmen.

Es mag schwer zu akzeptieren sein, dass der Schritt in die Freiheit für Sie wirklich möglich ist. Aber das natürliche, liebevolle Gewahrsein, von dem ich spreche, ist die Quelle Ihres Geistes und Ihrer Identität. Es ist unser natürlicher Zustand; man kann es in jedem Moment flüchtig wahrnehmen, und es ist das potentiell neue Betriebssystem, das man nachrüsten kann. Wenn wir einmal das offenherzige Gewahrsein entdecken, müssen wir nicht mehr im beschränkten Raum unseres Kopfes leben. Stattdessen können wir zu Hause in unserem Herzen bleiben und mit den Informationen, die wir in unserem Gehirn brauchen, durch das WLAN des offenherzigen Gewahrseins verbunden bleiben.

Ich schlage vor, dass Sie die erste Blickübung früh am Tag fünf bis zwanzig Minuten lang machen. Wenn Sie den Schritt zu einem neuen, stabilen Seinsgrund gemacht haben, sind Sie fertig und können sich auf den Tag freuen. Das können Sie zum Beispiel tun, indem Sie mit Ihrer Blickübung gleich morgens nach dem Aufwachen beginnen, wenn Sie noch im Bett sind. Eine andere Möglichkeit besteht darin, sich einen bequemen Platz zum Sitzen zu suchen, sich niederzulassen und mit offenen oder geschlossenen Augen eine Blickübung zu machen, die Ihnen besonders liegt. Es ist wichtig, Sitzmeditation und Übungen mit flüchtigen Blicken ein paarmal im Laufe des Tages abzuwechseln und ineinander zu integrieren. Wenn Sie dies tun, werden Sie fähig, lokales Gewahrsein abzulösen, zu verschieben, zu erkennen, sich in es einzustimmen, mit ihm vertraut zu werden, sich ihm auszusetzen und dann vom Sein aus zu sehen und zu handeln.

Wenn sich die Gewohnheit der Identifikation mit dem Ego bemerkbar macht, was keine große Überraschung ist, machen Sie einfach eine kleine Blickübung und erkennen Sie Ihre wahre Natur wieder. Sie können dieselbe Übung machen oder andere ausprobieren, während Sie lernen, durch das Territorium Ihres eigenen Bewusstseins zu navigieren. Experimentieren und entdecken Sie, welche Blickübungen in verschiedenen Situationen am wirksamsten sind.

Die Blickübungen sollten gelesen oder angehört werden, bis man sich mit ihnen so vertraut gemacht hat, dass man sie in einer Pause bei der Arbeit oder in der Warteschlange eines Geschäfts allein ausführen kann. Es kann schwierig sein, Übungen zu machen, während man ihre Beschreibung liest, daher können Sie entweder selbst eine Beschreibung der Übung lesen und eine Tonaufnahme davon machen, oder Sie suchen sich im Internet Video- oder Audioaufnahmen von mir, in denen ich diese Übungen anleite.

FLÜCHTIGER BLICK 1: **Kein Problem**

Diese Übung ist ein direkter Wegweiser für den Schritt aus der Ego-Identifikation und in waches Gewahrsein als Ihren Seinsgrund. Die meisten Menschen haben ein Gefühl untergründiger Unzufriedenheit, das zu Begierde und Ablehnung führt und auf die Identifikation mit dem Ego zurückgeht. Von dieser Ego-Identifikation aus versuchen sie dann das Problem falscher Identität zu lösen, indem sie Aspekte ihrer Persönlichkeit oder Umwelt verändern. Diese Problemlöser-Identität fesselt uns und macht uns blind für die Freiheit, die schon da ist. Sie führt zu einer ständigen wilden Suche, so als ob man die Brille suchen würde, die man auf der Nase hat.

Durch diese Übung werden Sie entdecken, dass ein Augenblick reicht, um aus Ihrer falschen Identität herauszutreten. Das Ziel ist dabei nicht, den normalen Problemen und Wahlmöglichkeiten Ihres Alltags zu entkommen, sondern die falsche Problemlöser-Identität aufzugeben. Wenn Sie diesen Schritt tun und waches Gewahrsein als den Seinsgrund entdecken, werden Sie weniger Sorgen haben und die Herausforderungen des Alltags leichter bewältigen.

1. Wenn Sie soweit sind, legen Sie das Buch beiseite und stellen Sie sich innerlich, mit offenen oder geschlossenen Augen, die Frage: *Was ist jetzt da, wenn es kein Problem zu lösen gibt?*

2. Ruhen Sie und bleiben Sie aufmerksam, wer oder was diese Erfahrungen macht.

3. Wer ist da? Was ist sich bewusst? Was ist da, wenn es nirgendwohin zu gehen und es nichts zu tun gibt? Nichts zu wissen, zu machen oder zu werden? Was ist da, in diesem Moment, wenn Sie nicht der Problemlöser sind?

4. Spüren Sie in alles hinein, was hier und jetzt auftaucht. Wer oder was ist sich bewusst? Was ist da, wenn es keinen Bezug zur Vergangenheit gibt, wenn Sie nicht für einen Moment in die Zukunft gehen, wenn Sie nicht in den Schlaf sinken und nicht nach oben ins Denken gehen? Was ist jetzt da? *Wie ist es, wenn es in diesem Moment kein Problem zu lösen gibt?* Was nehmen Sie wahr? Was ist abwesend? Welche essenziellen Qualitäten offenbaren sich?

5. Legen Sie das Buch wieder beiseite. Atmen Sie tief durch und halten Sie inne. Stellen Sie sich dann neugierig und offen wie ein Anfänger die Frage: *Was ist jetzt da, wenn es kein Problem zu lösen gibt?*

FLÜCHTIGER BLICK 2: **Waches Gewahrsein ist bewusst, ohne Denken zu verwenden**

Der Alltagsgeist braucht ein Objekt, um im Zentrum zu bleiben. Wenn sich Gewahrsein Raum zuwendet, ist man frei vom Alltagsgeist. Die Identifikation mit dem Ego muss sich an das Denken wenden und vom Denken aus schauen, um ein Subjekt herstellen zu können. Wenn Gewahrsein das Gewahrsein zu seinem Subjekt und Objekt macht, gibt es kein Subjekt (Selbst) mehr, das aus Gedanken besteht. Waches Gewahrsein ist zu der primären Weise zu wissen und zum Seinsgrund geworden.

1. Schließen Sie einfach die Augen, während Sie Ihrem Gewahrsein erlauben, offen zu bleiben und innen zu sein. Beginnen Sie, Ihre Atmung aus dem Inneren Ihres Körpers zu spüren. Spüren Sie Ihren ganzen Körper von innen, während Ihre Atmung drei Atemzüge lang von selbst geschieht.

2. Nehmen Sie sich einen Moment Zeit, um zu sehen, was jetzt da ist. Nehmen Sie wahr, wie sich Ihr Körper anfühlt. Fühlt er sich unwohl, wohl, aufgeregt, entspannt, müde oder neutral an? Lassen Sie Ihren Körper einfach sein, wie er ist, ohne etwas zu verändern.

3. Nehmen Sie jetzt einfach das Gewahrsein wahr, das Ihren Körper schon akzeptiert, wie er ist. Spüren Sie das Gewahrsein, in dem diese Sinnesempfindungen stattfinden.

4. Richten Sie Ihr Interesse auf die Aktivität Ihres Geistes und Ihrer Gedanken. Seien Sie sich einfach bewusst, ob Ihre Gedanken aufgeregt, ruhig, müde, emotional, ängstlich oder neutral sind. Lassen Sie Ihren Geist und Ihre Gedanken sein, wie sie sind, ohne etwas zu verändern.

5. Nehmen Sie jetzt den Raum wahr, in dem sich Gedanken bewegen. Richten Sie Ihr Interesse auf das Gewahrsein statt auf die Gedanken. Nehmen Sie wahr, wie Gewahrsein Ihrem Geist zu sein erlaubt, wie er ist, ohne etwas zu verändern.

6. Beginnen Sie wahrzunehmen, dass waches Gewahrsein aufmerksam, klar und nicht wertend ist. Erkennen Sie auch, dass Gewahrsein nicht müde und ängstlich ist und keine Schmerzen kennt. Nehmen Sie wahr, dass waches Gewahrsein überall ist und Ihrem Körper und Geist innewohnt. Statt sich mit den Zuständen Ihres Körpers und Geistes zu identifizieren oder zu versuchen, diese zu akzeptieren oder zu verändern, richten Sie Ihr Interesse einfach darauf, *was* bewusst ist und akzeptiert.

7. Wie ist Gewahrsein, das die Dinge schon akzeptiert, wie sie sind – genau hier und jetzt? Nehmen Sie wahr, wie Sie sich des nächsten Geräusches bewusst sind, das Sie hören. Hat Gewahrsein einen Ort oder eine Größe? Wie ist es, sich von diesem schmerz- und gedankenfreien Gewahrsein aus bewusst zu sein?

8. Seien Sie sich jetzt einfach des Gewahrseins bewusst, das frei von den Inhalten Ihres Geistes und Sinnesempfindungen Ihres Körpers ist. Bleiben Sie im Gewahrsein, ohne nach oben ins Denken zu gehen oder nach unten in den Schlaf zu sinken. Seien Sie das Gewahrsein, das Ihre Sinnesempfindungen und Gedanken willkommen heißt. Nehmen Sie wahr, dass Gewahrsein nicht von Gedanken, Gefühlen und Sinnesempfindungen getrennt ist.

9. Hören Sie einfach auf, sich auf irgendein bestimmtes Ding zu fokussieren. Sehen Sie alles, ohne etwas Bestimmtes in den Vordergrund zu rücken. Ruhen Sie als das Gewahrsein, das bewusst ist, ohne Denken zu verwenden. Erkennen Sie, dass kein Gedanke oder Gefühl beständig ist? Erkennen Sie, dass Gewahrsein nicht kommt und geht?

10. Lassen Sie einfach sein, und bleiben Sie entspannt und unabgelenkt, ohne sich zu bemühen.

FLÜCHTIGER BLICK 3: **Die Lücke beachten**

Bei dieser Übung geht es darum, waches Gewahrsein in den Lücken zwischen den Gedanken zu finden. Sie kennen vielleicht eine Meditationspraxis, bei der man ein Wort oder einen heiligen Satz, *Mantra* genannt, wiederholt. Hier fokussiert man sich aber nicht auf ein Wort oder seine Bedeutung, sondern auf den Raum – und das Gewahrsein – zwischen den Worten. Es geht dabei darum, dem denkenden Geist die einfache Aufgabe zu geben, ein Wort zu wiederholen. Das soll ihn beschäftigen, während man sich der Lücken zwischen seinen Gedanken bewusst wird. Wenn Sie die Anwesenheit von Gewahrsein im Raum erforschen, kann es sein, dass Sie beginnen, Folgendes wahrzunehmen: Der Raum zwischen den Worten und um sie herum ist dasselbe kontinuierliche Feld von Gewahrsein, von dem aus Sie sich bewusst sind.

1. Beginnen Sie damit, innerlich still und langsam »bla« zu wiederholen. Lassen Sie etwas Zwischenraum: »Bla … bla … bla.« Erlauben Sie, dass das Wort »bla« wie eine Feder durch den Raum Ihres Geistes schwebt. Erschaffen sie keine anderen Gedanken und interessieren Sie sich auch nicht für irgendwelche anderen Gedan-

ken, die auftauchen. Lassen Sie zu, dass »bla« Ihr ganzes Interesse einnimmt und zur ausschließlichen Aktivität Ihres Denkens wird.

2. Beginnen Sie, sich des gedankenfreien Raums zwischen den Worten bewusst zu werden: »Bla« … Raum … »bla«.

3. Richten Sie nun Ihre Aufmerksamkeit auf die Qualität des Raums zwischen den Worten. Können Sie wahrnehmen, dass der Raum nicht nur eine Lücke, sondern selbst bewusst ist? »Bla« … bewusster Raum … »bla« … bewusster Raum … »bla« … bewusster Raum.

4. Spüren Sie das ausgedehnte Gewahrsein zwischen den Worten und überall um sie herum als ein Feld wachen Gewahrseins, in dem gerade das Wort »bla« und andere Gedanken auftauchen. Nehmen Sie Ihren Geist nicht als fest und beständig wahr, sondern als klar, offen und bewusst.

5. Spüren und seien Sie Gewahrsein, das wach und aufmerksam ist, ohne sich mit Denken absichern zu müssen. Seien Sie sich der Empfindung gedankenfreier, aufmerksamer Klarheit bewusst. Nehmen Sie wahr, wie leicht und natürlich Sie alle Erfahrungen willkommen heißen, die entstehen.

Vielleicht ist Ihnen während dieser Übung aufgefallen, dass es zwei Arten von Raum gibt. Die eine ist der physische Raum im Raum – die *Abwesenheit* von Objekten und von Inhalt. Der andere Raum ist *Präsenz*, die bewusst und wach ist. Die Erfahrung, die Sie eben gemacht haben, zeigt, dass Sie bewusst, wissend und intelligent sein können, ohne auf Denken zurückzugreifen. Ob auf dem Bildschirm ihres Bewusstseins Gedanken sind oder nicht – es gibt im Hintergrund ein Wissen, das in den Vordergrund treten und dann zum Grund Ihres Seins werden kann. Dieses stille, ausgedehnte Gewahrsein benutzt Denken nicht, um zu anderen Gedanken zu schauen, damit diese bestätigen, dass Sie wissen, was Sie wissen.

2

UNMITTELBARES ERKENNEN, SCHRITTWEISE ENTFALTUNG

Realisierung besteht aus einem Prozess, der Erkennen, Training und Erreichen von Stabilität umfasst. Es ist so ähnlich wie mit dem Samen einer Blume. Man pflanzt ihn ein, nährt ihn und schließlich wächst er zu einer Pflanze heran und blüht.

TULKU URGYEN RINPOCHE [1]

Als ich ein kleiner Junge war, fiel mir die Schule schwer. Ich wusste, dass ich klug bin, konnte aber nicht zu Papier bringen, was ich in meinem Kopf hatte. Es fiel mir schwer, mich zu konzentrieren und die Reihenfolge von Dingen zu behalten. Zu dieser Zeit wusste ich nicht, dass ich eine Form von Aufmerksamkeitsdefizit- oder Hyperaktivitätsstörung (ADHS) hatte und Legastheniker war. In der fünften Klasse lernte ich intensiv für einen Buchstabiertest und sagte mir: »Daran muss ich denken: Das Wort ›Europa‹ beginnt mit *E-u* und endet mit *p-a*.« Als ich meinen Test zurückbekam, konnte ich nicht verstehen, warum ich es falsch geschrieben hatte. Mein Freund Tim schaute mir über die Schulter, lachte laut und sagte: »Du hast *Eupa* geschrieben.«

Als Kind habe ich Sport geliebt. Jede Art von Sport, ob mit Freunden auf der Straße Fangen spielen oder Mannschaftssport. Ich konnte fokussiert, ruhig und mit anderen verbunden bleiben, wenn ich Sport trieb. In der Highschool war ich Torwart des Eishockeyteams. Während meines ersten Studienjahres spielte ich in einem Spiel besonders gut und half meiner Mannschaft, das andere Team rauszuwerfen.

Im Umkleideraum setzte sich nach dem Spiel mein Freund Bruce neben mich. »Du hast ein paar unglaubliche Schüsse gehalten«, sagte er. »Wie hast du das gemacht?«

»Also, wenn du es wirklich wissen willst …« Ich zögerte und fragte mich, ob ich es wagen konnte, über meine Erfahrung zu sprechen – oder ob ich überhaupt Worte dafür finden würde. »Ich mache diese Sache, die ich ›Augen in meinem Hinterkopf‹ nenne«, begann ich. »Ich öffne mein peripheres Sehen für die Seiten meines Kopfes und lasse es immer weiter gehen – ganz herum bis zu meinem Hinterkopf. Dann passiert eine erstaunliche Veränderung: Die Zeit wird langsam. Ich fühle mich offen und mit allem um mich herum verbunden. Es wird richtig still in mir, und außerhalb wird es auch merkwürdig still. Ich fühle mich wie eine Katze: ruhig, aufmerksam und bereit, mich zu bewegen, wenn es nötig wird. Anstatt dass meine Augen auf eine Sache starren, scheinen alle meine Sinne weit offen zu sein, und ich fühle mich an alles angeschlossen.«

Ich war aufgeregt, dies jemandem zu erklären, statt allein darüber nachzusinnen. »Es ist so«, fuhr ich begeistert fort. »Jemand macht einen Schlagschuss von der blauen Linie aus, und ich sehe den Puck etwa den ersten halben Meter in einer geraden Linie fliegen. Aber dann verliere ich ihn im Durcheinander von Beinen und Schlägern aus den Augen. Danach schießt meine Hand, ohne dass ich darüber nachdenke, nach vorn und der Puck landet in meinem Handschuh.«

Bruce starrte mich mit leerem Blick an. »Oh, das ist cool«, sagte er schließlich, bevor er wegging.

Der Kapitän der Mannschaft, der älter war, musste mitgehört haben, denn nach dem nächsten Spiel kam er zu mir, um mir eine Ausgabe von *Zen und die Kunst des Bogenschießens* in die Hand zu drücken. »Hier, mein Junge«, sagte er. »Lies das. Es ist genau das, worüber du letzte Woche gesprochen hast.«

Ich ging nach Hause und las noch an diesem Abend das ganze Büchlein. Es haute mich um, dass andere ähnliche Erfahrungen gemacht hatten. Wenn ich auch nicht alles in dem Buch verstand, war ich doch überrascht von den Ähnlichkeiten, die der Zen-Ansatz des Bogenschießens und meine Erfahrungen beim Sport aufwiesen. Der Autor schrieb: »Im Falle von Bogenschießen sind der Schütze und das Ziel nicht mehr zwei Objekte, die einander gegenüberstehen, sondern eine einzige Realität.«[2] Die Zen-Methode hilft nicht nur, das eigene Können zu verbessern, sie verwandelt einen Sport auch in ein Übungsfeld für eine neue Lebensweise, die auf einem mühelos bewussten Flow-Zustand beruht.

Diese Art von Zen-Praxis brächte weiter das Gefühl mit sich, »vollkommen leer und befreit vom Selbst«[3] zu sein. Dieser Satz fühlte sich eigenartig vertraut, aber merkwürdig an. Als ich mein Bewusstsein öffnete und das Denken darüber losließ, was ich tat, wurde ich noch aufmerksamer, entspannter und erfolgreicher. Ich fühlte mich von einem Gefühl des Selbst befreit und doch mehr wie mein wahres Selbst. Ich wusste genau, was vor sich ging, doch ich dachte nicht! Gedanken wie »Mach ich etwas falsch?« oder »Streng dich mehr an!« waren nicht da. Ich wollte mehr darüber erfahren, wie ich diese Art zu sein häufiger erleben könnte. Sie schien so wichtig zu sein, dass ich mich fragte, warum wir sie nicht in der Schule behandelten. Schließlich landete ich in der Graduate School mit den Fächern Psychologie und Vergleichende Religionswissenschaft, doch das, wonach ich suchte, fand ich nicht im Unterricht.

Nach einem Jahr Graduate School bekam ich eine hartnäckige Erkältung, und ein Kommilitone riet mir, Dr. Chan aufzusuchen, der in China Arzt gewesen war, bevor er während der Kulturrevolution emigrierte. Dr. Chan lebte und arbeitete im vierten Stock eines Hauses ohne Fahrstuhl in New York Citys Chinatown. Nachdem er mich untersucht hatte, mischte er eine Tüte voll Kräuter, Blätter und Stiele für einen Tee, den ich mit nach Hause nehmen sollte. Dr. Chan war interessiert, als ich ihm erzählte, dass ich vergleichende Spiritualität und Psychologie studierte.

»Möchtest du die Erkältung behandeln oder die Grundursache von Leiden?«, fragte er mich und lachte.

»Die Grundursache der Erkältung?«, antwortete ich, unsicher, ob ich ihn richtig verstanden hatte.

»Ja, genau!«, stimmte er zu. Dann klärte er auf: »Aber auch die Grundursache von Leiden.«

Ich sagte ihm, ich wäre interessiert.

Neben der Tüte mit den Kräutern gab er mir ein taoistisches Buch: *Das Geheimnis der Goldenen Blüte*. »Trink diesen Tee jeden Morgen und Abend«, sagte er. »Lies dieses Buch jeden Tag, bis du es beendet hast, und komm in einer Woche wieder.«

Als ich in der nächsten Woche wiederkam, ging es mir besser. An diesem Tag zeigte mir Dr. Chan, wie ich eine Übung aus *Das Geheimnis der Goldenen Blüte* machen sollte, die »Das Licht des Gewahrseins herumdrehen« heißt. Er erklärte, dass diese Übung in China häufig mit einer Übung verwechselt werde, um die Energie kreisen zu lassen. Dr. Chan schätzte Übungen zum Energiekreislauf, betonte aber, dass diese Übungen nicht dasselbe wären wie das Umdrehen von Gewahrsein.

Ich notierte seine Worte in meinem Tagebuch: »Gewahrsein kommt vor Energie und Gewahrsein ist innerhalb von Energie. Als erstes sehen wir, was Gewahrsein ist, und dann, was Gewahrsein weiß.«

Obwohl ich nicht wirklich genau verstand, worauf Dr. Chans erste richtungweisende Anleitung zielte, versuchte ich es einfach. Mein Gewahrsein schien hinaus in den Raum zu gehen, um sich dann umzudrehen und *durch* meinen Geist und meine Gedanken zurückzuschauen. Gewahrsein bewegte sich durch das, was sich als »Ich« anfühlte – oder zumindest durch das »Ich«, das bisher in meinem Kopf lokalisiert zu sein schien. Das Ergebnis war eine direkte Erfahrung, frei von meinem kleinen Gefühl von Selbst zu sein, und ein grenzenloses Gewahrsein, von dem aus ich jetzt schaute. Ich empfand eine solche Klarheit, Liebe und Verbundenheit, dass ich tatsächlich laut auflachte. Dies war kein ruhiger Meditationszustand; es war eine einfache, aufmerksame, freudige, liebevolle und weise

Unschuld – und es passierte von selbst. Ich fühlte auch süße Traurigkeit, als ob ich mich mit einem geliebten Menschen nach der Rückkehr nach Hause wiedervereinigte. Im Angesicht der Intimität und Schönheit von allem kamen mir Tränen der Freude.

Ich erzählte Dr. Chan von meiner Kindheitserfahrung der »Augen in meinem Hinterkopf«. Darüber freute er sich. Er erklärte mir, dass dies eine der einfachsten, aber kostbarsten uralten Lehren sei. Dr. Chan meinte, an diesen Lehren sollten alle Menschen teilhaben. Er fügte hinzu, dass das Wort »Übertragung« missverstanden worden sei, wenn man es auf die spezielle Energie oder die Kräfte einer Tradition oder eines Lehrers bezog. Er sprach über Institutionen und Gurus, die versuchten, diese einfachen, uralten Lehren geheim zu halten, oder diese Übungen mit Energie (*Chi* oder *Prana*), ruhiger Meditation oder intellektuellen Anschauungen verwechselten. Energie könne von Person zu Person übermittelt werden, aber das Licht des Gewahrseins sei jedem Menschen schon inhärent und könne sich daher nicht von einer Person zu einer anderen bewegen. Alles, was ein Lehrer tun könne, bestehe darin, andere in die richtige Richtung zu lenken. Der Schüler müsse Gewahrseins in sich selbst finden; es sei sogar möglich, ohne einen Lehrer oder eine Schule zufällig auf Gewahrsein zu stoßen.

Nachdem ich an diesem Tag Dr. Chans Praxis verließ, hielt sich die Grundlage wachen Gewahrseins mühelos über die ganze Nacht bis zum nächsten Nachmittag. Dann begann die alte Weise zurückzukehren, »ich« zu sein. Dieser flüchtige Blick in meine wahre Natur war so einfach, dass er mir Vertrauen einflößte. Das Einmalige war, dass man absichtlich und direkt in waches Gewahrsein eintreten konnte. Als ich einmal gelernt hatte, wie man die einfache Bewegung des Bewusstseins vollführt, konnte ich den Wechsel in waches Gewahrsein selbst wiederholen.

Im nächsten Jahr erhielt ich ein Auslandsstipendium. Ich studierte in Sri Lanka Einsichtsmeditation, Vipassana, dann lernte ich bei Lehrern in Indien. Schließlich landete ich in Nepal, wo ich dem tibetischen buddhistischen Lehrer Tulku Urgyen Rinpoche begegnete. Er gab auf

Retreats und auch bei öffentlichen Vorträgen jedem umsonst einfache, aber tiefe, richtungweisende Anleitungen.

In den tibetischen buddhistischen Dzogchen- und Mahamudra-Traditionen ist *Rigpa* oder »waches Gewahrsein« das leere, aber aktive, gewahrseinsbasierte Betriebssystem, von dem aus man lernen kann, wie man lebt. Zurzeit leben wir von einem auf Denken beruhenden Betriebssystem aus, *Sem* genannt. Sem führt zu Verwirrung, die eine dualistische Wahrnehmung mit sich bringt. Richtungweisende Anleitungen werden häufig »Einführung ins Gewahrsein« genannt. Sie sind Hinweise, wie und wo man nach wachem Gewahrsein als der Quelle des Geistes suchen muss. Richtungweisende Anleitungen sind pragmatische, einfache Möglichkeiten, unsere falsche Identität zu durchschauen, indem man seinen Geist auf seinen Geist und Gewahrsein auf Gewahrsein blicken lässt.

Ich fühlte mich besonders zum Sutra-Mahamudra-Stil des Buddhismus hingezogen, der Zugang zu wachem Gewahrsein und die Fähigkeit vermittelt, im Alltag aus von ihm aus zu leben. Die ersten Praktizierenden von Mahamudra waren weder Tibeter noch Mönche; es war eine gemischte Gruppe von Männern und Frauen in Indien – Künstler, Händler, Heiler, Menschen mit Familie, Politiker, Adlige und Ausgestoßene –, die sich alle in der Welt engagierten: nichtsektiererisch, nichtentsagt, unelitär, institutionslos, nichtrituell und nichtdual.

Sam Harris, ein Neurowissenschaftler und der Autor von *Erwachen. Spiritualität jenseits von Glaube und Religion*, der auch bei Tulku Urgyen Rinpoche studiert hat, schreibt darüber, wie wertvoll diese Lernerfahrung für ihn war: »Tulku Urgyen vermittelte mir einfach die Fähigkeit, direkt die Illusion des Selbst durchzutrennen, auch in gewöhnlichen Bewusstseinszuständen. Diese Anleitung war ohne Frage das Wichtigste, was mich jemals ein anderer Mensch explizit gelehrt hat. Es hat mir einen Weg gezeigt, wie man dem normalen Kommen und Gehen psychischen Leidens – Angst, Wut, Scham – sofort entkommen kann.«[4]

Was ist unmittelbares Erkennen und schrittweise Entfaltung?

In einigen Traditionen unterscheidet man zwischen schrittweisem Erwachen und plötzlichem Erwachen. Paradoxerweise ist der Ansatz des offenherzigen Gewahrseins weder das eine noch das andere. Auch Traditionen, die ein schrittweises Erwachen betonen, erkennen an, dass manchen Menschen der direkte Ansatz leichter fallen kann. *Die Achtsamkeits-Revolution* von Alan Wallace beschreibt zehn Stufen progressiven Meditationstrainings in der tibetischen Tradition. Die ersten vier Stufen entwickeln eine einspitzige Aufmerksamkeit und fördern einen achtsamen inneren Beobachter. Die Stufen fünf bis sieben werden »Niederlassen des Geistes in seinen natürlichen Zustand« genannt; eine Übung im Ruhen und Seinlassen, die dem Zen-Ansatz des »Nur-Sitzens« ähnelt.[5] Wallace schreibt: »Von der achten Stufe an geht man weiter zu der noch subtileren Übung, das Gewahrsein von Gewahrsein selbst aufrechtzuerhalten.« Die Übung von Gewahrsein »kann von Anfang an optimal für die sein, die sich stark von ihr angezogen fühlen«.[6]

Offenherziges Gewahrsein beginnt mit Gewahrsein von Gewahrsein. Es ist ein Ansatz der *Essenz*, der auch der *direkte* Ansatz genannt wird. Das Wort *Essenz* kommt von dem lateinischen Wort *esse*, das »sein« bedeutet, aber es impliziert nicht, dass es in unserem Kern eine unveränderliche Substanz gibt. Statt zu machen, zu denken oder zu glauben, beginnt man damit, seine essenzielle Natur zu entdecken – und dann kann man von ihr aus handeln. *Direkt* bezieht sich auf die Fähigkeit, unmittelbar unsere essenzielle Natur zu betreten, in dem Wissen, dass sie schon ganz da ist, ohne hergestellt oder entwickelt werden zu müssen.

In den meisten Traditionen und Kulturen der Erde gibt es in irgendeiner Form einen Essenz-Ansatz, zum Beispiel in der christlichen Mystik und Kabbala, im Sufismus, Zen-Buddhismus, tibetischen Dzogchen und Mahamudra, chinesischen Taoismus, tantrischen Yoga, Advaita Vedanta und im Schamanismus. Es ist auch wichtig festzuhalten, dass Menschen im Laufe der Geschichte von spontanem Erwachen außerhalb jeder religiösen oder spirituellen Tradition berichtet haben.

Alfred Lord Tennyson, ein Dichter des 19. Jahrhunderts, schrieb über seine eigene Erfahrung mit Selbsterforschung, die er in seiner Kindheit entdeckt hatte: »Dies ist über mich gekommen, indem ich meinen eigenen Namen mir selbst still wiederholte, bis ganz plötzlich wie aus der Intensität des Bewusstseins meiner Individualität, Individualität selbst sich in grenzenloses Sein aufzulösen schien. Und dies war kein wirrer Zustand, sondern der klarste, ein Zustand von größter Gewissheit, absolut jenseits von Worten – in dem Tod eine fast lächerliche Unmöglichkeit war –, wobei der Verlust der Persönlichkeit (falls es dazu käme) keine Auslöschung, sondern das einzig wahre Leben zu sein schien.«[7]

Direktes Erkennen ist eine Art Erinnern, keine Erinnerung im wörtlichen Sinn an Informationen, Vergangenes oder Tatsachen, sondern ein tieferes Aufdecken unserer wahren Natur. Im Griechischen lautet das Wort für Wahrheit *aletheia* und sein Gegenteil ist *lethe*, das »Vergesslichkeit« oder »Vergessen« bedeutet. In griechischen Mythen vergisst man, wenn man das Wasser des Flusses Lethe trinkt – der durch Hades' Unterwelt fließt –, wer man ist und bleibt dort, verloren und umherirrend. Wahrheit bedeutet, dass man sich erinnert, und nicht, dass man vergisst. Die Erfahrung direkten Erkennens ist, als ob man aus dem Schlafwandeln erwacht: Sie enthüllt, wer man schon immer gewesen ist.

Der Ansatz des offenherzigen Gewahrseins fokussiert sich darauf, unsere essenzielle Natur aufzudecken oder zu entdecken, um dann unsere Geistesebene zu wechseln, sodass wir von offenherzigem Gewahrsein aus leben können. Weil waches Gewahrsein schon da ist, besteht keine Notwendigkeit, danach zu streben, es erst zu verdienen, herzustellen oder zu entwickeln; es ist auch nicht nützlich, eine passive Haltung einzunehmen und darauf zu warten, dass es einen findet. Waches Gewahrsein, der Seinsgrund, ist für jeden von uns als unsere Essenz gleich erreichbar. Jedoch reicht es nicht, dies einfach zu glauben – oder es intellektuell zu verstehen.

Eine neue Schülerin klagte: »Ich verstehe es nicht. Das ist für mich zu intellektuell!« Ich antwortete: »Es ist vielleicht schwer zu fassen, weil man den Intellekt überhaupt nicht benutzen muss. Dies entspricht nicht unserer gewöhnlichen konzeptuellen Weise, etwas zu wissen.« Der Ansatz des offenherzigen Gewahrseins ist nicht intellektuell, konzeptuell oder linear, daher kann es den Anschein haben, als sei er ungewöhnlich, paradox oder anfangs schwer zu fassen. Als diese Schülerin später eine direkte Erfahrung wachen Gewahrseins machte, bemerkte sie: »Jetzt verstehe ich! Es ist nicht zu intellektuell. Es ist so einfach. Wie konnte ich das übersehen?«

Erwachen bedeutet, dass Wissen, das auf Denken basiert, nicht länger unsere Wahrnehmung beherrscht. Wir wechseln zu einer gewahrseinsbasierten Weise zu wissen und zu sein. Eine Weile können wir desorientiert sein, bevor wir uns auf unserer neuen Ebene des Geistes zurechtfinden. Wir beginnen, indem wir einen Blick auf das Endziel werfen, das schon da ist. Statt irgendeine Technik anzuwenden, um unseren plappernden Geist zu beruhigen, fangen wir mit einem direkten Blick auf waches Gewahrsein an, das schon ruhig, intelligent, liebevoll und inklusiv ist.

Der Ansatz des offenherzigen Gewahrseins beginnt mit Methoden, die ein direktes Erkennen wachen Gewahrseins herbeiführen sollen. Nach dem direkten Erkennen folgt eine schrittweise Entfaltung, bei der wir unsere Emotionen, Gedanken und unser gewöhnliches Funktionieren von wachem Gewahrsein aus neu integrieren. Die Mahamudra-Tradition beinhaltet Übungen für das *Zusammenfügen* und *Mischen* absoluten Gewahrseins mit unserem gewöhnlichen physischen Leben.

Erwachen durch den Ansatz des offenherzigen Gewahrseins beginnt damit, dass man der Selbstlosigkeit von Gewahrsein begegnet. Dieses erste direkte Erkennen wachen Gewahrseins löst einen Prozess aus, der sich schrittweise entfaltend fortsetzt. Manche Traditionen betonen die Notwendigkeit vorangehender Übungen als Vorbereitung auf die Einführung von Gewahrsein von Gewahrsein, um das Erkennen nicht zu minimieren und zum Schlaf der Unwissenheit zurückzukehren. Das moderne Leben ist ein Training, das zu emotionaler Entwicklung sowie zu Fertigkeiten der Konzentration und Disziplin führt. Menschen mit oder ohne Meditationspraxis sind gleich fähig, mit Gewahrsein von Gewahrsein zu beginnen, wenn sie motiviert sind. Beim Ansatz des offenherzigen Gewahrseins liegt die Betonung auf Lehren nach dem Erkennen und darauf, den Prozess der Entfaltung zu kultivieren.

Eine Möglichkeit, den Prozess direkten Erkennens und schrittweiser Entfaltung zu verstehen, besteht darin, ihn in Stufen zu zerlegen: Erkennen, Realisierung, Stabilisierung und Ausdruck. Erkennen ist unsere erste flüchtige Erfahrung wachen Gewahrseins. Die Realisierung ist ein Identitätswechsel, wenn man dazu kommt zu verstehen, dass man *von* wachem Gewahrsein *aus* schaut, der unser Seinsgrund geworden ist. Stabilisierung beginnt, wenn wir in erster Linie waches Gewahrsein als Art des Wissens benutzen. Zum Ausdruck kommt es, wenn man offenherziges Gewahrsein entdeckt und sein Gehirn neu verschaltet hat, um von diesem Bewusstsein aus schöpferisch und in Beziehung zu sein.

Der Ansatz des offenherzigen Gewahrseins dringt direkt zur Wurzel unseres Leidens vor. Er enthüllt die Abwesenheit eines Selbst und die Präsenz natürlicher positiver Qualitäten. In waches Gewahrsein einzutreten, ist ein Wechsel zu einer ganz neuen Weise zu wissen und zu sein. Mit der anfänglichen Bewegung weg vom Alltagsgeist kommt ein Nichtwissen. Mit dem ersten Geschmack von Nichtwissen geht eine gewaltige Freiheit von Kontrolle, Widerstand, Bewerten und Überprüfen durch das Denken in jedem Moment einher. Nichtwissen ist jedoch nicht der Höhepunkt des Prozesses. Nichtwissen ist die Lücke oder Brücke, die zu einer neuen, vollkommen anderen Wissensweise führt, zu einer Art Nichtwissen-das-weiß.

Das Nichtwissen ist Freiheit von Ego-Identifikation, während das Nichtwissen-das-weiß vielleicht das wichtigste Element für die Phasen der Stabilisierung und des Ausdrucks ist. Lernen, wie man in waches Gewahrsein wechselt, ist kein intellektueller oder konzeptueller Lernprozess. Man kann waches Gewahrsein nur dann wahrhaft kennen, wenn man *in* es gewechselt ist und *von* ihm *aus* weiß.

Das Wichtigste ist, nicht nur einmal auf den Weg zu wachem Gewahrsein hinzuweisen, sondern »zu üben, damit es bleibt«. Man beginnt den Prozess, indem man Selbstlosigkeit und Nichtwissen erkennt, und fährt dann fort zu realisieren, dass waches Gewahrsein und nichtkonzeptuelles Wissen unser Seinsgrund sind. Als nächstes erfahren wir die schon verkörperte Präsenz, wechseln dann in Sehen und Wissen von wachem Gewahrsein aus und beginnen schließlich, von verkörpertem offenherzigem Gewahrsein aus zu leben.

Das tibetische Wort für Meditation, *Sgom*, wird mit »Vertrautwerden« übersetzt. Um in wachem Gewahrsein bleiben zu können, muss man es mehrmals kurz erfahren und mit der Sicht von dieser neuen Geistesebene aus vertraut werden. Es gibt einen fortwährenden Tanz von Loslassen und Vertrautwerden mit wachem Gewahrsein als unserem Seinsgrund. Vertrautwerden ist eine Art, sich einzustimmen und waches Gewahrsein auf sich wirken zu lassen, eine Neuverschaltung von Körper und Geist mit dem neuen Betriebssystem, das auf wachem Gewahrsein basiert.

Unser ganzes Körper-Geist-System ist durch unsere Versuche in Mitleidenschaft gezogen, den Schmerz abzuwehren, den unsere falsche Identität verursacht. Aus diesem Grund durchlaufen die meisten von uns einen Entfaltungsprozess, zu dem Auftauen, Entgiften und schrittweise Neuverschaltung der neuronalen Netzwerke gehört. Man lernt, sich durch zunehmende Schmerzen zu bewegen sowie abgelehnte Gefühle und Subpersönlichkeiten willkommen zu heißen – während die engen Knoten von Energie und Glauben allmählich an Gift verlieren. Wir lernen, zu unserem Seinsgrund zurückzukehren, und üben, dort zu bleiben. Der Wechsel zu einer neuen Wahrnehmung, einer neuen Art zu wissen und einer neuen Identität führt zu neuer Vitalität. Als Ergebnis entdecken wir neue Motivation und kreativen Ausdruck.

Es ist wichtig für Sie, herauszufinden, welche Vorübungen, wenn überhaupt, bei der Vorbereitung auf den Geisteswechsel am nützlichsten sind. Sie kennen vielleicht schon Möglichkeiten, um Ihren Körper und Geist zu beruhigen. Sie können mit Yoga-Übungen, Aufmerksamkeit auf den Atem, Klangmeditation oder bewusster Achtsamkeit beginnen. Sie können jedoch nur für kurze Zeit das Tier Ihres Körpers besänftigen und Ihren Geist beruhigen, bevor Sie wieder aufgeregt werden oder in Stress geraten.

Vermeiden Sie die Falle, nur die Vorübungen zu machen; benutzen Sie sie, bis sie ihren Zweck erfüllt haben. Machen Sie zum Beispiel eine einsgerichtete Meditation nur so lange, bis sich Ihr plappernder Geist beruhigt hat. Üben Sie bewusste Achtsamkeit nur solange, bis Sie sehen, dass Sie kein kleines Selbst sind, das auf Denken beruht. Machen Sie dann den nächsten Schritt, der Sie befähigt, waches Gewahrsein kurz zu erblicken – diesen Schritt könnte man »Loslassen«, »Hingeben«, »Wenden«, »Loslösen«, »Wechseln« oder »Auflösen« nennen.

Wenn man einmal dazu übergegangen ist, auf eine Art zu wissen, die auf Gewahrsein beruht, beginnt eine vollkommen neue Phase des Wachstums – ein Wachstum, das bisher unmöglich war. Jeder von uns hat andere Knoten oder Arten von Widerstand, daher müssen wir uns unterschiedlich vorbereiten, bevor wir loslassen können. Wenn wir erwachen, ist es wichtig, unsere Entwicklung im physischen, emotionalen, mentalen und relationalen Bereich fortzusetzen. Wenn wir in anderen Bereichen des Lebens heranwachsen, unterstützt dies unsere Entfaltung. Ohne den Identitätswechsel, den das Erwachen mit sich bringt, kann man jedoch nur bis zu einer bestimmten Entwicklungsstufe reifen. Von unserem neuen Gefühl der Identität aus lösen sich spontan viele der Probleme und emotionalen Komplikationen, die wir erleben, und wir öffnen uns für eine ganz neue Perspektive. Es gibt nicht nur eine einzige richtige Art und Weise, waches Gewahrsein zu betreten oder dazu überzugehen, von ihm aus zu leben, aber es existieren ein paar allgemeine Prinzipien und Wege.

Die Wege direkten Erkennens

Die zwei üblichsten Methoden, um unsere wahre Natur direkt zu erkennen, sind die *Methode des Schauens* und die *Methode des Innehaltens*. In der christlichen mystischen Tradition werden diese zwei Ansätze als *Via Positiva* (die Methode des Schauens) und *Via Negativa* (die Methode des Innehaltens) bezeichnet. Die Via Positiva empfiehlt: »Suche und du wirst finden.« Die Via Negativa empfiehlt: »Gib auf zu suchen und du wirst finden.« Die meisten Meditationswege enthalten Aspekte beider Ansätze. Außerdem stimmen Via Positiva und Via Negativa darin überein, dass die Ego-Identifikation das Hindernis ist zu erwachen.

Via Negativa bedeutet nicht, negativ zu sein. Dieser Weg besteht darin, all die vielen Dinge zu negieren, die die lebendige Wahrheit unseres Seins verdunkeln. Es ist die spirituelle Praxis zu dekonstruieren, aufzulösen und loszulassen, was *nicht* unsere wahre Natur ist. Wir lernen, solange innezuhalten, bis das, was uns bindet und blind macht, schließlich nachgibt. Die Suche danach, wer man ist, beginnt damit, alles loszulassen und zu schauen, wer oder was übrig bleibt. Die verbreitetste Form dieser Erfahrung ist Sitzmeditation.

Die Via Positiva oder Methode des Schauens ist die Art und Weise, Geist, Realität, waches Gewahrsein oder wahre Natur so einfach und direkt wie möglich zu suchen. Die besondere Methode des Schauens, die wir erkunden, ist eine Form der Untersuchung, bei der man Gewahrsein absichtlich und direkt umdreht, um zu sehen, dass Gewahrsein die Quelle des Geistes und unser Seinsgrund ist.

DIE METHODE DES INNEHALTENS

Der Buddhismus in Form seiner frühesten Theravada-Tradition betont die Methode des Innehaltens – die am weitesten verbreitete Methode für direkten Zugang zu unserer wahren Natur. Das Ziel der vier Grundlagen von Achtsamkeit besteht darin, jeden einzelnen der mentalen Prozesse zu sehen, die zusammen das Gefühl eines getrennten, beständigen Selbst hervorrufen. Buddha vermied es, Erwachen oder Erleuchtung in positiven Begriffen zu beschreiben. Stattdessen sprach er von Freiheit von Leiden, Angst, Anhaften und Hass. Es gibt sogar extreme Formen von Via Negativa, die jegliche Aktivität, auch Meditation, als eine Anstrengung des Egos betrachtet, die die Realisierung verdunkelt. Dieser Ansatz sagt: »Es gibt keine Methode. Es gibt nichts zu tun. Du bist schon wach; Du musst nur alle Anstrengung sein lassen. Sei still.« Es ist möglich, unabsichtlich zu erwachen; der Satz »Es gibt nichts zu tun« ist jedoch eigentlich eine hinweisende Anleitung, die eine geringe anfängliche Anstrengung verlangt, um die Bemühungen des Egos zu stoppen.

Bei der Methode des Seinlassens sitzt man und beginnt, sich von allen äußeren Aufgaben zurückzuziehen. Dann lässt man alle innere Identifikation mit Handeln, Beobachten, Analysieren, Bewerten und Kontrollieren los. Die Methode des Seinlassens versucht, über das Ego als Macher hinauszugehen, indem man ihm seinen Job wegnimmt. Die Methode versucht nicht, ein imaginäres Bild, eine Philosophie, Erinnerung oder Vorstellung von wachem Gewahrsein herzustellen. Manche Methoden des Seinlassens fordern uns dazu auf, Gedanken nicht zu beachten; andere fordern dazu auf, Gedanken einfach vorüberziehen zu lassen. Der Zen-Buddhismus verwendet zwei verschiedene Ansätze der Via Negativa zum Loslassen der falschen Identität, damit die wahre Natur erscheinen kann: die *Koan*-Praxis und »einfach Sitzen«. Die Koan-Methode konfrontiert Schüler, scheinbar als Methode des Schauens, mit einer Frage wie zum Beispiel: »Wie klingt eine klatschende Hand?« Die Absicht ist nicht, dass der Meditierende eine Antwort findet, sondern sowohl den Sucher als auch die gewohnte Art konzeptuellen Wissens zu dekonstruieren. Koans schließen das konzeptuelle Denken mit einem Problem kurz, das es nicht lösen kann, was dazu führt, dass es sich erschöpft und seinen Anspruch aufgibt, die primäre Art des Wissens zu sein. Wenn der Schüler über ein Koan nachdenkt, versucht er eine Antwort zu finden, bis der Alltagsgeist aufgibt und enthüllt wird, dass seine wahre Natur spontan da ist.

Die »Einfach Sitzen«-Methode (japanisch *Shikantaza*) kann man mit dem Zen-Sprichwort zusammenfassen: »Trübes Wasser – stehen lassen – wird klar«. Mit anderen Worten: Man hält einfach an, ruht und lässt alles sein, wie es ist. Dann kann der Alltagsgeist seine permanente Erregung aufgeben. Wenn der Alltagsgeist sich vom mentalen Muster der Ego-Identifikation ausruht, gibt er seinen Anspruch auf die primäre Ebene von

Geist und Identität auf. Beruhigt und setzt sich der Alltagsgeist, enthüllt sich die Klarheit wachen Gewahrseins.

Adyashanti, der in seiner Lehre sowohl Methoden des Schauens als auch Seinlassens verwendet, liefert eine hilfreiche moderne Beschreibung der Methode des Seinlassens, die er »wahre Meditation« nennt:

> In der wahren Meditation werden alle Objekte (Gedanken, Gefühle, Emotionen, Erinnerungen usw.) ihrem natürlichen Funktionieren überlassen. Dies bedeutet, dass keine Anstrengung unternommen werden soll, sich auf ein Objekt des Gewahrseins zu fokussieren, es zu manipulieren, zu kontrollieren oder zu unterdrücken. In der wahren Meditation liegt die Betonung darauf, Gewahrsein zu sein; es geht nicht darum, sich irgendwelcher Objekte bewusst zu sein, sondern als ursprüngliches Gewahrsein selbst zu ruhen. Ursprüngliches Gewahrsein ist die Quelle, in der alle Objekte entstehen und vergehen.
>
> Wenn man sich behutsam in Gewahrsein, in Zuhören hinein entspannt, wird die zwanghafte Kontraktion des Geists um Objekte nachlassen. Die Stille des Seins wird deutlicher ins Bewusstsein treten als ein Willkommen zu ruhen und zu verweilen. Eine innere Haltung offener Rezeptivität, frei von jeglicher Orientierung auf ein Ziel oder Erwartung, wird erleichtern, dass sich die Präsenz von Stille und Ruhe als Ihr natürlicher Zustand enthüllt.[8]

DIE METHODE DES SCHAUENS

Bei den Methoden des Schauens geht es darum, unsere gegenwärtige, falsche Identität zu durchschauen, um die Grundlagen der Freiheit zu finden, die schon da ist. Wenn man entdeckt, dass waches Gewahrsein schon wach und verfügbar ist, ohne erst entwickelt werden zu müssen, dann versteht man, was der heilige Franz von Assisi mit den Worten meinte: »Das, wonach wir suchen, ist das, was sucht.«[9]

Die Anleitungen, die mir Dr. Chan und Tulku Urgyen gaben – mein Gewahrsein umzuwenden, um durch das zurückzuschauen, was ich für »mich« hielt –, waren Methoden des Schauens. Sie zeigten mir, wo und wie ich nach der wahren Natur meines Geistes suchen sollte. Wenn ein Lehrer solche Hinweise gibt, ist seine Aufgabe erfüllt. Man muss selbst suchen und finden, denn der Lehrer kann einem das nicht abnehmen. Wenn man einmal weiß, wo und wie man suchen soll, kann man ohne einen Lehrer *im Inneren hinweisen.*

Garab Dorje, der erste Lehrer des tibetischen Dzogchen, hat eine sehr einfache Beschreibung direkten Erkennens und schrittweiser Entfaltung geben, genannt »Die Drei Lebenswichtigen Punkte«. Der erste Punkt besteht darin, unsere eigene wahre Natur direkt zu erkennen. Der zweite darin, selbst zu entscheiden, dass dies wahr ist – das heißt, man hat seine wahre Natur erkannt und weiß von wachem Gewahrsein aus. Der dritte Punkt besteht darin, zuversichtlich die sich entfaltende Befreiung fortzusetzen.

Wenn man einmal waches Gewahrsein als seine wahre Natur erkannt hat, liegt es an einem selbst, in ihm zu bleiben und dann zu lernen zurückzukehren, wenn man sich wieder mit etwas identifiziert. Um mit wachem Gewahrsein vertrauter zu werden, muss man die Hinweise finden, die am besten für einen funktionieren. Gewahrseinserforschung im Stil von Sutra Mahamudra ist ein Hinweisen im Inneren, mit dem man lernt, selbst zu schauen. Wenn man dieses Hinweisen im Inneren täglich praktiziert, Gewahrseinserforschung nutzend, um die Ego-Identifikation aufzugeben, macht man die Übung flüchtiger Blicke viele Male. Andere Methoden des Schauens werden in vielen Traditionen gelehrt, darunter die Selbsterforschungspraxis mit der Frage »Wer bin ich?« in der Advaita-Tradition oder »Den Rückwärtsschritt machen« in der Zen-Tradition.

Wenn wir das Licht des Gewahrseins auf den Beobachter richten, kann kein Beobachter gefunden werden, der sich mit dem Ego identifiziert. Wir machen die Erfahrung, über die Dualität von Subjekt und Objekt hinauszugehen. Der Beobachter, der im Kopf lokalisiert zu sein schien, wird nun als keine unabhängige Existenz besitzend erfahren. Erstaunlicherweise gibt es nicht nur Leere als Abwesenheit, sondern ein lebendiges, ausgedehntes Wissen ohne einen bestimmten Ort, von dem aus man beobachtet. Egolosigkeit oder Durchschauen der Illusion eines getrennten Selbst ist nicht das Ende. Es muss ein Bewusstsein dafür existieren, was an Stelle des Egos als neue Grundlage der Identität und als Handlungsbasis dient. Manche Menschen erreichen diese Stufe des Erwachens, wissen jedoch nicht, wie sie sich weiter entfalten können. Während einer telefonischen Beratung erzählte mir ein Mann namens Eric: »Ich fing an, im Internet über Erleuchtung zu lesen und hatte dann eine verwirrende Erfahrung. Die Person ›Eric‹ verschwand und war anscheinend nicht existent. Es gab kein ›Ich bin‹ – nur eine Leere, wie wenn ein Raum voller Möbel ausgeräumt ist.« Wenn man sich auf diesen Übergang von Selbstlosigkeit fokussiert, als wäre sie das Ziel, kann das dazu führen, dass man auf halbem Weg anhält. Es ist so, als hätte man das Ziel, von der Ostküste zum Pazifischen Ozean zu fahren, würde aber am Grand Canyon anhalten und dort leben. Man kann in der Stille, in einem Wirbel auf dem Weg hängenbleiben; im Zen wird das die »Leere der Leere« genannt.

Die tibetische Wendung für *Erkennen* lautet übersetzt: »zurück auf das eigene Gesicht schauen«. Waches Gewahrsein ist so vertraut und nah wie Ihr eigenes Gesicht. Viele berichten, dass »es sich anfühlt, als käme man nach Hause«, wenn sie zum ersten Mal waches Gewahrsein erkennen. Sich umzudrehen, um zu schauen und Gewahrsein zu erkennen, ist nicht der physische Prozess des Schauens mit Augen. Die Fähigkeit wachen Gewahrseins, sich selbst zu kennen, hat man *reflexives Gewahrsein* genannt. Das Wort reflexiv bedeutet »zurück auf sich selbst gerichtet oder gewendet«. Das reflexive Gewahrsein unterstreicht, dass unsere wahre Natur schon da ist.

Wie findet man aber dieses erste Gewahrsein, das sich umdrehen und sich selbst zuwenden kann, wenn man sich des Gewahrseins bewusst werden soll? Damit Gewahrsein reflexiv sein kann, braucht man eine neue

Art, zu sehen und zu wissen, wer oder was sich umwendet oder zurücktritt. Lokales Gewahrsein ist erfahrungsgemäß die Antwort auf die Frage, um die es hier geht, denn es kann von einem Zustand der Identifikation zu Freiheit übergehen. Da nur Gewahrsein Gewahrsein erkennen kann, ist es ein notwendiger erster Schritt, sich mit lokalem Gewahrsein vertraut zu machen. Als Kinder haben viele von uns den *Hokey Pokey* gesungen und getanzt: »Du machst den Hokey Pokey und du drehst dich um. Darum geht es.« Ein hintersinniger Aufkleber fragt: »Was wäre, wenn es *wirklich* nur um den Hokey Pokey ginge?« Meine Erfahrung ist jedenfalls, dass es ganz allein darum geht, »sich umzudrehen«.

Die zwei Kehrtwendungen des Gewahrseins

Ramana Maharshi schrieb über Erwachen: »Außer der Selbsterforschung gibt es keine angemessenen Mittel.«[10] Er sagte, Selbsterforschung sei einfach und direkt. »Wenn man untersucht, ›wer ich bin‹, geht der Geist zurück zur Quelle … Man lässt den Geist nicht nach außen gehen, sondern hält ihn im Herzen zurück …«[11] Im ersten Teil der Selbsterforschung kehrt der Geist zu seiner Quelle zurück. Dann wird ein neuer Ort für den Geist »im Herzen« eingerichtet, damit man leben kann. Das ist eine gute Beschreibung des offenherzigen Gewahrseins.

Sehen wir uns einmal näher an, wie diese neue Methode des Schauens funktioniert. Anleitungen zur Selbsterforschung aus verschiedenen Traditionen sagen: »Der Geist geht zurück zur Quelle«, »Mach den Schritt zurück«, »Richte das Licht in die entgegengesetzte Richtung« und »Lass den Geist den Geist anschauen.« Die wichtige Frage lautet hier: Was tritt zurück? Was wendet sich um? Wo sind der Geist oder das Licht, die sich umwenden und die Quelle finden können? Unser konzeptueller Alltagsgeist kann waches Gewahrsein nicht kennen. Sogar Aufmerksamkeit und unser subtiler Geist, die bei Achtsamkeit verwendet werden, können das wache Gewahrsein nicht finden. Nichtsdestotrotz müssen wir beginnen, von dort aus zu forschen, wo wir gerade sind. Wir werden entdecken, dass lokales Gewahrsein fähig ist, sich von unseren Gedanken zu lösen und ausgedehntes Gewahrsein zu finden.

Der erste Schritt der Selbsterforschung des Gewahrseins besteht darin, den denkenden Geist zu benutzen, um die Worte der Frage zu verstehen, die man zu lösen versucht. Der nächste Schritt ist zu verstehen, wie man schauen, wo man schauen und womit man schauen soll. Wenn man Denken benutzt, um Denken anzuschauen, erneuert man damit die Ego-Identifikation oder das mentale Muster, über das wir hinauszugehen versuchen. Beim Ansatz des offenherzigen Gewahrseins schaut lokales Gewahrsein durch das mentale Muster des »Ich« hindurch oder löst sich von ihm ab. Man kann dann untersuchen: »Gibt es hier ein ›Ich‹? Welche Farbe hat es? Form? Größe?« Das Ergebnis ist, dass nirgendwo ein getrennter Beobachter gefunden werden kann. Wenn man nichts oder niemanden findet, der ein Subjekt ist, beginnt man das ausgedehnte Gewahrsein zu empfinden, das unseren Gedanken und Sinnesempfindungen inhärent ist.

In diesem Schritt entdeckt man die Fähigkeit von Gewahrsein, sich umzuwenden, um sich selbst zu kennen, statt nach außen und voraus auf Objekte in der Welt zu schauen. Gewahrsein muss selbst schauen – und sich selbst finden –, um wirklich befreit zu sein. Bei dieser Methode des Schauens geht es darum, sich umzuwenden, um durch die beobachtende Position der Ego-Identität zurückzuschauen und jenseits davon zu blicken. Der Ort des Beobachters öffnet sich oder löst sich auf, wenn man das tut. Man kann nicht aufhören, indem man die Abwesenheit der Ego-Identität oder den Raum anschaut, wo bisher die Ego-Identität war. Hier muss man das Gewahrsein finden, das immer schon geschaut hat.

Gewahrsein muss sich selbst suchen – und finden –, um von einem neuen Seinsgrund aus zu leben, der nicht im Ego zentriert ist oder sich mit ihm identifiziert. Hier verlassen wir unseren Alltagsgeist und entdecken das Gewahrsein, das immer schon geschaut hat. Ausgedehntes Gewahrsein besitzt Intelligenz und Intentionalität; daher kann man von ihm aus fokussieren, wählen und handeln.

Hier eine kurze Beschreibung des Prozesses der Gewahrseinserforschung: Sie können damit beginnen, lokales Gewahrsein vom Denken zu lösen, und dann dazu übergehen, sich weiträumigen Gewahrseins bewusst zu werden. Sie machen die erste Kehrtwendung zu sich selbst in Gewahrsein und Identität, bei der Sie davon ablassen, hinaus in die Welt oder auf den Inhalt des eigenen Geists zu schauen. Sie lassen das Gewahrsein sich umdrehen und zurück durch den Betrachter schauen, um sich selbst zu finden. Als Ergebnis entdecken Sie möglicherweise, dass Gewahrsein schon von sich aus seiner selbst bewusst ist. Wenn Sie sich einmal in wachem Gewahrsein eingerichtet haben, können Sie die zweite Kehrtwendung zu sich selbst machen. Sie betrachten jetzt die Inhalte Ihres Geistes und Körpers aus der Perspektive eines transzendenten, mühelosen, achtsamen Beobachters und schließen sie mit ein. Als nächstes erkennt Gewahrsein sich selbst in unserem Körper als verkörperte Präsenz. Dann können wir den einen Geschmack der Einheit aller Dinge erfahren. Vom offenherzigen Gewahrsein aus können wir schöpferisch und in Beziehung sein und dabei eine bedingungslose, liebevolle Verbundenheit mit allem empfinden.

Wir werden herausfinden müssen, wo gegenwärtig das Gewahrsein lokalisiert ist, das unsere essenzielle Natur entdecken kann. Bedenken Sie die traditionelle Metapher für Erforschung: einen Kieselstein in einen See fallen lassen. Wenn der Kieselstein aus konzeptuellem Denken besteht, ist er schwer und dicht wie ein Stein und kann daher das Wasser nicht kennen. Bei flüchtigen Blicken besteht der Kieselstein aus dem, wonach er sucht: Wasser in Wasser, Gewahrsein ist sich Gewahrseins bewusst. Lokales Gewahrsein kann wie ein Tropfen Wasser seine Quelle erkennen; wenn ein Tropfen Wasser in den See fällt, kommt er nach Hause.

Wo nur ist das Gewahrsein?

Schauen wir uns nun an, wie Gewahrsein normalerweise im Hintergrund verborgen ist, sich mit Denken identifiziert oder in der Mitte unserer Art, wie wir wahrnehmen, gefangen ist. Gewahrsein ist normalerweise beschränkt auf ein Medium des Wissens, eine Verbindung zwischen Ihnen und dem, was Sie sehen. In vielen Meditationssystemen werden Gewahrsein, Aufmerksamkeit und Bewusstsein behandelt, als wären sie dasselbe. In der westlichen Psychologie und selbst in der Umgangssprache verwendet man die Worte »gewahr« und »bewusst« als bedeuteten sie dasselbe, wie zum Beispiel »Ich bin dessen gewahr, was ich lese« und »Mir ist bewusst, was ich lese«. Auch verwenden wir »Gewahrsein« und »Aufmerksamkeit«, als wären sie austauschbar: »Richten Sie Ihr Gewahrsein auf das, was Sie hören« und »Richten Sie Ihre Aufmerksamkeit auf das, was Sie hören«. In diesem Sinn betrachtet man Gewahrsein als eine eingeschränkte Art von Bewusstsein, die »zwischen« mir als dem Subjekt und einem Objekt steht, wie zum Beispiel »Ich bin mir dieser Tasse bewusst«. In diesem Fall ist Gewahrsein das Medium, die Verknüpfung zwischen Ihnen – dem, der schaut – und der Tasse, die das Objekt ist, das gesehen wird.

Waches Gewahrsein ist nicht das Medium *zwischen* Ihnen und einem Objekt; es ist die Grundlage dessen, wer Sie sind und wie Sie wissen. Gewahrsein, so wie es hier verstanden wird, unterscheidet sich von »bewusst«, »Aufmerksamkeit« und »Bewusstsein«. Sogar achtsame Aufmerksamkeit kann nicht waches Gewahrsein oder die wahre Natur dessen kennen, der Sie sind. Unser gegenwärtiges »Ich«-Gefühl ist um selbstreflexives Denken herum gebaut, daher ist Gewahrsein in der Mitte gefangen und reduziert auf eine Funktion oder ein Werkzeug von Denken und Identität. Mit der Methode der Gewahrseinserforschung wechseln wir von reflexivem Denken (Denken über Denken) zu reflexivem Gewahrsein (Gewahrsein von Gewahrsein). Anstelle von Denken, das auf Denken schaut, schaut Gewahrsein auf Gewahrsein – und kann dann Denken umfassen.

Gegenwärtig wird Gewahrsein nicht als das erfahren, *von wo aus* wir beobachten, sondern fühlt sich so an, als wäre es in der Mitte, wie zum Beispiel »Ich bin mir bewusst, dass ich die Tasse sehe«.

- Gewahrsein beginnt, als wäre es ein funktionales Werkzeug des »Ich«, wie in: Ich bin → mir bewusst →, dass ich die Tasse sehe.
- »Ich« ist ein Denkmuster – Ego-Identifikation –, das sich für das Subjekt hält.
- »Ich bin« ist gegenwärtig mit »Ich« statt mit Gewahrsein verbunden.
- Gewahrsein ist auf Aufmerksamkeit als ein vermittelndes Hilfsmittel bewussten Fokussierens reduziert.
- »Sehen« ist der besondere Sinn, der hier benutzt wird.
- Die Tasse ist das Objekt des Fokus – »das Gesehene«.

Wenn lokales Gewahrsein eine Kehrtwendung zu einem selbst macht und zurückblickt, durchschaut es die Ego-Identifikation und entdeckt, dass waches Gewahrsein jetzt da ist, wo »Ich bin« lokalisiert ist.

Lokales Gewahrsein geht hinaus zur Tasse, dann von der Tasse zurück zum Sehen, dann durch das »Ich« zurück zu wachem Gewahrsein.

Die normale Weise der Wahrnehmung:

Ich bin → mir bewusst →, dass ich die Tasse (das Gesehene) → sehe.

Die Wendung zu einem selbst kehrt den Prozess um:

Gewahrsein des Gesehenen → sich bewusst sein, dass man sieht → zurück durch das »Ich«-Muster der Ego-Identifikation hindurchsehen → zu dem, was sich seiner selbst, des Sehens und Gesehenen bewusst ist.

Eine einfache Version einer Kehrtwendung:

Gewahrsein des Gesehenen → Gewahrsein des Sehens → Ruhen als das, was sich des Sehens bewusst ist.

Waches Gewahrsein kann von dem Zustand, in der Mitte als einem Modus der Wahrnehmung festzustecken, dazu übergehen, sich umzudrehen und zurück durch das mentale Muster des »Ich« zu schauen, um waches Gewahrsein zu finden. Waches Gewahrsein wird zum primären Ort der Beobachtung. Das »bin« von »Ich bin« ist nicht länger im Denken lokalisiert, sondern wird jetzt von einem grenzenlosen Feld wachen Gewahrseins aus gefühlt, das durch Denken, Wahrnehmung und Sehen mit der Tasse und dem Raum rundherum verbunden ist.

FLÜCHTIGER BLICK 1: **Das Gesehene, Sehen und Gewahrsein**

Bei diesem flüchtigen Blick verwenden Sie Ihren Gesichtssinn, um sich des Gewahrseins bewusst zu werden. Als Gegenstand des Fokus können Sie die Worte auf dieser Seite benutzen, während Sie lesen, oder Sie lernen die Übung erst und probieren sie dann mit einem anderen Objekt aus, beispielsweise einer Tasse.

1. Werden Sie sich der Worte auf dieser Seite als Objekte bewusst.
2. Nehmen Sie wahr, wie Sie normalerweise die Worte auf der Seite sehen: Sie schauen vom Subjekt (»Ich«) aus nach außen zum Objekt (Worte). Halten Sie fest: »Ich bin mir bewusst, dass ich die Worte sehe.«
3. Kehren Sie nun den Prozess um. Nehmen Sie die Worte als *das Gesehene* wahr.

4. Seien Sie sich als nächstes des Lichts bewusst, das die Seite reflektiert und zu Ihren Augen als *Sehen* kommt.

5. Folgen Sie jetzt Ihrem Gewahrsein zurück, um als *das* zu ruhen, *was sich des Sehens bewusst ist.*

6. Lassen Sie Ihr Gewahrsein sich zurückbewegen von dem Gesehenen … zum Sehen … und dann durch das »Ich«, um als das zu ruhen, was sich des Sehens bewusst ist.

7. Lassen Sie das Gewahrsein sich von der Seite des Buches zurückbewegen, um das Gewahrsein dahinter und im Inneren zu entdecken, das schon bewusst ist und schaut.

8. Lassen Sie das Gewahrsein ruhen, bis es das wache Gewahrsein entdeckt, das mühelos die Worte liest.

FLÜCHTIGER BLICK 2: **Gewahrsein von Gewahrsein**

1. Schauen Sie ein Objekt im Raum an. Nehmen Sie wahr, dass Sie sich dieses Objekts bewusst sind.

2. Nehmen Sie nun wahr, dass Sie sich des Sehens bewusst sind.

3. Schließen Sie jetzt Ihre Augen und fühlen Sie, dass dasselbe Gewahrsein, das gewohnt war, nach draußen zu sehen, sich jetzt des Gewahrseins bewusst sein kann. Erlauben Sie, dass Gewahrsein an sich selbst interessiert und seiner selbst bewusst ist: Gewahrsein lehnt sich zurück, um das Subjekt und Objekt zu werden. Spüren Sie Gewahrsein als intim, weich, ausgedehnt und überall vorhanden.

4. Lassen Sie jegliches Interesse an Gedanken, Sätzen, Vorstellungen oder Meinungen los. Erlauben Sie Ihrem Gewahrsein, vollkommen an Gewahrsein interessiert zu sein.

5. Lassen Sie das Gewahrsein als das Gewahrsein ruhen, das sich schon kennt und sich entstehender Erfahrungen bewusst ist.

6. Nehmen Sie wahr, wie es ist, vom Gewahrsein statt vom Denken oder von der Ego-Identifikation aus bewusst zu sein.

FLÜCHTIGER BLICK 3: **Gewahrseins-Yoga**

In einem Yoga-Kurs lernt man, wie man seinen Körper bewegt, um sich erneuert, erfrischt, ausgeglichen und wieder mehr eins zu fühlen. Bei dieser Übung lernen wir, zum selben Zweck Gewahrsein zu bewegen. Verwenden Sie die folgenden vier Hinweise nacheinander, um Ihre Sicht zu verändern. Halten Sie zwischen ihnen inne, um wahrzunehmen, worauf sie hinweisen. Seien Sie einfach neugierig, statt zu versuchen, den Sinn der Aussage zu verstehen. Überlassen Sie es Ihrem Gewahrsein zu schauen. Wiederholen Sie jede einzelne Übung so oft Sie möchten. Sie können diese Sätze mit offenen oder geschlossenen Augen sprechen, ganz wie Sie möchten. Wichtig ist, das Gewahrsein zu wechseln, um zu schauen und zu *fühlen*, von wo aus Sie nach dem Wechsel des Gewahrseins schauen.

- Schauen Sie von Gewahrsein aus, um zu sehen, was der nächste Gedanke sein wird.
- Schauen Sie von Gewahrsein aus, um den Raum zu spüren, durch den sich Gedanken bewegen.
- Schauen Sie von Gewahrsein aus, um zu sehen, was sich des Raums und der sich bewegenden Gedanken bewusst ist.

- Schauen Sie von Gewahrsein aus, und ruhen Sie als das Feld von Gewahrsein und Lebendigkeit, das ausgedehnt und allgegenwärtig ist.

FLÜCHTIGER BLICK 4: **Kehrtwendung zu Ihnen selbst**

1. Lösen Sie lokales Gewahrsein vom Denken und schicken Sie lokales Gewahrsein nach oben zu einem Winkel des Zimmers.
2. Lassen Sie nun dieses lokale Gewahrsein zurück zu demjenigen und durch ihn hindurch schauen, der es geschickt hat.
3. Nehmen Sie wahr, dass es bei wahrem Sehen nichts zu sehen gibt.
4. Beachten Sie die Abwesenheit eines lokalen Beobachters in Ihrem Kopf. Weder gibt es einen Beobachter noch das Beobachtete – nur Beobachten. Nehmen Sie den grenzenlosen Raum wahr, von dem aus Sie sich bewusst sind.
5. Fühlen Sie von dem zusammenhängenden Feld des Gewahrseins aus, das sich seiner selbst bewusst und jetzt das ist, was sieht. Ruhen Sie als dieses ausgedehnte Gewahrsein, das sich dessen bewusst ist, was ist.
6. Wenn Sie entscheiden, Gewahrsein zu einer Ecke des Zimmers vor Ihnen zu schicken, dann schicken Sie jetzt Gewahrsein zu einer Ecke hinter sich und wiederholen Sie die anderen Schritte.

3

LOKALES GEWAHRSEIN

Wende einfach das Licht um;
dies ist unübertroffene sublime Wahrheit.
DAS GEHEIMNIS DER GOLDENEN BLÜTE[1]

Wir alle sehnen uns nach Freiheit, aber wirkliche Freiheit ist keine Qualität, die man erwirbt; wirkliche Freiheit ist das, was man schon ist. Freiheit entsteht aus einem tiefen Gefühl von Wohlbefinden, das von keinen äußeren Lebensumständen abhängt. Doch auch wenn wir wirkliche Freiheit gekostet haben, können die meisten von uns nicht herausfinden, wie sie bewusst zu ihr zurückkehren können. Was unserem Ansatz fehlt, sind nicht Bereitschaft, intellektuelles Verstehen oder Mühe, sondern die Mittel, die uns heraus aus der Verwirrung, die unser Leiden verursacht, und hinein in die neue Art des Seins bringen.

Einer meiner Schüler, der erst vor Kurzem gelernt hat, sein Gewahrsein zu erforschen, ging mit Freunden essen, die er länger nicht gesehen hatte. Er merkte, dass er ängstlich und befangen war, und versuchte, sich zu beruhigen, aber nichts änderte sich. Dann erinnerte er sich daran, dass er eine Methode gelernt hatte, lokales Gewahrsein abzulösen und in einen natürlichen Zustand inneren Friedens zu wechseln. Er hatte diese Methode bisher nur in der stillen Abgeschiedenheit seiner Wohnung ausprobiert, doch an diesem Abend entschied er sich zu schauen, ob sie bei der Tischgesellschaft wirken würde.

Während die anderen dem Kellner ihre Bestellung aufgaben, entdeckte er, dass er nur kurze Zeit brauchte, um sein lokales Gewahrsein von seinem schmerzhaften, kontrahierten Zustand der Befangenheit zu lösen und zu einer neuen Weise zu sehen und zu sein überzugehen. Später erzählte er mir: »Ich habe sofort Erleichterung gespürt. Mein innerer Richter war nicht mehr da – der Kritiker von mir selbst und anderen –, und dadurch wurde es mir möglich, meinen Freunden auf eine Weise zuzuhören, die viel engagierter, herzlicher und gelassener war. Solange der Kritiker da war, hatte ich nicht einmal bemerkt, wie sehr dieser ängstliche Richter meine Welt beherrschte.«

Von der allerersten Erfahrung an, lokales Gewahrsein zu verschieben, berichten viele von einer Befreiung oder einer Entlastung – als würden sie einen schweren Rucksack ablegen. Manchmal nehmen sie wahr, dass negative Qualitäten verschwunden sind, die sie ihr ganzes Leben lang verfolgt haben; sie spüren eine Erleichterung von Sorge, Aufregung, Angst, zwanghaftem Denken, Scham und Bewertung. Andere bemerken, dass positive Qualitäten wie Friede, Raum, Einheit und Liebe spontan entstehen. Wenn man versucht, lokales Gewahrsein von Gedanken zu lösen, findet man heraus, dass der Nutzen sofort spürbar ist. Der nächste Schritt ist, zu lernen, in welche Dimension man bewusst wechseln sollte. Man muss nicht mitten in seiner Arbeit oder einem gesellschaftlichen Beisammensein den Raum verlassen und eine halbe Stunde meditieren, um den inneren Frieden zu entdecken, der schon da ist.

Vier Ausdrucksformen von wachem Gewahrsein

Lokales Gewahrsein ist neben ausgedehntem Gewahrsein, verkörpertem wachem Gewahrsein und offenherzigem Gewahrsein einer der vier Modi des Ausdrucks von wachem Gewahrsein. Lokales Gewahrsein ist ein Fahrzeug, das schon da ist und uns nach Hause bringen kann. Im

Laufe der Zeit hat man viele Methoden ausprobiert, um über den Geist hinauszugehen, darunter die Verwendung der fünf Sinne, des konzeptuellen Denkens, des Egos, unseres Willens oder von Aufmerksamkeit – doch nichts hiervon kann waches Gewahrsein finden. Die fünf Sinne können nur das kennen, wofür sie ausgelegt sind. Auch Denken ist nicht dazu entworfen, Gewahrsein zu kennen. Um waches Gewahrsein zu finden, muss man lernen, wie man lokales Gewahrsein von konzeptuellem Denken löst. Auf diese Weise entdeckt man, dass lokales Gewahrsein in waches Gewahrsein übergehen und es kennen kann.

Lokales Gewahrsein ist die dynamische, interaktive Dimension wachen Gewahrseins, die sich von Gedanken lösen kann. Es ist das geeignete Mittel, um unseren Seinsgrund unmittelbar zu kennen. Lokales Gewahrsein kann *in* ausgedehntes Gewahrsein, das es selbst ist, *übergehen* und es *kennen*. Um lokales Gewahrsein zu verstehen, ist es nützlich, auch die drei anderen Modi des Ausdrucks von wachem Gewahrsein zu begreifen.

Der zweite Ausdruck von wachem Gewahrsein ist *ausgedehntes Gewahrsein*, das zeitlos, grenzenlos, unveränderlich, inhaltslos, formlos und wissend ist. Ausgedehntes Gewahrsein ist unser Seinsgrund, die Quelle unserer Identität. Ausgedehntes Gewahrsein als reines Bewusstsein ist die Natur des Geistes und wie der klare, offene Himmel, der hinter und in den Wolken unseres Körpers und Geistes ist.

Der dritte Ausdruck von wachem Gewahrsein ist *verkörpertes waches Gewahrsein* oder *Präsenz*, die Realisierung von Nichtdualität, wenn formloses ausgedehntes Gewahrsein erkennt, dass es auch Form ist. Ausgedehntes Gewahrsein ist dem Körper angeboren und in ihm, so wie Atome in Molekülen und Raum in jedem Atom ist. Präsenz erkennt, dass die Atome, Moleküle und unser Körper ein einheitlicher Ausdruck von wachem Gewahrsein sind. Von Präsenz aus werden alle Energiemuster, Formen, Erscheinungen und Materie als Wellen erfahren, die aus dem Meer wachen Gewahrseins hervorgehen.

Der vierte Ausdruck von wachem Gewahrsein ist *offenherziges Gewahrsein*, das durch bedingungslose Liebe, wechselseitige Verbundenheit mit allen Dingen und durch Beziehung mit anderen weiß. Von offenherzigem Gewahrsein aus haben wir die Fähigkeit, kreativ und mitfühlend zu sein.

Es ist wichtig, nicht zu vergessen, dass ausgedehntes Gewahrsein, lokales Gewahrsein, verkörpertes waches Gewahrsein und offenherziges Gewahrsein *nicht* vier voneinander getrennte Dinge sind. *Sie sind alle verschiedene Ausdrucksformen von wachem Gewahrsein.* Wenn ich von »ausgedehntem Gewahrsein« spreche, meine ich damit immer »ausgedehntes waches Gewahrsein«.

Lokales Gewahrsein ist wie ein zusätzlicher Sinn, der die anderen drei Modi wachen Gewahrseins kennen kann. Lokales Gewahrsein ist insofern nichtdual, als es sowohl formloses Gewahrsein als auch Formen des Bewusstseins kennen und sich zwischen ihnen bewegen kann. Lokales Gewahrsein kann in ausgedehntes Gewahrsein wechseln und es als sich selbst kennen. Wenn man dann in Präsenz und offenherziges Gewahrsein wechselt, ersetzt lokales Gewahrsein Aufmerksamkeit als Weise zu fokussieren.

Wenn man einmal ein Gefühl für lokales Gewahrsein entwickelt hat, kann man mit den Blickübungen experimentieren, um sich mit seiner Anwendung vertraut zu machen. Wir beginnen damit, dass wir lernen, lokales Gewahrsein vom Alltagsgeist zu lösen, der sich mit dem Ego identifiziert. Wenn man einmal lernt, wie man das lokale Gewahrsein ablöst und bewegt, wird man durch die verschiedenen Geistesebenen navigieren können. Wenn man einmal zu wechseln lernt, entdeckt man die positiven, natürlichen Qualitäten, die innerlich immer verfügbar sind.

Lokales Gewahrsein kann man ebenso mit einem Mikroskop vergleichen, das subtilste Dimensionen zu sehen ermöglicht, wie mit einem Teleskop, mit dem man die unermesslichsten Dimensionen wahrnehmen kann. Obgleich es auch andere Möglichkeiten gibt, in die Freiheit zu wechseln, ermöglicht das lokale Gewahrsein – als bewegliche Dimension wachen Gewahrseins – sich voll in verkörpertes offenherziges Gewahrsein zu entfalten. Wenn man einmal lernt, wie man das lokale Gewahrsein nutzt, kann man wechseln, gleich, wo man ist oder was man tut.

Lokales Gewahrsein in anderen Traditionen

Obwohl es von den stärkeren, schnelleren Dimensionen des Alltagsbewusstseins subtil verdeckt wird, ist das lokale Gewahrsein immer da. Uns inhärent stellt es eine potentielle Möglichkeit dar, ausgedehntes Gewahrsein zu entdecken; schließlich kann es uns lehren, wie man von ausgedehntem Gewahrsein aus fokussiert.

Das lokale Gewahrsein ist keine subtile Energie, nicht das, was im Christentum *Seele* genannt wird, und auch nicht das, was der Hinduismus *Atman* nennt. Lokales Gewahrsein ist ein Modus wachen Gewahrseins, der fokussieren und sich durch Dimensionen des Bewusstseins bewegen kann. Diese Fähigkeit des lokalen Gewahrseins, Gewahrsein umzudrehen, um sich selbst zu sehen, wird in vielen Weisheitstraditionen hoch geschätzt.

Im tibetischen Buddhismus wird das Wiedererkennen unserer wahren Natur manchmal die Begegnung von »Kind«-Gewahrsein mit »Mutter«-Gewahrsein genannt. Das lokale Gewahrsein kann weggehen und sich manchmal in Denken verlieren, so wie ein kleines Kind die Welt erforscht. Aber das Kind-Gewahrsein kann immer zu seiner Quelle, dem Mutterfeld ausgedehnten Gewahrseins, zurückkehren und zu Hause willkommen geheißen werden. Wenn Mutter und Kind einmal wissen, dass sie zu ein und derselben Familie gehören, sind sie immer verbunden. Ein berühmter Mahamudra-Text weist auf das hin, was ich lokales Gewahrsein nenne: »Da dies dringend notwendig ist, spanne dein Gewahrsein an und schau [deinen Geist an].«[2]

Ablösen

Lokales Gewahrsein ist ein Fahrzeug, das sich über die lebendige Brücke zwischen Formlosigkeit und Form bewegt; es hilft uns, die Einheit in den scheinbar getrennten Bereichen von Subjekt und Objekt, dem Menschlichen und dem Göttlichen, dem Berührbaren und dem Unberührbaren, dem Endlichen und dem Unendlichen zu sehen. Das lokale Gewahrsein kann uns von einem Seinszustand zu einem anderen bringen. Man muss nicht zwischen Ego-Identifikation und ausgedehntem Gewahrsein, zwischen »es bekommen« und »es verlieren« abwechseln. Man kann sowohl relative als auch absolute Realitätsebenen zugleich erfahren.

Normalerweise ist lokales Gewahrsein innerhalb des denkenden Geistes und der Ego-Funktion gebunden, verdunkelt oder es identifiziert sich mit ihnen. Doch man kann waches Gewahrsein nicht durch Denken wissen; unser kontrahiertes, isoliertes Selbstgefühl hindert uns daran, es zu erkennen. Es bietet sich möglicherweise an, mit ein paar vorbereitenden Übungen wie Lesen, Chanten, Meditieren oder Yoga zu beginnen. Man kann die Reise von der aktuellen Geistesebene aus damit beginnen, dass man Anleitungen versteht und sich in Richtung der Brücke aufmacht. Diese einleitenden Übungen werden mit der Ego-Identifikation gemacht und zielen darauf ab, den Griff der Ego-Identifikation zu lockern. Um jedoch die Brücke zu überqueren, ist es unbedingt nötig, alle anfängliche Technik, Ebene des Geistes und den Macher loszulassen. Manche Menschen nennen diese Bewegung »Fallenlassen«, »Freilassen«, »Hingabe«, »Loslassen« oder »Umdrehen«. Ich nenne sie »Ablösen«.

Man muss nicht erst seinen Geist ändern, um lokales Gewahrsein vom Denken abzulösen. Man löst lokales Gewahrsein ab, um unsere Geistesebene zu verändern. Ablösen ist die Fähigkeit lokalen Gewahrseins, sich von jedem inneren Zustand zu distanzieren, ihn abzuschalten, loszulassen oder die Identifikation mit ihm zu lösen. Es ist nicht nur eine Veränderung der inneren Haltung, sondern eine auf Erfahrung beruhende Bewegung, die davon wegführt, in die Inhalte unseres Alltagsgeistes verwickelt zu sein. Wenn das lokale Gewahrsein sich nicht mehr identifiziert, ist man nicht mehr in der Ego-Identifikation gefangen.

Die fundamentale Frage, die wir beantworten müssen, lautet also: Wie löse ich lokales Gewahrsein ab? Aber »man selbst« löst nicht ab. Das lokale Gewahrsein löst sich von dem »Ich«, das sich ablösen möchte. Allerdings existiert lokales Gewahrsein schon als ein Ausdruck wachen Gewahrseins in uns, es gehört zu uns. Man besitzt die Fähigkeit, lokales Gewahrsein absichtlich zu bewegen, selbst wenn man das nicht weiß. Wenn man einmal ein Gefühl dafür bekommt, ist man in der Lage, lokales Gewahrsein vom Denken zu ausgedehntem Gewahrsein zu bewegen. Es ist so, als bewegte man sein Bewusstsein vom Sehen zum Hören. Das zu lernen, fühlt sich eher physisch als mental an. Dudjom Rinpoche sagt, der Moment des Ablösens und Wiedererkennens sei so, »als nähme man eine Kapuze ab. Was für eine grenzenlose Geräumigkeit und Erleichterung! Dies ist das höchste Sehen: Sehen, was bisher nicht gesehen wurde.«[3]

Zum Ablösen gehört, dass man über den »Macher« hinausgeht, der die Reise über die lebendige Brücke begonnen hat. Das Erkennen lokalen Gewahrseins löst durch eigenes Erfahren eine uralte Frage: *Wie kann man irgendetwas »tun«, wenn man über den gegenwärtigen, sich mit dem Ego identifizierenden Macher hinausgeht?* Um ein erwachtes Leben zu führen, muss man auf diese Frage eine Antwort in der Erfahrung finden. Letztlich wird man diese Frage beantworten können mit der eigenen direkten Erfahrung sich verschiebenden lokalen Gewahrseins. Wenn man lokales Gewahrsein vom »Ich« ablöst, kommt es zu einer Übergabe der Identität. Das gleicht einem Stab, der zwischen zwei Staffelläufern übergeben wird. Der Stab ist das lokale Gewahrsein; der sich mit dem Ego identifizierende »Macher« bricht wie ein erschöpfter Läufer zusammen. Der Stab ist in den fähigen Händen ausgedehnten Gewahrseins, das nun fokussieren kann, indem es das lokale Gewahrsein verwendet. Vom verkörperten wachen Gewahrsein aus kann man dann anfangen, vom Sein aus zu wissen und zu handeln.

Menschen haben häufig das Gefühl, dass sie entweder passiv meditieren müssen, um ausgedehntes Gewahrsein zu entdecken, oder dass sie wieder den alten »Macher« einführen müssen, um in der Welt zu funktionieren. Wenn das lokale Gewahrsein entdeckt wird, gibt es nun eine neue Option, von der Einheit der zwei Welten aus zu leben, die immer zusammen gewesen sind. Wenn sich das lokale Gewahrsein von Denken und Ego-Funktionen löst, besitzt es Intelligenz und Intentionalität, denn diese gehören zu ihm. Denken ist zu seiner natürlichen Funktion als sechster Sinn zurückgekehrt; es ist nicht mehr die primäre Art zu wissen. Dies bedeutet, dass der »Macher« aus dem Alltagsgeist nicht mehr der Handelnde ist, der Entscheidungen initiiert.

Das Ablösen kann die anfängliche Bewegung sein, die uns aus dem Zustand der Ego-Identifikation herausbringt, doch sie wird nicht immer zu wachem Gewahrsein führen. Allein dass man sich in ein Auto setzt, bringt einen noch nicht ans Ziel.

Man kann in verschiedene Dimensionen des Bewusstseins wechseln: in Tagträume, Schlaf, das persönliche Unbewusste, das kollektive Unbewusste, hypnotische Trance oder in einen erholsamen, meditativen Zustand. Gegen keinen dieser Zustände ist etwas einzuwenden. Für unseren besonderen Weg sind sie im Moment aber nicht von Interesse. Vielmehr nutzen wir das lokale Gewahrsein auf eine äußerst direkte Weise, um die subtilste, grundlegendste Ebene des Geistes und den Seinsgrund zu finden, während wir versuchen, faszinierenden und ablenkenden Dingen aus dem Weg zu gehen. Einige interessante und angenehme Zustände beginnen möglicherweise aufzutauchen, doch solange wir uns nicht mit dem Seinsgrund verbunden haben, können wir das verkörperte offenherzige Gewahrsein, das unser Zuhause ist, niemals dauerhaft herstellen.

Das lokale Gewahrsein muss ausgedehntes Gewahrsein finden und dann das Gefühl kennenlernen, vom ausgedehnten Gewahrsein aus zu sehen und zu sein. Wenn das lokale Gewahrsein das ausgedehnte Gewahrsein entdeckt, ist seine Aufgabe damit noch nicht beendet. Das lokale Gewahrsein übernimmt die Aufgaben, für die bisher Zielgerichtetheit und Aufmerksamkeit zuständig waren. Das lokale Gewahrsein ist das kunstreiche Mittel, vom ausgedehnten Gewahrsein aus zu fokussieren, das zielgerichtet fokussieren und dabei eine offenherzige Sicht beibehalten kann.

Der Sufi-Dichter Rumi nannte den Geist eine »Kugel von Gewahrsein«. Lokales Gewahrsein ist wie eine durchsichtige Blase von Intelligenz, die reisen kann und direkt von wo immer sie sich in unserem Körper befindet oder vom Feld ausgedehnten Gewahrseins aus weiß. Lokales Gewahrsein weiß aus dem Inneren seines neuen Ortes, statt den Ort des Wahrnehmenden hinter unseren Augen, in unserem Kopf zu spüren. Wenn das lokale Gewahrsein beispielsweise zu Ihrer Hand wandert, weiß es direkt aus dem Inneren Ihrer Hand. Wenn es zu Ihren Emotionen der Traurigkeit oder Freude geht, weiß es vom Inneren dieser Gefühle aus. Wie ein Spotlight besitzt das lokale Gewahrsein die Fähigkeit, sich auf einen Bereich zu fokussieren. Das lokale Gewahrsein kann klein werden oder sich auf einen größeren Bereich ausdehnen. Es kann sich bewegen, sich mit etwas identifizieren oder die Identifizierung lösen. Es erleuchtet seinen Ort von innen. Wenn waches Gewahrsein das primäre Betriebssystem ist, kann man ausgedehnt und offen bleiben, während man sich zugleich auf eine bestimmte Aufgabe fokussiert.

Manche Menschen erfahren die deutliche Trennung des lokalen Gewahrseins vom Feld ausgedehnten Gewahrseins nicht. Letztlich ist es wahr, dass es keine Trennung gibt. Hier ist ein Bild, das uns helfen kann, uns zugleich ausgedehnt zu fühlen und auf einen bestimmten Bereich fokussiert zu sein: Stellen Sie sich vor, das lokale Gewahrsein sei eine Welle, die aus dem Meer ausgedehnten Gewahrseins hervorgeht. Man kann sehen, wie die Welle als eine deutliche Bewegung von Wasser erscheint. Aus einer bestimmten Perspektive betrachtet entsteht eine Welle, türmt sich auf und bricht. Dennoch hört sie niemals wirklich auf, das Meer zu sein. Das Meer ist ihre Essenz. Wenn man sich selbst mit einer beständigen, getrennten Welle identifiziert, kann man Angst haben, dass man dabei ist zu brechen. Wenn man einmal versteht, dass die Welle nur die besondere, lokale Erscheinungsweise des Meeres ist, gibt es keine Angst mehr.

Waches Gewahrsein ist Formlosigkeit und wohnt auch der Form inne. Es ist nicht das eine oder das andere; es tritt nur in verschiedenen Erscheinungsformen auf. Das lokale Gewahrsein kann von einer groben Geistesebene zu einer subtilen wechseln. Wenn man sich im Alltagsgeist befindet und Aufmerksamkeit verwendet, um auf Dinge zu fokussieren, kann man nur eine grobe Ebene der Realität wahrnehmen. Das lokale Gewahrsein besitzt die Eigenschaft, die subtile Ebene der Intelligenz überall wahrzunehmen, wohin es schaut. Wenn man zum neuen Betriebssystem verkörperten wachen Gewahrseins gewechselt ist, benutzt man das lokale Gewahrsein, um zu fokussieren, ohne zum Alltagsgeist zurückkehren zu müssen.

Auch wenn Sie bisher nichts vom Ablösen lokalen Gewahrseins wussten, können Sie es dennoch tun. Man macht es nicht durch gedankliches Verstehen oder als einen Willensakt intensiver Anstrengung. Tatsächlich kann es sogar sein, dass Sie nicht verstehen, wie man es macht, auch wenn Sie lokales Gewahrsein ablösen und es bewegen. Es ist, wie auf einem Fahrrad das Gleichgewicht zu halten. Man bekommt ein Gefühl dafür und dann übt man, bis man das Vertrauen entwickelt, dass man es wieder machen kann.

Die Erfahrung lokalen Gewahrseins vertiefen

Beim Ansatz des Erwachens mit offenherzigem Gewahrsein kommt es auf den ersten Schritt an: Gewahrsein vom Denken abzulösen. Zu diesem Ablösen kommt es entweder ganz leicht, oder es sind dazu ein paar Versuche nötig. Es kann sogar sein, dass es sich für Sie nicht einmal wie ein Ablösen anfühlt, sondern wie ein Auflösen, Gleiten, Befreien oder Zurücktreten – wie Abschalten oder Einschalten. Oder es passiert so schnell, dass Sie den Prozess gar nicht wahrnehmen. Das Entscheidende ist, dass das lokale Gewahrsein seine Identifikation mit Denken vollkommen löst, sich von ihm trennt oder distanziert. Jede Form, wie es dazu kommt, ist gut. Ich ermutige Sie, zu experimentieren und die Hinweise zu finden, die für Sie am wirksamsten sind.

Das Wichtigste ist: Sie können diese Übungen nicht machen, nur Gewahrsein kann das. Wenn sich lokales Gewahrsein einmal vom Denken löst, ist das Gefühl von »Ich«, das damit begonnen hat, nicht mehr Ihre gegenwärtige Identität oder der Ort, von dem aus Sie wissen. Sie haben sich von der Ego-Identität, die die Reise begann, gelöst und lokales Gewahrsein weiß jetzt unmittelbar.

Unser Interesse ist hier darauf gerichtet, die verschiedenen Qualitäten lokalen Gewahrseins direkt zu erfahren und näher kennenzulernen. Wir erfahren, wie lokales waches Gewahrsein Folgendes kann:

- sich vom Denken und der Ego-Identifikation *ablösen*,
- *sich absichtlich* zu verschiedenen Dimensionen des Bewusstseins *bewegen*,
- *direkt von innen wissen*, ohne konzeptuelles Denken zu verwenden,
- *fokussieren*, ohne Aufmerksamkeit zu verwenden.

Auch wenn es sich anhört, als ähnele lokales Gewahrsein anderen Übungsarten, denken Sie daran, dass Sie jetzt eingeladen sind, mit einem Anfängergeist und einem offenen Herzen an die folgenden Übungen heranzugehen. Das folgende Experiment bietet einen kurzen Blick darauf, wie leicht sich das lokale Gewahrsein von einem Sinn zu einem anderen bewegen kann, wie zum Beispiel vom Sehen zum Hören.

Lokales Gewahrsein ist etwas anderes als Aufmerksamkeit

Es ist sehr wichtig zu erkennen, dass Aufmerksamkeit nicht dasselbe wie lokales Gewahrsein ist. »Aufmerksamkeit« ist laut dem Wörterbuch Merriam-Webster »der Akt oder Zustand, den Geist auf etwas anzuwenden«.[4] Aufmerksamkeit ist die Weise, wie wir fokussieren, wenn wir uns in unserem Alltagsgeist befinden. Den Geist anzuwenden, ist die Erfahrung, ein Subjekt in seinem Kopf zu sein und ein Objekt (oder auch einen Teil des eigenen Körpers) wahrzunehmen, das sich andernorts befindet.

Dem Psychologie-Pionier William James zufolge »gibt es so etwas wie eine bewusste Aufmerksamkeit, die länger als ein paar Sekunden auf einmal aufrechterhalten wird, nicht. Was ›aufrechterhaltene bewusste Aufmerksamkeit‹ genannt wird, ist eine Wiederholung aufeinander folgender Anstrengungen, die den Gegenstand zum Verstand zurückbringen.«[5]

Aufmerksamkeit kontinuierlich aufrechtzuerhalten, ist schwierig, weil der Alltagsgeist keine stabile Entität ist. Der Alltagsgeist, der aufmerksam zu sein versucht, besteht aus einem fließenden Strom von Gedanken und Gefühlen, die kommen und gehen. Sie können zum Beispiel mit dem Gedanken beginnen »Achte auf deine linke Hand«. Dann bewegen Sie sich mit Ihrem Bewusstsein zu Ihrer Hand. Sobald Ihre Aufmerksamkeit zu Ihrer linken Hand wandert, schweift Ihr denkender Geist ab. Der Geist, der auf Denken beruht und mit der Aufgabe begonnen hat, hat sich in diesen wenigen Momenten schon verändert. Man muss sich dann erinnern, indem man in seinem Geist ein Selbst wiederherstellt. Anschließend muss man sich wieder die Anweisung geben: »Achte auf deine linke Hand.« Das alles passiert sehr schnell.

Wenn man Aufmerksamkeit benutzt, um zu fokussieren, bleibt man immer eine Sekunde hinter der unmittelbaren Erfahrung zurück. Dies bedeutet, dass Wissen durch Aufmerksamkeit immer eine vergangene Erfahrung, ein Bild, eine Erinnerung, Reflexion oder Vorstellung von dem ist, was gerade passierte. Das lokale Gewahrsein weiß direkt, ohne auf den Geist angewiesen zu sein, um zu interpretieren, zu erklären oder zu kategorisieren. Wenn man nicht Denken als primäre Art des Wissens verwendet, braucht uns der Alltagsgeist nicht daran zu erinnern, dass wir fokussieren.

Das Dehnen der Aufmerksamkeit ist ein Umweg, den manche Menschen machen, wenn sie zu lernen beginnen, sich vom Denken abzulösen. Man kann in seinem Alltagsgeist bleiben und Sinneswahrnehmungen und Emotionen im Körper unterhalb des Halses wahrnehmen, indem man mit dem Geist fokussiert. Aber das ist kein wirkliches Ablösen vom Alltagsgeist.

So wie Aufmerksamkeit der fokussierende Aspekt des Geistes ist, ist das lokale Gewahrsein der fokussierende Aspekt wachen Gewahrseins. Das lokale Gewahrsein ähnelt der Aufmerksamkeit insofern, als es dazu fähig ist, selektiv zu fokussieren, aber es unterscheidet sich wesentlich von Aufmerksamkeit. Wenn man aufmerksam ist, wird der Geist auf ein Objekt gerichtet, das lokale Gewahrsein aber weiß unmittelbar vom wachen Gewahrsein aus, das sich in Ihrem Körper befindet.

FLÜCHTIGER BLICK 1: **Aufmerksamkeit erfahren**

Nehmen Sie sich nun ein wenig Zeit, um die Erfahrung von Aufmerksamkeit zu erkunden.

1. Betrachten Sie eine Ihrer Hände. Bewegen Sie diese Hand jetzt aus Ihrem Gesichtsfeld und richten Sie Ihre Aufmerksamkeit auf diese Hand. Versuchen Sie, Ihre Aufmerksamkeit einen Moment lang weiter auf sie zu richten.

2. Wie haben Sie die Aufmerksamkeit erlebt?

Wenn man Aufmerksamkeit benutzt, um zu fokussieren, kann man anfangs das Gefühl haben, dass der Kopf (wo sich Gehirn und Augen befinden) der zentrale Ort der Wahrnehmung ist. Fühlt es sich, wenn Sie Ihre Aufmerksamkeit auf Ihre Hand richten, so an, als wären »Sie« in Ihrem Kopf und würden herab auf Ihre Hand schauen? Oder scheint es so, als würden »Sie« von Ihrem Kopf aus das Licht einer Taschenlampe auf Ihre Hand richten? Oder fühlen Sie sich verbunden, als würde sich eine Telefonleitung von Ihrem Kopf zu Ihrer Hand erstrecken, die Signale hin und her sendet? Spüren Sie, wie Aufmerksamkeit wandern kann?

Können Sie fühlen, dass es eigentlich ein kontinuierlicher Prozess von Erinnern und Vergessen ist, Aufmerksamkeit aufrechtzuerhalten?

FLÜCHTIGER BLICK 2: **Lokales Gewahrsein erfahren**

Betrachten wir nun, da wir Aufmerksamkeit erfahren haben, wie lokales Gewahrsein sich hiervon unterscheidet. Um lokales Gewahrsein wahrzunehmen, muss man es vom Denken lösen und seine Hand direkt aus dem Inneren wissen. Probieren Sie das nun selbst aus:

1. Lösen Sie lokales Gewahrsein vom Denken und lassen Sie es anfangen, sich durch Ihren Hals hinunterzubewegen und Ihre Schultern von innen zu wissen.

2. Bewegen Sie lokales Gewahrsein wie eine wissende, unsichtbare Blase Ihren Arm hinunter in Ihren Ellenbogen. Spüren Sie das Gewahrsein von Raum und Sinnesempfindung direkt von innen.

3. Lassen Sie lokales Gewahrsein sich weiter Ihren Unterarm hinunterbewegen, bis es Ihre Hand von innen spürt.

4. Nehmen Sie diese neue Art zu wissen wahr, zu der es direkt aus dem Inneren Ihrer Hand kommt.

5. Nehmen Sie wahr, dass sich Gewahrsein nicht auf ein gedankliches Bild Ihrer Hand bezieht, wenn es Ihre Hand von innen weiß. Es spürt den Raum und die Lebendigkeit der Sinnesempfindungen, sodass es keine klare Grenze von innen und außen gibt.

Nehmen Sie wahr, wie waches Gewahrsein sich selbst und Ihren Körper durch lokales Gewahrsein weiß. Wenn sich das lokale Gewahrsein einmal abgelöst hat, ist Denken nicht mehr der primäre Modus von Wissen. Denken steht aber zur Verfügung, wenn es gebraucht wird. Wenn Sie keine Erinnerung und kein Bild mit Ihrer Hand verbinden, geht die Erfahrung Ihrer Hand in direktes Wissen über. Direktes Wissen ist ausgedehnt, lebendig und fühlt sich weitaus beweglicher als Aufmerksamkeit an.

Sie haben eben die Erfahrung gemacht, wie lokales Gewahrsein vom Denken in Ihrem Kopf dazu übergeht, direkt aus dem Inneren Ihrer Hand zu wissen. Jetzt können Sie beginnen, ein Gefühl dafür zu bekommen, wie sich lokales Gewahrsein ablöst und zu anderen Sinnen bewegt. Wichtig dabei ist zu spüren, wie sich das lokale Gewahrsein bewegt. Die nächsten Übungen werden Ihnen schrittweise zeigen, wie man lokales Gewahrsein ablöst und anfängt zu spüren, dass es sich zu anderen Geistesebenen bewegt.

FLÜCHTIGER BLICK 3: **Zurück zu Ihren Sinnen kommen**

Bei dieser Übung spüren Sie, wie sich lokales Gewahrsein ablöst, bevor es sich bewegt.

1. Spüren Sie beim Betrachten dieser Seite, wie sich das lokale Gewahrsein vom Nachdenken über die Worte dahin löst, dass es die gedruckten Worte als Objekte wahrnimmt, die gesehen werden.
2. Lösen Sie als nächstes das lokale Gewahrsein vom Sehen, und gehen Sie zum Hören über. Nehmen Sie den dramatischen Unterschied in Ihrer Erfahrung wahr, der auf dieser kleinen Verschiebung des Gewahrseins vom Sehen zum Hören beruht.
3. Wenn das lokale Gewahrsein vom Hören wieder zum Sehen zurückgeht, nehmen Sie sich Zeit und fühlen Sie das lokale Gewahrsein sich von einem Sinn zum anderen bewegen.
4. Nun löst sich das lokale Gewahrsein vom Sehen und Denken und fühlt nach unten durch Ihren Hals in Ihren Oberkörper.
5. Nehmen Sie wahr, dass das lokale Gewahrsein in Ihrem Körper weder herab vom Denken noch nach oben zum Denken schaut, um zu wissen.
6. Wie fühlt es sich an, wenn das lokale Gewahrsein sowohl das Gewahrsein als auch die lebendigen Sinnesempfindungen unmittelbar aus dem Inneren Ihres Oberkörpers empfindet und weiß?
7. Wiederholen Sie die bisherigen sechs Schritte, wenn Sie soweit sind, noch einmal mit einem anderen Objekt. Sagen Sie sich, bevor Sie anfangen: »Das Gewahrsein wird gleich vom Denken zum Sehen und dann vom Sehen zum Hören übergehen.« Fahren Sie langsam fort und spüren Sie den Prozess, wie sich Gewahrsein bewegt,

wenn es sich aus Sehen löst und in Hören übergeht. Um zu spüren, wie sich das lokale Gewahrsein bewegt, können Sie sich jetzt Zeit nehmen: Halten Sie inne, schauen Sie von Ihrer Lektüre auf und nehmen Sie die Fähigkeit wahr, lokales Gewahrsein bewusst zu verschieben. Fühlen Sie zuerst, wie sich das lokale Gewahrsein vom Sehen löst und sich weiterbewegt, um sich mit dem Hören zu verbinden. Spüren Sie anschließend, wie sich das lokale Gewahrsein vom Hören löst und nach unten durch den Hals bewegt, um ihren Körper direkt von innen zu wissen. Spüren Sie, wie es ist, wenn das Gewahrsein zu Ihren Sinnen zurückkehrt und unmittelbar aus dem Inneren Ihres Körpers weiß, ohne auf Denken zurückzugreifen.

FLÜCHTIGER BLICK 4: **Gewahrsein von Raum**

Lokales Gewahrsein ist formbar: Es kann sich fokussieren und mit einem der Sinne verbinden. Bei diesem flüchtigen Blick kann lokales Gewahrsein loslassen und dazu übergehen, sich objektlosen Raumes bewusst zu sein.

1. Lösen Sie das lokale Gewahrsein vom Denken und lassen Sie es sich auf das Hören der Geräusche fokussieren, die an eines Ihrer Ohren dringen.
2. Fokussieren Sie sich weder darauf, wer hört, noch darauf, was gehört wird, nur auf die Empfindung des Hörens.
3. Nehmen Sie wahr, wie das Gewahrsein in der Lage ist, sich auf die Schwingungen eines Geräuschs in diesem einen kleinen Bereich zu fokussieren.
4. Lösen Sie jetzt das lokale Gewahrsein vom Hören, und öffnen Sie sich für den Raum außerhalb Ihres Körpers, in dem Geräusche kommen und gehen.

5. Nehmen Sie die Bewegung von Geräuschen durch den Raum wahr, wenden Sie Ihr Interesse dann aber dem objektlosen Raum zu, durch den sich die Geräusche bewegen.
6. Nehmen Sie die Wirkung des Gewahrseins von Raum wahr.

FLÜCHTIGER BLICK 5: **Gewahrsein von Gewahrsein**

Bei diesem flüchtigen Blick bewegt sich lokales Gewahrsein zu Raum und entdeckt dann ausgedehntes Gewahrsein. Hier werden wir Gewahrsein sich mit Raum mischen und dann seiner selbst bewusstwerden lassen. Wenn sich lokales Gewahrsein für ausgedehntes Gewahrsein öffnet, können Sie sich auf das ausgedehnte Gewahrsein in Ihrem Körper fokussieren oder zum Raum außerhalb Ihres Körpers gehen. Weil unsere Sinne so sehr zur Vorderseite unseres Körpers orientiert sind, könnte es leichter sein, ausgedehntes Gewahrsein auf einer Seite Ihres Körpers oder hinter ihm zu entdecken.

1. Lösen Sie lokales Gewahrsein vom Denken und lassen Sie das Gewahrsein sich auf das Hören der Geräusche fokussieren, die zu einem Ihrer Ohren dringen.
2. Fokussieren Sie sich weder darauf, wer hört, noch darauf, was gehört wird, nur auf die Empfindung des Hörens.
3. Nehmen Sie wahr, wie sich das Gewahrsein auf die Schwingungen von Geräuschen an einem Ohr fokussieren kann.
4. So wie sich das lokale Gewahrsein auf einen sehr kleinen Bereich fokussieren kann, nehmen Sie nun wahr, wie sich das lokale Gewahrsein dafür öffnen kann, sich für den Raum zu interessieren, in dem Geräusche kommen und gehen.

5. Statt sich auf die Bewegung von Geräuschen durch den Raum zu fokussieren, lassen Sie das lokale Gewahrsein im offenen Raum ruhen.

6. Das lokale Gewahrsein öffnet sich für den Raum, bis es entdeckt, dass offener Raum bewusst ist.

7. Spüren Sie, dass das lokale Gewahrsein wie eine Luftblase ist, die sich in dünner Luft öffnet und mit dem Feld ausgedehnten Gewahrseins mischt, das schon bewusst ist.

8. Lassen Sie das Gewahrsein sich selbst spürend wissen und empfinden, ohne sich dem Denken oder der Sinnesempfindung zuzuwenden.

9. Bleiben Sie bei diesem inhaltlosen, zeitlosen, endlosen Gewahrsein selbst. Bleiben Sie unabgelenkt, ohne sich anzustrengen. Nehmen Sie sich so viel Zeit, wie Sie brauchen, um ein Gefühl dafür zu bekommen, wie sich ausgedehntes Gewahrsein seiner selbst ohne jeden physischen oder mentalen Bezug bewusst ist. Es kann so sein, wie einen Radiosender reinen Gewahrseins einzustellen. Nur das Wissen von wachem Gewahrsein aus kann bestätigen, wenn Sie dort sind.

10. Entspannen Sie sich ein oder zwei Minuten lang in das Verweilen als dieses Feld, das sich seiner selbst ohne Subjekt oder Objekt bewusst ist.

11. Ruhen Sie als Gewahrsein: Machen Sie eine Rast in dem ausgedehnten Feld, das nichtphysisch, gedankenfrei, zeitlos, grenzenlos, inhaltslos, aber ganz wach und bewusst ist.

12. Wenn waches Gewahrsein primär ist, schließen Sie alles ein und nehmen Sie wahr, dass Sie sich der Gedanken, Gefühle und Sinnesempfindungen von einem himmelsähnlichen ausgedehnten Gewahrsein aus bewusst sind.

4

DER ORT IST ENTSCHEIDEND

Jede bedeutende Meditationstradition auf der Welt hat Hauptkonzepte der wesentlichen Schritte oder Stufen der Meditation, so wie ihre Tradition sie zu verstehen und praktizieren gelernt hat. Und die Forschung hat gezeigt, dass sich die Oberflächenmuster jeder dieser Traditionen und ihrer Stufen zwar von Kultur zu Kultur beträchtlich unterscheiden, die Tiefenmuster von allen aber in vielerlei Hinsicht sehr ähnlich sind. Tatsächlich legen praktisch alle die vier oder fünf wichtigen natürlichen Bewusstseinszustände zugrunde, die allen Menschen über die Kulturen hinweg universell gegeben sind.

KEN WILBER[1]

Beim Ansatz des Erwachens und Heranwachsens mit offenherzigem Gewahrsein ist die einfachste Antwort auf alle Fragen danach, wie man die Wurzel des Leidens außer Kraft setzen kann, immer gleich: Verändere dich. Dazu gehören Fragen wie: Was sollte ich mit diesem Problem oder mit dieser Situation in meinem Leben tun? Wie gehe ich mit dieser schwierigen Beziehung um? Wie werde ich akzeptierender, friedlicher und liebevoller? Jedes Mal, wenn Sie ein Selbstbild, eine Emotion oder einen Glauben fälschlicherweise für den halten, der Sie sind, müssen Sie Ihre Identität verändern und verlagern. Sie verlassen nicht nur das Problem, Sie gehen auch in das über, was die Situation anders sieht. Wenn man diesen Wechsel einmal vornimmt, kommt die Antwort aus dem eigenen Inneren.

Die Frage, die in Meditationskursen am häufigsten gestellt wird, lautet: Wie gehe ich mit meinen beunruhigenden Emotionen um? Vor dem Hintergrund meiner dreißigjährigen Arbeit als Psychotherapeut kenne ich den Wert eines guten Rates auf der Grundlage psychologischer Erfahrung und gesunden Menschenverstandes. Man muss jedoch Erwachen von psychischer Verbesserung unterscheiden, damit man beides tun kann. Um mit schwierigen Emotionen umzugehen, kann es vorübergehend helfen, positive Gedanken zu denken oder akzeptierender zu sein, aber man bewegt sich damit weiter im Bereich der Ego-Identifikation und des Alltagsgeistes.

Wir kennen alle die Wendung »Sehen ist Glauben«. Aber unser Glaube erschafft die Weise, wie wir sehen. Mit anderen Worten: Unsere Sichtweisen beeinflussen unsere Wahrnehmungen. Deshalb müssen wir den eingeschränkten Ort unseres Alltagsgeistes und seiner Konditionierung verlassen.

Der Schweizer Psychiater Carl Gustav Jung nannte die Neurose eine Vermeidung berechtigten Leidens. Wir vermeiden Leiden, das auf Verlust, Enttäuschung oder zunehmende Schmerzen zurückgeht, weil wir nicht die Fähigkeit besitzen, es zu ertragen, wenn wir von der Ego-Identifikation ausgehen. Unser Selbstgefühl ist einfach zu klein, um mit stärkeren Emotionen umzugehen. Wie bleibt man empfänglich, empfindsam und innig mit dem Leben verbunden, ohne überwältigt zu werden? Tulku Urgyen Rinpoche sagt: »Jeder wird von verstörenden Emotionen überwältigt, wenn er nicht stabil in nichtdualem [wachem] Gewahrsein ruht.«[2] Wir beginnen, indem wir unseren Ort direkt in waches Gewahrsein verlagern, statt erst von unserer Ego-Identifikation aus mit unseren Emotionen oder äußeren Situationen zu arbeiten.

Wie wäre es, wenn Ihre schwierigen Gefühle, Ihre sensible emotionale Verfassung oder die Erinnerungen an Ihre Traumata nie weggehen würden? Darauf will ich hinaus: Die wirkliche Frage lautet, für wen oder was die Gefühle entstehen, statt sich damit zu beschäftigen, welche Emotionen entstehen. Von welcher Bewusstseinsebene aus sehen und fühlen Sie? Von gewahrseinsbasiertem Wissen aus kann man empfindsam, empfänglich und mutig sein.

Natürlich ist es wichtig zu wissen, *was* die Veränderung bewirkt, *wie* man seinen Ort verändern kann und *wohin* man wechselt. Alle Menschen haben dieselbe Bewusstseinsstruktur. In diesem Buch lernen wir, unser Gewahrsein durch fünf wichtige, natürliche Dimensionen des Bewusstseins zu bewegen. Jede einzelne Bewusstseinsebene und ihre Inhalte können beobachtet werden. Wenn man jedoch von einer dieser fünf Ebenen des Bewusstseins aus *weiß*, statt sie anzuschauen, werden wir sie *die fünf Ebenen des Geistes* nennen. Wenn man von einer bestimmten Ebene des Geistes aus schaut, erfährt man, auf welche einzigartige Weise sie wahrnimmt und weiß. Man macht klar getrennte Erfahrungen ein und derselben Situation, je nachdem, auf welcher Ebene des Geistes man sich befindet.

Die meisten Erwachsenen weltweit lokalisieren ihre Identität und die Weise zu wissen auf diesen Ebenen des Geistes in ähnlicher Weise. Am häufigsten befinden wir uns auf der ersten Ebene, *Alltagsgeist* genannt, mit ihren sich schnell bewegenden Gedanken, körperlichen instinktiven Impulsen und starken Emotionen, während die subtilsten Dimensionen des Bewusstseins schwerer zugänglich sind. An sich sind auch die dichteren und sich schneller bewegenden Dimensionen des Bewusstseins kein Problem. Erst wenn man seine Identität in diesen Dimensionen lokalisiert, führt das zu Leiden. Albert Einstein hat bekanntlich gesagt: »Man kann das Problem nicht auf der Ebene des Bewusstseins lösen, die es geschaffen hat.« Wir werden lernen, wie wir lokales Gewahrsein nutzen können, um den Schritt zu machen, unsere Identitäten in den subtileren und durchdringenderen Geistesebenen zu lokalisieren.

Wie fühlt sich ein Wechsel an?

Schauen Sie sich Abbildung 1 an. Was stellt dieses Bild dar?

Haben Sie gedacht: »Es ist es ein Bild von Vögeln?« Das sagen die meisten Betrachter. Wie ist es, wenn Sie sich das Bild noch einmal anschauen, auf eine unbefangene Weise, als ein Bild des Himmels, an dem Vögel fliegen? Wie fühlt es sich an, wenn Sie dazu übergehen, den Raum als Ihr primäres Interesse anzuschauen, statt sich auf die Objekte zu fokussieren?

Was nehmen Sie jetzt wahr? So kann sich ein Wechsel anfühlen.

ABBILDUNG 1: Ein Bild von Vögeln? Oder der Himmel?

Diese Übung kann Ihnen ein Gefühl des Perspektivwechsels vermitteln, zu dem es von einem Moment zum anderen kommen kann. Wir verändern nicht nur unsere Art der Wahrnehmung, sondern auch den Ort des Wahrnehmenden.

Was ist die Ursache von Leiden?

Aus Sicht des Buddhismus entsteht Leiden aus Unwissenheit, Begierde und Abneigung. Es gibt zwei bekannte Möglichkeiten, Leiden zu lindern. Der erste Ansatz zielt darauf ab, Begierde und Abneigung zu reduzieren; der zweite fokussiert sich darauf, Unwissenheit aufzuklären. Jeder setzt an einem anderen Punkt an.

Der erste Ansatz versucht, Begierde zu mildern, an dem das »Ich« anhaftet, und Abneigungen gegen das zu verringern, was »mir« nicht gefällt. »Ich« kann an verschiedenen Rollen, Orten und Dingen wie Geld, Status oder Objekten der Begierde als »meine« anhaften und sich mit ihnen identifizieren. »Ich« versuche, Begierde und Abneigung zu verringern oder abzulegen, während ich zugleich liebende Güte, Akzeptanz und Mitgefühl steigere. Oder »ich« versuche, die störenden Emotionen zu transformieren, die Begierde und Abneigung begleiten. Solche Praktiken können Leiden vorübergehend lindern; sie können schließlich auch ein weniger gestresstes, aber noch immer getrenntes Selbstgefühl unterstützen.

Der zweite Ansatz geht direkt an die Wurzel des Leidens: die Art, wie ein Leidender entsteht. Statt sich darauf zu fokussieren, woran »ich« anhafte oder wovon »ich« abgestoßen werde, geht dieser Ansatz direkt zur Quelle der Identifikation, die ein »Ich« überhaupt erst entstehen lässt. Letztlich ist die Ursache von Leiden immer Unwissenheit. Hier bedeutet Unwissenheit aber nicht Mangel an Information oder Wissen.

In Bezug auf was sind wir unwissend? Im Tibetischen lautet das Wort für »Unwissenheit« *ma-rigpa*, was einfach bedeutet, dass man *rigpa* (waches Gewahrsein) nicht erkennt. Wenn Gewahrsein sich nicht selbst erkennt, sondern sich stattdessen als Denker identifiziert, bildet sich das kleine, getrennte »Ich«. Sofort hat das getrennte »Ich« unstillbare Begierden und Abneigungen; nichts kann es befriedigen oder bedrohen, weil es aus Denken besteht. Begierden und Abneigungen können als Symptome verstanden werden, die wir nur auflösen können, indem wir unsere Identität in waches Gewahrsein als unseren Seinsgrund verlegen. Letztlich gibt es nichts abzulehnen oder zu transformieren.

Während der Meditation gelten fünf Behinderungen als Hindernisse friedlichen Ruhens. Sie können unsere Fähigkeit beeinträchtigen, achtsam zu sein. Von diesem zweiten Ansatz aus sind die fünf Hindernisse – Begierde, Abneigung, Apathie, Sorge und Zweifel – einfach Zeichen, dass man vom Alltagsgeist aus schaut und fühlt. Der Zweifel »Ich werde das nicht bekommen« ist auf einer Ebene berechtigt, denn das »Ich« des Alltagsgeistes kann waches Gewahrsein nicht kennen. Statt zu versuchen, diesen Hindernissen entgegenzuwirken, sollte man sie einfach als ein Zeichen anerkennen, dass man gefangen ist, und in waches Gewahrsein wechseln, das sich aufgrund seiner Natur niemals mit diesen Hindernissen identifiziert.

Was lassen wir hinter uns?

Der Ansatz des offenherzigen Gewahrseins hilft uns, unsere Wahrnehmung, unser Identitätsgefühl und die Art, wie wir wissen, zu verändern. Auf der Ebene der Wahrnehmung geben wir die dualistische Sichtweise unserer Ego-Identifikation auf, die alles entweder als potentielle Gefahr oder als Objekt der Befriedigung sieht. Auf der Ebene der Identität geben wir unsere Ego-Identifikation auf und lassen das Gefühl hinter uns, eine getrennte, kleine Entität zu sein, die unser Konzept einer körperlichen Grenze vereinnahmt und sich permanent unbefriedigt fühlt. Auf der Ebene des Wissens lassen wir den Lärm des plappernden Alltagsgeistes hinter uns. Wir verwenden häufig Worte, die sich auf einen Ort beziehen, um diesen Zustand zu beschreiben: »feststecken«, »am Haken« oder »in der Falle sein«, »isoliert«, »verloren« oder »verirrt sein«, »kontrahiert« oder »abgelenkt sein«.

Die Art Denken, die sich an dem Konzept oder Programm von Grenze und Überleben orientiert, wird Selbstbewusstheit genannt. Psychologen definieren Selbstbewusstheit als den »psychischen Zustand, in dem man sich selbst als ein Objekt von Aufmerksamkeit versteht«.[3] Selbstbewusstheit ermöglicht uns, uns zum Zweck von Introspektion, ethischem

Verhalten und Zukunftsplanung zum Objekt zu machen. Um dies tun zu können, müssen wir unsere Identität in zwei Teile spalten. Selbstbewusstheit stellt durch Denken ein Gefühl eines getrennten Selbst her, ein Mini-Ich, das dann »mich« als ein Objekt beobachten kann – wie beispielsweise »Ich ärgere mich so über mich selbst«. Der Prozess der Selbstbewusstheit verwendet die Überlebensprogramme des Körpers, um in uns das Gefühl eines Mini-Ich herzustellen, das fälschlicherweise wahrnimmt, eine körperliche Grenze zu haben. Es kann sich seiner selbst nicht bewusst sein, weil »Sie« aus ihm heraussehen. Es schaut aus Ihren Augen und Sie haben das Gefühl, es zu sein. Selbstbewusstheit kann sich als Form von Achtsamkeit der Gedanken, Gefühle und Sinnesempfindungen sowie Ihres Körpers und Ihrer Persönlichkeit als getrennte Objekte, als ein »Ich«, bewusst sein, doch sie kann sich nicht selbst sehen.

Deshalb muss Achtsamkeit eine Ebene erreichen, auf der sie in der Lage ist, nicht nur Gedanken, sondern auch Selbstbewusstheit zu beobachten. Man kann sich von Selbstbewusstheit aus in Achtsamkeit üben, und dann kann man sich von wachem Gewahrsein aus in Achtsamkeit üben, das sich des Prozesses der Selbstbewusstheit bewusst ist. Nur wenn man von wachem Gewahrsein aus schaut, kann man sehen, dass das, was man für ein beständiges Selbst hielt, ein Wirbel sich verändernden Inhalts ist, der sich im Bewusstsein einstellt.

Unser gegenwärtiger Wohnsitz ist die Ego-Identifikation, das gewohnte Muster, das eine Schleife von Ich-Funktionen und Denken bildet und zu einem Gefühl eines »Ich« geführt hat. Die Ego-Identifikation ist nicht nur ein Glaube, eine Geschichte, Denken oder eine innere Haltung, sondern eine gewohnte Art, Bewusstsein zu organisieren, die wir aufgeben können. Der Grund, weshalb wir sie verlassen sollten, ist, dass dieses Geschöpf eines auf Denken beruhenden, illusionären Selbstgefühls Folgendes nach sich zieht: Wir fühlen uns entfremdet, als wäre etwas daran, wer wir sind oder was mit uns geschieht, immer falsch. Der Übergang in waches Gewahrsein kann uns aus der Gefangenschaft eines Selbst befreien.

In was gehen wir über?

Im einfachsten Sinn gehen wir in ein neues Betriebssystem über, das auf Gewahrsein beruht. Der erste Schritt besteht darin, die Ego-Identifikation und unsere gegenwärtige Ebene des Alltagsgeistes zu verlassen. Wenn man sie verlässt, gibt es viele verschiedene Dimensionen des Bewusstseins, die man betreten kann, aber nicht alle sind bei diesem Ansatz nützlich. Wir werden lernen müssen, wie wir insbesondere in waches Gewahrsein wechseln, statt in anderen Arten von Bewusstsein und Unbewusstheit zu landen, wie zum Beispiel in Tagträumen, ruhigen meditativen Zuständen oder dem persönlichen oder kollektiven Unbewussten.

Wenn man in waches Gewahrsein wechselt, kehrt unsere Wahrnehmung zu ihrer natürlichen Weise zurück, Menschen und die Welt zu sehen, ohne etwas auf sie zu projizieren. Statt zu versuchen, unseren plappernden Geist zu beruhigen, um die Routine, in der wir feststecken, zu verschönern, oder unsere Ego-Identifikation zu verbessern, können wir lernen, lokales Gewahrsein zu verwenden, um diese mentale Frequenz sofort zu verlassen, so wie man einen anderen Sender einstellt.

Wir wechseln vom Alltagsgeist und der Ego-Identifikation in waches Gewahrsein als unseren Seinsgrund. Wenn waches Gewahrsein das neue Fundament ist, beziehen wir unseren Körper und unsere Gedanken mit ein, wenn wir offenherziges Gewahrsein als unsere Weise entdecken, zu wissen und in Beziehung zu sein. Zu offenherzigem Gewahrsein kann man mit einem Schritt oder durch eine Reihe kleinerer Schritte gelangen. Jeder Schritt gewährt uns Zugang zu einer neuen Sicht von einer neuen Geistesebene. Wenn man wechselt, muss man sich mehr damit anfreunden, durch eine Lücke von Nichtwissen zu gehen. Wenn man waches Gewahrsein entdeckt, muss man damit vertraut werden, sich ausgedehnter, flüssiger und offener zu fühlen – ohne in Bezug auf die Orientierung, wer man ist, auf Denken zurückzugreifen. Wir werden frei von Entfremdung, Angst, Furcht und Scham.

Mit wachem Gewahrsein als Seinsgrund beginnen wir, eine ganz neue Beziehung zu unseren Problemen, Subpersönlichkeiten, Gedanken und

Emotionen zu haben. Wir können sie klarer sehen. Mit der Zeit werden sich Emotionen, die verdrängt oder erstarrt waren, spontan entgiften. Die Subpersönlichkeiten, die wir für uns selbst gehalten haben – unsere falschen Identitäten – sind jetzt als Denkmuster und emotionale Muster erkennbar. Mit wiederholten flüchtigen Blicken wachen Gewahrseins, die durch das Praktizieren offenherzigen Gewahrseins erreicht werden, beginnen wir, unsere neuronalen Netzwerke neu zu verschalten, um die neue Normalität herzustellen: das gewahrseinsbasierte Betriebssystem.

Wo bin ich?

»Der Ort ist entscheidend« ist eine Wendung, die Immobilienmakler benutzen, um zu betonen, dass Wohnungen, die in jeder anderen Hinsicht identisch sind, je nach ihrer Lage einen unterschiedlichen Wert haben. Wenn es in einem Gebäude zwei Apartments gibt – eines mit Fenstern, durch die man auf eine Hauswand schaut, und ein anderes, drei Stockwerke höher, mit einem Panoramablick –, dann ist das höher gelegene viel wertvoller. Der Ansatz des offenherzigen Gewahrseins hilft Ihnen, zu Ihrem besten Ort mit einem weiten Ausblick zu wechseln, von dem aus Sie erkennen können, wie groß Ihr Wert schon ist.

Das kleine Selbstgefühl empfindet sich als getrennt, und dieser Ort bewirkt, dass wir uns kontrahiert, isoliert und kopflastig fühlen. Die Erfahrung, sich während des Prozesses des Erwachens zu öffnen, führt zuerst zu einer Empfindung von Ausdehnung, Leere und Freiheit; diesen Qualitäten können dann Verkörperung, Einssein, Fülle, Einheit und Strömen folgen. Auf unserer Reise des Erwachens ist das Gefühl von Nicht-Selbst eine Freiheit von einem bestimmten Ort, von dem aus man zu sehen gewohnt ist. Man kann das Gefühl haben, dass man unendlich, überall, nirgendwo, hier und jetzt ist.

Der Ort ist wichtig. *Von wo* aus schauen Sie? Von welcher Geistesebene aus schauen Sie? Entgegen dem verbreiteten Glauben erreicht man eine Erleichterung von Leiden nicht, indem man die aufkommenden Gedanken, Emotionen und Situationen verändert. Sie hängt vielmehr direkt mit der Ebene des Geistes zusammen, von der aus man diese erlebt. Stellen Sie sich diese Frage über alle Gedanken, Gefühle, Überzeugungen, Glaubensvorstellungen, Wertungen, Sorgen und Ängste, die sich einstellen:

Für wen oder was kommen diese Erfahrungen auf?

Dieser Fokus auf den Ort mag so aussehen wie eine neue Art zu meditieren oder sich selbst zu erforschen. Meine Erfahrung ist jedoch, dass die Arbeit mit der Verlagerung unserer Identität im Zusammenhang mit dem Ort es erleichtert, das Erwachen zu erlernen und ein Bauchgefühl dafür zu entwickeln.

Sie haben Meditation bisher vielleicht nicht als eine Möglichkeit betrachtet, Ihren Ort zu wechseln. Unser Selbstgefühl und unsere Art zu wissen ist »normalerweise« in unseren Gedanken lokalisiert. Wir können lernen, den Ort des Beobachters aus der Identifikation mit dem Denken zu lösen. Wenn man sich seiner Gedanken *bewusst wird* – statt *in* ihnen lokalisiert zu sein –, beginnt man, weniger Stress zu empfinden. Die Forschung zeigt, dass Meditation Stress reduziert. Dies beweist, dass er nicht durch äußere Umstände verursacht wird, denen wir normalerweise die Schuld geben, sondern dass er von der bisherigen Lokalisierung der Identität in unseren Gedanken hervorgerufen wird.

Wir alle wissen, wie es ist, in einer schlechten Stimmung, einem Tagtraum, einer selbstgerechten Sichtweise oder Fantasie gefangen zu sein. Wenn man selbstbezogen ist, dann ist das Problem ganz sicher unser Ort. Wenn man sich in einen anderen Menschen hineinversetzt, wechselt man seinen Standort und empfindet Empathie und Mitgefühl.

Mit dem Ansatz des offenherzigen Gewahrseins lernt man, lokales Gewahrsein zu nutzen, um seinen Ort zu verändern. Wenn wir den Ort verändern, verändern wir die Weise, wie unser Gehirn funktioniert. Nutzen wir lokales Gewahrsein, um unsere Geistesebene zu wechseln, verändert sich, wie wir die ganze Welt wahrnehmen. Wir sind nicht mehr auf ein kleines Selbst in unserem Kopf beschränkt, das von einer Stelle hinter den Augen nach außen schaut. Man kann lernen, wie man lokales Gewahrsein zu einem neuen Ort verlagert, der eine tiefe Veränderung in unserem Identitätsgefühl bewirkt. Diese Veränderung befreit uns aus dem emotionalen Durcheinander, das durch unseren gegenwärtigen Ort fortgesetzt wird. Wenn man zu einer neuen Geistesebene wechselt, erhält man Zugang zu mehr Leistungsfähigkeit, Raum und der Fähigkeit, ohne Angst oder Scham in Beziehung zu sein.

Die Bewegung lokalen Gewahrseins geschieht auf einer unsichtbaren Ebene innerhalb unseres physischen Körpers. Wenn man den Bogen einmal raus hat, fühlt es sich sehr greifbar an, lokales Gewahrsein zu bewegen. Wenn wir unseren Ort wechseln, betrachten wir die Dinge von einer neuen Ebene des Geistes aus. Jede Geistesebene kann sich für jeden Menschen ein wenig anders anfühlen.

Die am häufigsten genutzte Form der Selbsterforschung, um den gegenwärtigen Ort unserer Identität zu wechseln, ist nicht »*Wer* bin ich?« oder »*Was* bin ich?«, sondern »*Wo* bin ich?«. Die Frage nach dem *Wo* führt zu einem erfahrbaren und individuell gefühlten Hinweis auf den Wechsel von einem kleinen, getrennten Selbstgefühl zu einem grenzenlosen Seinsgrund.

Lassen Sie uns lokales Gewahrsein nutzen, um jetzt zurückzuschauen und zu fragen: »*Wo ist der Hörer?*«

Wenn Sie keinen Hörer finden können, nehmen Sie wahr, wie es sich anfühlt, eine weiträumigere Sicht zu haben.

Wann bin ich?

Entgegen dem verbreiteten Glauben kann man nicht im gegenwärtigen Moment sein. Dennoch sind Sie immer jetzt da. Es hängt nur davon ab, ob Sie es wissen oder nicht. Das Jetzt wird häufig mit unserem Verständnis der Gegenwart oder des gegenwärtigen Moments verwechselt. Im tibetischen Buddhismus wird das Jetzt als die »zeitlose Zeit« verstanden, die die drei relativen Zeiten von Vergangenheit, Gegenwart und Zukunft umfasst.

Wir wissen, was wir tun müssen, damit wir uns nicht in der Vergangenheit oder Zukunft verfangen, aber um im Jetzt zu sein, muss man auch die Gegenwart loslassen. Das Jetzt wird nicht durch die relative Zeit, wie sie die Uhr anzeigt, eingegrenzt, aber es ist auch nicht nur reine Zeitlosigkeit. Das Jetzt ist der Ort, wo sich zeitloses ausgedehntes Gewahrsein und die relative Welt mit ihrer konventionellen Zeit begegnen. Das Jetzt kommt und geht nicht, sondern umfasst alles auf einmal. Wenn man sich bewusst ist, im Jetzt zu sein, kommen und gehen gegenwärtige Momente wie kleine Wellen und Wogen im Meer wachen Gewahrseins.

Wenn man die Alternative zu den drei relativen Zeiten nicht kennt, stellt man eine Fälschung des Jetzt her und nennt es »Moment« oder »die Gegenwart«. So definiert der Merriam-Webster den Begriff »Moment«:

a. eine winzige Menge Zeit oder ein Punkt in der Zeit: Augenblick

b. eine vergleichsweise kurze Zeitspanne[4]

Es ist klar, dass man nicht im Moment leben kann, denn Momente kommen und gehen wie das Ticken einer Uhr. Ein Moment … vorbei … ein neuer Moment … vorbei … ein neuer Moment … vorbei. Man kann Momente nicht anhalten oder schnell genug sein, um in jedem Moment zu sein. Der Physiker Max Planck erkannte, dass Momente Blitze in relativer Zeit sind. Er teilte Momente in kleine Maßeinheiten, sogenannte Planck-Einheiten, die etwa 5×10^{-44} Sekunden lang sind. Wie sehr man es auch versucht, man kann Zeit niemals dünn genug schneiden, um in den Moment einzudringen.

Unsere wahrgenommene Erfahrung besteht aus Bewusstseinsmomenten, die, wie Filme, kontinuierlich erscheinen. Bei Filmen werden 24 Bilder pro Sekunde projiziert, um die Bewegung der Bilder für das Gehirn lebendig erscheinen zu lassen. Ein Moment ist wie ein einzelnes Bild, das man anschauen, aber in dem man nicht bleiben kann. Auch wenn man ein einzelnes Bild aus einem Film herausnehmen würde, sähe man einen erstarrten Moment und kein dynamisches lebendiges Jetzt.

Der Versuch, im Jetzt zu sein, indem man in den gegenwärtigen Moment eintritt, ist auch so, als säße man am Ufer eines Flusses und schaute auf das Wasser, das über einen Felsen fließt. Sobald man sich auf einen Moment im Fluss des Wassers fokussiert, hat sich dieser Teil des Wassers schon stromabwärts bewegt. Man kann in die gegenwärtigen Momente nicht eindringen, weil sie sich zu schnell bewegen und ständig verändern. Der heute lebende tibetisch-buddhistische Lehrer Mingyur Rinpoche sagt: »Wenn man den gegenwärtigen Moment genau untersucht, findet man heraus, dass er auch aus früheren und späteren Momentan besteht. Wenn man den gegenwärtigen Moment weiter untersucht, findet man schließlich heraus, dass es auch keinen gegenwärtigen Moment gibt, der existieren würde.«[5]

Interessanterweise beginnt Achtsamkeitsmeditation mit einem Ansatz, der dem Versuch entgegengesetzt ist, im Moment zu sein; man wird nämlich aufgefordert, gerade die Veränderung von Moment zu Moment zu beobachten. Eine der großen Einsichten, zu der man durch die Praxis der Achtsamkeitsmeditation gelangen kann, besteht darin, dass jeder Moment von Erfahrung entsteht und vergeht. Die unmittelbare Erfahrung dieser Vergänglichkeit vom beobachtenden Gewahrsein aus kann uns helfen, den Versuch loszulassen, einen einzelnen Moment Zeit zu verfestigen, um etwas stabil zu machen, was es nicht ist. Wenn wir wirklich ein Gefühl für das Kommen und Gehen von Momenten bekommen, hilft uns das, die Illusion eines unveränderlichen, getrennten Selbst zu beenden. Das führt dazu, dass sich unser Leiden verringert.

Die gegenwärtige Zeit ist nicht das Jetzt. Gampopa, ein buddhistischer Lehrer des 11. Jahrhunderts, sagte: »Lade nicht die Zukunft ein. Verfolge nicht die Vergangenheit. Lass die Gegenwart los. Entspanne Dich genau jetzt.«[6] Damit verwies er auf die Tatsache, dass der Versuch, sich in einer der drei relativen Zeiten zu lokalisieren, einschließlich der Gegenwart, Leiden verursachen kann. Es ist nicht immer gut, danach zu streben, in der Gegenwart zu sein. Als ich als Psychotherapeut gearbeitet habe, sah ich, dass ein Kennzeichen klinischer Depression das Gefühl ist, in der Gegenwart festzustecken. Wie ein Klient sagte: »Es fühlt sich an, als gäbe es nur diese Gegenwart, unerträglichen Schmerz und keine Hoffnung, dass sich diese Situation ändert.« Depressiv zu sein, ist so, als befände man sich in einem Gefängnis, in dem man von positiven Erinnerungen an die Vergangenheit und vom Potential, sich in der Zukunft zu verändern, abgeschnitten ist. Zur Behandlung von Depression gehört, Menschen sich erinnern zu lassen, wie sie in der Vergangenheit traurige Phasen überstanden haben, und einzusehen, dass es eine positive Zukunft gibt. Im Hinblick auf die Gegenwart ist es nützlich, sich klar zu machen: »Auch dies wird vorübergehen.«

Es ist wahr, dass unsere Aufmerksamkeit in negativer Weise davon besessen sein kann, sich an die Vergangenheit zu erinnern. Die meisten Menschen würden jedoch auf einer Alltagsebene dem Dichter und Philosophen George Santayana zustimmen, der sagte: »Diejenigen, die sich nicht an die Vergangenheit erinnern können, sind dazu verurteilt, sie zu wiederholen.«[7] Man kann auch damit beschäftigt sein, die Zukunft zu fürchten. Die Fähigkeit, sich die Zukunft vorzustellen, hat uns allen geholfen zu überleben und zu gedeihen, indem man beispielsweise dazu in der Lage ist, sich auf den kommenden Winter oder Frühling vorzubereiten. Man kann für die Zukunft planen und sich an die Vergangenheit erinnern, während man im Jetzt ist.

Am wichtigsten ist zu wissen, dass wir immer schon im Jetzt sind – wir sind uns jedoch nicht immer *bewusst*, im Jetzt zu sein. Man kann das Jetzt nur von wachem Gewahrsein aus kennen. Viele von uns haben die Erfahrung gemacht, im Jetzt zu sein, wenn wir ganz in einer Tätigkeit aufgegangen sind oder uns in einem panoramaartigen Flow-Zustand befanden.

Wenn wir lernen, dazu überzugehen, uns unmittelbar bewusst zu sein, dass wir uns im Jetzt befinden, verändert sich unser ganzes Realitätsgefühl zum Besseren. Vom alltäglichen Geisteszustand aus, der sich mit dem Ego identifiziert, kann man sich nicht bewusst sein, sich im Jetzt zu befinden. Man kann durch die Tür des Jetzt in waches Gewahrsein wechseln, oder man kann, wenn man in wachem Gewahrsein bleibt, beginnen, das Gefühl wahrzunehmen, sich in der Gegenwart zu befinden. Der Zweck, das Jetzt von der Gegenwart und dem gegenwärtigen Moment zu unterscheiden und sich darüber klar zu werden, besteht darin, dazu übergehen zu können, im Jetzt zu sein und zu wissen, dass wir hier sind.

Was sind die fünf Ebenen des Geistes?

Die meisten Menschen haben viel Zeit darauf verwendet, Leiden zu reduzieren, indem sie ihre Gedanken, Glaubensvorstellungen, inneren Haltungen oder Lebensumstände verändern. Dies ist die Basis von behavioristischen, kognitiven oder analytischen Methoden, um Leiden zu reduzieren. Statt nun Gedanken, Emotionen und Verhaltensweisen hinzuzufügen oder abzuziehen, lernen wir, mit unserem Gewahrsein auf eine andere Geistesebene zu wechseln, die eine völlig unterschiedliche Sicht derselben Lebensumstände hat. Wir verlagern unsere Sicht – wir verschieben das Zentrum von der Ego-Identifikation, in der wir bisher lokalisiert waren – zum Fundament wachen Gewahrseins.

Jede Ebene des Bewusstseins und ihre Inhalte können beobachtet werden und man kann von jeder Bewusstseinsebene aus beobachten. Wenn man von einer bestimmten Ebene des Bewusstseins aus schaut, erlebt man ihre einzigartige Art, wahrzunehmen und zu wissen. Wenn man von den fünf Ebenen des Bewusstseins *aus weiß*, statt auf sie zu schauen, nennen wir sie die *fünf Ebenen des Geistes*.

Bei diesem Ansatz des offenherzigen Gewahrseins verlagern wir unsere Identität auf fünf verschiedene Ebenen des Geistes und ihre entsprechenden Arten von Bewusstsein. Man kann jede dieser Geistesebenen aus der Sicht des Ereignisses oder aus der Perspektive des Bewusstseins betrachten. Die *Perspektive des Ereignisses* nimmt man ein, wenn man die Inhalte und Fähigkeiten einer Ebene des Geistes *anschaut* und erfährt. Die *Perspektive des Geistes* ist, sich auf einer der Ebenen des Geistes zu befinden und *von dieser Ebene aus* zu schauen. Die niedrigeren Ebenen können die höheren nicht kennen, aber jede neue Ebene des Geistes kann die vorangehenden kennen und umfassen.

1. **Alltagsgeist** wird als sinnliche Wahrnehmungen, Gedanken und Emotionen erlebt. Der Alltagsgeist *schaut von* Gedanken und Ego-Funktionen aus, um eine Identifikation mit dem Ego und dualistische Spaltung von Subjekt und Objekt herzustellen, die die subtileren Geistesebenen verdunkelt. Der Alltagsgeist verwendet Aufmerksamkeit und Selbstbewusstheit, um zu fokussieren.

2. **Subtiler Geist** wird als die Fähigkeit wahrgenommen, vom Alltagsgeist zurückzutreten und in achtsamem Gewahrsein, im Meditierenden oder in einem beobachtenden Ego lokalisiert zu sein. Subtiler Geist *schaut von* einem achtsamen Beobachter von Gedanken, Gefühlen und Sinnesempfindungen aus, während die Inhalte unserer Erfahrung kommen und gehen. Subtiler Geist verwendet achtsames Gewahrsein und Gewahrsein des subtilen Körpers, um zu fokussieren.

3. **Wach-bewusster Geist** weiß sich selbst als zeitloses, formloses, unveränderliches, inhaltsloses und ausgedehntes Gewahrsein. Wach-bewusster Geist *schaut von* einem Beobachter himmelsweit ausgedehnten Gewahrseins aus, um subtilen Geist und Alltagsgeist sowie die Welt zu sehen. Wach-bewusster Geist ist schon da und von sich aus bewusst, daher verwendet man mühelose Achtsamkeit, wenn man von ihm aus schaut.

4. **Simultaner Geist** nimmt zugleich absolute Realität und relative Realität wahr. Das Meer wachen Gewahrseins nimmt alle Energie und Form als seine eigenen Wellen wahr. Man empfindet ausgedehnte und allgegenwärtige grenzenlose Freiheit. Waches Gewahrsein wird als eine verbundene Präsenz verkörpert, fähig, jede vorangehende Ebene des Geistes wahrzunehmen. Der simultane Geist *schaut von* Einheits-Bewusstsein aus, wo nichtduales Gewahrsein aus dem Inneren unseres Bewusstseins heraus weiß, während es sich nicht mit dem Ego identifiziert.

5. **Herz-Geist** kennt keinen Ort eines besonderen beobachtenden Selbst. Auf dieser Ebene des Geistes fühlt man sich verbunden und geschützt, verletzlich und mutig sowie dazu motiviert, schöpferisch und in Beziehung zu sein. Herz-Achtsamkeit *schaut von* unserem Seinsgrund aus, der nun von offenherzigem Gewahrsein aus operiert: einer auf Weisheit beruhenden liebevollen Intelligenz, die sich grenzenlos, verbunden und ganz menschlich anfühlt.

Achtsamkeit ist die Verbindung von der Geistesebene, von der aus man wahrnimmt, mit dem, was wahrgenommen wird. Der Wahrnehmende unterscheidet sich auf jeder Ebene des Geistes. Achtsamkeit ist also die Verbindung und Beziehung von Ihrer Geistesebene aus mit Objekten und Aufgaben auf der relativen Ebene.

Wenn man sich im Alltagsgeist befindet, kann man Konzentration verwenden, um achtsam zu denken und Aufgaben zu erledigen. Von subtilem Geist aus kann man vom Meditierenden aus schauen, sich der Inhalte seines Geistes bewusst und wissend, dass man nicht identisch mit seinen Gedanken ist. Dann kann man frei von einem Ego sein, wenn Gewahrsein sich seiner selbst als ausgedehntes waches Gewahrsein bewusst ist. Lokales Gewahrsein tritt zurück und entdeckt das Gewahrsein, das sich zuwendet, einbezieht und annimmt. Mühelose Achtsamkeit beginnt, wenn man seinen Ort in ausgedehntem Gewahrsein hat. Dann ist Gewahrsein als Präsenz verkörpert, die von angeborener simultaner Achtsamkeit aus weiß. Dann verwendet Herz-Geist Achtsamkeit, um wechselseitige Verbundenheit, Kreativität und Mitgefühl zu empfinden.

Was sind die drei Verschiebungen der Identität?

Wir beginnen unsere Reise des Erwachens, wenn wir uns mit dem Ego identifizieren. In diesem Zustand erzeugt das auf Denken beruhende Betriebssystem ein Gefühl eines kleinen, getrennten »Mini-Ichs«, das sich im Zentrum des Kopfes befindet. Wenn man den Ort seiner Identität verschiebt, muss man seine Ego-Funktionen (wie beispielsweise Wissen, wie man bei der Arbeit seine Aufgaben erfüllt) oder die grundlegende Ego-Persönlichkeit (wie beispielsweise der Sinn für Humor) nicht aufgeben. Was man loslässt, ist die Identifikation mit dem Ego. Ego-Funktionen und Ego-Persönlichkeit sind dann weniger gestresst, defensiv und eingeengt; die Ego-Identifikation wird nicht mehr als das Zentrum dessen erlebt, wer man ist. Man wird eine Lücke der Egolosigkeit durchleben – wenn das illusionäre Gefühl der Ego-Identifikation wegfällt –, bevor man entdeckt, dass waches Gewahrsein die wahre Grundlage der Identität ist.

Wenn wir erwachen, nehmen wir eine Identität an, die auf Gewahrsein beruht und »das beobachtende Selbst« genannt wird: ein himmelsähnlicher, distanzierter Beobachter der Inhalte unseres Bewusstseins. Man identifiziert sich nicht länger mit dem Ego, da man von diesem Selbst aus in der Lage ist, von außen zu beobachten. Dieses Selbst ist ein achtsamer Beobachter, der nichtkonzeptuelles Gewahrsein als die primäre Art zu wissen verwendet. Sie werden lernen, von einer Sicht des weiten Himmels aus zu sehen, einem Beobachter-Bewusstsein, das von ausgedehntem Gewahrsein aus schaut. Mit dieser Verschiebung werden wir unsere Identität auf der wach-bewussten Ebene des Geistes lokalisieren. Dabei sollten wir nicht in einem »Zeugenschutzprogramm« stecken bleiben.

Die nächste Verschiebung ist Einwachen: Ausgedehntes Gewahrsein, das formlos und grenzenlos ist, erkennt, dass es Energie und Form ebenso wie Raum ist. Von dem beobachtenden Selbst aus fühlt man sich, als wäre man der Himmel, an dem Gedanken und Gefühle Objekte sind, die kommen und gehen. Wenn waches Gewahrsein verkörpert wird, hat man zuerst das Gefühl, als wäre man eine Welle im Meer von Gewahrsein. Es kann hierbei einen Übergang geben – ein Gefühl von Nicht-Selbst, die Erfahrung, ohne einen Wahrnehmenden wahrzunehmen, der einen festen Standpunkt einnimmt. Waches Gewahrsein ist keine neue, getrennte, individuelle Identität, weil wir uns nun korrekterweise als ständig wechselseitig verbunden wahrnehmen. Waches Gewahrsein ist der Seinsgrund, den wir alle gemeinsam haben. Das Sein ist die Entdeckung oder Wiederentdeckung der Identität, die auf (Selbst-)Akzeptanz, Grundvertrauen, grundlegender Güte und dem Zusammenkommen der absoluten Ebene der Realität mit unserem relativen Menschsein beruht. Das Sehen vom Sein aus verwendet den simultanen Geist, um Formlosigkeit als waches Gewahrsein innerhalb von Form wahrzunehmen. Man beginnt auszuwachen, indem man offenherziges Gewahrsein entdeckt, das Gewebe der Liebe, das mit allem verbunden ist.

An dieser Stelle sind wir nicht länger in unserem Kopf zentriert, aber wissen vom Herz-Geist aus. Den meisten Menschen wurde nicht beigebracht, wie man in offenherziges Gewahrsein eintritt. Es ist nicht so, dass es esoterisch oder schwierig zu finden wäre. Man kann vor allem deshalb keinen Zugang zu ihm bekommen, weil man nicht gewusst hat, dass dies möglich und natürlich ist. Die Wahrheit ist, dass man es tun kann, auch wenn man vorher von einem Wechsel über lokales Gewahrsein nichts gewusst hat. Gleich, wie lange ein Raum dunkel gewesen ist, in dem Moment, in dem man auf den Schalter drückt, ist der Raum ganz von Licht erfüllt.

Was ist die Beziehung zwischen Geist, Identität und Erwachen?

<table>
<tr><th>EBENEN DES GEISTES</th><th>STUFEN DES ERWACHENS</th><th>VERSCHIEBUNGEN DER IDENTITÄT</th></tr>
<tr><td>Alltagsgeist</td><td rowspan="2">Normales Alltagsleben</td><td rowspan="2">Ego-Identifikation</td></tr>
<tr><td>Subtiler Geist</td></tr>
<tr><td>Wach-bewusster Geist</td><td>Aufwachen</td><td>Selbst</td></tr>
<tr><td>Simultaner Geist</td><td>Einwachen</td><td rowspan="2">Sein</td></tr>
<tr><td>Offenherziges Gewahrsein</td><td>Auswachen</td></tr>
</table>

Was ist ein flüchtiger Blick?

Ein flüchtiger Blick ist keine spirituelle Erfahrung, die unserer gegenwärtigen Identität und unserem konzeptuellen Denken widerfährt. Ein flüchtiger Blick beginnt, als würde man waches Gewahrsein als ein Objekt kennen, aber es wird einem klar, dass waches Gewahrsein sich selbst kennt – und dann geht man dazu über, *von* wachem Gewahrsein *aus* zu wissen. Ein flüchtiger Blick ist ein Wechsel zum Sehen und Sein von einer neuen Ebene des Geistes und der Identität aus. Mit anderen Worten: Ein flüchtiger Blick ist nicht immer eine Gipfelerfahrung, die man als euphorischen Zustand erlebt. Ein flüchtiger Blick ist vielmehr eine Erfahrung, bei der der eigentliche Grund unseres Seins der Ort ist, von dem aus man nun sieht.

Man könnte sagen, dass ein flüchtiger Blick eine Einsicht ist. In diesem Zusammenhang bedeutet *Einsicht*, von innen zu sehen, oder die Entdeckung einer neuen Art zu sehen und zu sein. Diese Einsicht ist keine Information, die man von einer neuen Geistesebene aus erhält, sondern die Weise, wie nichtkonzeptuelles Gewahrsein sieht. Unser Ziel besteht darin, eine volle Sicht auf unsere natürliche Wachheit und ihre positiven Qualitäten zu bekommen. Wenn sich lokales Gewahrsein verschiebt, blickt es flüchtig von einer neuen Art zu sein aus. Man gibt alle Anstrengung auf und lässt alles sein. Wenn man einmal flüchtige Blicke auf diese Weise benutzt, kann man sofort seinen täglichen Aktivitäten nachgehen oder still sitzen, doch anstatt zu meditieren, kann man sein System in wachem Gewahrsein »einlegen«. Waches Gewahrsein kann auf den Körper einwirken, sich in ihm sättigen und ihn entgiften. Man ruht als waches Gewahrsein und kann von wachem Gewahrsein aus aktiv sein.

Flüchtige Blicke, immer wieder

Die Hauptübung besteht darin, flüchtige Blicke immer wieder anzuwenden, aber manchmal genügt ein einziger flüchtiger Blick, um alles zu verändern. Diese Wechsel kann man mitten im Alltag machen.

Der Grund, weshalb die Blicke flüchtig sind, ist, dass man beim Wechsel in waches Gewahrsein aufhört, sich anzustrengen, und dem neuen Wissen erlaubt, von selbst zu wissen. Man kann die Anstrengung des egoischen Machers nicht nutzen, um auf irgendeine Weise zu helfen. Es kann nützlich sein, den Tag mit einer zwanzigminütigen Gewahrseinserforschung zu beginnen, um sich auf eine gewahrseinsbasierte Form von Wissen einzuschwingen. Diese erste Sitzung kann man damit beenden, dass man in einem neuen Modus von Wahrnehmung, Wissen und Identität bleibt und ihn auf sich wirken lässt, um sich mit dieser Weise zu sein und zu sehen vertraut zu machen.

Flüchtige Blicke immer wieder im Laufe des Tages zu üben, lässt die neue Gewohnheit entstehen, von wachem Gewahrsein aus zu wissen. Das trainiert unser Gehirn, immer länger in ihm bleiben zu können. Schließlich ist man zu flüchtigen Blicken fähig, selbst wenn man in der Schlange des Lebensmitteladens steht. Wenn die Trägheit alter Gewohnheiten einen zu der Ego-Identifikation zurückbringt, kann man sich sagen: »Keine große Überraschung, einfach wiedererkennen.« Man versteht, dass die Lebensqualität nicht von den Erfahrungen abhängt, die in der Welt oder im Kopf entstehen, sondern von der Geistesebene, auf der sie entstehen. Man kann sich gut fühlen, auch wenn man sich nicht gut fühlt.

Erinnern, um zu erinnern

»Ganz gleich, was Sie tun, ganz gleich, in welcher Situation Sie sich befinden – ob Sie gehen, sitzen, essen oder liegen –, kehren Sie mit Ihrem Gewahrsein in die Natur wachen Gewahrseins zurück. Das ist es!«

TULKU URGYEN RINPOCHE, ALS ER NACH SEINER TÄGLICHEN PRAXIS GEFRAGT WURDE[8]

Um nicht wieder in die Identifikation zurückgezogen zu werden, können Sie die folgende Methode anwenden, Ihre wahre Natur zu erkennen:

- Erkennen Sie, dass Sie gefangen sind, anhaften oder sich mit etwas identifizieren.
- Machen Sie sich klar, dass es eine andere Möglichkeit zu sein gibt.
- Erinnern Sie sich an eine Methode, mit der es Ihnen gelungen ist, zurückzukehren oder zu erkennen.
- Wählen Sie eine Blickübung, die gut bei Ihnen wirkt.
- Machen Sie sie! Geben Sie lokales Gewahrsein auf und wechseln Sie zurück in ausgedehntes Gewahrsein. Schauen Sie von ausgedehntem Gewahrsein aus. Lassen Sie zu, dass sich Gewahrsein verkörpert.
- Spüren Sie den Tanz zwischen Formlosigkeit und Form, ohne in einer von beiden zu landen.
- Wissen Sie mit Ihrem neuen Herz-Wissen – ohne auf Denken zurückzugreifen, um sich abzusichern, oder einer Subpersönlichkeit zu erlauben, die Kontrolle zu übernehmen.
- Lassen Sie sich im Seinsgrund sein und ruhen. Seien Sie diese Sicherheit, leben Sie von ihr aus und als sie. Laden Sie jede Erfahrung zu diesem neuen zentrumslosen Zentrum ein.
- Leben Sie von offenherzigem Gewahrsein aus. Lassen Sie das Wissen, das aus bedingungslosem Gewahrsein und bedingungsloser Liebe hervorgeht, sich mit allem verbinden, was draußen in der Welt ist.

- Handeln Sie vom Sein aus. Vertrauen Sie dem neuen Wissen und beginnen Sie, Ihr Gehirn und Ihre Ego-Funktionen neu zu verschalten, indem Sie Ihren täglichen Aufgaben von dieser neuen Sicht aus nachgehen.

- Entgiften Sie, heißen Sie willkommen, befreien Sie. Offenherziges Gewahrsein heißt unangenehme Gefühle willkommen und befreit sie. Es entgiftet Emotionen und Subpersönlichkeiten, verschaltet sie neu und arbeitet mit ihnen.

- Bleiben Sie unabgelenkt, ohne sich anzustrengen.

- Wenn Sie sich wieder mit etwas identifizieren und einfangen lassen, braucht Sie das nicht zu überraschen ... erkennen Sie einfach wieder von Neuem.

Flüchtige Blicke ganz bis nach Hause

Im Alltagsgeist zu sein, ist so, als lebte man in einer Sturmwolke: chaotisch, turbulent und voll von Nebel, Wind und Blitzen. Man kann das Gefühl haben, »wer man ist« sei in dieser Wolke lokalisiert, und alles außerhalb sei etwas »anderes«. In der Wolke muss man kämpfen, um klar zu sehen. Gleich, wohin man sich bewegt oder was man tut, solange man auf die Wolke beschränkt ist, werden Gefühle stürmisch und wird die Sicht neblig sein. Wenn lokales Gewahrsein seinen ersten Wechsel vornimmt, verlässt es einfach die Wolke und erkennt den weit offenen Himmel wachen Gewahrseins. Man fühlt sich frei und ausgedehnt. Man ist jetzt der Beobachter, der sich *des* Himmels und *vom Himmel aus* bewusst ist. Man befindet sich jetzt in ausgedehntem Gewahrsein mit einer neuen Sichtweise auf die Wolke von Geist und Körper. Dann, wenn sich der Himmel öffnet, kann man die stürmischen Inhalte der Wolke einbeziehen, während man offen bleibt. Der Seinsgrund ist in der Lage, alle Gedanken und Gefühle anzunehmen, ohne sich wieder mit ihnen zu identifizieren.

Mit anderen Worten: Wenn man sich ängstlich, einsam, deprimiert oder aufgeregt fühlt, wird Gewahrsein von der Gewohnheit verdunkelt, auf den kleinen, konzeptuellen Geist zu schauen. Lokales Gewahrsein verlässt absichtlich die Identifikation mit der Wolke und geht über zu einer himmelsähnlichen Sicht von wachem Gewahrsein aus. Vom Himmel wachen Gewahrseins aus sind alle Denkmuster oder emotionalen Stürme einbezogen. Indem man die ausgedehnte Dimension wachen Gewahrseins als die Quelle des Geistes erkennt, entdeckt man, dass man sowohl der Himmel wachen Gewahrseins als auch dieser besondere Körper und Geist ist. Alles, was passiert, ist nur Wetter.

Schließlich beschädigt kein Sturm jemals den Himmel, und der Himmel durchdringt selbst die dichtesten, dunkelsten Wolken. Wenn man sich ganz darauf einlässt, bis zu dem Punkt, wo waches Gewahrsein sich sowohl als der Himmel als auch als die Wolke erkennt, wird man eine mitfühlende, offenherzige Antwort auf die eigenen stürmischen Gefühle und die anderer Menschen finden. Letztlich beruht unser Wohlbefinden nicht auf den veränderlichen Wetterverhältnissen, sondern darauf, von welcher Ebene des Geistes aus wir bewusst sind.

Die einfachen Schritte: Ablösen, Wegfallen, Öffnen, Sehen, Einbeziehen, Wissen, Sein lassen

Dies ist eine der vollen Übungen des Ansatzes des offenherzigen Gewahrseins, die lokales Gewahrsein verwendet, um durch jede der fünf Ebenen des Geistes zu wechseln. Lassen Sie mich Ihnen ein Gefühl für die Schritte vermitteln, dann können Sie das Experiment selbst machen. Wenn Sie diese einfachen Schritte einmal gelernt haben, können Sie sie überall und zu jeder Tageszeit machen.

1. **Ablösen.** Sie werden aus dem Zug des Denkens aussteigen, in dem Sie sich befinden. Einmal abgelöst, wird lokales Gewahrsein zur primären Quelle und zum Ort von Intelligenz werden. Lokales Gewahrsein wird direkt aus dem Inneren Ihres Körpers wissen, statt dass Sie von Ihrem Alltagsgeist aus herabschauen. Das Entscheidende bei diesem Schritt besteht darin, Gewahrsein abzulösen, damit Sie nicht von Ihren Gedanken aus und nicht nach oben zu Ihren Gedanken schauen und nicht Ihren Geist mit Aufmerksamkeit anwenden. Lokales Gewahrsein kann sich vollkommen vom Denken distanzieren, ablösen oder entfernen. Man kann lokales Gewahrsein entdecken, ohne zu wissen, was es ist. Probieren Sie es einfach aus.

2. **Wegfallen.** Was wegfällt, ist nicht Ihr Alltagsgeist, nicht Ihr Ego und nicht Ihre Aufmerksamkeit; es wird das lokale Gewahrsein sein. Lokales Gewahrsein wird sich wie eine unsichtbare Kugel von Gewahrsein unter Ihren Hals bewegen und Bewusstheit und Lebendigkeit unmittelbar aus dem Inneren Ihres Körpers wissen. Sie werden zu Ihren Sinnen zurückkehren und direkt mit gedankenfreiem Gewahrsein wissen. Dies ist die Erfahrung von *subtilem Geist und Körper* oder innerkörperlicher Präsenz.

3. **Öffnen.** Lokales Gewahrsein wird sich für Raum öffnen und dann mit ausgedehntem Gewahrsein um Ihren ganzen Körper mischen. Sie werden sich offenen Raumes bewusst, dann ist offener Raum bewusst.

4. **Sehen.** Lokales Gewahrsein wird sich ausgedehnten Gewahrseins bewusst werden, dann wird sich ausgedehntes Gewahrsein seiner selbst als eines Feldes bewusst: grenzenlos, formlos, zeitlos, inhaltslos, beständig und wach. Ausgedehntes Gewahrsein weiß und sieht nichtkonzeptuell.

5. **Einbeziehen.** Beginnen Sie damit, dass Sie die Inhalte Ihres Körpers und Geistes von ausgedehntem Gewahrsein aus als Beobachter wahrnehmen. Ausgedehntes Gewahrsein, das sich selbst als formlos weiß, wird sich nun auch als Form wissen. Ausgedehntes Gewahrsein wird grenzenlos bleiben, da es Lebendigkeit in Ihren Körper einbezieht. Dieses natürliche, verkörperte wache Gewahrsein wird mühelos bewusst sein und Energie, Gedanken, Gefühle und Sinnesempfindungen einschließen, ohne sich wieder mit einer egoischen Sichtweise zu identifizieren. Verkörpertes waches Gewahrsein ist ohne Widerstand gegen etwas, sondern nimmt alles an, was entsteht oder kommt.

6. **Wissen.** Wenn waches Gewahrsein verkörpert ist, wird es nicht zum Denken zurückkehren müssen, um zu wissen oder einen Ego-Manager zu erschaffen. Lokales Gewahrsein wird die Inhalte von Körper und Geist nach einem Objekt durchsuchen, das »Selbst« heißt, und wenn es nicht zu finden ist, wird Gewahrsein frei sein. Eine neue Art zu wissen wird entstehen, die auf dem Bildschirm des Geistes keine Gedanken hat. Diese Art zu wissen wird aber augenblicklich zu allen benötigten Informationen Zugang haben. Das neue Herz-Wissen muss sich nicht dadurch orientieren, dass es nach oben zum Denken geht, nach unten in Schlaf versinkt, einen Moment voraus in die Zukunft geht, sich dann auf Erinnerung an Vergangenes bezieht oder an der Erfahrung des gegenwärtigen Moments festhält. Sie werden die Veränderung wahrnehmen, wenn nichtkonzeptuelles Gewahrsein das Aroma von Herz-Wissen annimmt. Sie werden sich verbunden, neugierig, liebevoll, sicher, kreativ und verantwortlich im Sinne von fähig zu einer Antwort fühlen und wissen, dass alles gut ist.

7. **Sein lassen.** Nehmen Sie während dieses Schrittes wahr, dass offenherziges Gewahrsein schon wach und bewusst ist und kein Denken und keine Anstrengung braucht. An diesem Punkt kann man ohne Anstrengung unabgelenkt bleiben. Man kann die Kontrolle loslassen und sein lassen. Ruhen Sie wie ein Kind, das sich verlaufen hatte und in die liebevollen Arme seiner Mutter zurückgekehrt ist.

FLÜCHTIGER BLICK 1: **Schritt in die Freiheit**

Wir werden eine einfache Reihe von Übergängen vornehmen. Sie beginnen damit, dass man lokales Gewahrsein vom Denken löst und lokales Gewahrsein den Ort des Wissens sein lässt. Man muss nicht verstehen, wie man lokales Gewahrsein vom Denken löst. Gehen Sie einfach davon aus, dass Sie intuitiv dazu in der Lage sind. Wenn es hilft, können Sie Gewahrsein von Ihrem Atem unterhalb Ihres Halses tragen lassen, sodass Sie sich von innen bewusst sind.

1. Setzen Sie sich bequem mit offenen oder geschlossenen Augen hin und seien Sie sich einfach Ihrer Sinne bewusst. Nehmen Sie die Aktivität des Denkens in Ihrem Kopf wahr.

2. Lösen Sie nun lokales Gewahrsein vom Denken und lassen Sie es durch Ihren Hals nach unten und in Ihren Oberkörper sinken.

3. Spüren Sie, wie lokales Gewahrsein Sinnesempfindungen und Gewahrsein unmittelbar aus dem Inneren Ihres Körpers weiß. Bleiben Sie eine Weile in dieser Erfahrung.

4. Während Gewahrsein die Lebendigkeit und Bewusstheit direkt in Ihrem Oberkörper weiß, gehen Sie weder nach oben zum Denken zurück noch lassen Sie sich nach unten in den Schlaf sinken.

5. Lassen Sie lokales Gewahrsein sich jetzt für den Raum außerhalb Ihres Körpers öffnen.

6. Seien Sie sich einfach des Raums bewusst.

7. Lassen Sie Gewahrsein sich mit Raum mischen.

8. Seien Sie sich offenen Raums bewusst und nehmen Sie dann wahr, dass offener Raum bewusst ist.

9. Fühlen Sie das Gewahrsein, das sich seiner selbst als eines grenzenlosen, inhaltlosen, unveränderlichen Feldes ausgedehnten Gewahrseins bewusst ist. Bleiben Sie eine Weile dort.

10. Im Moment sind Sie sich von ausgedehntem Gewahrsein aus bewusst. Gehen Sie nun dazu über, von ausgedehntem Gewahrsein aus zu sehen. Fragen Sie sich: »Nehme ich ausgedehntes Gewahrsein wahr? Oder ist sich das ausgedehnte Gewahrsein der Gedanken, Gefühle und Sinnesempfindungen bewusst, die ich bisher für mich selbst gehalten habe?«

11. Nehmen Sie wahr, dass das ausgedehnte Gewahrsein außerhalb Ihres Körpers dasselbe ist wie das Gewahrsein und die Lebendigkeit in ihm. Das Feld des Gewahrseins ist ausgedehnt und allgegenwärtig.

12. Fühlen Sie, wie das formlose ausgedehnte Gewahrsein alle Erscheinungen und Lebendigkeit in Ihrem Inneren als einen kontinuierlichen Ozean von Gewahrsein *umfasst*, in dem Wellen von Erfahrung entstehen.

13. Nehmen Sie wahr, wie Sie zugleich außen und innen bewusst sein können.

14. Lassen Sie lokales Gewahrsein die Inhalte des Körpers und Geistes nach dem Ort eines beobachtenden Selbst durchsuchen. Wenn kein Selbst gefunden werden kann, nehmen Sie das Gewahrsein wahr, das von überall, nirgendwo und von hier aus weiß.

15. Statt nach oben zum Denken zurückzugehen, um Worte zu finden, warten und fühlen Sie das Potential, von offenherzigem Gewahrsein aus zu *wissen*. Fragen Sie sich: »Was weiß offenherziges Gewahrsein?«

16. Spüren Sie das grenzenlose, verkörperte, aufmerksame und wechselseitig verbundene Gefühl von Wissen, Sicherheit und Wohlbefinden.

17. Fragen Sie sich: »Was ist jetzt hier, wenn es kein Problem zu lösen gibt?« Statt zum Denken zurückzugehen, um die Antwort zu wissen, lassen Sie zu, dass offenherziges Gewahrsein weiß.

18. Bleiben Sie ohne Anstrengung unabgelenkt.

19. Lassen Sie sein.

Die folgende Tafel zeigt die Wechsel, die Sie auf jeder der fünf Ebenen des Geistes und durch sie vorgenommen haben.

FÜNF EBENEN DES GEISTES	REIHE DER FLÜCHTIGEN BLICKE
Ebene 1: Alltagsgeist Der Alltagsgeist identifiziert sich mit den Inhalten unseres Denkens. Er schaut auf Denken und schaut vom Denken aus.	**Beginnen Sie, wo Sie sind** Wir beginnen damit, die Aktivität unseres Alltagsgeistes wahrzunehmen, der im Kopf zentriert ist.
Bewegung von Ebene 1 zu Ebene 2 Lokales Gewahrsein identifiziert sich mit dem Alltagsgeist. Es kann sich vom Denken lösen, unmittelbar wissen und sich durch alle anderen Ebenen des Geistes bewegen. **Ebene 2: Subtiler Geist und subtiler Körper** Subtiler Geist ist der nichtwertende, achtsame Beobachter von Inhalten von Geist und Körper. Der subtile Körper ist dann im Vordergrund, wenn lokales Gewahrsein Körper und Energie direkt von innen wahrnimmt.	**Ablösen** Wir lösen lokales Gewahrsein aus der Identifikation mit dem Alltagsgeist. Lokales Gewahrsein sinkt dann ab und bewegt sich in den Raum unterhalb des Halses, um Gewahrsein und Lebendigkeit im Körper wahrzunehmen. Ablösen bringt uns zu der Ebene des subtilen Geistes und subtilen Körpers, die Gewahrsein und Sinneswahrnehmung unmittelbar von innen kennt.
Ebene 3: Wach-bewusster Geist Lokales Gewahrsein weiß sich selbst als ausgedehntes Gewahrsein durch Gewahrsein von Gewahrsein. Die Ebene wach-bewussten Geistes kann man ausgedehntes Gewahrsein nennen. Die Erfahrung ist inhaltslos, grenzenlos und zeitlos. Durch mühelose Achtsamkeit kann ausgedehntes Gewahrsein dann von diesem offenen Himmel von Gewahrsein aus unsere Inhalte des Geistes zurück beobachten.	**Öffnen** Lokales Gewahrsein öffnet sich, um ausgedehntes Gewahrsein, den sehr subtilen Geist in unserem Körper und um ihn herum, direkt wahrzunehmen. **Sehen** Ausgedehntes Gewahrsein weiß und sieht sich selbst erst durch Gewahrsein von Gewahrsein. Dann sieht ausgedehntes Gewahrsein als das beobachtende Selbst die Inhalte unseres Geistes und Körpers vom Feld ausgedehnten Gewahrseins aus.

FÜNF EBENEN DES GEISTES	REIHE DER FLÜCHTIGEN BLICKE
Ebene 4: Simultaner Geist Waches Gewahrsein ist verkörpert, wenn ausgedehntes waches Gewahrsein ausgedehnt und primär bleibt, sich selbst aber auch als im Inneren inhärent weiß, einschließlich der lebendigen Energie im Körper, und von dem sehr subtilen Geist aus sieht. Der simultane Geist ist dazu fähig, Leere, Fülle, Grenzenlosigkeit und Unterscheidung zu erfahren.	**Einbeziehen** Ausgedehntes Gewahrsein weiß sich zunächst als formloses Gewahrsein, dann weiß es sich selbst gleichermaßen auch als Form. Waches Gewahrsein wird als Präsenz verkörpert. Es wird als die neue Quelle von Intelligenz und Identität und als simultaner Geist entdeckt, der sowohl absolute Realität als auch relative Realität wahrnimmt.
Ebene 5: Offenherziges Gewahrsein Offenherziges Gewahrsein ist das Wissen von der Achtsamkeit des Herzens aus. Das Gefühl, kein getrenntes Selbst zu sein, führt zu Wohlbefinden und wechselseitiger Verbundenheit mit allen Menschen und Dingen als Feld von Liebe und Weisheit im Strom gewöhnlichen Lebens.	**Wissen** Offenherziges Gewahrsein entsteht als die neue Art, von einer liebevollen Präsenz aus zu wissen, schöpferisch und mit anderen und der Welt in Beziehung zu sein. **Sein lassen** Es besteht ein Gefühl, als der zu ruhen, der man wirklich ist, und eine ganz neue Weise, vom Sein aus zu handeln.

5

DIE KUNST UND WISSENSCHAFT DES ERWACHENS

Alle Probleme der Menschheit gehen auf die Unfähigkeit des Menschen zurück, allein und still in einem Zimmer zu sitzen.
BLAISE PASCAL[1]

Die Ergebnisse sind da: Meditation zählt mit zum Besten, was man für sich selbst tun kann. Ihre Vorzüge wurden in letzter Zeit von der Mainstream-Kultur angenommen. In naher Zukunft wird regelmäßige Meditation als so wichtig für Ihr Gehirn angesehen werden wie regelmäßige körperliche Betätigung für Ihren Körper. Meine Hoffnung ist, dass in der Folge der Akzeptanz von regelmäßiger Meditation auch Erwachen zu einer allgemein verbreiteten, bewussten Wachstumsphase werden wird – ähnlich dem Besuch eines Colleges.

Jahrhundertelang haben Meditierende und Menschen, die Spiritualität praktizieren, von positiven Veränderungen in ihrem Leben berichtet, die das Ergebnis von Meditation, Gebet, Selbsterforschung und spiritueller Praxis waren. Diese Berichte von vertieftem Mitgefühl, innerem Frieden und einer verbesserten Fähigkeit, sich zu konzentrieren, werden gerade wissenschaftlich überprüft. Im Verlauf der vergangenen zwanzig Jahre hat die Forschung gezeigt, dass Meditation positive Wirkungen auf Körper, Geist und Emotionen hat. Da anerkannt ist, dass Meditation

Symptome reduziert, die auf Stress zurückgehen, wird sie jetzt von vielen Angehörigen von Berufen der Gesundheitsversorgung und Psychotherapeuten empfohlen. Es ist belegt, dass Meditation Angst, Depression und chronischen Schmerz reduziert, kognitive Funktionen verbessert, das Immunsystem stärkt und Bluthochdruck senkt.[2] Außerdem sind Achtsamkeitsübungen darin wirksam, Menschen in zwischenmenschlichen und sozialen Qualitäten wie moralischem Empfinden, Empathie, emotionaler Kommunikationsfähigkeit und Mitgefühl zu trainieren.

Die meisten Meditationsarten, die zurzeit studiert werden, sind jedoch nur die einführenden Übungen aus Traditionen, in denen Erwachen das eigentliche Ziel ist. Diese vorbereitenden Übungen – wie einsgerichtete Konzentration und bewusste Achtsamkeit – lindern Stress und verbessern die Fähigkeit zu fokussieren. Warum dort aufhören? Man kann mit der aktuellen neurowissenschaftlichen Forschung beginnen, die bestätigt, dass es kein getrenntes Selbst gibt, das sein Zentrum im Gehirn hätte, und dann die Präsenz von wachem Gewahrsein und ihre Vorzüge erforschen.

Der Ansatz des offenherzigen Gewahrseins präsentiert die nächsten Ebenen der Praxis, die genauso leicht zu lernen sind wie die vorbereitenden Übungen. Obwohl diese Praktiken der nächsten Ebene – *Gewahrsein von Gewahrsein*, *mühelose Achtsamkeit* und *Herz-Achtsamkeit* – ähnliche positive Wirkungen im Hinblick darauf haben, Stress zu reduzieren und den Fokus zu verbessern, sind sie in erster Linie dazu bestimmt, die Wurzel von Leiden zu erleichtern, das die Ego-Identifikation verursacht. Sie sollen helfen, Zugang zu unserem natürlichen Potential für Freude, Wohlbefinden und Leben von einem verkörperten Flow-Zustand aus zu bekommen.

Experten auf den Gebieten der Wissenschaft und Spiritualität, die seit Jahrhunderten vor allem im Streit miteinander gelegen haben, kommen jetzt in öffentlichen Dialogen und sogar für gemeinsame Unternehmungen zusammen (auch wenn es in beiden Lagern Fundamentalisten gibt). Manche Wissenschaftler verändern infolge der Forschungsergebnisse über Meditation und der Hirnscans von Menschen, die einer spirituellen

Praxis nachgehen, ihre lange vertretenen Annahmen über den menschlichen Geist. Zugleich beginnen manche Menschen mit einer spirituellen Praxis, über die hermetischen Glaubensvorstellungen ihrer Lehren hinauszugehen und ihren Geist und ihre Praktiken für neuere wissenschaftliche Studien zu öffnen; manche nehmen sogar an der Forschung teil. Bei einer Reihe von Gelegenheiten antwortete der Dalai Lama, als er gefragt wurde, was er tun würde, wenn wissenschaftliche Studien seine Glaubensvorstellungen widerlegen würden, dass er seine Vorstellungen einfach ändern würde.

Die wissenschaftliche Forschung geht in drei Schritten vor. Der erste Schritt besteht darin, die Forschungsgegenstände objektiv zu beobachten, der zweite darin, eine These und Schlussfolgerungen zu formulieren, die auf diesen beobachtbaren Phänomenen beruhen. In einem dritten Schritt werden eine Hypothese und Experimente entwickelt, die diese Schlussfolgerungen überprüfen. Die Erforschung von Meditation vereinigt wissenschaftliche Beobachtung aus der Perspektive der dritten Person mit Berichten aus Ich-Perspektive über die Erfahrung von Meditation. Subjektive Erfahrung kann nicht einfach deshalb ignoriert werden, weil sie von dritter Seite nicht beobachtet werden kann. Diejenigen von uns, die auf dem Gebiet der Meditation tätig sind, müssen Aberglauben und Pseudowissenschaft von den wiederholbaren, vorteilhaften Wirkungen der Meditation trennen.

Gewahrsein ist unsichtbar und kann von einem Beobachter nicht von außen gesehen werden, aber die Wirkungen von bewusst angewendeter Achtsamkeit können im Gehirn beobachtet werden. Die moderne Technologie hat zu erstaunlichen Fortschritten in unserer Fähigkeit geführt, Hirnfunktionen zu beobachten. Instrumente wie die Einzelphotonen-Emissionscomputertomographie (die die Durchblutung im Gehirn misst) und die Funktionelle Magnetresonanztomographie (die Magnete verwendet, die etwa siebenmal stärker als die Magnete sind, die Autos heben) können genaue Bilder von der Gehirnaktivität und den Veränderungen liefern, die verschiedene Meditationspraktiken hervorrufen.

Die Neurowissenschaft befindet sich immer noch in ihren Anfängen. Man kann keine genauen Korrelationen zwischen heutigen Hirnstudien und Ereignissen in unserem Bewusstsein herstellen. Wir wissen immer noch nicht, was Bewusstsein ist oder wie es entsteht. Die Forschung, an der wir interessiert sind, hat primär die therapeutischen Anwendungen zum Gegenstand: ob Meditationspraktiken Leiden reduzieren und Wohlbefinden steigern können. Aber schon jetzt kann man sagen, dass Meditation auf vielen verschiedenen Ebenen zuverlässig dafür sorgen kann, Leiden zu erleichtern.

Alte Gehirne können neue Tricks lernen

Kürzlich hat sich eine allgemein verbreitete Überzeugung dramatisch geändert: die Annahme, dass das erwachsene Gehirn nur bedingt fähig ist zu wachsen. Wir alle kennen das Sprichwort »Was Hänschen nicht lernt, lernt Hans nimmermehr«. Aber alte Gehirne *können tatsächlich* neue Gewohnheiten lernen. Das Gehirn besitzt mehr Plastizität, die Fähigkeit, sich im Erwachsenenalter zu verändern und zu wachsen, als irgendjemandem klar war. Wiederholte Aktivitäten – mentale oder physische – können neuronale Netzwerke herstellen, die mit Gebrauch stärker werden. Der Pionier auf dem Gebiet der Neuropsychologie, Donald Hebb, stellt fest: »Neuronen, die gleichzeitig feuern, werden miteinander verschaltet.«[3] Eine Grundannahme neuronaler Plastizität ist die jetzt beobachtbare Fähigkeit des Gehirns, durch bewusste Übungen neue neuronale Gewohnheiten herzustellen. Die Zusammenarbeit von moderner Wissenschaft und uralten Meditationsmethoden machte die Meditation für viele Menschen zugänglich, die bisher wegen ihrer religiösen Assoziationen vor ihr zurückschreckten.

Niemand kann mit Sicherheit sagen, ob Gewahrsein auf das Gehirn oder das Gehirn auf Gewahrsein zurückgeht. Aber wir wissen, dass Gewahrsein das Gehirn verändern kann. Achtsamkeitsübungen erholen nicht nur Ihr Gehirn, sie verändern auch die Weise, wie es funktioniert. Wenn man

Gewahrsein bewusst in seinem Gehirn bewegt, wird es leistungsfähiger. Wissenschaftliche Beobachtungen bestätigen jetzt die positiven Veränderungen im Gehirn, die Meditierende seit Jahrhunderten als Ergebnis bewussten Trainings durch Meditation und Achtsamkeitsübungen erfahren.

In allen Traditionen und Schulen gehören vertiefende Schritte zur Meditation, aber die Übungsstile sind verschieden. Der Ansatz des offenherzigen Gewahrseins kennt einige unterschiedliche Formen, wie man anfangen kann – jede ist auf einen anderen Lernstil zugeschnitten. Die Übungen mit flüchtigen Blicken kann man als fortgeschrittene Meditationsformen betrachten, die so leicht zu lernen sind wie die meisten Meditationen auf Anfängerniveau.

Wenn man den Ansatz des offenherzigen Gewahrseins benutzt, zu dem Übungen wie die mühelose Achtsamkeit gehören, wird man dieselben physischen und emotionalen Vorteile nutzen können wie Leute, die andere Techniken der Achtsamkeitsmeditation anwenden. Wechselt man die Ebenen des Geistes, kann man jedoch auch von zusätzlichen positiven Wirkungen profitieren, die auf die Befreiung von tiefem existentiellem Leiden zurückgehen. In manchen Formen der Meditation versucht man, den Alltagsgeist zu beruhigen, aber bei diesem Ansatz lernt man, wie man den denkenden Geist verlassen und eine andere Ebene des Geistes entdecken kann, die schon ruhig und aufmerksam ist: waches Gewahrsein. Waches Gewahrsein hat man die eigentliche Medizin genannt, weil es hilft, Leiden zu erleichtern, und uns Zugang zu einem tiefen Gefühl von Wohlbefinden bietet – gleich, was in unserem Leben passiert.

Das Ruhezustandsnetzwerk: Aufwachen aus dem Tagtraum

Wir haben gesehen, wie die Ego-Identifikation die Form ist, wie die meisten Menschen ihre Identität organisieren und ihren Alltag leben. Die Ego-Identifikation zu erschaffen, ist so fest in unserem Gehirn verankert, dass sie sogar unbewusst während unserer Tagträume auftritt. Eine neue Entdeckung der Neurowissenschaft hat wichtige Implikationen für unsere Fähigkeit, ein erwachtes Leben zu leben. 2001 prägte Marcus Raichle den Begriff *Ruhezustandsnetzwerk* (*default mode network*), nachdem er eine Studie mit Magnetresonanztomographie durchgeführt hatte. Zwischen Messungen für eine Studie, bei der es um Lernen ging, hatte er das MRT-Gerät eingeschaltet gelassen. Er entdeckte, dass sich bestimmte Gehirnareale seiner Probanden aktivierten, wenn ihnen gesagt wurde, sie sollten sich ausruhen oder nichts tun.[4] Das Ruhezustandsnetzwerk ist ein System von Hirnregionen, das Gedanken unterhält, die auf die Person selbst bezogen sind, wenn sie sich nicht auf eine Aufgabe oder die Außenwelt fokussiert. Seine erste Entdeckung war, dass unser Gehirn niemals still ist. Auch wenn man versucht zu ruhen und nichts zu tun, bleibt das Gehirn aktiv, gewöhnlich mit einer besonderen Art bewusster Aktivität wie plappernden Gedanken und To-do-Listen. Wenn man genauer hinsieht, erkennt man, dass ein permanent unbefriedigtes Mini-Ich unbewusst aktiv ist.

Bei zielorientierter Aktivität wird das Ruhezustandsnetzwerk deaktiviert und ein anderes Netzwerk, das *Aufgaben-positive Netzwerk*, aktiviert. Unser Gehirn wechselt ständig und rhythmisch zwischen dem äußeren, zielgerichteten Aufgaben-positiven Modus und dem inneren, auf sich selbst bezogenen Ruhezustand. Wenn man einmal zu meditieren versucht hat, indem man sich auf eine Aufgabe wie die Beobachtung des Atems fokussierte, weiß man, wie der Geist in eine Art Tagtraum-Zustand übergeht. Der umherschweifende Geist ist eine besondere Art Tagtraum – eine, bei der die Ego-Identifikation das Subjekt ist. Der nach innen fokussierte Ruhezustand wird primär als Gedanken erlebt, die sich auf den Denkenden selbst beziehen, mit dem Mini-Ich als Hauptfigur. Dieser Tagtraum erzählt die Geschichte der illusorischen, vergeblichen Suche der Ego-Identifikation nach Befriedigung in gegenwärtigen Dramen und Hoffnungen für die Zukunft und des daraus resultierenden permanenten Gefühls von unerfüllter Sehnsucht und Elend.

Die Psychologen Matthew Killingsworth und Daniel Gilbert haben an der Harvard-Universität eine Studie mit 2250 Studenten über die

Wirkungen des Ruhezustandsnetzwerks durchgeführt. Über eine Smartphone-App kontaktierten Forscher die Studenten in willkürlichen Abständen und befragten sie danach, »wie glücklich sie wären, was sie im Moment täten und ob sie an ihre gegenwärtige Aktivität oder etwas anderes dächten, das angenehm, neutral oder unangenehm wäre«.[5] Auf Grundlage der enormen Datenmenge stellten Killingsworth und Gilbert fest, dass die Studenten 49,6 Prozent ihrer wachen Stunden damit verbrachten, an etwas anderes zu denken als das, was sie gerade machten. Ein weiteres Ergebnis war, dass diese Art zu denken die Studenten unglücklich machte. Die Studie kam zu dem Schluss: »Der menschliche Geist ist ein Geist, der umherschweift, und ein umherschweifender Geist ist ein unglücklicher Geist.«[6]

Viele Menschen versuchen, beschäftigt zu bleiben, sogar Workaholics zu werden, als Strategie, einen auf Aufgaben gerichteten Modus aufrechtzuerhalten, der das Elend des umherschweifenden Geistes vermeidet. Für das Problem dieses Elends ist es aber keine Lösung, beschäftigt zu bleiben. Es ist belegt, dass nur 10 Prozent unseres Glücks auf äußerem Erfolg beruhen. Nach Killingsworth und Gilbert gehen nur 4,6 Prozent unseres Glücks auf die besondere Aktivität zurück, der wir nachgehen.[7]

Auch wenn wir bei unseren täglichen Aufgaben sehr achtsam sind, müssen wir immer noch lernen, mit dem Elend umzugehen, das durch das innere Abschweifen des Ruhezustandsnetzwerks verursacht wird. Ist die auf sich selbst bezogene Aktivität des Ruhezustands ein unveränderlicher biologischer Zustand? Oder ist sie formbar und kann sich verändern? Die Forschung zeigt, dass das Ruhezustandsnetzwerk tatsächlich eine Veränderung durch Entwicklung durchläuft. Das Gehirn eines Kleinkindes zeigt begrenzte Hinweise auf das Ruhezustandsnetzwerk, aber bei Kindern im Alter von neun bis zwölf Jahren ist seine Aktivität schon intensiver.[8]

Eine mögliche Art, die Aktivität des Ruhezustandsnetzwerks zu reduzieren, besteht darin, Achtsamkeitsmeditation zu praktizieren. Eine Reihe von Studien zeigen, dass die neuronale Aktivität in einem Kernbereich des Ruhezustandsnetzwerks – im hinteren Teil des Gyrus cinguli – während

Achtsamkeitsübungen abnimmt.[9] Achtsamkeitsmeditationen wie offenes Beobachten, Einsichtsmeditation und ungerichtete Aufmerksamkeit reduzieren die Aktivität des Ruhezustandsnetzwerks, doch nur dadurch, dass der innere Inhalt beobachtet wird. Meditationen wie achtsames Gehen und achtsames Essen, einsgerichtete Konzentration, *Shamatha* und fokussierte Aufmerksamkeit reduzieren auch die Aktivität des Ruhezustandsnetzwerks. Doch sie tun das dadurch, dass man nur nach außen fokussiert, wodurch das auf Aufgaben gerichtete Netzwerk aktiviert wird. Indem man das macht, reduzieren diese Praktiken der Achtsamkeitsmeditation erfolgreich das Ruhezustandsnetzwerk, aber sie unterstützen auch einen andauernden dualistischen Wechsel der zwei Netzwerke. Ich habe das früh in meinem Meditationstraining erlebt.

Während meiner Zeit an der Graduate School bin ich mit einem Stipendium nach Sri Lanka, Indien und Nepal gereist. Ich studierte an der Universität von Kandy in Sri Lanka und lernte in Klöstern und Meditationszentren Achtsamkeitsmeditation. Dass ich mich in einer anderen Kultur befand und Meditation studierte, wirkte auf so vielen Ebenen transformierend. Während meines ersten langen Retreats, das 21 Tage dauerte, spürte ich einen permanenten Zustand von Ruhe, der die ganze letzte Woche anhielt. Als das Retreat endete, ging ich in einem glücklichen, friedlichen Zustand den Berg hinunter, im Glauben, ich könnte ewig dort bleiben.

Am Fuß des Hügels bestieg ich den lokalen Bus, der zur Rushhour voller Leute war. Im Laufe der Fahrt stiegen immer mehr Leute zu, bis sich an einer Stelle ein schwergewichtiger Mann hineindrängte, der anscheinend betrunken war. Er stieß Leute beiseite und ein Tritt von ihm traf genau mein Fußgelenk. Als der Schmerz in mein Gehirn schoss, war meine Ruhe dahin und ich war von Schmerz und Wut erfüllt. Ich sagte zu ihm: »He, passen Sie auf, was Sie machen!« Er drehte sich um, sah mich an und lachte einfach. Es war so, als lachte das Universum: »Oh, ich dachte, du hättest störende Gefühle transzendiert? Nicht so leicht, was? Ha ha.« Der Zustand von Ruhe, den zu entwickeln mich so viel Zeit gekostet hatte, war in Minuten verschwunden.

Man sollte das Ruhezustandsnetzwerk nicht ganz abschalten, denn es hat positive Aspekte. Zum Beispiel vermittelt es die Fähigkeit zu imaginieren, frei zu assoziieren und kreativ zu denken. Diese kognitiven Fähigkeiten unterscheiden uns von anderen Geschöpfen, da sie es möglich machen, uns Ergebnisse in der Zukunft vorzustellen und sie zu planen – ein evolutionärer Vorteil. Wenn man das Ruhezustandsnetzwerk in einem Versuch, uns glücklich zu machen, ganz unterdrücken würde, würde man an Kreativität verlieren. Ist es möglich, die positiven Aspekte beizubehalten und dabei nicht den ganzen Tag über im Elend zu bleiben, das vom Ruhezustandsnetzwerk ausgeht?

Eine klinische Studie, an der ich als Proband teilnahm, zeigte, dass Meditierende während Übungen in nichtdualem Gewahrsein in der Lage waren, ihrer inneren und äußeren Erfahrung gleichzeitig bewusst zu sein, während sie intrinsische und extrinsische Netzwerke synchronisierten. Nichtduale Gewahrseinsmeditation »befähigt zu einem atypischen inneren Zustand, in dem extrinsische und intrinsische Erfahrungen zunehmend synergistisch sind, statt miteinander zu konkurrieren«.[10]

Die Übungen in nichtdualem, verkörpertem Gewahrsein, die Sie als Teil des Ansatzes des offenherzigen Gewahrseins lernen, sollen Ihnen helfen, das Ruhezustandsnetzwerk und das auf Aufgaben gerichtete Netzwerk ins Gleichgewicht zu bringen. Sie können Sie dabei unterstützen, sich vom wandernden Geist zu lösen, der um sich selbst kreist. Hierdurch wird der Zustand des Unglücklichseins aufgehoben und der unbewusste Griff der Ego-Identifikation gelöst. Nichtduales Gewahrsein – auch *Präsenz*, *Einheits-Bewusstsein* oder *ein Geschmack* genannt – ist die Erfahrung verkörperten wachen Gewahrseins, bei dem man sich zugleich außerhalb wie innerhalb seines Körpers bewusst ist. Diese Erfahrung scheint das Ruhezustandsnetzwerk zu synchronisieren. Ihre Innenwelt und Kreativität stehen Ihnen dabei weiter zur Verfügung.

Man kann das Gehirn bewusst neu trainieren, um synchronisiert zu bleiben, sodass man mühelos fokussiert und unabgelenkt, verbunden und ruhig sein kann, während man in der Welt funktioniert. Wenn man entdeckt, dass offenherziges Gewahrsein schon von Natur aus vereinigt ist, kann man lernen, von seiner mitfühlenden Sicht aus zu leben. Die Macht des Ruhezustandsnetzwerks, das die Ego-Identifikation unbewusst verstärkt, kann reduziert werden. Zugleich können die positiven und kreativen Aspekte des Ruhezustandsnetzwerks auch durch Übungen mit offenherzigem Gewahrsein zugänglich bleiben.

Selbstbefreiung enthüllt natürliche positive Qualitäten

Andrew Newberg, Forschungsleiter am Myrna Brind Center of Integrative Medicine der Thomas Jefferson University, war lange von der wissenschaftlichen Betrachtung von Hirnveränderungen in Verbindung mit spiritueller Praxis fasziniert. In einer Studie verwendete Newberg die Einzelphotonen-Emissionscomputertomographie, um die Gehirnaktivität meditierender tibetischer Buddhisten und betender Franziskanerinnen zu betrachten. Viele Studien zur Meditation haben sich mit den Frontallappen des Gehirns befasst, die mit Aufmerksamkeit in Verbindung stehen. Newberg interessiert sich besonders für den Lobulus parietalis superior, der sich im hinteren Teil des Gehirns befindet. Dieser Parietallappen, den Newberg das Orientierungs-Assoziations-Areal nannte, ist unter anderem für unsere Orientierung in Raum und Zeit verantwortlich. Wenn der Parietallappen normal aktiviert ist, ruft er ein starkes Gefühl einer körperlichen Grenze und Trennung von anderen hervor. Die Vereinnahmung des Programms der körperlichen Grenze durch die Ego-Identifikation erzeugt das Gefühl, ein unveränderliches, getrenntes Selbst zu sein. Die Ego-Identifikation verwendet das Orientierungs-Assoziations-Areal, um dabei zu helfen, auf der Ebene der Identität das Gefühl eines abgegrenzten Selbst herzustellen.

Aus diesen Forschungsergebnissen zog Newberg den Schluss: »Wenn man bewusst die Aktivität im Parietallappen verringern könnte, würde man wahrscheinlich einen kurzen Verlust oder eine Aufhebung der Selbstbewusstheit empfinden. Man könnte auch einen Verlust des Gefühls von Raum und Zeit wahrnehmen. Wir haben entdeckt, dass die Nonnen wie auch die Buddhisten genau das taten – sie waren in der Lage, die Aktivität in ihrem Parietallappen absichtlich zu verringern, während sie meditierten.«[11]

Während der Meditations- oder Gebetsübungen zeigte der Scan, dass sich die Aktivität im Orientierungs-Assoziations-Areal der Teilnehmer beträchtlich reduzierte. Zugleich berichteten diese Meditierenden, dass sie sich weniger egozentriert fühlten, während sie eine grenzenlose Einheit empfanden. Die auf ihren Gehirnscans beobachteten Veränderungen waren ähnlich, und die Teilnehmer berichteten von einander ähnelnden Erfahrungen, das Gefühl eines getrennten Selbst zu verlieren. Neben der Abwesenheit eines kleinen Selbst nahmen die positiven Qualitäten Einheit, Aufmerksamkeit, Klarheit, Grenzenlosigkeit, Freiheit, Freude, Liebe und Verbundenheit zu.

Wenn man spirituelle Übungen macht, die die Aktivität des Parietallappens verringern, wird unser Identitätsgefühl daher vom Programm der physischen Grenze gelöst und man beginnt, den grenzenlosen Zustand unserer wahren Natur wahrzunehmen. Es ist wichtig, Meditationen und Gewahrseinsübungen zu lernen, die die Aktivität in diesem Bereich des Gehirns leicht reduzieren, um es zu erleichtern, dass das normale physische Gefühl unserer Körper von unserem grenzenlosen Seinsgrund abgekoppelt wird.

Unser Gehirn ist so verschaltet, dass es sich auf den besonderen Inhalt dessen, was passiert, und nicht auf den Kontext fokussiert. Indem man ausgedehntes Gewahrsein öffnet und von ihm aus schaut, trainiert man das Gehirn, sich über das übersteigerte wachsame Absuchen der Umgebung nach potentiellen Gefahren – mit Fokus auf jede besondere Bewegung innen oder außen – hinaus zu öffnen. Wenn man als ausgedehntes Gewahrsein ruht, sagt ein berühmter Wegweiser einfach: »Schau nicht auf Einzelnes.«

Man kann dieses Gefühl von Egolosigkeit und grenzenloser wechselseitiger Verbundenheit sogar als einen hochgradig funktionalen *Flow-*

Zustand erleben, als würde man »völlig in ihm aufgehen«. Auf diese Weise wechseln wir vom Gefühl, dass unsere Identität in unserem Kopf hinter den Augen lokalisiert ist, zu einer ausgedehnteren, aber verkörperten und wechselseitig verbundenen Erfahrung. Wenn man sich in offenherzigem Gewahrsein übt, kann man lernen, Grenzenlosigkeit und wechselseitige Verbundenheit als die eigene Identität zu empfinden und dabei doch verkörpert und für die physische Umwelt empfänglich zu bleiben. Mit dem Ansatz des offenherzigen Gewahrseins führt diese leicht reduzierte Aktivität des Parietallappens nicht dazu, dass man den Bodenkontakt verliert. Vielmehr fühlt man sich sogar sicherer und entspannter, sensibel, offen und empfänglich – wie ein Tai-Chi-Meister.

Was ist die gemeinsame Erfahrung?

Es ist wichtig festzuhalten, dass in Newbergs Studie zur Meditation sowohl für die teilnehmenden Nonnen als auch für die Buddhisten drei Aspekte der Erfahrung übereinstimmten, während sich ein Bereich unterschied. Zu den drei gemeinsamen Aspekten zählten erstens die Bilder, die die Scans während der Meditation lieferten, zweitens unmittelbare subjektive Veränderungen in der Wahrnehmung und gesteigerte positive Qualitäten. Und drittens die Fähigkeit, von der berichtet wurde, im Alltag bewusst auf diese Veränderungen zugreifen zu können.

Der große Hauptunterschied zwischen den Teilnehmern war ihre Interpretation der primären Ursache ihrer Erfahrungen. Obwohl beide Gruppen ähnliche Qualitäten zum Ausdruck brachten, verwendete jede Gruppe die Sprache ihrer eigenen Tradition, um ihre Erfahrungen zu beschreiben und zu interpretieren. Die Buddhisten würden beispielsweise sagen: »Es fühlt sich an, als wäre ich Teil von jedem und von allem, was existiert.«[12] Im Gegensatz dazu berichtete eine der katholischen Nonnen, dass sie »ein greifbares Gefühl der Nähe zu Gott und sich mit Ihm vermischt«[13] habe. Jede Person sah und beschrieb ihre Erfahrung aus der Sicht des Glaubenssystems ihrer religiösen Tradition.

Interessanterweise bekam Newberg, nachdem er die Ergebnisse seiner Studie veröffentlicht hatte, Briefe von Wissenschaftlern, die behaupteten, seine Forschung würde ihren Glauben an Materialismus bekräftigen, weil sie bestätigte, dass alle spirituelle Erfahrung auf Hirnaktivität reduziert werden könnte. Aber er bekam auch zahlreiche Briefe von praktizierenden Gläubigen, die verkündeten, seine Studie sei ein Beweis dafür, dass Menschen biologisch »für Gott verschaltet« wären.

Statt einen Diskurs über die Unterschiede zwischen meditativen Wegen oder philosophischen Interpretationen zu führen, fokussieren wir uns in diesem Buch auf wirksame Übungen, die allgemein von Nutzen sind. Es wurde gesagt, dass der Buddha, als er erstmals die Erfahrung des Erwachens machte, daran verzweifelte, seine Realisierung in Worte zu fassen und sie andere zu lehren. Als er sich schließlich zu dem Versuch entschied, mitzuteilen, was er realisiert hatte, benutzte er das medizinische Modell seiner Zeit statt einer religiösen Sprache. Er redete über die Weise, Leiden zu erleichtern, indem er fragte: 1. Was ist die Krankheit? Die Diagnose identifizierte die Krankheit und das Wesen der Krankheit. 2. Was ist die Ursache? Die Ätiologie benannte die Ursachen der Krankheit. 3. Worin besteht die Heilung? Die Prognose beschrieb eine Heilung der Krankheit. 4. Worin besteht die Behandlung? Die Verschreibung nannte eine Behandlung der Krankheit, die zur Heilung führen konnte.

Die buddhistische Parabel, die diesen praktischen Ansatz am besten illustriert, geht von einer Person aus, die von einem vergifteten Pfeil getroffen wurde. Die Person könnte sich damit befassen, wer den Pfeil gemacht hat, woher er gekommen war oder wer ihn abgeschossen hat; oder sie könnte zuerst ihre Wunde behandeln lassen. Wenn sie darauf besteht, Fragen nach der Herkunft des Pfeils zu stellen, bevor sie behandelt wird, könnte sie sterben, bevor sie Antworten bekommt. Tatsächlich wird gesagt, dass der Buddha sich nie auf theologische Diskussionen einließ. Vielmehr sagte er: »Ich lehre eine Sache und nur eine: Leiden und das Ende von Leiden.« Die fortgeschrittensten Gewahrseinsübungen scheinen zu wirken, unabhängig von den Annahmen über die letzten

Ursachen. Wenn wir die Feinheiten unseres menschlichen Bewusstseins so lernen können, wie wir die Biologie des Menschen studiert haben, kann man Leiden reduzieren sowie individuelles und gesellschaftliches Wohlbefinden steigern.

Erwachen in unserer Zeit

Die meisten frühen Erforscher von Erwachen gehörten einer besonderen religiösen Tradition an. Nach dem Erwachen beschrieben diese Astronauten des Inneren ihre Erfahrungen in ihrer eigenen kulturellen oder religiösen Sprache. Weil in vielen Kulturen und Religionen ähnliche Erfahrungen gemacht wurden, scheint es klar zu sein, dass etwas erforscht wurde, was generell zum menschlichen Bewusstsein gehört. Die Unterschiede, die ausgedrückt werden, gehen auf die verschiedenen Sprachen, Kulturen, Schulen und Weltsichten zurück, durch die unsere Erfahrung gefiltert wird. Erwachen ist nicht Teil einer bestimmten Tradition und offenbart keine bestimmte religiöse Doktrin. Erwachen und waches Gewahrsein sind Teil des menschlichen Erbes, das uns allen gemeinsam gehört. Jeder Mensch kann die Erfahrung von Erwachen und wachem Gewahrsein machen, während er seinen eigenen Glauben, seine Philosophie und Theologie beibehält. Man muss sich nicht einer Religion anschließen oder seine aktuelle aufgeben, um zu erwachen.

Erwachen ist zum Teil Kunst, zum Teil Wissenschaft und zu einem guten Teil Mysterium. Wenn wir einmal die Prinzipien lernen, wie wir unser gemeinsames menschliches Bewusstsein auf eine höhere Ebene bringen können, sehen wir, dass Erwachen beobachtbaren Prinzipien und Mustern folgt und sowohl lehrbar als auch lernbar ist. Waches Gewahrsein kann neu erscheinen, aber es wird seit Jahrtausenden von Meditationsmeistern erkannt und *Geist*, *Gnade*, *wahre Natur*, *Quelle* und *Seinsgrund* genannt. Im 21. Jahrhundert kann es Möglichkeiten geben, diese Dimension der Realität in einer neuen, allgemeinverständlichen Sprache zu beschreiben.

Es war bekanntermaßen schwierig, das Wesen wachen Gewahrseins sprachlich zu erfassen. Das heißt nicht, dass es weniger real oder weniger wichtig ist. Unsichtbare Kräfte wie die Schwerkraft sind schwierig zu beschreiben, und doch müssen wir unsere Beziehung mit ihnen verstehen. Der bekannte Quantenphysiker David Bohm schlägt Folgendes vor: Statt das Wort »Geist« (*spirit*) zu verwerfen, sollten wir es für die Moderne neu definieren, indem wir auf die ursprüngliche Definition zurückkommen. So verstehen wir, warum es so wichtig ist. »Was ist ›Geist‹ (*spirit*)? Das Wort stammt aus dem Lateinischen und bedeutet ›Atem‹ oder ›Wind‹ (wie *Respiration* oder *Inspiration*). Es deutet sich durch die Bäume an, die die unsichtbare Kraft des Windes bewegt. Wir müssen dann Geist als eine unsichtbare Kraft verstehen – eine lebengebende Essenz, die uns tief bewegt, oder als eine Quelle, die alles von innen bewegt. ›Geist‹ ist daher nicht manifest. Obwohl er ungesehen und nicht fassbar ist, ist er von entscheidender Bedeutung.«[14]

Das Gewahrsein, das Ihnen von Natur aus zur Verfügung steht, ist dynamisch und gehört doch unsichtbar zu aller Erfahrung. Paradoxerweise kann waches Gewahrsein viel umfangreicher erscheinen als Sie es sind, und doch ist es nicht etwas »anderes« als Sie. Manche haben die unmittelbare Erfahrung wachen Gewahrseins als etwas vollkommen »anderes« definiert, indem sie es nach außen auf das Bild einer Gottheit oder eines spirituellen Lehrers projizierten. Manche verwechseln es mit einer Qualität ihrer eigenen unverwechselbaren Persönlichkeit. Manchen ist es vielleicht entgangen, dass waches Gewahrsein *uns allen* und *als* jeder einzelne von uns zugänglich ist. Unsere am höchsten verehrten Weisheitslehrer haben auf dieses tiefe Verständnis verwiesen, wenn sie Dinge sagten wie: »Das Himmelreich ist in dir.« Hier bedeutet »in« nicht persönlich »in deinem Inneren«. Es bedeutet »in dir und in uns allen«, so wie in allen Atomen Raum ist.

In den meisten institutionalisierten Religionen ist jedoch das Haupttabu, zu erfahren, dass wir von Geist, Gott, der Buddha-Natur, Christus-Bewusstsein, dem Seinsgrund oder der universellen Realität untrennbar sind. Viele Meditationsmeister und Mystiker wurden exkommuniziert oder auf dem Scheiterhaufen verbrannt, weil sie Einsichten darüber mitteilten, wie man sich mit der spirituellen Dimension in uns unmittelbar verbinden kann, statt sich auf eine religiöse Institution zu stützen. Die protestantische Reformation (die zu den modernen Konzepten von Demokratie geführt hat) machte heilige Texte gewöhnlichen Menschen durch Übersetzung aus dem Lateinischen in ihre Muttersprachen zugänglich. Es passiert jedoch häufig, dass die Lehren eines Innovators einer Zeit zur Orthodoxie des institutionalisierten religiösen Dogmas der nächsten Ära werden. Ich habe es immer witzig gefunden, dass so viele Reformer, die an Traditionen, in denen sie aufgewachsen waren, Kritik geübt und sich von ihnen getrennt hatten, schließlich zu Fundamentalisten ihrer neuen Glaubenssysteme wurden, statt offener für Innovation zu sein. Es scheint der Intuition zu widersprechen, grenzenlose Liebe für alle zu entdecken, ohne sie mit allen teilen zu wollen. Warum sollte man etwas, was die Erleichterung von Leiden so sehr unterstützt, für eine kleine Gruppe reservieren? Es ergibt keinen Sinn, besonders in diesen Zeiten, wo es für unseren Planeten von so großem Nutzen sein würde, wenn man mehr Menschen helfen würde zu erwachen. Die Herausforderung ist jetzt, eine Möglichkeit zu finden, wie man diesen Wahrheiten unmittelbar in der Erfahrung begegnen und eine Gemeinschaft aufbauen kann, während man zugleich Vielfältigkeit respektiert.

Manche Menschen, die mit Erwachen Erfahrung haben, beschränken sich darauf, ein paar Schüler in ihren eigenen Traditionen zu lehren. Andere haben sich dafür ausgesprochen, Erwachen allen zugänglich zu machen, und wurden von ihren eigenen Schulen ausgeschlossen. Andere wurden zu Innovatoren innerhalb oder außerhalb ihrer ursprünglichen Traditionen, indem sie neue Modelle und Methoden dafür erfanden, anderen zu helfen zu erwachen. Die meisten religiösen Traditionen haben die höheren Ebenen des Geistes für sich behalten, reservierten esoterisches Wissen für einen inneren Kreis und hielten sich damit zurück, es mit Außenstehenden zu teilen. Manche religiöse Traditionen vertreten die Ansicht, dass es gefährlich ist zu erwachen, ohne sich einer traditionellen Ausbildung zu unterziehen.

Ich hatte das Glück, mit Lehrern zu studieren, die sehr unterschiedliche Hintergründe hatten. Sie waren bereit, diese direkten Methoden freigebig anzubieten, und ermutigten mich, auf eine moderne Weise zu lehren. Meine Lehrer Tulku Urgyen Rinpoche, Tsoknyi Rinpoche und Mingyur Rinpoche lehrten unmittelbar in Form öffentlicher Vorträge, die sich an aufrichtig Interessierte richteten. Übungen in offenherzigem Gewahrsein beinhalten keine starken energetischen und körperlichen Praktiken. Sie sind nicht gefährlicher als einführende Achtsamkeitsübungen. Ein anderer meiner Lehrer, Khenchen Thrangu Rinpoche, schreibt: »Die Praxis des Mahamudra ist frei von solchen Gefahren und Komplikationen. Es geht einfach darum, den eigenen Geist anzuschauen, seine Natur zu erkennen und in diesem Erkennen zu bleiben. Die Anweisungen des Mahamudra dringen direkt zur Essenz der Lehren vor, und wenn sie befolgt werden, besteht kein Risiko für Körper oder Geist.«[15]

Waches Gewahrsein zu trainieren, macht Sie mit der Unterstützung vertraut, die Sie brauchen, um mit den Veränderungen im Bewusstsein umgehen zu können. Heute erwachen viele Menschen spontan außerhalb jeder Tradition. In diesem entscheidenden Moment der Menschheitsgeschichte kann es gefährlicher sein, Menschen diese einfachen und tiefgründigen Wegweiser vorzuenthalten, als ihnen Lehren anzubieten und zu riskieren, dass sie missverstanden oder intellektualisiert werden könnten. Ein häufig genannter Grund dafür, warum Menschen nicht erwachen, besteht darin, dass die meisten Menschen nur eine begrenzte Kapazität haben. Ich habe viele Menschen mit verschiedenen Hintergründen gesehen, die anfangen zu erwachen, und es scheint so, dass die Einschränkungen nicht im Schüler, sondern in den Lehrmethoden liegen.

Vor Kurzem wurden viele Vorträge über Meditation mit aktuellen Metaphern und Erklärungen, die Menschen von heute ansprechen, auf einen neuen Stand gebracht. Mein Interesse war, Meditations- und Selbsterforschungspraktiken für Menschen in dieser Zeit anzupassen, ohne die

Grundprinzipien zu verändern. Eine Frau konnte beispielsweise nach vielen Jahren des Studiums und der Praxis von Meditation in waches Gewahrsein übergehen – und fing an, von dort aus zu leben. Sie bemerkte: »Ich dachte, ich hätte alles versucht und wäre einfach dumm. Dies ist einfach ein anderer Zugang, der die ganze Zeit über da war.« Es ist wichtig, darauf hinzuweisen, dass waches Gewahrsein die Natur des Geistes ist. Aber dann gibt es ebenso wichtige Hinweise für die Entfaltung vom Erkennen zur Realisierung, zur Stabilisierung und zum Ausdruck.

Diese Lehren sind nicht nur interessante philosophische Konzepte oder weise poetische Sprüche. Sie sind Arten, unser Bewusstsein, unsere Motivationen und unsere Interaktionen mit der Welt zu transformieren. Man kann sein volles menschliches Potential nicht entwickeln, ohne zu erwachen und heranzuwachsen. Heute brauchen wir die Klarheit und Liebe sehr, die dadurch verfügbar werden, dass wir lernen, von offenherzigem Gewahrsein aus zu leben.

Es gibt heutzutage viele Bewegungen und Dialoge zwischen Wissenschaft und Spiritualität, einschließlich Konferenzen über kontemplative Wissenschaft. Bücher wie *The Coming Interspiritual Age* von Kurt Johnson und David Ord beschreiben, wie es häufiger zu interspirituellen Dialogen kommt. Man kann einer bestimmten Religion angehören oder man betrachtet sich als »spirituell, aber nicht religiös«. Man glaubt vielleicht, Erwachen sei eine Sache des menschlichen Bewusstseins, und entscheidet sich dafür, das Wort *spirituell* in Bezug auf diese Dinge nicht zu verwenden. Ich habe gesehen, wie dies für Menschen aller Glaubensrichtungen und ohne Glauben funktioniert. Die Wirksamkeit dieses Erwachensprozesses beruht auf der Arbeit mit dem menschlichen Bewusstsein und nicht auf dem Glaubenssystem.

Der Ansatz des offenherzigen Gewahrseins überschneidet sich mit Spiritualität und Psychologie, aber es ist ein Ansatz des Gewahrseins. Den physischen Körper, die Gedanken, das persönliche psychische Innenleben oder Bewusstsein zu verändern, sind jeweils verschiedene Ebenen der Erfahrung und benötigen unterschiedliche Ansätze. Dies ist ein erfahrungsbezogener Ansatz, der sich darauf fokussiert, mit den Hilfsmitteln von Gewahrsein die subtilsten Dimensionen des Bewusstseins zu erforschen. Die meisten uralten Meditationssysteme wurden innerhalb religiöser Traditionen praktiziert, sodass wir sie als Gefäße für das Florieren innerer Erforschung würdigen können. Manche Menschen profitieren davon, wenn sie sich einer bestimmten Tradition anschließen und in ihr bleiben. Der Vorteil, innerhalb einer Schule zu studieren und zu praktizieren, ist Konsistenz in Sprache und System. Sie erleichtert es, in Bezug auf subtile Unterscheidungen klar zu sein. Es kann aber auch ein Nachteil sein, wenn die Übungsmethoden nicht zum persönlichen Lernstil passen.

Die Hauptrolle eines Lehrers besteht darin, auf den eigenen inneren Lehrer hinzuweisen. Als ich lernte, nach innen zu schauen, zeigte mir waches Gewahrsein seine eigenen Fähigkeiten, seine Klarheit und Liebe. Es ist wichtig, Mentoren und Lehrer zu haben, die auf dem Weg weiter fortgeschritten sind, damit sie einen führen können. Aus Untersuchungen zur Psychotherapie wissen wir, dass Übertragung, Idealisierung und Projektion normale Bestandteile unserer psychischen Beziehung zu einem Mentor sind. Wenn man jedoch eine Übertragung oder ein übermäßiges Sich-Verlassen auf einen Lehrer nicht erkennt, kann man abhängig bleiben. Diejenigen von uns, die Menschen kennen, die Gurus in Kulte gefolgt sind, sind sich dieser potentiellen Falle bewusst.

Lehrer können zwar unterstützende Energie vermitteln, waches Gewahrsein kann aber nicht von einer zur anderen Person übertragen werden. Waches Gewahrsein ist unsichtbar und wohnt jedem von uns in gleicher Weise inne. Energie kann von einer zur anderen Person übergehen, waches Gewahrsein aber ist schon überall, daher kann eine andere Person es einem nur zeigen. Es muss allein entdeckt und realisiert werden.

Ein gut ausgebildeter Lehrer kann für detaillierte Informationen und warnende Hinweise sorgen, um Fallen zu vermeiden, und er kann gelegentlich mit Supervision oder Korrekturen helfen. Man kann von autoritätsbasierten Formen, die Wahrheit zu suchen, dazu übergehen zu lernen, nach innen zu schauen und Methoden wechselseitiger Erforschung und Unterstützung zu suchen. Adyashanti sagt: »Die Schlüssel zu Ihrem Glück befinden sich nicht mehr in der Tasche irgendeines anderen aus der Vergangenheit. Sie sind in Ihrer eigenen.«[16] Obwohl ein Lehrer einen guten Überblick vermitteln und in die richtige Richtung weisen kann, kann man nur dann etwas bewegen, wenn man seinem eigenen Wachstum täglich den Vorrang gibt.

Ein Beispiel für ein zeitgenössisches demokratisches Modell für physisches, mentales, emotionales und spirituelles Wachstum ist ein Zwölf-Schritte-Programm wie das der Anonymen Alkoholiker, bei dem Leitungsfunktion und Sprecher wechseln. Zwölf-Schritte-Programme weisen eine Reihe gemeinsamer Prinzipien auf, aber jede Person darf eine höhere Macht wählen, die ihrem eigenen Verständnis entspricht. Personen, die sich auf dem Weg der Erholung befinden, beginnen als Gesponserte und werden dann in der Rolle von Mentoren für andere zu Sponsoren.

Es gibt keinen Grund, weshalb Erwachen nicht wie Psychologie, Biologie oder etwas scheinbar Unbeschreibliches wie Musik studiert, gelernt und gelehrt werden kann. Viele Arten von Lernen sind konzeptuell, aber Erwachen ist mehr erfahrungsbezogen und subtil. Wie Lernen, auf einem Fahrrad das Gleichgewicht zu halten, kann man das Praktizieren dieser Prinzipien nicht leicht in Worte fassen. Aber es kann sicher gelernt werden. Historisch hat man etwas solange »esoterisch« oder »unergründlich« genannt, bis seine Prinzipien enthüllt wurden. Zum Beispiel dachten Menschen ursprünglich, dass das Feuer von den Göttern käme oder man Flammen herstellt, indem man irgendwelche Steine aneinanderschlägt. Schließlich erkannten sie, dass sich zwei Feuersteine am besten dazu eignen, Feuer zu erzeugen. Die Kunst des Fliegens und die Fähigkeit, Herztransplantationen durchführen zu können, galten einst als unmöglich, aber später gab es einen Wendepunkt und ihre Grundprinzipien wurden entdeckt.

Eine Art, uralte spirituelle Praxis und moderne Wissenschaft zu kombinieren, besteht darin, alles, was ich schreibe, als Hypothese zu betrachten.

Ich beginne, indem ich eine These aufstelle und Experimente beschreibe, die Sie ausprobieren können. Dann fordere ich Sie auf zu entdecken, was für Sie selbst wahr ist. Sie können Ihre eigenen Berichte über das, was Sie finden, mitteilen, Sie können meine Berichte lesen und die Erfahrungen anderer zur Kenntnis nehmen. Hier ein Bericht von Jill Taylor, Neuroanatomin und Autorin von *Mit einem Schlag*, die beschreibt, welche Erfahrungen sie gemacht hat, als eine schwere Blutung in der linken Gehirnhemisphäre ihr Bewusstsein veränderte:

> Ich fühlte mich riesig und expansiv wie ein Flaschengeist, der gerade befreit wurde. Und mein Geist schwebte frei wie ein großer Wal, der durch das Meer stiller Euphorie gleitet. Nirwana. Ich hatte Nirwana gefunden. Ich erinnere mich, dass ich dachte, es gäbe keine Möglichkeit, die riesige Größe meiner selbst jemals zurück in diesen winzig kleinen Körper quetschen zu können.
>
> Doch mir wurde klar: »Aber ich lebe immer noch! Ich lebe immer noch, und ich habe Nirwana gefunden. Und wenn ich Nirwana gefunden habe und ich immer noch lebendig bin, dann kann jeder, der lebendig ist, Nirwana finden.« Ich stelle mir eine Welt voller schöner, friedlicher, mitfühlender und liebevoller Menschen vor, die wüssten, dass sie jederzeit zu diesem Raum kommen können. Und dass sie bewusst entscheiden könnten, von ihrer linken Hemisphäre nach rechts zu gehen und diesen Frieden zu finden. Und dann erkannte ich, was für eine gewaltige Gabe diese Erfahrung sein könnte – was für eine schlagartige Einsicht dies dafür sein könnte, wie wir unser Leben leben sollten. Und es hat mich motiviert, mich zu erholen.[17]

Zu Jill Taylors erstem Schritt war es ohne ihre Absicht gekommen; sie empfand die grenzenlose Qualität, die Newbergs Probanden beschrieben hatten. Heute sind ihre Hoffnung und Motivation, ihre Geschichte zu erzählen, dass die Menschen bewusst die Erfahrung einer Verschiebung machen. Der Ansatz des offenherzigen Gewahrseins bietet Hilfsmittel, bewusst zu entscheiden, jederzeit diesen wachen, liebevollen Raum zu betreten. Aber es geht am besten, wenn man dazu motiviert ist, Erwachen zu einer Priorität in seinem Leben zu machen.

FLÜCHTIGER BLICK 1: **Meditation mit offenen Augen**

Die moderne Hirnforschung zeigt uns, dass »Sehen das Produkt eines komplexen Systems ist, von dem die Augen nur ein Teil sind. Man hat geschätzt, dass an der Verarbeitung visueller Informationen – dem Empfangen visueller Stimuli durch die Augen, ihrer Interpretation durch verschiedene Hirnzentren und ihrer Übersetzung in visuelle Bilder – etwa 40 Prozent des Gehirns beteiligt sind.«[18]

Wenn unsere Blicke umherschweifen oder wir nach einer bestimmten Gefahr Ausschau halten, sind wir in einem Zustand der Wachsamkeit. Manchmal kann der Versuch, ruhiger zu werden, indem wir unsere Augen schmaler und konzentrierter machen, unser Gehirn in einem fixierten, auf Aufgaben gerichteten Modus halten. Wenn man panoramaartiges Gewahrsein lernt, hilft das, einen nichtdualen, ausgeglichenen Flow-Zustand zu erreichen, in dem man entspannt und zuversichtlich ist.

Es gibt eine Übung im tibetischen Buddhismus, die »Himmelsschau« heißt. Man geht an einen Ort mit einer weiten Aussicht und richtet sein Interesse darauf, in den offenen Raum zu schauen. Zuerst nimmt man den offenen Raum vor sich wahr, dann in sich und dann hinter sich.

Ziel dieses Buches ist es zu helfen, in ein anderes Betriebssystem zu wechseln, offenherziges Gewahrsein genannt, in dem alle unsere Sinne und Systeme – einschließlich des Sehens – in ihrem natürlichen Zustand funktionieren. Damit wir das tun können, müssen wir lernen, unser Gewahrsein zu verändern und mit offenen Augen zu leben.

Hier ein paar nützliche Hinweise, wie man sich darauf vorbereiten kann, die Augen offen zu halten, während man sein Gewahrsein verschiebt.

Diese Hinweise sollten für Sie nützlich sein, wenn Sie die verschiedenen Blickübungen machen. Man muss nicht notwendigerweise Erfahrungen mit allen machen, die ich beschreibe. Nutzen Sie, was für Sie wirksam ist.

1. Entspannen Sie die Augen und lassen Sie Ihren Blick weich werden, sodass Ihr Gesichtssinn nicht dominiert, sondern alle Sinne gleichermaßen erfahren werden.

2. Statt wie durch einen engen Sehtunnel zu schauen oder den Blick scharf fokussiert auf ein Objekt zu richten, sehen Sie den Wald wie auch den einzelnen Baum. Legen Sie Ihre Zeigefinger über Ihrem Kopf und vor sich zusammen, sodass sie sich berühren, dann bewegen Sie sie nach beiden Seiten auseinander, einen großen Kreis vor Ihrem Körper beschreibend. Sehen Sie die Peripherie dieses kreisförmigen Rahmens, während Sie zugleich etwas anschauen, das vor Ihnen ist. Öffnen Sie Ihren Blick, um den ganzen Umfang auf einmal einzuschließen und auf eine weitere, offenere Art zu sehen.

3. Statt ein einzelnes Objekt anzuschauen, stellen Sie eine etwas unscharfe Sicht wie mit einem Weichzeichner-Objektiv einer Kamera her, indem Sie die umfassendere Szene dessen anschauen, was vor Ihnen ist. Sie können versuchen, auf die Oberfläche eines Tisches zu schauen, auf dem sich Objekte befinden. Statt sich auf ein einzelnes Objekt zu fokussieren, sehen Sie gleichermaßen die Tischplatte und alle Objekte, die sich auf ihr befinden.

4. Strecken Sie eine Hand vor sich aus, wobei die Handfläche Ihnen zugewandt ist und sich in dem Abstand befindet, aus dem Sie einem Freund ins Gesicht schauen würden. Schauen Sie auf Ihre Hand und den Raum um sie herum. Lassen Sie nun die Hand sinken und schauen Sie in den offenen Raum. Wenn Ihre Augen

gewohnt sind, das erste Objekt zu fokussieren, das Sie sehen, wiederholen Sie die Schritte davor, bis Sie ein Gefühl dafür bekommen, wie Sie Ihren Blick auf objektlosem Raum ruhen lassen.

5. Nehmen Sie wahr, dass Ihre Augen nicht wie Ihre Hände funktionieren. Sie greifen nicht aus, um etwas zu sehen, so wie Ihre Hände ausgreifen, um etwas zu nehmen. Ihre Augen funktionieren auf eine ähnliche Weise wie Ihre Ohren. So wie Ihre Ohren Geräusche empfangen, wird Licht von Objekten reflektiert und kommt zu Ihren Augen. Sehen ist Empfangen.

6. Lehnen Sie sich zurück, wenn das Licht zu Ihren Augen kommt und dann zu offenherzigem Gewahrsein in Ihnen, hinter Ihnen und ganz um Sie herum geht – wobei alle Ihre Sinne offen sind. Fühlen Sie sich, als wären Sie sich aller Ihrer Sinne gleichermaßen bewusst, statt sich auf Denken oder Sehen zu fokussieren.

7. Fühlen Sie sich, als empfingen Sie Licht, wenn Sie Ihre Augen weich werden lassen, während Sie eine weit offene Sicht der Peripherie haben.

FLÜCHTIGER BLICK 2: **Panoramaartiges Gewahrsein**

Bei dieser Übung bewegen Sie Gewahrsein in einem ganzen Kreis um Ihren Körper. Dabei beginnen Sie an der Vorderseite Ihres Körpers und gehen zu den Seiten und dann hinter sich, sodass Sie von einem panoramaartigen Gewahrsein aus den Umkreis von 360 Grad fühlen und wahrnehmen.

1. Setzen Sie sich bequem mit offenen Augen hin, und schauen Sie direkt vor sich. Lassen Sie Ihre Augen in den Raum schauen, statt einen besonderen Gegenstand zu fokussieren.

2. Bringen Sie Ihren Blick leicht nach oben, ohne Ihr Kinn zu heben, als wären Sie an einem Strand und schauten in den offenen Himmel.

3. Beginnen Sie langsam und sanft, ohne Ihre Augen oder Ihren Kopf zu bewegen, Ihre periphere Sicht nach den Seiten zu erweitern.

4. Während sich Ihre periphere Sicht weitet, lassen Sie Gewahrsein sich weiter sanft um die Seiten Ihres Kopfes herum öffnen.

5. Lassen Sie Ihr Gewahrsein sich vom Sehen zu einem Gewahrsein des Raums an den Seiten Ihres Kopfes verändern, durch den Geräusche kommen und gehen.

6. Öffnen Sie Gewahrsein weiter für den gefühlten Raum hinter Ihnen, wo sich Geräusch regt.

7. Spüren Sie ausgedehntes Gewahrsein ganz um sich herum.

8. Nehmen Sie wahr, wie Ihre Sicht auf eine panoramaartige Weise offen ist.

9. Erweitern Sie Ihr Gewahrsein nach außen, bis Sie den Rand des Raums erreichen. Dann lassen Sie das Gewahrsein sich umwenden, damit Sie sich von panoramaartigem Gewahrsein aus bewusst sind, um Gedanken zu sehen.

10. Fragen Sie sich: »Bin ich mir des Feldes von Gewahrsein bewusst oder ist sich das Feld meiner Gedanken, Sinnesempfindungen und Gefühle bewusst?«

11. Nehmen Sie nun wahr, wie sich Gewahrsein mit Raum mischt, um ausgedehntes Gewahrsein zu entdecken.

12. Seien Sie sich bewusst, dass das panoramaartige Feld von Gewahrsein ausgedehnt und allgegenwärtig ist.

13. Spüren Sie gleichermaßen, wie Gewahrsein außerhalb und innerhalb Ihres Körpers anwesend ist.

14. Bleiben Sie unabgelenkt, ohne in Gedanken oder Tagträume abzuschweifen.

15. Atmen Sie ein, und erlauben Sie einem Lächeln auf Ihrem Gesicht zu erscheinen. Spüren Sie dann gleichermaßen überall um sich herum und in sich ausgedehntes Gewahrsein und Lebendigkeit.

16. Nehmen Sie wahr, wie Ihre Ohren ohne Anstrengung Geräusche empfangen.

17. Bemerken Sie, dass auch das Licht in derselben Weise wie Geräusche von Dingen reflektiert wird und zu Ihren Augen kommt.

18. Nehmen Sie wahr, wie das Feld ausgedehnten Gewahrseins lebendig, ausgewogen und ununterbrochen ist – und dass es nicht kommt und geht.

19. Nehmen Sie die tanzenden Wellen von Gedanken, Emotionen und Energien im Meer wachen Gewahrseins wahr, während Sie übergangslos alles willkommen heißen, was auftaucht.

FLÜCHTIGER BLICK 3: **Fokus ohne Anstrengung**

Anders als der Alltagsgeist besteht ausgedehntes Gewahrsein nicht aus sich verändernden Gedanken. Wenn man von ausgedehntem Gewahrsein aus schaut, kann man mühelos fokussieren. Dies ist eine Version einer Mahamudra-Übung, die »König von Samadhi« heißt und das Bild eines Muttervogels am Himmel verwendet, der auf sein Nest unter ihm blickt. Diese Blickübung ist eine, die ich im Experiment müheloser Achtsamkeit verwende und in Kapitel 12 (siehe unten Seite 290) bespreche. Nehmen Sie wahr, wie leicht es ist, vom beobachtenden Selbst aus zu zählen und mühelos zu fokussieren. Einen Fokus aufrechtzuerhalten, kann automatisch werden, wenn man sein Gehirn trainiert hat, auf einer gewahrseinsbasierten Ebene des Geistes zu bleiben.

Diese Übung baut auf der vorigen auf. Wenn sie Ihnen gefallen hat, können Sie diese Übung daher zuerst machen und dann unten zu Schritt 4 gehen.

1. Lassen Sie lokales Gewahrsein sich vom Denken lösen, gehen Sie nach oben zu einer Ecke des Raums und schauen Sie zurück, um sich der Gedanken, Gefühle und Sinneswahrnehmungen von ausgedehntem Gewahrsein aus bewusst zu werden.
2. Seien Sie sich des weiten, klaren Himmels ausgedehnten Gewahrseins bewusst.
3. Schauen Sie jetzt, wie es ist, sich von ausgedehntem Gewahrsein aus bewusst zu sein.
4. Seien Sie sich vom Himmel ausgedehnten Gewahrseins aus bewusst, der von außerhalb Ihres Körpers und der Empfindung des Atems, der sich im Körper bewegt, schaut.
5. Richten Sie Ihr Interesse vom Himmel ausgedehnten Gewahrseins aus auf einen Kontaktpunkt in Ihrem Körper, wo sich Ihr Atem bewegt, wie beispielsweise Ihre Nasenlöcher oder Ihre Brust.
6. Beginnen Sie sich vom Himmel ausgedehnten Gewahrseins aus auf die Empfindung und Bewegung Ihres Atems in diesem kleinen Bereich zu fokussieren. Wenn Sie spüren, dass der Atem begonnen hat einzuströmen, benennen Sie ihn mit »Eins«.
7. Spüren Sie dann die natürliche Pause am Gipfel des Einatmens. Seien Sie sich in der Pause vor dem Ausatmen ausgedehnten Gewahrseins bewusst.

8. Spüren Sie dann den Kontaktpunkt mit Ihrer Haut, wenn Ihr Atem ausströmt. Bezeichnen Sie ihn mit »Zwei«.

9. Spüren Sie die Pause vor dem nächsten Einatmen und ruhen Sie im Himmel ausgedehnten Gewahrseins.

10. Fahren Sie fort, sich mühelos zu fokussieren, während Sie jeden folgenden Atemzug, ein und aus, mit einer Zahl bis zu 30 benennen.

11. Gehen Sie nun dazu über, von ausgedehntem Gewahrsein aus zu schauen, wie Gedanken, Sinnesempfindungen und Emotionen auftauchen und vorübergehen. Lassen Sie sie einfach vorüberziehen wie Vögel oder Wolken. Nehmen Sie jede Tendenz wahr, von einem angenehmen Inhalt angezogen zu werden oder sich gegen unangenehme Gefühle anzuspannen.

FLÜCHTIGER BLICK 4: **Nichtduales Gleichgewicht**

Indem man ausgewogenes Gewahrsein außen wie innen zugleich erfährt, kann man das auf sich selbst bezogene Umherschweifen des Geistes verringern, das mit dem Ruhezustandsnetzwerk verbunden ist. Diese Art Tagträumen hört auf, wenn die zwei Netzwerke des inneren und äußeren Fokus synchronisiert werden. Bei dieser Übung wechseln wir von einem distanzierten, beobachtenden Selbst zu verkörpertem wachem Gewahrsein. Probieren Sie diese Blickübung ein paarmal aus, bis Sie das Gefühl der Ausgewogenheit von Gewahrsein außen und innen als kontinuierliches Feld bekommen. Wenn man dieses Gefühl etwa drei Minuten lang hat, scheint es die Gewohnheit des Ruhezustandsnetzwerks zu brechen; die meisten Menschen erfahren dann einen stabilen, nichtabgelenkten Flow-Zustand.

1. Lösen Sie lokales Gewahrsein vom Denken und lassen Sie es zum Hören mit einem Ohr übergehen.
2. Nehmen Sie die Wirkung von Gewahrsein wahr, das auf einen kleinen Bereich und einfach nur Hören gerichtet ist.
3. So wie sich das lokale Gewahrsein auf einen kleinen Bereich richten kann, nehmen Sie jetzt wahr, wie sich lokales Gewahrsein für den Raum außerhalb Ihres Körpers öffnet, wo Geräusche kommen und gehen.
4. Statt sich darauf zu fokussieren, was sich durch den Raum bewegt, lassen Sie zu, dass sich lokales Gewahrsein für objektlosen Raum interessiert.
5. Bemerken Sie nun den Übergang von Gewahrsein des Raums zur Wahrnehmung, dass sich Raum bewusst ist.
6. Lassen Sie Gewahrsein sich seiner selbst als inhaltsloses, formloses, zeitloses, ausgedehntes Feld von Gewahrsein bewusst sein. Nehmen Sie wahr, dass Gewahrsein sich selbst weiß, ohne Denken zu verwenden. Nehmen Sie sich so viel Zeit, wie Sie brauchen, um den Wechsel in Gewahrsein hinein zu fühlen, das seiner selbst gewahr ist.
7. Spüren Sie die Entdeckung, dass das Feld ausgedehnten Gewahrseins, das schon als ein Meer von Gewahrsein in Ihrem Körper ist, dasselbe ist wie die Wellen von Lebendigkeit und Sinnesempfindung.
8. Spüren Sie das kontinuierliche Feld, das sich außen wie innen zugleich bewusst ist.

9. Fühlen Sie die übergangslose Einheit von Gewahrseinspräsenz, die weder ein Außen noch Innen hat. Spüren Sie das verkörperte Gewahrsein auf eine Weise, mit der Sie leicht bei angenehmen wie unangenehmen Gefühlen sein können.

10. Bleiben Sie dabei, ohne nach oben zum Denken oder in einen Tagtraum zu gehen, vom Feld ausgedehnten Gewahrseins aus zu wissen, das von Natur aus inklusiv und unabgelenkt ist.

Der erste Abschnitt dieses Buches präsentiert Forschungsergebnisse und Übungen, die Ihnen helfen sollen, auf die Ebene des Geistes zu wechseln, die schon erreichbar ist und von erfahrenen Meditierenden erlebt wird. Das Ziel besteht darin, dort zu bleiben. Indem Sie diese Übungen machen, werden Sie schließlich: 1. sich bewusst sein und wissen können, ohne zum Denken zu gehen; 2. die grenzenlose panoramaartige Sicht fühlen können, die frei von Ego-Identifikation ist; 3. das ausgedehnte Gewahrsein fühlen können, das zu Ihrem Körper gehört und frei davon ist, sich an angenehme Gefühle zu klammern und unangenehme Gefühle abzulehnen; 4. mit offenen Augen von offenherzigem Gewahrsein aus leben können; 5. das wache Gewahrsein fühlen können, das gleichermaßen innen wie außen ist, sodass man im Jetzt sein kann, ohne ständig abgelenkt zu sein.

TEIL II

DIE VERSCHIEBUNG VON WISSEN UND IDENTITÄT

6

DENKEN ALS SECHSTER SINN

In der Theorie gibt es keinen Unterschied zwischen
Theorie und Praxis. In der Praxis gibt es einen.
YOGI BERRA[1]

Eine der wichtigsten Entwicklungen in der menschlichen Evolution ist die Fähigkeit, zu denken. Eine noch wichtigere Entwicklung ist jedoch die Fähigkeit, über Denken hinauszuwachsen. Um dies zu tun, muss man die Intelligenz entdecken, die in Gewahrsein steckt und zu ihm gehört. Es ist wichtig anzumerken, dass dieses Hinauswachsen über das Denken kein regressiver, dumpfer oder irrationaler Zustand ist. Denken Sie an die Unschuld eines kleinen Kindes auf einem Fest von Erwachsenen, das die Gruppe der Erwachsenen fragt, was sie in folgender Situation tun würde: »Stellen Sie sich vor, Sie sind von hungrigen Tigern umgeben und hinter Ihnen ist ein Abgrund. Was würden Sie tun?« Jeder Erwachsene lässt sich eine andere kreative Lösung einfallen, aber der Junge schüttelt nur den Kopf. Also wenden sie sich an ihn und fragen: »Was würdest du denn tun?« Der Junge lächelt und sagt: »Ich würde einfach aufhören, mir etwas vorzustellen.«

Wenn man sich mit seinem Denken identifiziert, bestimmt dieses Glauben die Wahrnehmung. Über die fünf Sinne erhält man Informationen über die Welt. Hören, Sehen, Berühren, Schmecken und Riechen verbinden unseren Körper mit unserer Umwelt. Nach buddhistischem Verständnis gilt Denken als der dritte Sinn. Jeder der sechs Sinne (Denken eingeschlossen) verarbeitet eine besondere Art von Information. Zum Beispiel können wir mit den Ohren Geräusche hören, aber sie können kein Licht wahrnehmen. Denken ist ein komplexer Sinn, der verschiedene Aufgaben erfüllt. Eine Funktion besteht darin, zwischen den anderen fünf Sinnen durch Kategorisieren zu vermitteln. Wenn wir etwas hören, wendet sich das Denken an das Gedächtnis, sucht eine Entsprechung und bezeichnet es dann: »Ein bellender Hund.«

Wir haben viel Zeit damit verbracht, unser Denken zu trainieren, und das ist wichtig, damit wir in der Welt funktionieren. Aber Denken ist nicht dazu da, die zentrale Quelle von Wissen zu sein – ganz zu schweigen davon, die Grundlage unserer Identität zu bilden. Weil Kognition eine organisierende Rolle spielt, haben wir das Denken in der westlichen Kultur über den Bereich der Sinne hinaus erhoben und seine Rolle überschätzt. Keiner von uns würde meinen, er *sei* sein Hören oder auch nur *das, was* man in irgendeinem Moment hört. Doch wir sind gewohnt, uns für die Gedanken und Emotionen zu halten, die wie die Geräusche kommen und gehen. Wenn man Denken in das Zentrum seiner Identität stellt, überschätzt man diesen mentalen Prozess.

Man kann beginnen, aus der Identifikation mit dem Denken zu erwachen, indem man Erfahrungen mit einer anderen Art zu wissen macht. Wenn das Denken einer der Sinne ist, *wem oder was erscheint dann dieser Sinn*? Man versteht schließlich, dass Sinnesinformationen der Weisheit wachen Gewahrseins erscheinen, die immer schon da und allgegenwärtig ist.

Es ist unmöglich, waches Gewahrsein mit unserem konzeptuellen Geist, unseren Sinnen oder unserer Aufmerksamkeit zu kennen! Wenn man aber einmal waches Gewahrsein entdeckt hat, kann es Denken, wenn nötig, *anwenden*. Wenn man diese wichtigen Unterscheidungen über die Arten zu wissen vornimmt, kann man dem Denken wieder seine natürliche Rolle zuweisen. Als nächstes kann man über das Denken hinausgehen, um der Weisheit nichtkonzeptuellen Wissens zu begegnen.

Wir sind nicht die, für die wir uns halten

Konzeptuelles Denken bedeutet, ein abstraktes Bild, Symbol oder Abbild herzustellen, das unsere Erfahrung repräsentieren soll. Konzeptuelles Denken wird auch *reflexives Denken* genannt, weil das Denken sich selbst anschaut, um zu wissen. Wenn man Denken anschaut, reflektiert man; das bedeutet, dass man im Gehirn ein konzeptuelles Bild herstellt und dann weiß, was passiert. Aber hier ist der Schlüssel: *Reflexives Denken ist immer eine Sekunde von der unmittelbaren Erfahrung entfernt.* Wenn man sich zu sehr in Gedanken verliert, lebt man schließlich in einer virtuellen Realität im Kopf. Dann entgeht einem die unmittelbare Erfahrung – die das Denken über seine benennende Funktion hinaus nicht braucht. Allzu oft entfremdet uns diese Art Selbstreflexion von der unmittelbaren Erfahrung von Sehen und Fühlen.

Es kann soweit kommen, dass man letztlich in einer Welt aus Bildern, alten Geschichten und der Fantasie lebt. Man kann auch die eigene Geschichte auf andere Menschen und die Welt projizieren, bis man unfähig ist, Dinge so zu sehen, wie sie wirklich sind. Wenn man sich auf konzeptuelles Wissen verlässt, kann das zu einer gewaltigen Menge an Leiden führen, weil es nur bei sich selbst nach Antworten sucht. Diese permanente Schleife auf sich selbst bezogenen Denkens ist sein eigenes Gefängnis. Man *denkt* sich ein Gefühl von Trennung aus, die nicht wirklich da ist. Der Denker sucht immer nach der einen richtigen Antwort und erzeugt damit Druck zu entscheiden, ob man richtig oder falsch liegt. Dies führt dazu, dass man das Gefühl hat, ein guter oder schlechter Mensch zu sein.

Wenn Denken zu einer Position über unseren Sinnen erhoben wird, kann es zu einer falschen Identität führen, die man Ego-Identifikation nennt. Nach einer bestimmten tibetisch-buddhistischen Auffassung von Bewusstsein ist jeder der sechs Sinne ein Sinn-Bewusstsein: Seh-Bewusstsein, Hör-Bewusstsein usw. Das siebte Bewusstsein wird das »affliktive« (leidverzerrte) Bewusstsein oder illusorische Gewahrsein genannt; das ist die Ego-Identifikation. Nach dieser Auffassung ist das achte Bewusstsein ein Vorrat von Erinnerungen und vergangenen Handlungen. Das afflikitve Bewusstsein erzeugt aus Denken und Ego-Funktionen einen Denker, und dieses auf Denken beruhende Selbstgefühl bildet den Kern falscher Identität. Unsere falsche Identität ist nichts anderes als eine auf sich selbst bezogene Schleife von Denken über Denken. Diese falsche Identität ist eigentlich etwas, was sich kontinuierlich ausbreitet und aus Bildern reale Dinge und aus Denken ein reales Selbst kreiert.

Der entscheidende Fehler, den wir machen, besteht darin, dass wir uns an das Denken wenden, um zu wissen, wer wir sind. Unglücklicherweise wird der berühmte Satz des Philosophen René Descartes »Ich denke, also bin ich« häufig missverstanden und angenommen, er bedeute »Ich bin mein Denken« oder »Ich bin jemand, der denkt«. Wenn man sich *für* seine Gedanken hält, wird man ängstlich und isoliert; man verfängt sich zwanghaft in seinen eigenen Selbstbildern und Geschichten. Um über affliktives Bewusstsein hinauszuwachsen, muss man die Erfahrung wachen Gewahrseins, des Gefühls von »Ich bin« machen, das nicht auf Denken beruht. Wenn man diese Erfahrung intellektuell versteht, kann das ein hilfreicher erster Schritt sein. Weil aber intellektuelles Verstehen immer noch die erste Art von Wissen ist, ist es nur ein erster Schritt in Richtung eines viel größeren, alles umfassenden Modus von Wissen. Wenn »der Denker« durch unsere Augen schaut, tragen wir die Bifokalbrille des Dualismus. Die Art des Denkers zu wissen geht mit einem Überlebensprogramm einher, das unseren physischen Körper schützen soll, um das affliktive Bewusstsein der Ego-Identifikation herzustellen.

Sigmund Freud hat beschrieben, wie sich Kinder von *primärprozesshaftem Denken* zu *sekundärprozesshaftem Denken* entwickeln. Er definierte primärprozesshaftes Denken als die präverbale Weise, wie ein Kind die Welt wahrnimmt und weiß. Freud betrachtete sekundärprozesshaftes Denken als die Entwicklung konzeptuellen Denkens und als die höchste Stufe mentaler Entwicklung, die ein Mensch erreichen kann. Vielleicht kann man waches Gewahrsein, nichtkonzeptuelles Wissen, als *tertiärprozesshaftes Wissen* betrachten.

Denken ist ein großartiger Diener, aber ein miserabler Herr. Denken ist nicht das Zentrum dessen, wer und was wird sind, und Denken ist nicht der Weg, um zu entdecken, wer man ist. Sobald wir zu der Art zu wissen übergehen, die auf Gewahrsein beruht, verliert das konzeptuelle Denken seine leitende Rolle, ist aber weiter eine wichtige Funktion unseres Betriebssystems. Wenn man in der Lage ist, Denken als eine Funktion gewahrseinsbasierten Wissens zu sehen, kann man sein Denken sogar effektiver nutzen, wenn man es braucht. Hört man auf, sich als Denker zu identifizieren, gewinnt man die Fähigkeit, Denken im Kontext von wachem Gewahrsein zu erfahren. Man kann Denken als Bewegung und Empfindung anerkennen, ohne zum alten Betriebssystem regredieren zu müssen.

In Abbildung 2 zeigt die Illustration von Wissen, das auf Denken beruht, wie Erfahrungen von der Welt zu unseren fünf Formen des Bewusstseins gelangen, dann zu unserem sechsten Bewusstsein (dem Denken) und sich das dann in einer Schleife in Form des siebten Bewusstseins (des affliktiven) bewegt. Diese Schleife auf sich selbst bezogenen Denkens führt zur Ego-Identifikation und verdunkelt waches Gewahrsein.

WISSEN, DAS AUF DENKEN BERUHT

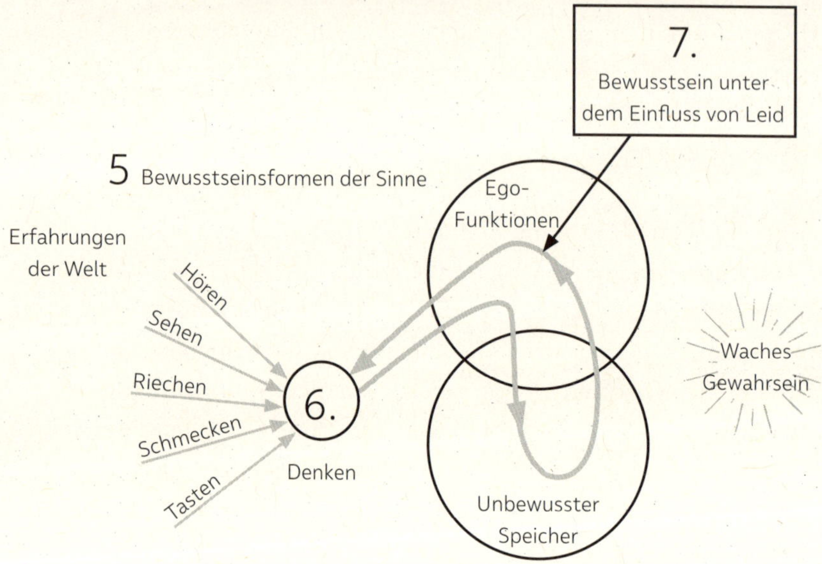

WISSEN, DAS AUF WACHEM GEWAHRSEIN BERUHT

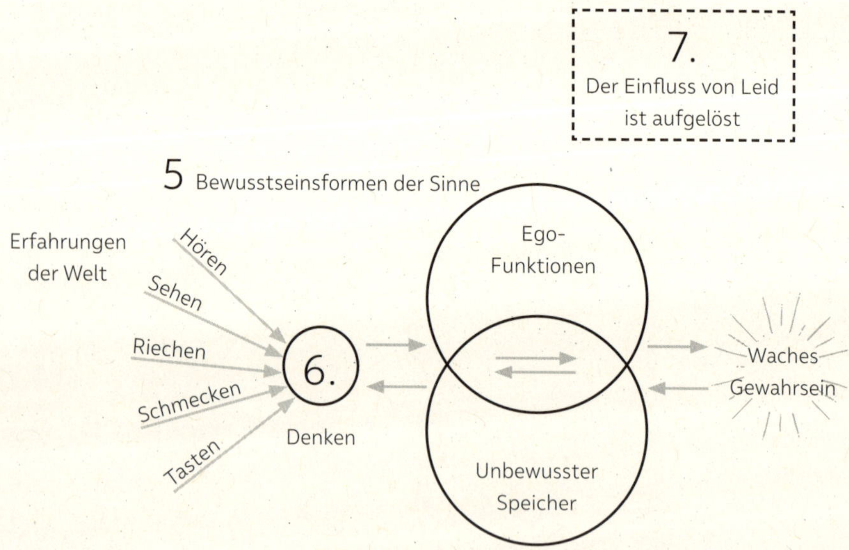

ABBILDUNG 2: Der Übergang von Wissen, das auf Denken beruht, zu Wissen, das auf wachem Gewahrsein beruht.

Wie die Illustration von Wissen, das auf wachem Gewahrsein beruht, zeigt, entdeckt man waches Gewahrsein, das alle Gedanken, Gefühle, Sinnesempfindungen, Ego-Funktionen und den Vorrat des Unbewussten umfasst, wenn man Gewahrsein umkehrt, um durch die Schleife des affliktiven Bewusstseins zu schauen. Dann hat man den entscheidenden Schritt getan.

Denken als inneres Hören

Ich habe viele Menschen gefragt, wie sie Denken wahrnehmen. Die meisten antworten: »Was meinen Sie damit? Es ist wie … Denken. Wissen Sie … einfach Denken.« Sie lachen oder zucken mit den Achseln, weil sie nie untersucht haben, wie sie Gedanken wahrnehmen. Manche Menschen haben eine Vorstellung von Denken, als wäre es wie ein Papierstreifen, der durch das Bewusstsein abrollt und von dem man Worte abliest. Aber Denken ist keine geschriebene Sprache wie die Texte im Newsticker bei CNN. Man liest es nicht ab.

Denken ist eine Form, alle sensorischen Teile des Gehirns aktiv zu nutzen. Es ist inneres Spüren, inneres Sehen und inneres Hören. Man kann Denken als einen lebendigen inneren Film erleben. Zur vollen sensorischen Erfahrung des Denkens kommt es, wenn wir unsere Fantasie benutzen. Man kann zum Beispiel an einen Strand denken, den Sand unter den Füßen spüren, den Himmel über sich sehen, das salzige Meer riechen, die sanfte Brise auf der Haut spüren und sogar die Möwen schreien hören – alles im Kopf. Wie Studien zeigen, werden dieselben Bereiche des Gehirns auf genau dieselbe Weise aktiviert, ob man sich einen Strand vorstellt oder körperlich am Strand sitzt.

Manche Menschen sind visuell veranlagt, aber die meisten von uns erleben Denken vor allem als inneres Hören und inneres Sprechen. Ja, wir alle hören Stimmen! Denken ist vor allem Hören von Rede im Kopf, ohne die Ohren zu benutzen. Es ist auch ein Selbstgespräch, bei dem Sie in Ihrem Kopf still mit sich selbst sprechen, ohne Ihren Mund zu benutzen, wobei aber das Gehirn die Worte hört, als würden sie in Ihr Ohr gesprochen.

Probieren Sie nun das: *Nehmen Sie sich jetzt einen Moment Zeit und schauen Sie, wie es für Sie ist, wenn Sie denken. Sie können sich still sagen: »Ich denke diesen Gedanken.« Und dann hören Sie dem Denken innerlich zu. Anschließend warten Sie, und Sie werden den nächsten Gedanken hören, der in Ihrem Inneren gesprochen wird. Wie war das, die innere Rede zu hören?*

Denken als inneres Hören umfasst alle Arten inneren Monologs, Kommentars und Dialogs. Inneres Reden kann die Form eines Dialogs zwischen Subpersönlichkeiten annehmen, die miteinander streiten, debattieren und um etwas bitten – alles in unserem Kopf. Wenn man sich mit einer dieser Subpersönlichkeiten identifiziert, kann man die Stimme, die in diesem Moment spricht, für »sich selbst« halten. Der häufigste innere Redner ist ein Erzähler, der das, was passiert, kommentiert wie ein Kommentator eines Baseballspiels im Radio: »Jetzt bringe ich den Müll raus. Okay, aber ich könnte erst einmal schauen, was es im Fernsehen gibt. Nein, ich sehe zu viel fern. Aber dienstags gibt es eine gute Sendung.«

Der andere Hauptredner ist die beurteilende Stimme, das Über-Ich, der innere Kritiker oder der Zweifler. Diese Stimme fügt einen zweiten Teil von uns hinzu, sodass ein kontinuierlicher innerer Dialog entsteht. Man hat zu Beginn eine Erfahrung, und dann bewertet die zweite Stimme sie. Der Dialog zwischen diesen zwei Teilen erzeugt eine kontinuierliche Spannung: Das Hin und Her ihres Zwiegesprächs scheint nie aufzuhören. An dieser Stelle erschaffen die emotionalen Qualtäten von Angst, Wut, Verzweiflung, Selbsthass, Depression und Sorge ein verkörpertes Gefühl von »Ich« aus dem, was einfach nur ein Bündel von Meinungen, Ansichten und Gedanken ist.

Die meisten von uns identifizieren sich so mit Denken, dass sie nichts von der Existenz anderer Möglichkeiten wissen. Sie schauen *von* ihren Gedanken *aus* – sie schauen sie nicht *an*. Ein Grund, weshalb die Erfahrung des Denkens schwer zu untersuchen ist, besteht darin, dass wir Denken ständig als das benutzen, womit wir wissen. Wenn sich Denken zum ersten Gedanken hin orientiert und ihm glaubt und sich *dieser* Gedanke dann auf den nächsten Gedanken bezieht, bildet sich eine auf sich selbst bezogene Schleife. Diese konzeptuelle Schleife lässt die Illusion einer getrennten, auf Denken beruhenden Identität entstehen. Wenn man sich der gefühlten Erfahrung des Denkens als inneres Hören und inneres Sprechen bewusst wird, ist das ein Schritt in Richtung Befreiung aus der sich wiederholenden Schleife sinnlosen Geplappers. Vom Denken zurückzutreten und zuzulassen, dass inneres Geplapper vorübergeht, ist eine wichtige Kunst, die man lernen kann.

Automatisches Denken bewegt sich in den Hintergrund

Wir neigen dazu, uns auf *absichtliches, bewusstes Denken* zu fokussieren: auf das analytische, problemlösende, berechnende, entscheidungsorientierte, argumentierende Denken. *Automatisches Denken* – der ununterbrochene Strom des Bewusstseins und plappernder Gedanken – ist eine andere Art Denken, die wir alle kennen. Häufig nehmen wir automatische Gedanken nicht wahr, weil wir in sie vertieft sind, uns mit ihnen identifizieren, mit ihnen argumentieren, streiten oder sie zu ignorieren versuchen. Aber automatische Gedanken kommen weiterhin, ob wir sie beachten oder nicht. Man kann automatische Gedanken als eine Art beliebigen Kommentar erleben, wie ein Tonband, das als ununterbrochene Schleife in unserem Kopf abgespielt wird. Wir haben pro Tag zehntausende Gedanken, und die Mehrzahl dieser Gedanken sind jeden Tag dieselben.

Wir sind gewohnt zu glauben, dass wir Gedanken überprüfen müssen, wenn sie auftauchen. Schließlich könnte ein Gedanke eine wichtige lebensrettende Botschaft sein, wie beispielsweise: »Pass auf das Auto da auf!« Aber wenige Botschaften sind so lebenswichtig. Die meisten sind nicht einmal von Bedeutung. Wenn wir unseren Gedanken immer glauben, ist es kein Wunder, dass wir erschöpft, ängstlich und neurotisch sind. Unsere Beziehung zum automatischen Denken ist eines der wichtigsten Dinge, die wir zu verändern lernen – zu unserer großen Erleichterung. Einen Großteil der Zeit identifizieren wir uns mit unseren Gedanken oder sind in ihnen versunken. Man kann aber auch zurücktreten und

Gedanken als Inhalte des Bewusstseins wahrnehmen. Die Achtsamkeit des Alltagsgeists wird von einem anderen Teil von uns geübt, der auf Denken beruht, wie von einem Richter, einem Kommentator oder von Selbstbewusstheit. Waches Gewahrsein ist die Fähigkeit, sich der Gedanken und Inhalte unseres Bewusstseins von einem Gewahrsein aus bewusst zu sein, das kein Gedanke ist.

Das Feld der kognitiven Verhaltenstherapie beruht zum großen Teil auf der Beobachtung, dass die Identifikation mit automatischen negativen Gedanken Depression verursacht. Aber depressive Menschen sind nicht die einzigen, die negative Gedanken kennen – alle kennen sie. Oder ist vielleicht jeder, der sich mit seinen Gedanken identifiziert, ein wenig depressiv? Eine neuere Studie mit Menschen von sechs Kontinenten zeigt, dass 94 Prozent der Befragten unerwünschte, aufdringliche oder impulsive Gedanken hatten. Die Art, von der am häufigsten berichtet wurde, waren Zweifel.[2]

Die Art Leiden, die wir mit dem Ansatz des offenherzigen Gewahrseins behandeln, wird nicht durch die Identifikation mit negativen Gedanken verursacht, sondern dadurch, dass man sich überhaupt mit Gedanken, positiven wie negativen, identifiziert. Sie sind nicht die Stimmen in Ihrem Kopf. Die automatischen Gedanken, die Sie hören, sind nicht Sie, die da reden. Sie sind nicht einmal die zweite Stimme, die die ersten Gedanken kommentiert. Sie beginnen damit, dass Sie den Gedanken zuhören, dann glauben Sie sie und dann glauben Sie, dass die Gedanken Sie sind. Es ist wichtig, direkt wahrzunehmen, dass Sie vor allem das Gewahrsein sind, das alle diese Stimmen und Gedanken hört. Um waches Gewahrsein zu erfahren, wird es für Sie wichtig sein, weiter zu gehen, als auf der Ebene der Identität gute Gedanken schlechten vorzuziehen. Natürlich ziehen Sie es immer noch vor, dass positive Gedanken Ihr Verhalten prägen. Sie werden auch negative Gedanken leichter akzeptieren können.

Die Entscheidung, nicht auf den Inhalt automatischen Denkens und die Stimme des Erzählers zu hören, ist ein leichter Ausweg aus der Ego-Identifikation. Wenn automatische Gedanken in den Hintergrund rücken, muss man nicht länger auf jeden einzelnen hören oder sie alle überwachsam beobachten. Es spielt keine Rolle, ob automatische Gedanken negativ oder positiv sind, weil man ihnen nicht zuhören muss. Dennoch ist das Denken selbst kein Problem und kein Feind. Wir sind nicht daran interessiert, Gedanken anzuhalten, sondern das Denken zu seiner natürlichen Funktion zurückzubringen. Unsere automatischen Gedanken in den Hintergrund unseres Bewusstseins zu verschieben, ermöglicht wachem Gewahrsein, in den Vordergrund zu kommen. Wenn man von wachem Gewahrsein aus funktioniert, kann man Subpersönlichkeiten sowie innere Schattenanteile besser annehmen und befreien.

Wenn man in waches Gewahrsein übergegangen ist, kann es nützlich sein, automatische Gedanken als mentale Empfindungen zu betrachten. Die meisten Menschen sind gewohnt, diesen mentalen Empfindungen Aufmerksamkeit zu schenken, wenn sie ihnen durch den Kopf gehen. Aber wenn man lernt, sich nicht bewusst mit ihnen zu beschäftigen, können sie in den Hintergrund verwiesen werden, wo waches Gewahrsein weiß, welche wenigen Gedanken wirklich beachtet werden müssen. Waches Gewahrsein beugt der Notwendigkeit vor, ständig zu Gedanken zurückzugehen, um sich regelmäßig zu orientieren.

Wie ist es, wenn automatische Gedanken im Hintergrund sind? Um das herauszufinden, machen Sie einmal ein schnelles Experiment: *Richten Sie Ihr Bewusstsein auf die Empfindungen in Ihrem rechten Fuß. Was nehmen Sie wahr, wenn Sie Ihr Bewusstsein ein paar Momente lang auf Ihren rechten Fuß fokussieren? Spüren Sie viele Sinnesempfindungen?*

Der Punkt ist: Vor einer Minute haben Sie diese Sinnesempfindungen nicht wahrgenommen, obwohl es sie schon gab. Erst als Sie sich auf die Empfindungen in Ihrem Fuß fokussierten, kamen sie in den Vordergrund Ihres Bewusstseins und fingen an, so zu wirken, als wären sie aktiv und ununterbrochen da.

Sie werden sehen, dass Sie Ihre Gedanken nicht mehr ständig beobachten müssen, wie Sie die Empfindungen in Ihrem Fuß ständig beobachten müssen. Automatische Gedanken zu beobachten, ist einfach eine

Gewohnheit, die man ändern kann. Wenn man in Wissen wechselt, das auf Gewahrsein beruht, tritt das automatische Denken in den Hintergrund und man erlebt wahren inneren Frieden. Man lernt zu vertrauen, dass einem die Intelligenz wachen Gewahrseins sagen wird, wenn es einen besonderen automatischen Gedanken gibt, der beachtet werden muss (was nicht so oft vorkommt).

Süchtig nach Denken

Die Neurobiologin Patricia Sharp ist Suchtexpertin. Sie sagt: »Fast alle unsere sich wiederholenden Denkmuster kann man als Formen von Sucht betrachten.«[3] Angenehme sinnliche oder mentale Zustände sind die Belohnungen, die uns dazu konditionieren, dieselben Erfahrungen immer wieder zu suchen. Von diesen angenehmen Gehirnzuständen glaubt man, dass sie durch Dopamin und Opioide hervorgerufen werden, die von den Lustzentren des Gehirns ausgeschüttet werden. Da man die Aktivitäten wiederholt, die man mit besonderen Erfahrungen von Lust assoziiert, wird die Menge an Dopamin, die im Gehirn ausgeschüttet wird, jedoch reduziert. Es bleibt ein mentaler Hunger nach Lust bestehen bei verringertem Aktivitätsniveau der Neurotransmitter. Aufgrund des gesteigerten mentalen Hungers wird man dazu getrieben, immer mehr Aktivitäten nachzugehen, die in der Vergangenheit mit Lust verbunden waren, in der Hoffnung, dieselbe Lust wieder zu empfinden. Man wird jedoch enttäuscht, weil man immer weniger Dopamin bekommt.[4] Die Gewohnheit, ständig von Gedanken, sogar positiven Gedanken, Befriedigung zu erwarten, führt zu einer ähnlichen Art Sucht.

Sharp hat Meditierende studiert und herausgefunden, dass bestimmte Formen buddhistischer Meditation (denen ähnlich, die Sie in diesem Buch kennenlernen) die Lustzentren des Gehirns stimulieren. Anders als unter dem Einfluss eines plötzlichen Anstiegs von Dopamin verringert sich diese Lust nicht mit der Zeit. Anders als Sucht führt diese Art gewahrseinsbasierter Meditation nicht zu heftigem Verlangen. Wenn man zu wachem Gewahrsein übergeht, kommt es zu keiner Reduktion von Dopamin. Das bedeutet, dass man eine natürliche Glücksempfindung im Inneren seines Körpers als eine neue Lebensgrundlage einrichten kann.

Dieser Hintergrund, die Empfindung von Glück auf niedriger Ebene, steht im Einklang mit meiner Erfahrung, auch wenn ich sie nie als einen biochemischen Prozess gesehen hatte, bevor ich Sharps Studie las. Dies kann der Grund dafür sein, weshalb die Reihe der Meditationen, die Sie lernen, besonders für Menschen nützlich sind, die sich von Substanzabhängigkeit oder körperlichem Schmerz erholen. Tatsächlich sind diese Formen von Meditation für alle Menschen nützlich, denn wir alle müssen uns von Sucht, die auf dem Denken beruht, erholen. Diese natürliche Empfindung von Glück ist kein High mit Feuerwerk und einem orgastischen Rausch. Vielmehr ist es so, als würde die äußerst intensive körperliche Erfahrung von Glück fein über den ganzen Himmel verteilt. Man kann die Wirkung von natürlichem Dopamin erfahren, ohne Drogen zu nehmen! Statt »Lass das erste Glas stehen« lernt man bei diesem Erholungsprogramm »Lass den ersten *Gedanken* vorüberziehen«.

Flüchtige Blicke wachen Gewahrseins

Der Zweck der folgenden Reihe flüchtiger Blicke besteht darin, die primäre Erfahrung von Intelligenz vom Denken zu wachem Gewahrsein zu verschieben. Wir werden die Gewohnheit beenden, uns durch Denken zu orientieren. Bei diesem Prozess geht man durch einen Zustand, der frei von Gedanken ist. Schließlich lernt man, Gedanken als Hilfsmittel zu verwenden, wenn man sie braucht. Unser Ziel ist es, emotional empfindsam und empfänglich zu sein, ohne verletzt oder reaktiv zu werden.

Flüchtige Blicke wachen Gewahrseins können helfen, ein neues Maß von Frieden in Ihr Leben einzuführen, indem sie Sie mit einer stillen Präsenz des Bewusstseins vertraut machen, die wach und freudvoll ist. Flüchtige Blicke können Ihnen helfen zu lernen, der Intelligenz zu vertrauen, die weiß, welche Gedanken und Emotionen Aufmerksamkeit brauchen im Gegensatz zu 99 Prozent der Dinge, die keine brauchen. Wenn all dies geheimnisvoll klingt, liegt das nur daran, dass Sie es noch nicht selbst erlebt haben. Wenn es zu konzeptuell klingt, dann denken Sie daran, dass diese Worte Sie auf eine direkte Erfahrung nichtkonzeptuellen, wachen Gewahrseins vorbereiten sollen.

FLÜCHTIGER BLICK 1: **Inneres Hören**

Bei diesem flüchtigen Blick werden Sie ganz bewusst aufhören, mit sich selbst zu reden. Dann hören sie auf, daran interessiert zu sein, was Ihre automatischen Gedanken sagen. Um dies zu erreichen, hören Sie einfach auf zu versuchen, die innere Rede zu verstehen. Sie tun das dadurch, dass Sie sich nicht mehr für die Bedeutung, für die Worte oder Sätze, die Sie hören, interessieren. In diesem Prozess werden sich Ihre plappernden Gedanken dahingehend verändern, dass sie zu mentalen Empfindungen, zu einer Hintergrunderfahrung werden – wie das Gemurmel von Gesprächen im Hintergrund eines Restaurants.

1. Beginnen Sie wahrzunehmen, wie es ist, wenn Sie sich zuhören und innerlich mit sich sprechen. Sprechen Sie mit sich innerlich und sagen Sie: »Denken ist innere Rede und inneres Hören.« Spüren Sie dann, wie es ist, Denken als innere Rede und inneres Hören wahrzunehmen.

2. Geben Sie sich nun diese Anweisungen: »Ich werde gleich aufhören, mit mir zu reden, und dazu übergehen, nur zu hören, was die Gedanken sagen.« Schauen Sie, wie das ist.

3. Geben Sie sich als nächstes die Anweisung: »Ich werde Hintergrundgeplapper hören, aber ich werde mich nicht dafür interessieren, was die Gedanken sagen. Vielmehr wird sich mein Interesse auf den wachen Raum richten.«

4. Entscheiden Sie sich nun dafür, eine Weile mit sich zu reden. Hören Sie einfach auf das Gemurmel im Hintergrund, als wäre es eine fremde Sprache. Versuchen Sie nicht, irgendeine innere Sprache zu verstehen, die gesprochen wird. Richten Sie Ihr Interesse vielmehr auf waches, gedankenfreies Gewahrsein.

5. Betrachten Sie alles Denken und inneres Selbstgespräch als die Bewegung mentaler Empfindungen. Fokussieren Sie sich auf die Sinnesempfindungen in Ihrer linken Hand und dann auf die mentalen Empfindungen in Ihrem Kopf. Lassen Sie dann alle Kommentare über Erfahrungen zu inneren Empfindungen werden. Lassen Sie Gewahrsein selbst, das schon bewusst und intelligent ist, Gegenstand Ihres Interesses sein.

6. Nehmen Sie die Klarheit und das Wissen wahr, die da sind, wenn Sie die Gewohnheit aufgeben, sich dem inneren Selbstgespräch zuzuwenden.

7. Wenn Sie einmal dieses gedankenfreie Wissen entdeckt haben, ohne auf das Denken zurückzugreifen, laden Sie Ihre Telefonnummer ein, langsam in wachem Gewahrsein zu erscheinen. Sagen Sie sich diese Nummer, hören Sie sie und gehen Sie dann zurück zu wachem, friedlichem Schweigen.

Das Entscheidende ist, ein Betriebssystem aufzugeben, das auf Denken basiert. Es geht also nicht nur darum, über Ihre Geschichte oder ein Glaubenssystem hinauszugehen. Statt sich zu fragen: »Wer bin ich ohne meine Geschichte oder einen bestimmten Gedanken?«, besteht der Wechsel darin, darüber hinauszugehen, sich an einem Gedanken zu orientieren: »Wer bin ich, wenn ich nicht auf irgendwelche Gedanken zurückgreife, um zu wissen, wer ich bin?« Von wachem Gewahrsein aus sieht man dann, dass alle Gedanken und Emotionen nicht getrennt sind. Die nächsten flüchtigen Blicke zeigen Ihnen ein paar alternative Möglichkeiten, wie Sie sich vom Denken lösen und in einen Ihrer anderen Sinne wechseln können, sodass Gewahrsein primär wird.

FLÜCHTIGER BLICK 2: **Gewahrsein, wenn man dem Atem nach Hause folgt**

Versuchen Sie, sich von Ihrer Atmung tragen zu lassen, um lokalem Gewahrsein zu helfen, sich zu lösen, fallen zu lassen und unmittelbar aus dem Inneren zu wissen.

1. Beginnen Sie damit, dass Sie lokales Gewahrsein vom Denken lösen. Dann lassen Sie es einen kurzen Weg gehen, von einer Stelle hinter Ihren Augen dahin, wo Ihr Atem Ihre Nasenlöcher berührt. Wenn Sie einatmen, lassen Sie lokales Gewahrsein sich ganz auf diesen kleinen Bereich der Sinnesempfindung fokussieren. Wenn Sie ausatmen, spüren Sie, wie der Atem die Nasenlöcher berührt, während er ausströmt. Machen Sie dies ein paar Atemzüge hintereinander.

2. Beim nächsten Einatmen lassen Sie lokales Gewahrsein bei der Luft bleiben, wenn sie sich von Ihren Nasenlöchern Ihre Luftröhre hinab und in Ihre Brust bewegt.

3. Lassen Sie nun lokales Gewahrsein sich vom Atem lösen und bleiben Sie bei dem wachen Gewahrsein und der Lebendigkeit unterhalb Ihres Halses, auch wenn die Luft sich wieder zurück nach oben bewegt und ausströmt. Nehmen Sie wahr, wie lokales Gewahrsein sich für die Lebendigkeit und das ausgedehnte Gewahrsein innerhalb wie außerhalb Ihres Körpers öffnet, wobei Sie nicht zu Ihrem Kopf und Ihren Gedanken zurückkehren.

4. Lassen Sie das Gefühl, wie sich Ihre Brust bei jedem neuen Atemzug hebt und senkt, die Kontaktstelle für Ihr Gewahrsein sein, um daran interessiert zu bleiben, von innen zu beobachten und sich nach außen zu öffnen, loszulassen und hier und jetzt zu sein. Nehmen Sie wahr, wie die Atmung von selbst da ist, als würden Sie geatmet.

5. Nehmen Sie wahr, dass die Atmung von selbst da ist, so wie waches Gewahrsein auch von selbst da ist und weiß.

FLÜCHTIGER BLICK 3: **Der halbe Meter vom Kopf zum Herzen**

Nehmen Sie sich jetzt ein paar Minuten Zeit, und werfen Sie selbst einen Blick auf offenherziges Gewahrsein.

1. Setzen Sie sich bequem mit offenen oder geschlossenen Augen hin, und seien Sie sich einfach aller Ihrer Sinne bewusst. Nehmen Sie die Aktivität des Denkens in Ihrem Kopf wahr.

2. Lösen Sie als erstes lokales Gewahrsein von Gedanken in Ihrem Kopf. Lassen Sie es dann nach unten durch Ihren Hals in Ihre Brust sinken, und wissen Sie dann – unmittelbar – aus dem Inneren Ihres Oberkörpers.

3. Werden Sie mit dieser Art unmittelbaren Wissens vertraut, das weder von Ihrem Kopf herabblickt noch nach oben zu Ihren Gedanken zurückkehrt.

4. Spüren Sie das Gewahrsein und die Lebendigkeit gleichzeitig: Ruhen Sie, ohne einzuschlafen, und bleiben Sie bewusst, ohne zum Denken zu gehen, um zu wissen.

5. Spüren Sie, dass Gewahrsein sowohl das Gewahrsein als auch die Lebendigkeit aus dem Inneren Ihres Körpers heraus wissen kann.

6. Nehmen Sie ein Gefühl eines offenherzigen Gewahrseins aus dem Inneren des Raumes in der Mitte Ihrer Brust wahr.

7. Fühlen Sie sich, als hätten Sie Ihren Ort von Ihrem Kopf zu diesem offenherzigen Gewahrsein gewechselt, von dem aus Sie sich jetzt bewusst sind.

8. Nehmen Sie wahr, dass Sie alle Gedanken und Emotionen in Ihren Herz-Raum einladen und in ihm annehmen können, sodass sie in offenherzigem Gewahrsein bei sich zu Hause bleiben und sich Informationen von der Zentrale Ihres Kopfes per WLAN zukommen lassen können.

9. Fragen Sie in Ihrem Inneren nach: »Was weiß offenherziges Gewahrsein?« Warten und spüren Sie, wie es ist, von diesem Nicht-Wissen aus zu wissen, das weiß.

10. Seien Sie hier, empfangen Sie Licht mit Ihren Augen und schauen Sie von den Augen des offenherzigen Gewahrseins aus.

7

NICHTKONZEPTUELLES GEWAHRSEIN

Nichtkonzeptuelle Wachheit überwindet konzeptuelles Denken vollkommen. Wenn nichtkonzeptuelle Wachheit nur ein weiterer Gedanke wäre, könnte sie Gedanken nicht überwinden. Genau in dem Moment, in dem sie einen Gedanken erkennt, wird er durchgeschnitten und überwunden. Gibt es etwas Wunderbareres als das?

TULKU URGYEN RINPOCHE[1]

In den letzten Jahren haben Wissenschaftler begonnen, Intelligenz, die nicht auf Denken beruht, zu erforschen und zu dokumentieren. Zahllose Menschen machen jeden Tag die Erfahrung nichtkonzeptuellen Gewahrseins, während sie still in der Natur sitzen oder meditieren. Das Erstaunliche an den verschiedenen Typen nichtkonzeptuellen Gewahrseins ist, dass sie auch mit offenen Augen und mitten in unserem aktiven alltäglichen Leben erfahren werden können.

Drei Arten nichtkonzeptueller Intelligenz

In seinem Buch *Abschied vom IQ. Die Rahmentheorie der vielfachen Intelligenzen* aus dem Jahr 1983 erweiterte der Psychologe Howard Gardner die Definition von Intelligenz. Diese beruhte bis dahin vor allem auf konzeptuellem Denken, insbesondere in Beziehung auf das Gedächtnis und den Intelligenzquotienten. Gardner fügte sieben verschiedene Modalitäten oder Entwicklungslinien hinzu: im musikalischen, visuell-räumlichen, verbalen, mathematischen, kinästhetischen, zwischenmenschlichen, intrapersonellen und naturalistischen Bereich.[2] Wir alle haben verschiedene Stärken und Schwächen in den unterschiedlichen Entwicklungslinien und entwickeln jede Linie in einem anderen Tempo. Aus Erfahrung weiß man, dass jemand in einem Bereich, etwa intellektuell, hoch entwickelt sein kann und weniger in einem anderen, etwa emotional. Nichtkonzeptuelles waches Gewahrsein ist grundlegende Intelligenz, die sich in jeder dieser Entwicklungslinien zeigt.

Vor Kurzem wurden drei Arten nichtkonzeptueller Intelligenz erkannt und studiert: *Flow*, *die hypo-egoische Phase* und *das adaptive Unbewusste*. Das Verständnis dieser drei Arten nichtkonzeptueller Intelligenz ist ein wichtiger Schritt zum Verständnis der subtileren, grundlegenden Art nichtkonzeptueller Intelligenz, die auf wachem Gewahrsein beruht.

IN EINEM FLOW-ZUSTAND SEIN

Flow ist eines der wichtigsten modernen Forschungsgebiete im Bereich der Psychologie. Viele von uns kennen Flow als »völliges Aufgehen in einer Tätigkeit«; so habe ich mich gefühlt, wenn ich in der Highschool Hockey gespielt habe. Der Psychologe Mihaly Csikszentmihalyi veröffentlichte 1990 das auf jahrelanger Forschung beruhende Buch *Flow. Das Geheimnis des Glücks*. Csikszentmihalyi und sein Team untersuchten, wie Menschen in eine optimale Flow-Erfahrung eintreten, die zu tiefem Genuss, Kreativität und einer totalen Hingabe an das »Jetzt« führt. Man kann in diesen Flow-Zustand kommen, indem man eine Art Gewahrsein in seine Aktivität hineinbringt.

Die sieben Qualitäten von Flow, die Csikszentmihalyi identifizierte, sind:

1. Wissen, dass eine Aktivität machbar ist, dass unsere Fähigkeiten der Aufgabe gewachsen sind;
2. sich vollkommen dem, was man tut, hingeben und darauf fokussiert sein;
3. ein Gefühl der Ekstase;
4. große innere Klarheit: Man weiß, was getan werden muss und wie gut man ist;
5. ein Gefühl der Heiterkeit: keine Sorgen in Bezug auf sich selbst; ein Gefühl, über die Grenzen des Ego hinauszugehen;
6. Zeitlosigkeit: gründlich auf die Gegenwart fokussiert sein, sodass Stunden in Minuten zu vergehen scheinen;
7. intrinsische Motivation: Was immer Flow hervorruft, wird zu seiner eigenen Belohnung.[3]

Über die Grenzen des Egos mit Klarheit, Ekstase und Heiterkeit hinauszugehen, gehört wesentlich zur Erfahrung von nichtkonzeptuellem Gewahrsein. Der Begriff »Flow-Zustand« wird jedoch häufig verwendet, um zwei sehr verschiedene Erfahrungen zu beschreiben. Zur ersten, die ich *absorbierten Flow* nenne, kommt es, wenn man so konzentriert und in eine Aufgabe vertieft ist, dass man, wenn man schließlich aufschaut, entdeckt, wie Stunden in einem Zeitraum vergangen sind, der einem wie Minuten vorkam. In diesem Zustand von absorbiertem Flow verengt sich der Fokus, und man hat eine Art Tunnelsicht: Man ist sich dessen, was um einen herum geschieht, nicht bewusst. Beispiele für Menschen in einem absorbierten Flow sind ein Künstler, der beim Malen tief in seiner eigenen Welt ist, ein Student, der eine Hausarbeit schreibt, oder ein Schreiner, der einen Nagel einschlägt.

Zur zweiten Art Flow-Zustand, von mir *panoramaartiger Flow* genannt, kommt es, wenn man an einer Aufgabe arbeitet und sich jeder Einzelheit seiner Umgebung bewusst ist. Der Fokus ist offen, und man ist sich aller Dinge um einen herum panoramaartig bewusst. Man ist im »Jetzt«, was bedeutet, dass es eine zeitlose Qualität gibt, aber man ist sich zugleich der Ereignisse bewusst, wie sie von Moment zu Moment in relativer Zeit entstehen. Im Gegensatz zum absorbierten Flow fühlt sich diese Erfahrung an, als wäre die Zeit verlangsamt. Man denke an den Basketballspieler, der das ganze Spielfeld sowie die Bewegungen jedes Spielers überblickt; er nimmt die Zeit auf der Uhr und den Beifall der Zuschauer wahr, während er den Ball über das Spielfeld dribbelt und ihn dann, ohne hinzusehen, seinem Mannschaftskameraden zuspielt und damit das Spiel gewinnt. In dem Film *Die Legende von Bagger Vance* kommt der Protagonist, Junuh, in einen Flow-Zustand, während er Golf spielt, und Bagger sagt, dass er gelernt habe, »wie man zu denken aufhört, ohne einzuschlafen«.

JENSEITS DES EGOS

Das berühmte Zitat aus dem *Tao Te Ching* »Wenn nichts getan wird, bleibt nichts ungetan« wird manchmal so verstanden, als bedeute es »Tu nichts«.[4] Mark Leary, ein Psychologe der Duke University, hat das erforscht, was er »hypo-egoische Selbstregulierung« nennt, einen Zustand, in dem Menschen ihre Ziele leichter erreichen, wenn sie bewusste Kontrolle aufgeben. Er stellte fest: Manche seiner Probanden, die mit der Erholung von einer Sucht kämpften, berichteten, dass ihre starken, willensstarken Egos – die sie einsetzten, um die Gewohnheit ihrer Sucht abzulegen – sie tatsächlich daran hinderten, sich zu erholen. Learys Studie kam zu dem Schluss: »Das letzte selbstregulatorische Ziel besteht darin, die bewusste Selbstkontrolle zu reduzieren und hypo-egoisch zu funktionieren.« Aufgabe und Loslassen der Ego-Identifikation müssen nicht zu Regression oder kindlichem Verhalten führen, sondern können uns vielmehr für größere Ressourcen und eine neue Grundlage der Identität öffnen. Leary argumentiert, dass es Menschen helfen kann, schwierige Ziele leichter zu erreichen, wenn sie aufhören, sich anzustrengen.[5]

DAS ADAPTIVE UNBEWUSSTE

Manche Psychologen bezeichnen das adaptive Unbewusste als die natürliche Fähigkeit des menschlichen Geistes zu wissen, ohne auf Denken zurückzugreifen. In seinem 2007 erschienenen Buch *Blink. Die Macht des Moments* vergleicht Malcolm Gladwell das adaptive Unbewusste mit »einer Art gigantischem Computer, der schnell und ruhig eine Menge der Daten verarbeitet, die man braucht, um als Mensch zu funktionieren«.[6] Gladwell nennt das Beispiel eines Kunsthändlers, der sofort und genau weiß, dass eine bestimmte Skulptur eine Fälschung ist, obwohl er nicht erklären kann, wie er zu diesem Wissen kommt. Das adaptive Unbewusste des Händlers verarbeitet Myriaden einzelner Informationen über die Statue und vergleicht sie mit Informationen, die er in jahrelanger Erfahrung in der Kunstwelt gesammelt hat. Diese ganze Verarbeitung wird so schnell vorgenommen, dass der Kunsthändler sich ihrer nicht bewusst ist.

Jeder hat Erfahrungen mit dem adaptiven Unbewussten, einer Art intuitiver Weise zu handeln, ohne zu viel darüber nachzudenken. Sie kennen wahrscheinlich einen tollen Koch, der keine Mengen abmisst oder Rezepte verwendet, sondern Zutaten nimmt und Gewürze hinzufügt und sich dabei auf diese Art eines adaptiven Unbewussten verlässt – ein Modus des Funktionierens wie ein Autopilot eines Flugzeugs.

Diese intuitive Fähigkeit könnte man statt adaptives Unbewusstes *adaptives Gewahrsein* nennen, weil unbewusst zu werden, nicht die einzige Alternative zu bewusstem Denken ist. Man kann sich bewusst sein, dass man etwas gut macht, ohne bewusst über das nachzudenken, was man tut. Wenn man von nichtkonzeptuellem Gewahrsein aus lebt, ist man nicht dumm oder ignorant, man ist nicht innerlich abwesend oder hat einen Blackout. Man ist entspannt und wach und kann Informationen nutzen, wie man sie braucht. Daher ist das adaptive (sogenannte) Unbewusste in Wirklichkeit eine Form höheren Bewusstseins, das nichtkonzeptuelles Gewahrsein verwendet.

ZU NICHTKONZEPTUELLEM GEWAHRSEIN AUFSTEIGEN

Nichtkonzeptuell bedeutet nicht irrational oder Regression zu einem vorrationalen Zustand wie ein Baby – noch ist dazu nötig, dass man seine Gedanken anhält. Im Grunde ist nicht einmal ein ruhiger meditativer Zustand notwendig. Als einer meiner Lehrer, Tsoknyi Rinpoche, zum ersten Mal aus Nepal in die USA kam, fiel ihm auf, dass hier viele Meditierende das zu praktizieren schienen, was er »dumme Meditation« nannte. Er meinte die Praxis, die zu dem angenehm tauben Gefühl führt, das ich den »Sauna-Zustand« nenne. Diese Art Meditation unterdrückt plappernde Gedanken, aber sie reduziert Wachheit und die Fähigkeit, voll zu funktionieren. Obwohl so eine Meditation entspannend ist, beruht sie nicht auf der aufmerksamen Intelligenz wachen Gewahrseins.

Von konzeptuellem Wissen zu wachem Gewahrsein überzugehen, ist so ähnlich wie Lernen, mit der Schreibmaschine zu schreiben. Muss man nicht, wenn man anfängt, auf die Tastatur schauen? Mit der Übung wächst man dann darüber hinaus, daran denken zu müssen, wohin die Finger gehen. Wenn man jetzt mit der Schreibmaschine schreibt, beobachtet man die Finger nicht mehr und muss sich nicht bewusst an die Position der Tasten erinnern. Diese neue Art zu wissen muss nicht auf das Denken zurückgreifen, um zu überprüfen, was man tippt. Bei nichtkonzeptuellem Gewahrsein muss man nicht weiter auf den Bildschirm seines Geistes schauen und jedes Fenster, das sich öffnet, und jede offene Datei überprüfen. Vielmehr wird Denken als ein Instrument wachen Gewahrseins nützlich.

Unsere Fähigkeit, alle Informationen schnell zu verarbeiten, die durch unsere Sinne zu uns kommen, ist für das Überleben unbedingt notwendig. Es ist jedoch jetzt allgemein bekannt, dass bei dem, was wie Multitasking aussieht, in Wirklichkeit die Aufmerksamkeit sehr schnell zwischen verschiedenen Aufgaben im Gegensatz zu einem gleichzeitigen Erledigen dieser Aufgaben wechselt. Dies zeigt die Grenzen der Aufmerksamkeit als mentaler Fähigkeit. In einem Flow-Zustand koordiniert man jedoch mehrere Aspekte einer einzigen Aktivität, ohne bewusst aufmerksam zu sein. Man nutzt diese Fähigkeit zum Beispiel, wenn man mit dem Auto in dichtem, schnellem Straßenverkehr unterwegs ist. Auch wenn Sie es vielleicht nicht bemerkt haben, haben Sie Ihre Fähigkeit, mit hoher Geschwindigkeit Entscheidungen zu treffen, wahrscheinlich schon angewendet, ohne sie in jedem Moment durch Denken zu überprüfen.

»Intuition«, »reiner Instinkt« oder »Bauchgefühl« sind andere Begriffe für kurze Momente nichtkonzeptuellen Wissens. In unserer Kultur haben wir nicht gelernt, den Myriaden Arten intuitiver, nichtkonzeptueller Intelligenz zu vertrauen. Waches Gewahrsein ist wie ununterbrochene Intuition.

Wir assoziieren häufig den Kopf mit Gedanken und das Herz mit Emotionen. Wenn nichtkonzeptuelles Gewahrsein voll entwickelt und verkörpert wird, lebt man von offenherzigem Gewahrsein aus, einer subtileren Art zu wissen, die Denken und Gefühl, Kopf und Herz, Sein und Tun umfasst – und über sie hinausgeht. Offenherziges Gewahrsein hat eine Qualität zu wissen, die vollkommen anders als dualistisches Denken ist. Ein Grund, weshalb Menschen häufig Schwierigkeiten haben, zu wachem Gewahrsein überzugehen, besteht darin, dass es eine Intelligenz besitzt, die paradox wirkt. Mit unserem alltäglichen, konzeptuellen Denken können wir nicht wirklich verstehen, dass zwei scheinbare Gegensätze zugleich wahr sind; unser konzeptueller Geist ist darauf angelegt, das dualistische Denken zu verwenden, das man braucht, um zu beurteilen, ob die Ampel Grün oder Rot zeigt.

Diese Art zu wissen kann sich im Vergleich mit dem dualistischen Denken, das sich schnell bewegt, anfangs paradox oder langsam anfühlen. In meinen Kursen beantworten die Teilnehmer die Frage »Was weiß offenherziges Gewahrsein?« Ein Teilnehmer wird zum Beispiel »Leere« sagen, jemand anders von »Fülle« berichten und ein Dritter ausrufen: »Ich stimme mit beiden überein: Leere *und* Fülle.« Dann sagen die ersten beiden wie aus einem Mund: »Genau, das ist es! Leere und Fülle. Das habe ich gemeint.« Die lineare Logik unseres trainierten, dualistischen Wissens könnte sagen: »Das ist unlogisch. Es ist entweder leer oder voll. Es kann nicht beides sein!« Aber es *ist* beides, und das erwachte Herz nimmt wahr und akzeptiert, was für das lineare Denken wie ein Paradox aussieht.

Offenherziges Gewahrsein bezieht sich nicht bewusst auf Gedanken, sondern ruht vielmehr tief in einer Intelligenz, die intuitiv mit allem verbunden ist, was wir wissen. Wenn wir uns für die Ego-Identifikation halten, die aus unseren Augen schaut, sind Trennung, Unterschied und Bewertung das Erste, was wir sehen. Offenherziges Gewahrsein beginnt damit, dass es unser Einssein, unsere Einheit und Verbundenheit spürt und dann auch unsere Einzigartigkeit anerkennt und wertschätzt. Offenherziges Gewahrsein kann Unterscheidungen treffen, ohne sich in ein Subjekt und ein Objekt zu spalten.

Für die meisten von uns ist waches Gewahrsein gegenwärtig im Hintergrund verborgen, aber wir können lernen, wie es zu unserem primären Modus von Wissen und zu unserem neuen Betriebssystem werden kann. Wenn wir das tun, kehrt das Denken zu seiner natürlichen Rolle zurück, und wir regredieren nicht zu dem Betriebssystem, das auf Denken beruht und unser typischer Modus von Wissen ist. Man muss so wenig intellektuell verstehen, wie waches Gewahrsein funktioniert, wie man verstehen muss, wie der Körper das Gleichgewicht hält, wenn man Fahrrad fährt. Man muss nur lernen, wie man in waches Gewahrsein als die Art zu wissen wechselt. Dann lebt man von ihm aus.

Es ist häufig leichter, in den Flow zu kommen, wenn man die Grundfertigkeiten einer Aktivität soweit erworben hat, dass sie zur zweiten Natur geworden sind. Meine Hypothese ist, dass Gehen, Sprechen, in Beziehung sein und alle Grundfähigkeiten, die wir in der Schule und durch Aufwachsen in unserer Kultur gelernt haben, schon in unserem Gehirn programmiert sind. Wenn diese funktionalen Fertigkeiten in natürlicher Weise zur Verfügung stehen, kann man von konzeptuellem

Denken und Unsicherheit in waches Gewahrsein als unsere Grundlage wechseln. Mit Übung kann man in einen Flow-Zustand kommen und anfangen, von wachem Gewahrsein aus zu leben. Jemand, der sich in einem Flow-Zustand befindet, lebt nicht notwendigerweise von wachem Gewahrsein aus; aber Menschen, die von wachem Gewahrsein aus operieren, befinden sich in einem panoramaartigen Flow.

Verkörpertes Wissen

Der Ansatz des offenherzigen Gewahrseins, zu unseren Sinnen zurückzukommen, ist eine Art, das lokale Gewahrsein von der übermäßigen Beschäftigung mit einem Sinn (Denken) weg und hin zum wachen Gewahrsein zu bewegen, das alle Sinne umfasst. Dies führt zu ein paar wichtigen Veränderungen. Als erstes wird Gewahrsein von seiner Identifikation mit dem Denken befreit, die zu einem falschen Selbstgefühl, gewaltigem Stress und Unzufriedenheit führt. Zweitens ist man in der Lage, das wirkliche Gefühl wahrzunehmen, in seinem Körper zu sein. Bei Verkörperung geht es nicht darum, sich zu dehnen, Stärke aufzubauen oder die Aufmerksamkeit auf körperliche Empfindungen zu richten. Verkörpertes waches Gewahrsein – auch Präsenz genannt – bedeutet eigentlich, den Körper mit Gewahrsein unmittelbar von innen zu spüren, statt auf mentale Bilder von unserem Körper oder mit Aufmerksamkeit vom Kopf herab auf unseren Körper zu schauen. Wenn man seinen Körper von innen spürt, entdeckt man, dass er sich meistens wie Raum, Gewahrsein und sich verändernde Lebendigkeit anfühlt – mit einem gewissen Druck, wo man mit der Erde oder einem Stuhl in Kontakt ist. Wenn man sich verkörpert fühlt, dann fühlt sich der Körper leicht und lebendig an, wie eine geschmeidige Katze. Aber auf der Ebene der Identität fühlt man sich auch grenzenlos und auf der Ebene von Gewahrsein mit allem wechselseitig verbunden. Verkörperung bedeutet nicht, dass Gewahrsein *in* Ihrem Körper ist, sondern dass Sie wahrnehmen, wie Ihr Körper von Gewahrsein aus erscheint und durch es unterstützt wird.

Verkörperte Präsenz wird verändern, wie Sie Ihren Körper kennen. Wenn Sie dazu übergehen, den Körper direkt von innen zu wissen, filtern Sie die Erfahrung des Körpers nicht mehr durch konzeptuelle Gedanken und Bilder. Wenn Sie Ihren Körper direkt von innen – ohne Konzept, Bild oder Erinnerung – wissen, wird er nicht als fest erlebt, so wie er Ihren Augen erscheint. Sie beginnen, eine Verbindung mit allem Leben zu fühlen – ein subtiles Gefühl von Glück und eine Unterstützung durch waches Gewahrsein, die Sie von Angst und Scham befreit. Sie spüren Ihren Körper als Präsenz, als eine lebendige Energie, als kontrahierende und expandierende Sinnesempfindungen, als Gewahrsein und als Einheit mit allem Leben.

Emotionen in ihren natürlichen Zustand versetzen

Emotionale Intelligenz verlangt die Fähigkeit, unsere Emotionen zu fühlen, die Fähigkeit, sie deutlich auszudrücken, und die Fähigkeit, zwischen Emotionen, die mit der Gegenwart, und denen, die mit der Vergangenheit zu tun haben, sowie denen, die durch Begierden und Ängste der Ego-Identifikation entstehen, zu unterscheiden. Diese Stufe von Gewahrsein verlangt die Fähigkeit, Bedürfnisse zu beurteilen, die echt sind und Befriedigung verlangen, neben dem Gewahrsein von Wünschen, die auf Begierden der Ego-Identifikation beruhen und nicht befriedigt werden können.

Wir erwachen aus dem Denken, indem wir die Identifikation mit unseren Gedanken, Geschichten und dem, was wir glauben, lösen. Im Gegensatz dazu muss waches Gewahrsein, um Freiheit vom Griff emotionaler Identifikation zu haben, einwachen und unsere Emotionen annehmen. Wie Gedanken und Sinnesempfindungen sind Emotionen Teil des subtilen Bewusstseins des Körpers. Emotionen helfen uns, Informationen zu sammeln, die wir brauchen, um zu überleben, in Beziehung zu sein und Empathie zu empfinden. Wenn die Emotionen nicht verwirrt und aufgrund falscher Identität übertrieben werden, werden sie in ihren natürlichen Zustand zurückversetzt, und wir sind in der Lage, sensibel und offenherzig zu sein. Emotionen sind wie die Haut. So wie unsere Haut für physischen Kontakt empfänglich ist, sind Emotionen empfänglich für den Kontakt mit anderen Menschen. Von offenherzigem Gewahrsein aus transzendieren wir Emotionen nicht, sondern bleiben empfindsam, ohne uns zu verschließen oder uns im Teufelskreis von Gedanken und Emotionen zu verlieren, die zur Ego-Identifikation führen.

Das Gehirn kann durch Trauma geprägt werden, wozu starke Emotionen von Verlust, Missbrauch, Angst, Gewalt und Tragik zählen. Emotionale Signale wie Angst und Trauer sind so angelegt, dass sie intensiv wie Signale körperlichen Schmerzes sind, damit man Gefahren vermeiden kann. Die Identifikation mit dem Ego führt jedoch zu einem Teufelskreis sekundären Leidens. Gefühle von Schmerz und Wut, die auf ein einziges Ereignis zurückgehen, können zu einem Trauma oder einem Groll werden, die Jahre anhalten. Es sei angemerkt, dass es zwei nichtkonzeptuelle Techniken gibt, die Trauma heilen helfen: Eye-Movement Desensitization and Reintegration (EMDR) und Somatic Experiencing (SE).

Zu einem Erwachen aus einem emotionalen Trauma kann es von einem Standpunkt aus, der sich mit dem Ego identifiziert, nicht kommen. Daher führt der psychologische Ansatz, die Geschichte und Ursachen emotionaler Probleme intellektuell zu verstehen, allein nicht zu ihrer vollen Lösung. Und ebenso kann man sich nicht ausschließlich auf reines Beobachten der Emotionen aus einer mentalen oder meditativen Distanz verlassen, weil uns dies davon abhält, das Leben voll zu erleben. Sowohl achtsames Beobachten als auch intellektuelles Verstehen der traumatischen Ereignisse, die zu verletzten Gefühlen und Subpersönlichkeiten geführt haben, ist hilfreich, doch man muss weitergehen. Man muss eine Möglichkeit finden, in seinem Leben wieder ganz heimisch zu werden.

Eine Frau, die schon lange meine Schülerin war, verlor bei dem Anschlag vom 11. September 2001 auf das World Trade Center ihren Mann. Sie machte einen Prozess mit Schock, Traurigkeit und Wut über ihren Verlust durch. Mit der Unterstützung durch offenherziges

Gewahrsein ließ sie alle Gefühle aufsteigen. Sie ließ sich sie fühlen, bis sie sich für das öffnete, was sie »die mit allem verbundene, alles liebende, lebendige Gnade« nannte. Diese Erfahrung führte dazu, dass Gefühle an die Oberfläche traten, die sie ihr ganzes Leben lang in sich getragen hatte. Während sie durch den Seinsgrund unterstützt wurde, erlaubte sie der Schale, die ihr Herz umhüllte, aufzubrechen. In der Folge wurde sie zu einer liebevollen, annehmenden und kreativen Quelle der Kraft für alle ihre Freunde und Verwandten, die einen Verlust zu durchleben hatten.

Ein anderes Beispiel ist ein Professor, der sein ganzes Leben im Elfenbeinturm seines Kopfes lebte und die Entscheidung traf – bewusst, wenn auch widerstrebend –, in offenherziges Gewahrsein überzugehen, nur um das zu entdecken, was er als »eine Weisheit und Liebe« beschrieb, »die ich bei all meinem Studieren nicht für möglich gehalten hatte«. Er musste lachen, als ihm ein Zitat aus Shakespeares *Hamlet* einfiel: »Es gibt mehr Dinge in Himmel und Erde, Horatio, als in Deiner Philosophie geträumt werden.«[7]

Der wichtige Unterschied hierbei besteht darin, dass es nicht nur eine positive Erfahrung, eine Veränderung der inneren Haltung oder sogar eine Heilung für diese Menschen ist, sondern die Entdeckung einer Möglichkeit, zu wissen und zu sein, die nicht von vergangenen Erfahrungen oder zukünftigen Errungenschaften abhängt. Die Erfahrung zu erkennen und anzuerkennen, wer man ursprünglich war, ist ein tiefes, authentisches Gefühl des Seins, von dem aus man Wohlbefinden empfindet – frei von Angst, Scham und Unzufriedenheit.

Wenn man zu erwachen beginnt, entdeckt man, dass Emotionen wie Traurigkeit, Glück, Wut und Angst einfach Signale sind, die zu unserem Nervensystem gehören. Sie sind jetzt, da sie von den Geschichten der Ego-Identifikation gelöst sind, bedeutende und lebenswichtige Bestandteile unserer vollen menschlichen Erfahrung. Alle Grundemotionen steigen weiter in das Sein auf, aber keine wird zu einem Teufelskreis der Sorge, Angst oder des Grolls oder zur Grundlage einer andauernden Unzufriedenheit. Wir sind bereits neurologisch darauf angelegt, die Botschaften unserer Gefühle zu empfinden, ohne bei ihnen zu verweilen. Die Neurowissenschaftlerin Jill Taylor beschreibt die Biochemie der Emotionen so: »Meine Wutreaktion ist eine programmierte Reaktion, die automatisch ausgelöst werden kann ... 90 Sekunden nach dem Anfangsauslöser hat sich die chemische Komponente meiner Wut in meinem Blut vollkommen zerstreut, und meine automatische Reaktion ist vorbei. Wenn ich aber wütend bleibe, nachdem diese 90 Sekunden vergangen sind, dann liegt das daran, dass ich entschieden habe, diesen Schaltkreis weiter aktiviert zu lassen.«[8]

Wenn Menschen die Quelle ihres Wissens vom Kopf zu ihrem nichtkonzeptuellen Herzen verlegen, berichten viele von einem neuen Gefühl »süßer Traurigkeit« oder zartherziger Intimität. Andere beschreiben, dass sie eine Periode durchmachen, während der sie sich fühlen, als ob ihr Herz brechen würde. Wenn sie genau hinschauen, entdecken sie jedoch, dass ihr Herz nicht bricht! Vielmehr brechen die schützenden Schichten um ihr Herz auf und enthüllen darunter ein zarteres Herz. Sicherlich ist da wirklicher Schmerz, aber er ist wie der Schmerz, den man empfindet, wenn die Hände auftauen, nachdem man sich draußen in frostiger Kälte aufgehalten hat. Mit der Unterstützung durch offenherziges Gewahrsein kann man den Kummer empfinden, der mit diesem Übergang verbunden ist, und das Herz kann offen bleiben.

Es gibt auch ein tieferes Gefühl von essenziellem Wohlbefinden, Ehrfurcht, Staunen, Einheit, Mut und bedingungsloser Liebe, das eine essenzielle Emotion ist und nicht auf Denken beruht. Wenn man von offenherzigem Gewahrsein aus lebt, gibt es eine innere Struktur essenzieller Qualitäten, die tiefere und grundlegendere Gefühle sind. Diese essenziellen Qualtäten bilden die Grundlage eines neuen emotionalen Lebens, das zu mehr Einlassen und Intimität führt.

FLÜCHTIGER BLICK 1: **Emotionale Weisheit**

Wenn Sie mit dieser Übung beginnen, sind Sie eingeladen, Ihr Gewahrsein in Ihren Körper zu bringen und Emotionen zu suchen, die in diesem Moment da sind. Man kann diese Übung mit jeder Emotion machen, ob angenehm oder unangenehm, nehmen Sie beim ersten Mal aber bitte eine unangenehme Emotion. Wenn Sie keine unangenehme Emotion haben, nehmen Sie Ihren emotionalen »Geschmack der Woche« oder die unangenehme Emotion, mit der Sie am häufigsten zu tun haben. Wenn nötig, können Sie eine Erinnerung oder eine Situation aufsuchen, die sich vor Kurzem ereignete, um mit einer unangenehmen Emotion in Berührung zu kommen. Sie werden sehen, dass Sie sich traurig fühlen können, ohne traurig zu sein.

1. Wählen Sie eine Emotion – Angst, Wut, Eifersucht usw. –, und beginnen Sie damit, sie vollständig zu fühlen. (Ich werde bei den folgenden Schritten Traurigkeit als Beispiel nehmen; Sie können sie mit der Emotion ersetzen, die Sie wählen.)

2. Sagen Sie sich still: »Ich bin traurig.« Fühlen Sie ganz, wie es ist, »Ich bin traurig« zu sagen und zu fühlen. Bleiben Sie bei der Erfahrung, bis Sie sie vollständig fühlen.

3. Statt »Ich *bin* traurig« zu sagen, holen Sie jetzt tief Luft und sagen Sie: »Ich *fühle* Traurigkeit.« Nehmen Sie den Wechsel von »Ich *bin*« zu »Ich *fühle*« wahr. Spüren Sie diesen Wechsel und das neue Gefühl zu sein. Fühlen Sie von hier aus Ihre Beziehung zu dem Gefühl.

4. Nehmen Sie nun noch einmal einen Wechsel vor, indem Sie sagen: »Ich bin mir *bewusst*, dass ich Traurigkeit empfinde.« Erfahren Sie das *Gewahrsein*, sich vollständig traurig zu fühlen. Wechseln Sie in ein beobachtendes Gewahrsein. Nehmen Sie die unterschiedliche emotionale Qualität wahr, die das zur Folge hat.

5. Sagen Sie nun: »Traurigkeit ist willkommen.« Beginnen Sie beim Gewahrsein, und nehmen Sie wahr, wie es ist, das Gefühl willkommen zu heißen. Fühlen Sie, wie das Gewahrsein das Gefühl verkörpert und willkommen heißt. Nehmen Sie die unterschiedliche emotionale Qualität wahr, die daher kommt, dass Sie willkommen heißen, ohne sich wieder zu identifizieren. Spüren Sie die Unterstützung, die mit dem Willkommen verbunden ist.

6. Sagen Sie dann: »Gewahrsein und Traurigkeit sind nicht getrennt.« Spüren Sie waches Gewahrsein um sich herum und im Inneren, wie es die Emotion ganz durchdringt, aber ohne sich mit der Emotion zu identifizieren oder sie abzulehnen. Fühlen Sie, wie Gewahrsein mit Emotion von innen her ganz präsent ist. Fühlen Sie das Gewahrsein, die energiegeladene Lebendigkeit, die tiefe Stille von Präsenz. Nehmen Sie das Gefühl wahr, wie es ist, andere und die Welt von diesem verkörperten, verbundenen offenherzigen Gewahrsein aus anzuschauen.

FLÜCHTIGER BLICK 2: **»Home Sweet Home« in Ihrem Herzen**

Hier eine Blickübung, die damit beginnt, dass man einen Ton macht und dann die Vibration in der Mitte der Brust spürt. Dies kann eine hilfreiche Art sein, Gewahrsein einzuladen, sich vom Denken zu lösen sowie die Lebendigkeit und das Gewahrsein unmittelbar durch die Verwendung von Ton und Vibration als Unterstützung zu wissen.

1. Legen Sie eine Hand auf die Mitte Ihrer Brust. Spüren Sie, wie sich Ihre Brust unter Ihrer Hand ausdehnt, wenn Ihr Atem einströmt, und sich entspannt, wenn Ihr Atem ausströmt. Singen Sie, machen Sie einen Ton oder chanten Sie den Ton »Om«, »Amen«

oder »Schalom« – oder summen Sie einfach »Hmmm«. Fokussieren Sie sich auf das Gefühl der Vibration in Ihrer Brustmitte. Fahren Sie fort, diesen Ton leise zu erzeugen.

2. Lösen Sie nun lokales Gewahrsein von Ihren Gedanken und lassen Sie zu, dass es nach unten zu der Vibration und dem Gewahrsein im Zentrum Ihrer Brust gezogen wird. Lassen Sie in sich das Gefühl entstehen, als wäre Ihr Herzraum das neue Zuhause des Wissens von wachem Gewahrsein aus.

3. Werden Sie sich jetzt, ohne Denken zu benutzen, der Stille, der Vibration und des Gewahrseins bewusst, das innen allgegenwärtig ist. Dehnen Sie dann Ihr Gewahrsein über die Grenzen Ihres Körpers hinaus aus, um sich mit der Unterstützung ausgedehnten Gewahrseins mit allem rings um Sie herum zu vereinen.

4. Lassen Sie das Gewahrsein Ihres Herzraums sich selbst kennen und dann öffnen, um auch mit allem anderen in Kontakt zu sein.

5. Bleiben und lassen Sie dieses ununterbrochene Feld bewusster, liebevoller Präsenz auf sich wirken.

6. Entspannen Sie sich jetzt in die Stille hinein, die Töne einschließt. Wissen Sie von diesem offenherzigen Gewahrsein aus, ohne zu Ihrem Kopf zurückzugehen, um zu wissen.

FLÜCHTIGER BLICK 3: **Verkörperte Präsenz**

In der Übung »Aufmerksamkeit erfahren« in Kapitel 3 haben Sie lokales Gewahrsein bewegt, um eine Ihrer Hände direkt von innen wahrzunehmen. Bei diesem flüchtigen Blick hier bewegen Sie lokales Gewahrsein, um den ganzen Körper auf einmal und unmittelbar von innen wahrzunehmen. Wenn Sie schon einmal eine Body-Scan-Meditation gemacht haben, dann werden Sie sehen, dass Sie hier etwas Ähnliches machen, aber nicht von Ihrem Alltagsgeist aus mit Aufmerksamkeit durch Ihren Körper gehen. Dies ist ein Body-Scan auf dem »äußersten Level«, der damit beginnt, dass Sie lokales Gewahrsein vom Denken lösen und den ganzen Körper direkt von innen kennen.

1. Lösen Sie lokales Gewahrsein vom Denken.

2. Lassen Sie lokales Gewahrsein nach unten gehen und spüren Sie dabei seinen Weg nach unten durch Ihr Gesicht zu Ihrem Hals.

3. Achten Sie darauf, nicht von Ihrem Kopf nach unten zu Ihrem Körper zu schauen. Nehmen Sie wahr, wie es ist, wenn lokales Gewahrsein Sinnesempfindungen und Gewahrsein direkt aus dem Inneren Ihres Körpers kennt.

4. Erlauben Sie nun dem lokalen Gewahrsein, aus dem Inneren Ihres Oberkörpers heraus bewusst zu bleiben und Ihren ganzen Körper weiter von Kopf bis Fuß zu erfüllen.

5. Fühlen Sie, wie das lokale Gewahrsein aus dem Inneren Ihres Halses spürt, um Ihre Schultern, Arme und Hände zu umfassen, und sich dann weiter ausdehnt, um sich in Ihrer Brust, im oberen Rücken, Bauch und unteren Rücken bewusst zu sein.

6. Lassen Sie lokales Gewahrsein weiter nach unten wandern, um Hüften, Taille, Gesäß und Oberschenkel einzubeziehen und von innen zu kennen.

7. Wenn sich Ihr lokales Gewahrsein auf der Länge Ihres Körpers nach unten bewegt, nehmen Sie die Befreiung vom Halten und eine tiefe Entspannung wahr. Seien Sie sich des Raums, des Gewahrseins und der Lebendigkeit in Ihren Knien, Waden, Schienbeinen, Fußgelenken, Zehen und Fußsohlen bewusst.

8. Spüren Sie, wie lokales Gewahrsein Ihren ganzen Körper von innen – von Ihren Fußsohlen bis zur höchsten Stelle Ihres Kopfes – kennt und fühlt. Spüren Sie sowohl eine weiche, grenzenlose Qualität als auch eine geerdete Verkörperung.

9. Spüren Sie, wie Ihre Atmung von selbst geschieht wie Wellen im Meer.

10. Genießen Sie das Gefühl der natürlichen grenzenlosen Freiheit und des verkörperten Gewahrseins.

11. Ruhen Sie in der Leere und Fülle verkörperter Präsenz.

Dies ist eine gute Übung, um Ihnen zu helfen, aus Ihrem Denken zu erwachen. Vielleicht machen Sie auch die Erfahrung, dass dies eine geeignete Übung ist, um Ihnen abends beim Einschlafen zu helfen.

8

EIN EINFACHER FALL VON FALSCHER IDENTITÄT

Den Weg studieren heißt, das Selbst zu studieren.
Das Selbst studieren heißt, das Selbst zu vergessen.
Das Selbst vergessen bedeutet, von allen Dingen erleuchtet
zu werden. Von allen Dingen erleuchtet werden bedeutet, die
Hindernisse zwischen einem selbst und anderen zu beseitigen.

DŌGEN[1]

Wer bin ich? Dies ist eine der wichtigsten Fragen, die sich Menschen zu allen Zeiten gestellt haben. Wenn man lernt, der Frage »Wer bin ich?« nachzugehen, kann man dadurch viel Leiden sofort beenden. Um zu entdecken, wer wir sind, ist es wichtig, Klarheit in Bezug darauf zu haben, wer wir nicht sind. In diesem Kapitel werden wir sehen, wie unsere gegenwärtige falsche Identität in unserem Denken entsteht und von ihm zusammengehalten wird, und wir werden schließlich verstehen, was uns daran hindert, unsere wahre Natur zu entdecken.

Das Problem der Identität kann man mit Worten beschreiben, aber die Lösung kann nur durch unmittelbare Erfahrung gewusst werden. Es kann verwirrend sein, das Thema der Identität zu diskutieren, besonders, wenn man widersprüchlichen Rat bekommt. Das griechische Orakel in Delphi sagte: »Erkenne dich selbst.« Jesus sagte zu jedem, der ihm folgen wollte, er solle »sich selbst verleugnen«.[2] Die aus Indien stammenden Upanishaden sagen, wir müssten von einem kleinen Selbst zu einem wahren Selbst gelangen. Im Buddhismus ist eine der Hauptgrundlagen für das Erwachen die Realisierung von »Nicht-Selbst«. In der modernen Psychologie treten einige Entwicklungsmodelle dafür ein, ein starkes Ego aufzubauen, andere aber halten daran fest, dass das Ego das Problem ist und man es verleugnen, töten, transzendieren oder loswerden sollte. Das Thema der Identität wird noch verwirrender durch verschiedene Definitionen für Konzepte wie das *falsche Selbst*, das *wahre Selbst*, *Selbstlosigkeit*, *Nicht-Selbst*, *Ichstärke* und *Ichlosigkeit*, die aus der Psychologie und den Weisheitstraditionen stammen. Welches »Selbst« bin ich, und welches »Selbst« ist das Problem? Was ist Ego? Gibt es ein gutes Ego und ein schlechtes Ego? Welches Ego ist das Problem, und welches gehört einfach zum Menschsein? Weil wir sowohl daran interessiert sind zu erwachen als auch zu wachsen, beginnen wir damit, dass wir Ego auf eine neue Weise definieren.

Wir alle haben ein Ego

Das Wort Ego kommt von dem lateinischem Personalpronomen, das »Ich« bedeutet. Wir werden fünf Aspekte des Egos anschauen. Ego-Körper, Ego-Funktionen, Ego-Persönlichkeit, das beobachtende Ego und die Ego-Identifikation. Wenn wir unser Verständnis jedes dieser Aspekte klären, entdecken wir, dass man zugleich seinen menschlichen Körper genießen, seine Ego-Funktionen verbessern, seine Ego-Persönlichkeit wertschätzen und lernen kann, wie man über die Ego-Identifikation hinauswächst.

Der Ego-Körper ist die Anerkennung, dass jede Person auf der relativen Ebene ein getrenntes Individuum ist, weil jeder einen deutlich abgegrenzten physischen Körper hat.

Die Ego-Funktionen beginnen mit dem biologischen, angeborenen, instinkthaften System, das allen Menschen ermöglicht, zu überleben und zu gedeihen. Die Ego-Funktionen sind die Arten, auf die Lebewesen Informationen organisieren, die ihren besonderen physischen Körper betreffen, und wie sie nach ihnen handeln, um wirksam auf ihre Umwelten zu reagieren. Normale Ego-Funktionen sind zum Beispiel Wahrnehmung, Denken, Aufmerksamkeit, Gedächtnis, Instinkte, motorische Koordination und Sozialisation. Zu den Ego-Funktionen gehört Bewegung auf Dinge zu oder von ihnen weg. Die Akte heftigen Begehrens (»Ich will«) oder Widerstands und Wegdrückens (»Ich will nicht«) sind normale Gefühle, die mit Überleben zusammenhängen, und nicht die Wurzel von Leiden. Natürliche Wünsche und Abneigungen entstehen ständig und beruhen auf Mögen und Nichtmögen als einer Art der Unterscheidung, die zu gedeihen und zu überleben hilft. Abwehrmechanismen des Egos sind auch Funktionen, die helfen, unsere Instinkte und verschiedene Teile unserer Persönlichkeit zu regulieren, um Konflikte zu vermeiden und Angst zu reduzieren. Zu den Ego-Funktionen gehören auch Wille oder Handlungsfähigkeit: die Fähigkeit, auf einer physischen Ebene zu wählen und zu handeln. Was man wählt, wird von dem Ort unserer Identität beeinflusst, aber die Fähigkeit zu wählen, zu handeln, zu reagieren, zu antworten und Handlungen zu initiieren ist eine Ego-Funktion. Gesunde Ego-Funktionen helfen uns zu lernen, uns gesellschaftlich anzupassen, soziale Beziehungen zu leben und in unserer Umwelt zu gedeihen.

Die Ego-Persönlichkeit ist die Kombination von unseren besonderen genetischen Anlagen, persönlichen Erfahrungen und der sozialen Konditionierung. Sie ist ein Produkt der Natur wie auch der Umwelt und umfasst unser emotionales Leben. Was wir mögen und nicht mögen, unser Temperament und der Stil unserer Beziehung mit anderen Menschen sind alle Teil der Ego-Persönlichkeit. Hier schließe ich unser autobiografisches Ego mit ein: unsere persönliche Geschichte und die Geschichten, die wir uns selbst erzählen. Unsere normale Ego-Persönlichkeit umfasst auch die Rollen, die wir im Alltag spielen, die Masken, die wir der Welt manchmal zeigen (Jung nannte sie *Personae*), und unsere unzähligen inneren

Aspekte, die man als Subpersönlichkeiten verstehen kann. Die Identifikation mit irgendeiner Persona (einer beruflichen Rolle) oder Subpersönlichkeit (wie das verletzte Kind oder der innere Kritiker) ist ein Thema, das in den Bereich der Persönlichkeit fällt.

Ihre Persönlichkeit ist so einzigartig wie Ihr Fingerabdruck. Die Ego-Persönlichkeit kann das Leben interessant und vielfältig machen; sie kann uns von innen erhellen. Die meisten Menschen machen eine Phase der Reife (oder Unreife) durch, während der ihre Persönlichkeit egozentriert ist. Auf der Ebene der Ego-Persönlichkeit kann man egozentriert, egoistisch, stolz, von sich eingenommen sein oder auch an einer narzisstischen Persönlichkeitsstörung leiden. Aber diese Persönlichkeitszüge sind nicht das, was mit Ego-Identifikation gemeint ist.

Das beobachtende Ego ist die Fähigkeit, zurückzutreten und einen inneren Beobachter von Gedanken, Gefühlen und Sinnesempfindungen einzurichten. Rick Hanson und Rick Mendius, die Gründer des Wellspring Institute for Neuroscience and Contemplative Wisdom, erklären es so: »Der psychologische Begriff ›das beobachtende Ego‹ – das für gesundes Funktionieren als essenziell betrachtet wird – bezieht sich auf diese Fähigkeit (das heißt Achtsamkeit), sich vom Bewusstseinsstrom zu distanzieren und ihn zu beobachten.«[3] Das beobachtende Ego benutzt Achtsamkeit von Selbstbewusstheit oder subtilem Denken aus, um ein nichtwertender Beobachter zu sein – ähnlich dem, was Freud »gleichschwebende Aufmerksamkeit« nannte.

Die Ego-Identifikation ist das Endergebnis eines Prozesses, eines, der sich so anfühlt, als wäre der, der man ist, ein Mini-Ich, das im Kopf lokalisiert ist und aus den Augen des Körpers schaut. Die Ego-Identifikation ist keine Entität, sondern ein mentaler Prozess: ein bestimmtes Muster des Bewusstseins, das auch Ego-Fixierung, Ego-Festhalten oder Ego-Klammern genannt wird. Dieser mentale Prozess wird nur dann zur Ego-Identifikation, wenn er dazu führt, dass er sich selbst für das »Ich« hält.

Die Ego-Identifikation ist nicht nur ein »Ich«-Gedanke, ein Widerstand, ein Selbstbild, eine persönliche Geschichte oder ein Glaube, der durch eine Willensanstrengung verändert werden kann. Ego-Identifikation bedeutet nicht, dass »Sie« sich mit »Ihrem Ego« identifizieren. Vielmehr klammern sich Selbstbewusstheit und Ego-Funktionen innerlich an sich selbst und bewirken die Ego-Identifikation, die dann an äußeren Dingen hängt.

Der Prozess der Ego-Identifikation verdunkelt unsere Natur, die bereits wach ist. Die mentalen Prozesse des Denkens und der Ego-Funktionen können sich miteinander identifizieren und eine geschlossen Schleife bilden: das Gefühl eines »Ich«. Ego-Identifikation ist ein Prozess, der das Selbst hervorbringt. Wir erkennen diesen Prozess jedoch nicht, weil wir vollkommen in die Erfahrung eingetaucht, mit unseren Ego-Funktionen verschmolzen sind und die Welt von einem gefühlten »Ich« aus anschauen, das zur Ego-Identifikation geworden ist. Nur wenn man von wachem Gewahrsein aus schaut, kann die Ego-Identifikation als ein mentales Muster beobachtet werden. Zu Ego-Identifikation kommt es auch auf der unbewussten Ebene mit unserem Ruhezustandsnetzwerk, wo es zu Unglück in Gestalt eines auf sich selbst bezogenen Mini-Ich führt.

Die Identifikation mit dem Ego führt zu einer falschen Identität, die glaubt, dass sie dieselbe Nahrung und denselben Schutz wie ein physisches Wesen braucht. Sie nutzt unsere Abwehrmechanismen, auch wenn es nichts abzuwehren gibt. Die Ego-Identifikation ist kein physisches Geschöpf; daher benötigt dieses mentale Muster keine Nahrung, und es gibt keine reale Gefahr für ihre Existenz. Die Illusion eines getrennten Selbst, das ums Überleben kämpft, führt permanent zu Hunger, Angst, Unzufriedenheit und Leiden. Man kann sich die Ego-Identifikation jedoch als eine Übergangsidentität vorstellen, als ein auf Denken beruhendes Betriebssystem, das man verlassen und von dem aus man zu wachem Gewahrsein als unserem Seinsgrund übergehen kann.

DIE BEZIEHUNG ZWISCHEN DEN ARTEN DES EGOS

Ego-Körper, Ego-Funktion, Ego-Persönlichkeit und beobachtendes Ego sind nicht als solche Hindernisse von Erwachen – und sie werden beim Erwachen auch nicht eliminiert. Wir können auch erkennen, dass Persönlichkeit, Körper, Ego-Funktionen oder das beobachtende Ego nicht das Zentrum unserer Identität sind, sondern nur Teile von uns wie unsere Hände oder unser Hörsinn. Volles Erwachen schließt unseren Körper, unsere Emotionen und unsere Persönlichkeit ein. Von wachem Gewahrsein aus können wir sehen, dass wir nicht unsere Erscheinung, Nationalität oder Geschichte, nicht unser Beruf, Alter oder Einkommen sind. Das Wegfallen der Ego-Identifikation hat nicht zur Folge, dass man sich leer, weggetreten, dissoziiert oder depersonalisiert fühlt. Mit wachem Gewahrsein als Seinsgrund gibt es ein Gefühl von »Ich bin«, das unabhängig von »Ich bin dies« oder »Ich bin das« ist.

Ego-Identifikation ist nicht ein einzelnes Persönlichkeitsmerkmal, sondern ein Ich-System, das aus vielen verschiedenen Subpersönlichkeiten besteht, die abwechselnd die Kontrolle über das Selbst übernehmen. Wir entdecken, dass diese Stimmen (oder Subpersönlichkeiten) normale Muster von Denken und Gefühl sind, die die meisten Menschen gemeinsam sind. Diese Muster oder Denkgewohnheiten müssen befreit und nicht nur angehalten werden. Wenn man vom Sein aus wissen und sehen kann, fühlen sich die Subpersönlichkeiten erleichtert, nicht mehr die Kontrolle ausüben zu müssen. Diese Teile können spielen oder sich entspannen, bis sie wegen ihrer besonderen Ressourcen gebraucht werden. Mit wachem Gewahrsein als unserem Seinsgrund melden sich diese Stimmen und Meinungen weiter, aber sie übernehmen nicht mehr die Kontrolle. Vielmehr werden alle durch die liebevolle Präsenz von offenherzigem Gewahrsein angenommen und entlastet.

Die Ego-Identifikation ist eine in unser neuronales Netzwerk eingebaute Organisation und Orientierung. Sie ist so tief in unserem Gehirn verwurzelt, dass sie als der Hauptzug unseres *Ruhezustandsnetzwerks* erscheint, wenn es aktiviert ist. Als ein auf sich selbst bezogenes

Schleifenmuster projiziert die Ego-Identifikation auch Bilder auf andere und die Welt, um sich sicher zu fühlen. Diese Gewohnheit ist so tief verankert, dass sie als erstes am Morgen da ist, sobald man aus tiefem Schlaf in den Wachzustand übergeht: »Oh nein, die Frist läuft ja heute ab. Warum warte ich immer bis zur letzten Minute? Ich bin so ein Versager.« Die bewertende Funktion, die man braucht, um ungesunde Umgebungen oder »verdorbenes Wasser« zu erkennen, kann von der Ego-Identifikation besetzt werden und sich gegen einen selbst wenden. Die falsche Identität verursacht Scham, weil wir uns nicht gut damit fühlen, wer wir sind. Wir verwechseln das Gefühl, ungeliebt zu sein, mit dem Gefühl, nicht liebenswert zu sein; dass wir Fehler machen, verwechseln wir mit einem Beweis von Dummheit oder Wertlosigkeit. Obwohl die Identifikation mit dem Ego tief verwurzelt ist, kann man diese Ebene des Geistes dennoch verlassen. Die große Einsicht – wenn man über Ego-Identifikation hinausgeht und waches Gewahrsein als den eigenen Seinsgrund entdeckt – ist, dass wir schon immer gut waren, so wie wir sind.

Wir alle haben Grundbedürfnisse. Es ist ein Fehler zu versuchen, auf allen Ebenen des Egos Verlangen und Abneigung zu reduzieren, als müsste man ihnen entsagen, sie verdrängen oder transzendieren. Wir müssen nach Nahrung, Geld, sexueller Befriedigung, sozialer Anerkennung, Freude, Arbeit und Sicherheit streben und sie bekommen. Bei Problemen mit Defiziten auf diesen Gebieten geht es um Ego-Funktionen, Ego-Persönlichkeit und Erwachsenwerden. Man erwacht also nicht wirklich durch Entsagung, Verdrängung, Verleugnung, bewusste Zurückhaltung, ein größeres Maß an Abstinenz oder Kasteiung aus der Ego-Identifikation. Und man erwacht auch nicht durch Transformation unserer Emotionen, der Persönlichkeit oder des Denkens. Zu Achtsamkeit überzugehen sowie liebende Güte und Akzeptanz zu kultivieren, können einen Zugang zum Erwachen eröffnen, aber diese Schritte helfen nicht, die Linie des Erwachens zu überschreiten. Wenn man Klarheit über die verschiedenen Arten des Egos gewinnt, ist das Erwachen inmitten des Lebens und der Welt eigentlich die Herangehensweise, die am besten integriert ist.

DIE SICHT DER NEUROWISSENSCHAFT

Die Neurowissenschaft ist sich einig, dass es kein getrenntes Selbst oder Subjekt gibt, das in irgendeinem bestimmten Bereich des Gehirns angesiedelt wäre. Ein Teilnehmer der 2002 in New York von der Akademie der Wissenschaften abgehaltenen Konferenz zu dem Thema »Das Selbst – von der Seele zum Gehirn« schreibt: »Die meisten von uns teilen die Auffassung, dass unser Selbst ein unreduzierbares Ganzes ist, dass es eine Stelle in unserem Gehirn geben muss, wo alle unsere Wahrnehmungen und Gedanken zusammenkommen und wo über unsere zukünftigen Handlungen entschieden wird. Und doch weiß man von dieser Sicht, dass sie falsch ist – verschiedene mentale Prozesse werden von verschiedenen Hirnregionen vermittelt, und es gibt nichts, was auf die Existenz einer zentralen kontrollierenden Instanz hinweist.«[4]

Das Gehirn ist eine Symphonie, aber es gibt keinen Dirigenten. Die Neuroimaging-Forschung hat begonnen, entscheidende Hirnregionen zu identifizieren, die an einem auf sich selbst bezogenen Prozess beteiligt sind, wie beispielsweise das Ruhezustandsnetzwerk. Studien mit Meditierenden zeigen, dass der auf sich selbst bezogene Prozess dominant oder abgeschaltet sein oder als ein mentaler Prozess erlebt werden kann, statt als »mein Selbst« identifiziert zu werden. Der Neurowissenschaftler Sam Harris ist auch der Auffassung, dass »dies die Stelle ist, an der meditative Einsicht tatsächlich die wissenschaftliche Erkenntnis berührt: Weil wir wissen, dass das Selbst nicht das ist, was es zu sein scheint. Es gibt keine Stelle im Gehirn, an der sich eine Seele oder ein Ego verbirgt. Und es ist möglich, dieses illusorische Selbst genau genug zu untersuchen, um das Gefühl, das wir ›Ich‹ nennen, verschwinden zu lassen. Dies bedeutet tatsächlich eine ziemliche Entlastung.«[5]

Ihre gegenwärtige Identifikation mit dem Ego ist kein unabhängiges Wesen, sondern ein Bewusstseinsmuster, das für das Leben keineswegs optimal ist. Das Interessante an diesem scheinbar stabilen falschen Gefühl eines Selbst ist, dass es sich um ein biologisches neuronales Netzwerk handelt, das sowohl funktioniert, wenn man bewusst ist, als auch, wenn man tagträumt. Es läuft im Gehirn jedes Menschen automatisch wie ein Autopilot, unabhängig von seiner Geschichte, Konditionierung und Kultur. Weder die bewussten Aktivitäten der falschen Identität, Ego-Identifikation genannt, noch das unbewusste Ruhezustandsnetzwerk sind in Stein gemeißelt. Es scheint sich um eine Entwicklungsstufe zu handeln, aus der man herauswachsen kann. Man kann sein Bewusstsein positiv transformieren und sein Gehirn trainieren, eine ganz neue Art des Sehens und Seins zu entdecken.

DIE SICHT DER PSYCHOLOGIE

In der Psychoanalyse wird *Ego* definiert als: »Der Teil der Psyche, der zwischen dem Bewussten und dem Unbewussten vermittelt und für die Realitätsprüfung und ein Gefühl persönlicher Identität verantwortlich ist.«[6] Das Problem dabei ist, dass *Ego* sowohl Ego-Funktion als auch Ego-Identifikation bedeutet. Es gibt keinen Hinweis darauf, dass die Ego-Funktion nur ein Teil unserer Identität und nicht identisch mit Identität ist.

Die Ego-Funktion von der Ego-Identifikation zu trennen, beginnt diesen Fall von falscher Identität zu lösen. Es ist wichtig, nicht irrtümlicherweise die Ego-Funktionen zu dekonstruieren. Es ist auch wichtig, nicht beim achtsamen Beobachter des Egos zu landen oder unseren Prozess des Erwachens bei der Dekonstruktion der Ego-Identifikation anzuhalten, ohne zu wachem Gewahrsein überzugehen. Der Übergang zu wachem Gewahrsein als einem essenziellen Teil des Erwachens wird helfen, die Fallstricke von Depersonalisation, Dissoziation und Überwältigung durch unbewusstes Material zu vermeiden. Wenn man einmal seine neue Identität im Seinsgrund erkannt hat, kann sich die Ego-Identifikation teilweise zurückziehen und ihren Zweitjob aufgeben: zu versuchen, die Schuhe der Identität zu füllen. Man kann das Ego, das zu seiner natürlichen Rolle als Ego-Funktion zurückkehrt, sich in aller Ruhe und bei vollen Vorzügen des Ruhezustands entspannen lassen.

GRENZENLOSER BODEN

Die meisten kontemplativen Traditionen stimmen darin überein, dass die Wurzel von Leiden der Glaube ist, in uns gäbe es ein getrenntes Selbst. Die Erkenntnis, dass es kein Selbst gibt, das getrennt für sich existiert, *Anatta*, wird in den frühen buddhistischen Texten als eine Strategie verwendet, das Selbst als eine Reihe konditionierter Prozesse und nicht als eine Entität zu sehen. Wenn der Buddha gefragt wurde, ob es ein Selbst gäbe oder nicht, gab er keine einfache Antwort. Er sagte nicht, das Selbst wäre eine komplette Illusion, sondern betrachtete das Selbst als dasselbe wie andere relative Phänomene: als nichtsubstantiell und von Moment zu Moment aus Bewusstseinsinhalten konstruiert.

Wer sind Sie, wenn Sie über die Ego-Identifikation hinausgehen? Sie sind weiter ein Mensch, aber Ihr Boden ist bedingungsloses waches Gewahrsein. Ob Sie ein wahres Selbst oder Nicht-Selbst sind, ist schwer zu sagen. Wenn man einmal eine direkte Erfahrung jenseits der Ego-Identifikation gehabt hat, sind Fragen nach Selbst oder Nicht-Selbst nicht mehr von philosophischem Interesse. Unser Körper, unsere Persönlichkeit und unsere Ego-Funktionen sind nützliche Werkzeuge in einem sich stetig verändernden, wechselseitig verbundenen Feld von Gewahrsein und Bewusstsein. Schauen wir, ob wir ein Gefühl davon bekommen können, wie es zu dem Prozess der Ego-Identifikation kommt, wie er sich aufrechterhält und wie er sich entspannen und Ego-Funktionen und Ego-Persönlichkeit zu ihren natürlichen Rollen zurückkehren lassen kann.

Eine Geschichte des Erwachens

Es gab einmal eine Zeit, da existierten auf dem Planeten Erde nur die einfachsten Lebensformen, darunter einzellige Mikroorganismen. Was diese besonderen Organismen von anderen Lebensformen unterschied, war ihre halbdurchlässige Membran, eine Art »Haut«, die eine Grenze bildete, die das Leben innen vom Leben außen trennte. Jeder dieser Mikroorganismen, dessen primärer Zweck das Überleben war, behandelte alles innerhalb seiner Grenze als das »Selbst« und alles außerhalb als das »Andere«. Evolutionsbiologen sagen uns, dass einzellige Geschöpfe in ihrer frühesten, primitivsten Form nur an dem Teil ihrer Grenze reagieren konnten, der mit einem anderen Objekt in Kontakt war. Wenn ein Teil der Kreatur an ein Hindernis stieß, hielt dieser Teil an, während die Seiten das Objekt umflossen und versuchten, sich weiter vorwärts zu bewegen.[7]

Mit der Zeit kam es zu einer wichtigen evolutionären Veränderung: Der Organismus entwickelte ein einfaches Repräsentationssystem, das ihn befähigte, Informationen von der Oberfläche seiner Grenze an einen inneren Teil von sich weiterzugeben. Wenn ein Reiz an der Oberfläche der Grenze wahrgenommen wurde, lief die Information durch den Organismus und wurde in einer Art Verarbeitungszentrum aufgenommen. Dies verlieh dem Organismus die Fähigkeit, Repräsentationen vergangener Situationen aufzubewahren, um effektiver auf die Umwelt reagieren zu können und dadurch seine Überlebenschancen zu verbessern. Wenn zum Beispiel die Temperatur anstieg, gewann der Organismus die negative Erfahrung, sich zu heiß zu fühlen; er registrierte einen Widerwillen und entfernte sich dann. Wenn der Organismus Hunger hatte, verlangte es ihn nach Nahrung. Er rief dann Information über das ab, was nährend war, und bewegte sich auf die Nahrungsquelle zu.[8]

VON DER EGO-FUNKTION ZUR EGO-IDENTIFIKATION

Wie diese einzelligen Geschöpfe ist jeder von uns eine abgegrenzte Lebensform mit einem System zur Verarbeitung von Informationen. Als unsere Vorfahren die Sprache erwarben und sich das heutige Gehirn entwickelte, kam es zu einer Entwicklung des Bewusstseins, die viele Vorteile mit sich brachte. Die moderne Wissenschaft schätzt, dass ein menschlicher Körper aus 100 Trillionen einzelnen Zellen besteht. Das Gewebe der Nerven, die sich von der Körpergrenze (der Haut) zum Gehirn und wieder zurück erstrecken, ist etwa 72 Kilometer lang. Die Evolution hat jedoch auch aus einem Sammelzentrum für Repräsentationen, das seine

Nützlichkeit überlebt hat, eine permanente Selbst-Schleife geschaffen. Die Selbstbewusstheit, die das Ergebnis dieser menschlichen Entwicklung war, vereinnahmt unser Grenzen-Überlebensprogramm und ist der Schlüssel zum Verständnis unseres Dilemmas falscher Identität, vor dem wir heute stehen.

Die Ego-Funktionen sind das natürliche System, mit dem Menschen Informationen organisieren. Wie ein einfaches Computerprogramm sagen einige der Ego-Funktionen zum Beispiel Dinge wie: »Ich muss überleben«, »Beobachte die Grenze«, »Schütze den Körper vor Gefahr«, »Verschaffe dir Nährstoffe«, »Pflanze dich fort« und »Schließ dich meiner Gruppe an«. Dieser intensive Teil unseres Bewusstseins umfasst Grundbedürfnisse und Instinkte.

Das Verarbeitungszentrum identifiziert sich irrtümlicherweise mit dem Muster und erzeugt aus seinen eigenen Gedanken das Gefühl einer getrennten Entität.

Die Art Denken, die sich dieses Überlebensprogramms bedient, ist das, was Psychologen *Selbstbewusstheit* nennen. Dies ist der Prozess, unser Denken in zwei Teile zu spalten, indem in unserem Bewusstsein ein beobachtendes Selbst gebildet wird. Der Begriff *Selbst* bezieht sich auf die Fähigkeit, ein bewusst beobachtendes Subjekt zu werden. Forscher haben gezeigt, dass wir nicht mit der Fähigkeit zu Selbstbewusstheit geboren werden; sie beginnt etwa im Alter von einem Jahr in Erscheinung zu treten. Die Fähigkeit zu Selbstbewusstheit wird mit etwa achtzehn Monaten stärker weiterentwickelt, in dem Alter, in dem Kinder sich selbst im Spiegel erkennen können. Kinder fangen dann an, die Pronomina »ich«, »mich« und »mein« zu verwenden, wenn sie von sich sprechen. Allerdings führt nicht der Umstand, dass man sich selbst als getrennte Person bezeichnet, zur Ego-Identifikation.

Selbstbewusstheit führt zu Ego-Identifikation, wenn wir unser Denken in zwei Teile spalten und so ein getrenntes Subjekt erschaffen. Der Alltagsgeist ist sich des Körpers und der Umgebung bewusst; Selbstbewusstheit ist die Beobachterin der Gedanken vom Alltagsgeist aus. Statt auf eine Situation von unserer gegenwärtigen Ego-Persönlichkeit aus zu reagieren, verleiht uns Selbstbewusstheit die Fähigkeit zurückzutreten und über das nachzudenken, was wir sagen oder tun wollen. Wenn man befangen oder übermäßig seiner selbst bewusst ist, ist man ängstlich, weil man sich als ein getrenntes Objekt gesehen fühlt, das andere bewerten, kritisieren oder angreifen können. Selbstbewusstheit führt zu einem getrennten Gefühl eines Selbst, das das »Ich«, das aus den Inhalten des Bewusstseins besteht, als ein Objekt beobachten kann – wie zum Beispiel »Ich bin so wütend auf mich«. Es ist so, als wären das »Ich« (der Beobachter) und »mich« (die physische Person) zwei verschiedene Entitäten. Selbstbewusstheit ist eine der höchsten menschlichen Entwicklungen, aber in gewisser Weise beschränkt diese Gabe auch unser Wachstum und unsere Entwicklung.

Der auf sich bezogene Prozess lokalisiert sich selbst in unserem Gehirn und beginnt dann, sich in einer Schleife um sich selbst zu drehen, was zu dem Gefühl führt, dass er eine eigene Grenze hätte. Dieselben Programme für die Hautbarriere des Körpers und seine wahrgenommene konzeptuelle Grenze verleiten zu dem Gefühl, dass die nicht fassbare Ego-Identifikation in unserem Kopf so greifbar und getrennt wie unser Körper ist. Es ist fast so, als wäre das Verarbeitungszentrum in dem Versuch, seine Aufgabe zu erfüllen, einen Schritt zu weit gegangen und hätte die Regeln für Grenzen auf sich selbst angewendet. Das Zentrum, das Informationen verarbeitet, ist wie ein Wächter, der alles beobachtet, was hereinkommt. Die Selbstbewusstheit hat sich zum Schiedsrichter und zur letzten Instanz für Identität erhoben. Diese Situation setzt sich fort, bis das nächste Kapitel unserer Geschichte aufgeschlagen werden kann, wenn unsere Identität zur Stufe wachen Gewahrseins aufsteigt.

Wie das Zentrum des einzelligen Organismus, das die Repräsentationen enthält, kennt Selbstbewusstheit unsere Körpergrenze nicht unmittelbar; sie kennt sie nur indirekt durch Repräsentationen wie Gedanken, Bilder oder Konzepte. Die Ego-Identifikation personifiziert Selbstbewusstheit, als wäre sie eine körperliche Entität, ein körperliches »Ich«, das im

Gehirn lebt und Schutz braucht. In manchen Fällen kann sogar der physische Körper als nicht zum Ich gehörig betrachtet werden, sondern als Teil der Umwelt, mit dem man umgehen muss. Zum Beispiel ist in dem Science-Fiction-Film *2001. Odyssee im Weltraum* der Computer des Raumschiffs, Hal, zu Beginn ein Kontrollsystem, er übernimmt aber schließlich die Rolle desjenigen, der die Entscheidungen trifft. Die Ego-Identifikation ist aber kein Herr, der böse ist, sondern eine Übergangsidentität, die sich entwickelt hat und sich jetzt die Hände in Unschuld wäscht, da sie es nicht besser weiß. Wir sehen, dass die Identifikation mit dem Ego eher ein Teil der menschlichen Evolution ist – eine Entwicklungsstufe, aus der man herauswachsen kann – als ein falsches Selbst.

In der folgenden Geschichte beschreibt Eckhart Tolle, der Autor von *Jetzt. Die Kraft der Gegenwart* wie seine Ego-Identifikation kollabierte und »reines Bewusstsein« freilegte:

> Ich wachte mitten in der Nacht auf. Die Furcht, Angst und Schwere der Depression wurden so intensiv, es war fast unerträglich … Alles war total fremd und fast feindlich … Und mir kam der Gedanke: »Ich kann nicht länger mit mir leben.« Dieser Gedanke wiederholte sich immer wieder.
>
> Und dann war da plötzlich ein »Zurücktreten« von dem Gedanken und Anschauen dieses Gedankens und seiner Struktur: »Wenn ich nicht mit mir leben kann, wer ist dieses Selbst, mit dem ich nicht leben kann? Wer bin ich? Bin ich einer – oder zwei?« Und ich sah, dass ich »zwei« war. Es gab da ein »Ich« und hier war ein Selbst. Und das Selbst war tief unglücklich, das elende Selbst. Und mit dieser Last konnte ich nicht leben. In diesem Moment kam das Gefühl einer Desidentifikation. Das »Ich«-Bewusstsein zog sich von seiner Identifikation mit dem Selbst zurück, der im Kopf gemachten fiktiven Entität, dem unglücklichen »kleinen Ich« und seiner Geschichte. Und die fiktive Entität kollabierte in diesem

Moment vollkommen, als wäre der Stöpsel aus einem aufblasbaren Spielzeug herausgezogen. Was blieb, war ein einziges Gefühl von Präsenz oder »seiend sein«, das reines Bewusstsein vor der Identifikation mit Form ist – das ewige ICH BIN. Zu dem Zeitpunkt wusste ich all das natürlich nicht. Es passierte einfach, und lange Zeit habe ich nicht verstanden, was passiert war.[9]

Für Eckhart Tolle vollzog sich die Auflösung der Identifikation mit dem Ego schnell und dramatisch. Man kann auch sehen, wie der Prozess der Selbstbewusstheit sein Bewusstsein in zwei Teile spaltete, von denen eines ein unglückliches »kleines Ich« war. Tolles Geschichte ist ein Beispiel für ein plötzliches, unabsichtliches Erwachen. Für mich und viele andere kam es eher schrittweise zu demselben Prozess, durch eine Reihe von Verschiebungen.

Während die Vorstellung eines plötzlichen Erwachens einen starken Reiz ausüben kann, darf man nicht vergessen, dass Tolle sagt, er habe zehn Jahre gebraucht, um die Erfahrung seines Erwachens zu integrieren. Ich kenne viele, die ähnliche Erfahrungen von Erwachen hatten, sie aber nie integrieren konnten. Diese Art Übergang von einer Identität zu einer anderen passt nicht in unser konventionelles kulturelles Verständnis menschlichen Wachstums, und daher hatten diese Menschen, die ein plötzliches Erwachen erlebten, keinen Kontext, in den sie ihr Erlebnis einordnen konnten. Ihre Erfahrungen waren für sie zu fremd, um sie kategorisieren und verstehen zu können. Viele hatten nicht die Ressourcen (Bücher und Menschen), die den Prozess beschrieben, eine derartige Verschiebung des Bewusstseins durchzumachen. Die meisten dieser Menschen wussten nicht, wie sie sich mit ihrem neuen Gefühl von Sein vertraut machen und in ihm stabilisieren sollten.

Die Übernahme des Programms für körperliche Grenzen

Auf der physischen Ebene stirbt man, wenn man zu essen vergisst, daher empfindet unser Körper das Bedürfnis nach Nahrungsaufnahme als schmerzhaften Hunger. Hunger erzeugt unangenehme Empfindungen von Unzufriedenheit, die uns motivieren, Nahrung zu begehren, sie zu suchen, zu besitzen und zu uns zu nehmen. Als solche sind Verlangen, Suchen und Unzufriedenheit auf der alltäglichen Ebene natürlich. Wenn der Bauch voll ist, drückt der Körper das in Form von Empfindungen der Lust und Befriedigung aus.

Unser Leiden beginnt, wenn die Ego-Identifikation sich irrtümlicherweise für eine reale physische Entität hält und dann außen nach »Nahrung« sucht. Weil die Identifikation mit dem Ego ein mentales Konstrukt und kein lebendes Wesen ist, braucht sie keine Nahrung. Sie muss auch keine Angst haben oder sich schützen, weil sie nur ein Denkmuster ist und nicht verletzt werden kann. Wenn die Ego-Identifikation jedoch glaubt, sie sei das physische Wesen »Ich«, das eine Grenze hat, benutzt sie das biologische Überlebensprogramm unserer Ego-Funktionen und empfindet ständig unerfüllte Begierden und Sorgen wegen imaginärer potentieller Gefahren.

Das Programm für körperliche Grenzen hat die Funktion, dem physischen Körper zu dienen und unser Überleben zu sichern. Sobald Selbstbewusstheit die Ego-Identifikation als einen Ort erschafft, verbindet sie sich mit dem biologischen Programm für körperliche Grenzen und wird von Begierden getrieben und davon, zu suchen, zu besitzen und zu konsumieren. Diese Triebe sind auf der physischen Ebene natürlich und nützlich, aber auf der Ebene der Identität führen sie zu Leiden. Nichts kann die Begierden der falschen Identität stillen, die zu einem permanenten Gefühl von Mangel, Angst und Unzufriedenheit führen. Der Versuch, dieses Gefühl der Unzufriedenheit durch Suchen von der Ego-Identifikation aus zu lösen, verstärkt das Problem. Die Ego-Identifikation ist ständig getrieben zu suchen, was dazu führt, dass man das Gefühl hat, als würde immer etwas fehlen, dass der, der man ist, und dass alles, was passiert, nie wirklich genug oder richtig wäre. Dies ist die Wurzel von Leiden, das durch Erwachen gelindert werden kann.

Wenn sich die Ego-Identifikation der Überlebensstrategien des Körpers bedient, um ihre illusionäre Identität zu verteidigen, baut sie zum Schutz eine Festung um sich herum und fühlt sich dann isoliert. Die Ego-Identifikation versucht permanent, Probleme zu lösen, die nicht real sind, und empfindet dann – da sie keinen Erfolg hat – noch mehr Angst und entwickelt noch mehr Strategien. Eine Reihe defensiver innerer Haltungen und Verhaltensmuster vervielfacht sich, um ihre wahrgenommene Existenz zu bewahren. Wenn sich Selbstbewusstheit mit dem Programm für Körpergrenzen identifiziert, ziehen wir unsere in Wirklichkeit grenzenlose Natur zusammen und haben das Gefühl, als würde unsere ganze Lebensenergie in eine enge Sichtweise gepresst. Die Identifikation mit dieser engen Sichtweise schränkt uns stark ein und verdunkelt unsere Verbindung mit den größeren und subtileren Dimensionen des Lebens. Unser Gehirn, vom Mini-Ich gesteuert, hält ständig wachsam nach potentiellen Gefahren Ausschau, was häufig dazu führt, dass man sich überwältigt, ängstlich oder deprimiert fühlt.

Falsche Ängste

Das Mini-Ich reagiert auf übertriebene oder imaginäre Situationen, die ihm Angst machen, mit physischen Überlebensstrategien, wie zum Beispiel Kampf, Flucht, Erstarrung oder Gefälligkeit. Wenn man gegen imaginäre Feinde kämpft, ist man schließlich frustriert, verwirrt oder bekommt Angst. Wenn man vor ihnen wegläuft, landet man bei Verleugnung, Dissoziation oder in Fantasien. Wenn man erstarrt, wird man deprimiert oder schaltet ab. Wenn man mit Gefälligkeit reagiert, fühlt man sich am Ende häufig klein gemacht, unterdrückt oder als Opfer. Je mehr man versucht, sich aus Situationen herauszudenken, die einem Angst machen, umso neurotischer und verwirrter wird man. Weil man nicht weiß, was man mit den falschen Wahrnehmungen von Gefahr machen soll, agiert man Gefühle häufig aus, statt sie auszudrücken oder genauer anzuschauen. Möglicherweise reagiert man aggressiv, als würde man angegriffen. Oder man verdrängt seine Gefühle, was zu schmerzhafter, energiezehrender Scham, Hoffnungslosigkeit oder Selbsthass führt.

Wenn sich die falsche Identität bedroht fühlt, ist es so, als wäre versehentlich eine Alarmanlage in einem Auto ausgelöst worden und der Verstand würde sich sofort nach Verdächtigen umschauen – auch wenn kein Verbrechen begangen wurde. Die Ego-Identifikation beginnt, Strategien zu entwerfen und sich verschiedene eingebildete Szenarien vorzustellen, die mit Erinnerungen an wirkliche physische und emotionale Gefahren verwechselt werden, die in der Vergangenheit stattfanden. Die Schlussfolgerung der falschen Identität – »Ich bin in Gefahr« – sendet Angstsignale, die durch unseren unschuldigen Körper strömen, und schüttet damit eine Flut chemischer Substanzen wie Adrenalin und Kortisol aus, die die sehr realen Gefühle unmittelbarer physischer Gefahr steigern. Da Angst eine biologische Erfahrung ist, verfestigt Angst den Glauben der falschen Identität, jemand Reales sei bedroht. Die starken Emotionen, die die Angst begleiten, können durch Angriff, Schuld oder Sucht ausagiert werden; oder sie können unterdrückt werden, was häufig zu Angst oder Depression führt.

Aus Sicht der falschen Identität können ein kleiner Irrtum oder eine Meinungsverschiedenheit als Ursache einer potentiellen Lebensgefahr und deshalb als Bedrohung ihres »Ich«-Gefühls interpretiert werden. Unsere falsche Identität spürt, dass sie die Kontrolle behalten und Kritik vermeiden muss; sie muss recht haben, oder die Ego-Identifikation hat das Gefühl, sie könnte auf eine »tödliche Weise« danebenliegen. Eine Schülerin erzählte mir, sie sei gerade befördert worden, doch als direkt am nächsten Tag ihr Chef die Stirn runzelte, konnte sie beobachten, wie sich die Geschichte der Ego-Identifikation auf dem Bildschirm ihres Denkens abspielte. Sie verlief von Freude zu der umgehenden Angst, gekündigt zu werden, ihr Zuhause und ihren Partner zu verlieren, weil sie so eine Versagerin wäre, obdachlos zu werden, auf der Straße leben zu müssen und am Ende krank zu werden und allein zu sterben. Sie konnte allerdings erkennen, dass keine reale Gefahr bestand, gekündigt zu werden. Außerdem realisierte sie, dass die Ego-Identifikation ihr physisches Überlebensprogramm vereinnahmt hatte. Als nächstes konnte sie zu wachem Gewahrsein zurückkehren, und von dort aus beobachtete sie, wie sie sich in die Ego-Identifikation kontrahiert hatte. Sie konnte ihre verängstigte Persönlichkeit und ihren Körper beruhigen, während sie sich zugleich ausgedehnt und verbunden fühlte.

Man kann lernen, Ebenen des Geistes zu wechseln, und sehen, was wahr ist. Gefühle sind keine Tatsachen. Es ist eine Tatsache, dass sie Angst hatte, aber es war *keine* Tatsache, dass ihre physische Sicherheit bedroht war.

Im Grunde gehen unser chronischer Schmerz und unser chronisches Leiden auf einen einfachen Fall von falscher Identität zurück. Zu der Ego-Identifikation kommt es von selbst; sie ist nicht etwas, was man bewusst herstellt. Häufig weiß man nicht, dass sie entsteht oder es eine Alternative gibt – und von unserer gegenwärtigen Ebene des Geistes aus kann man nicht sehen, wie sie entsteht. Dieser Mangel an Wissen wird häufig »Unwissenheit« oder »Verwirrung« genannt. Die meisten von uns tun ihr Bestes mit dem, was sie von ihrer gegenwärtigen Ebene der Ego-Identifikation aus wissen. Häufig erkennen sie erst die Ego-Identifikation als das, was sie ist, nachdem sie sie aufgegeben haben und zurückschauen. Indem wir das Leben direkt von dem gewahrseinsbasierten Betriebssystem aus wahrnehmen, können wir anfangen, uns von dem Leiden zu befreien, das von unserer falschen Identität verursacht wird.

Das Problem von Anhaften und Sucht

Die Ego-Identifikation kann auf schon existierende biologische oder psychische Begierden wie eine Sucht nach Zigaretten, Alkohol oder Essen aufspringen; oder sie kann aus allem Möglichen ihre eigene Sucht kreieren. In seinem Versuch, Befriedigung zu erlangen, klammert sich das

Mini-Ich an verschiedene potentielle Lösungen. Aber diesen Versuchen kann es nie gelingen, das Gleichgewicht wiederherzustellen; vielmehr führen sie zu einem permanenten Gefühl von Mangel, Unzufriedenheit und heftigem Verlangen, das sich so schmerzhaft wie körperlicher Hunger anfühlt. Es ist nichts verkehrt an Verlangen, einem starken in uns angelegten biologischen Impuls. Verlangen ist nicht das Problem. Das Problem tritt auf, wenn sich Gewahrsein an eine beschränkte Art Bewusstsein heftet, was zu dem Gefühl eines »Ich« führt, das dann Linderung verlangt und sucht von der Einsamkeit und Trennung, die das kleine Selbst eben hervorgerufen hat. Wenn man eine gewisse Erleichterung, Lust oder Befriedigung findet, kehrt man suchtartig dahin zurück, bis es eine andere Option gibt.

Es gibt drei Arten heftigen Verlangens: körperliches, psychisches und das durch Ego-Identifikation hervorgerufene. Leiden und Sucht kann es auf jeder dieser Ebenen geben, und jede hat ihre eigenen Methoden und Formen der Behandlung. Manchmal reicht die Arbeit auf einer Ebene aus, aber häufig braucht man zur Behandlung alle drei Ebenen. Wenn man zum Beispiel Substanzmissbrauch behandelt, verwendet das Zwölf-Schritte-Programm alle drei Ebenen. Abstinenz von der Substanz ist die physische Ebene. Auf der psychischen Ebene kommen Unterstützung durch die Gruppe, Verhaltensänderungen und persönliche Aufrichtigkeit hinzu. Die dritte Ebene der Behandlung besteht darin, über die Abhängigkeit von der Ego-Identifikation hinauszugehen, indem eine größere Kraft als das Selbst gefunden wird. Wenn man erkennt, dass unser Wille, unser Alltagsgeist und unser Ego nicht in der Lage sind, die Sucht zu überwinden – und dass sie uns eigentlich im Weg stehen –, kann man sich entscheiden, eine starke Unterstützung wachen Gewahrseins zu suchen, sich auf sie zu stützen und sich mit ihr zu identifizieren, gleich wie man sie nennt.

Die Ego-Identifikation von Ego-Körper, Ego-Funktion und Ego-Persönlichkeit zu unterscheiden, ist der Schlüssel zu erwachen und zu wachsen. Wenn man dieses Konstrukt der Ego-Identifikation nicht als eine unnötige falsche Identität sieht, versucht man vielleicht, das Leiden loszuwerden, das sie verursacht, indem man den Körper, die Persönlichkeit oder die Ego-Funktionen zu verändern oder zu kontrollieren versucht. Wenn man die Ego-Identifikation aufgegeben hat, lässt man Suchen, Begehren und Ablehnen, die sie hervorgerufen hatte, sofort hinter sich. Vom Seinsgrund aus auf der Ebene der Identität fühlt man sich erfüllt, verbunden und vollständig. Daher muss nichts weggedrückt werden. Nichts wird gebraucht. Man fühlt sich von Grund auf wohl und ganz.

FLÜCHTIGER BLICK 1: Das Jetzt

Eine Reihe berühmter Mahamudra-Anleitungen heißt »Sechs Ratschläge des Tilopa«, auch bekannt als die »Sechs Wege, den Geist in seinem natürlichen Zustand ruhen zu lassen«.

- **Erinnere dich nicht.** Lass die Vergangenheit los.
- **Schaue nicht voraus.** Lass los, was in der Zukunft kommen mag.
- **Denke nicht.** Lass los, was in der Gegenwart passiert.
- **Untersuche nicht.** Verliere dich nicht in Details und analysiere nicht.
- **Kontrolliere nicht.** Versuche nicht zu bewirken, dass etwas geschieht.
- **Ruhe.** Entspanne Dich – in diesem Moment.

Abbildung 3 dient als eine Anregung, die Ihnen helfen soll, das Jetzt zu entdecken und in ihm zu bleiben. Das Jetzt ist die zeitlose Zeit, die die drei Dimensionen der Zeit, Vergangenheit, Gegenwart und Zukunft, umfasst. Das Jetzt ist nicht der gegenwärtige Moment, sondern ist sich bewusst, wie gegenwärtige Momente entstehen und vergehen. Man kann lernen, nicht in die Identifikation mit einer besonderen Zeit oder einem besonderen Geisteszustand zu kollabieren. Machen Sie sich von wachem Gewahrsein aus mit der Sicht vom Jetzt aus vertraut.

1. Suchen Sie sich einen bequemen Platz zum Sitzen und lassen Sie sich dort nieder. Atmen Sie ein paarmal bewusst, wohlig und tief durch und lassen Sie dann auf Ihrem Gesicht ein Lächeln erscheinen. Seien Sie sich Ihres Atems bewusst, wie er kommt und geht. Entspannen Sie sich und seien Sie hier im Jetzt, ohne etwas verändern zu müssen.

2. Wenn Sie Ihre nächste Einatmung wahrnehmen, lassen Sie lokales Gewahrsein sich vom Denken lösen und lassen Sie sich von dem Atem nach unten unter Ihren Hals tragen.

3. Spüren Sie die Intelligenz des Gewahrseins, die Ihre Sinne direkt aus dem Inneren Ihres Körpers kennt. Ruhen Sie in Ihrem Herz-Raum, der offen ist und weiß, ohne nach oben zum Denken zu gehen.

4. Beginnen Sie, sich jedes Moments, der vergeht, jedes vorübergehenden Gedankens, der kommt und geht, erscheint und verschwindet, bewusst zu sein.

5. Schauen und fühlen Sie von zeitlosem ausgedehntem Gewahrsein aus. Offen für das Jetzt, das Vergangenheit, Gegenwart und Zukunft vereint und nicht in irgendeinem gegenwärtigen Moment steckenbleibt.

6. Fragen Sie sich: Wann bin ich? Bin ich in der Vergangenheit steckengeblieben? Bin ich hinter der Zukunft her? Versuche ich, die Gegenwart festzuhalten? Oder bin ich im Jetzt, das alles umfasst? Ruhen Sie hier aus, tiefer als Schlaf, hellwach und einfach:

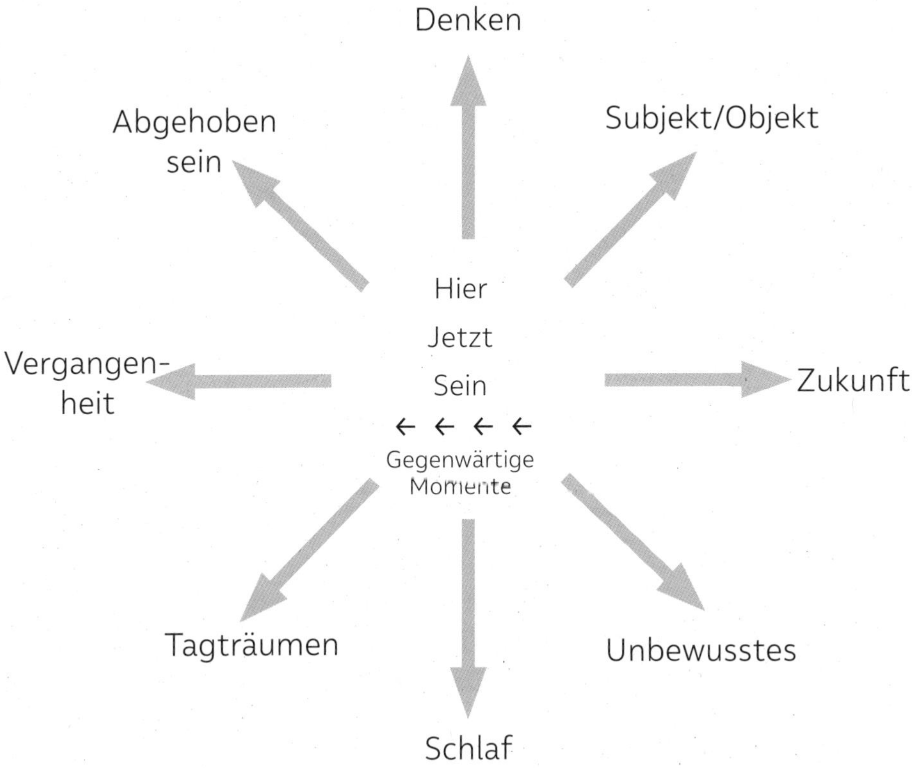

ABBILDUNG 3: Lernen, mit der Vergangenheit, Gegenwart und Zukunft und vorübergehenden gegenwärtigen Momenten im Hier und Jetzt zu sein.

7. Gehen Sie nicht nach oben, um aufs Denken zurückzugreifen.

8. Gehen Sie nicht nach unten in Schlaf.

9. Gehen Sie nicht zurück, um sich auf die Vergangenheit zu beziehen.

10. Gehen Sie auch nicht einen einzigen Moment vorwärts, um die Zukunft vorwegzunehmen.

11. Hängen Sie nicht an den vergehenden gegenwärtigen Momenten.

12. Schauen Sie nicht hinaus in die Welt, um eine Subjekt-Objekt-Beziehung herzustellen.

13. Überlassen Sie sich nicht dem Tagträumen.

14. Spüren Sie die magnetische Anziehung vorwärts in die Zukunft, das Ziehen zurück in die Vergangenheit und das Bestreben, an der Gegenwart festzuhalten, während Sie im Jetzt bleiben.

15. Lassen Sie Ihr Gewahrsein gleichermaßen innen und außen ruhen. Öffnen Sie sich für das Jetzt und nehmen Sie das zeitlose, ununterbrochene Feld von offenherzigem Gewahrsein wahr, in dem alle diese gegenwärtigen Momente von Erfahrung erscheinen und verschwinden.

16. Lassen Sie sich sein und entspannen Sie sich in das Alles-Zugleich des Jetzt.

FLÜCHTIGER BLICK 2: **Unendliches Nicht-Selbst**

Bei dieser Übung entfernen wir uns vom beobachtenden Selbst und jeder Tendenz, uns zu einer einzigen Sichtweise zusammenzuziehen. Das Gefühl, ein Selbst zu sein, ist das Gefühl, ein Beobachter mit einem besonderen Ort zu sein. Nicht-Selbst ist die Einsicht, dass wir von überall, nirgendwo und hier aus schauen. Man kann die Tendenz loslassen, eine Sicht zu konstruieren, bei der ein Subjekt einem Objekt gegenübersteht, und an entstehenden positiven Qualitäten wie Glück, Klarheit und Nichtdenken festzuhalten. Wir schauen nicht länger von einem besonderen Ort des Egos, vom Meditierenden oder von himmelähnlichem ausgedehntem Gewahrsein aus. Wenn man den Ort des Selbst verlässt, kann man alles sein lassen, wie es ist. Paradoxerweise fühlt man sich auf eine offenherzige Weise normal.

Bei dieser Übung hält man nach Resten des Ortes eines Egos oder einer Sichtweise von einem Selbst aus Ausschau, sodass uns waches Gewahrsein deutlich zeigen kann, dass es der natürliche Seinsgrund ist. Wenn Sie möchten, machen Sie eine der früheren Blickübungen als ersten Teil dieser Übung, bis Sie sich fühlen, als wären Sie ein Meer von Gewahrsein, in dem Wellen von Erfahrung erscheinen. Dann lassen Sie lokales Gewahrsein danach suchen, was noch an einem Gefühl eines Selbst übrig ist.

1. Lösen Sie lokales Gewahrsein und lassen Sie es Ihr ganzes Körper-Geist-System von Kopf bis Fuß durchsuchen, um zu sehen, ob ein Selbst als ein Objekt oder Subjekt zu finden ist. Lassen Sie das Gewahrsein schnell und gründlich durch den Körper gehen, bis nichts mehr zu finden ist.

2. Wenn kein Selbst gefunden wird, das irgendwo lokalisiert wäre oder von irgendeinem Ort aus schaute, nehmen Sie wahr, wie waches Gewahrsein und Lebendigkeit frei und uneingeschränkt sind – und übergangslos allgegenwärtig sind.

3. Nehmen Sie wahr, dass das Feld offenen und leeren Gewahrseins sich seiner selbst, durch sich selbst und als sich selbst bewusst ist. Das wache Feld ist sich von überall her unendlich bewusst, verbunden mit allem. Das Meer von Gewahrsein kennt alle Wellen aus dem Inneren der Welle.

4. Spüren Sie, dass es keine Grenze, kein Zentrum gibt, aber beobachten Sie weiter ohne Beobachter.

5. Nehmen Sie von Moment zu Moment das Entstehen der Lebendigkeit in Ihrem menschlichen Körper aus formlosem Gewahrsein wahr.

6. Nehmen Sie die Qualität des Jetzt wahr, wo alles auf einmal hier ist.

7. Lassen Sie alles sein, wie es ist, natürlich und frei.

9

DIE ANATOMIE DES GEWAHRSEINS

> Das alles in Ihrem Geist eingeschlossen ist, ist die Essenz des Geistes … Auch wenn Wellen entstehen, ist die Essenz Ihres Geistes rein; sie ist wie klares Wasser mit ein paar Wellen. Tatsächlich hat Wasser immer Wellen. Wellen sind die Praxis des Wassers. Von Wellen unabhängig von Wasser oder von Wasser unabhängig von Wellen zu sprechen, ist eine Täuschung. Wasser und Wellen sind eins. Großer Geist und kleiner Geist sind eins. Wenn man den Geist so versteht, hat man eine gewisse Sicherheit in seinem Gefühl.
>
> SHUNRYU SUZUKI[1]

Was wir erfahren, beruht auf der Art, wie wir wahrnehmen. Wenn wir unsere Augen benutzen, sehen wir ein einzelnes Ding, aber wenn wir ein Mikroskop oder Teleskop benutzen, sehen wir andere Bereiche der Realität, die die ganze Zeit über da gewesen sind. Es hat mir Freude gemacht mitzuerleben, wie Tausende von Menschen ihre natürliche Fähigkeit entdeckten, zum ersten Mal auf eine neue Weise zu sehen. Leute habe es so beschrieben, als würden sie eine Brille aufsetzen oder von Schwarzweiß- zu Farbfernsehen übergehen.

Die meisten Menschen neigen dazu, sich auf existierende Erscheinungen und Objekte zu fokussieren. »Existenz« kommt von dem lateinischen Wort *existere*, das »hervorstehen« oder »erscheinen« bedeutet. Im Allgemeinen verstehen wir Existenz als »das, was real ist«, aber das Wort bezieht sich eigentlich auf Erscheinung: was gesehen oder gefühlt werden kann. Waches Gewahrsein ist real, auch wenn es unsichtbar und leer ist. Es gibt Existenz und das Gewahrsein von Existenz, aber es ist auch möglich, sich des Gewahrseins bewusst zu sein. Es gibt andere Dimensionen des Bewusstseins, die man wahrnehmen kann, wenn man eine gewahrseinsbasierte Art zu wissen entdeckt.

Ein Grund, weshalb wir unser grundlegendes Gewahrsein gewöhnlich nicht sehen, besteht darin, dass wir immer *von* ihm aus schauen. Man kann nur von wachem Gewahrsein aus schauen, wenn es sich selbst erkannt hat. Waches Gewahrsein ist wie eine Lampe, die sowohl sich selbst als auch Objekte im Raum beleuchtet. Normalerweise ist unser Fokus im Außen, wir werden von Objekten und den Interpretationen, die unsere Gedanken bieten, fasziniert. Waches Gewahrsein entdecken bedeutet zu lernen, wie man auf die Lichtquelle zurückschaut, und dann, wie man von der Klarheit des Gewahrseins aus schaut.

Waches Gewahrsein ist für alle Menschen von Natur aus da. Es ist an keine bestimmte Religion, keinen Glauben und keine bestimmte Kultur gebunden. Wir alle hatten flüchtige Blicke wachen Gewahrseins. In solchen Momenten haben wir uns gefühlt, als ruhten wir in unserer wahren Natur – offen, liebevoll, verbunden, frei von Sorgen und doch in der Lage, auf die Dinge, wie sie sind, mit Neugier und Mut zu reagieren. Diese Erfahrungen, uns frei und lebendig zu fühlen, sind die Momente, die wir am höchsten schätzen.

Waches Gewahrsein, Bewusstsein und Denken

Waches Gewahrsein als ausgedehntes Gewahrsein ist formlos und inhaltslos, jedoch wissend. Es ist die Grundlage aller Arten von Denken und Wissen.

Ausgedehntes Gewahrsein ist das, was Bewusstsein bewusst macht. Ausgedehntes Gewahrsein ist unabhängig von Umständen, Gedanken und Emotionen. Bewusstsein ist das, was erscheint, die Formationen, die Muster – wie ein Sonnenstrahl, eine Blume oder eine Meereswelle. Waches Gewahrsein ist allen Arten von Bewusstsein inhärent. Bewusstsein bewegt sich wie eine Welle, aber trennt sich niemals vom Meer wachen Gewahrseins, das zu allem Bewusstsein gehört. Bewusstsein ist der spontane Ausdruck und die kreative Aktivität wachen Gewahrseins. Waches Gewahrsein ist immer der Seinsgrund – allgegenwärtig und verbindend – wie das Quantenfeld, aus dem heraus einzelne Partikel oder Wellen in Erscheinung treten.

Es gibt viele Arten von Bewusstsein (Muster von Erfahrung) wie zum Beispiel emotionales Bewusstsein und Bewusstsein des Hörens. Denken ist eine Form von Bewusstsein. Wenn man sagt, man tue etwas bewusst, benutzt man denkendes Bewusstsein, das Gedanken benutzt, um auf andere Gedanken zu schauen, damit diese bestätigen, dass man weiß, was man weiß. Waches Gewahrsein ist nichtkonzeptuelles Gewahrsein. Ob es Gedanken auf dem Bildschirm des Geistes gibt oder nicht, waches Gewahrsein ist die Intelligenz im Hintergrund, die wir anzuerkennen und der wir zu vertrauen lernen können.

Waches Gewahrsein ist denkendem Bewusstsein inhärent, aber wenn Gewahrsein mit Denken identifiziert wird, entsteht dadurch ein »Ich«-Bewusstsein. Das beobachtende Gewahrsein verliert sich in der Welt der Gedanken. Diese Art Bewusstsein wird Ego-Identifikation genannt, weil man diesen identifizierten Zustand als normal betrachtet, als das, was »ich« bin. Der Sinn, weshalb wir Gewahrsein von denkendem Bewusstsein trennen, ist, uns von dem illusorischen Gefühl eines Selbst zu befreien, das die Wurzel unseres Leidens ist. Patañjali, der Autor der Yoga-Sutren, sagte: »Sobald man zwischen Bewusstsein und Gewahrsein unterscheiden kann, hört die andauernde Konstruktion des Selbst auf.«[2]

Mithilfe der Blickübungen können wir unmittelbar entdecken, dass waches Gewahrsein die primäre Dimension des Bewusstseins und Denken sekundär ist. Ausgedehntes Gewahrsein ist wie leerer Raum. Kein inaktiver

Raum, sondern wissender Raum. Es ist die angeborene, formlose Intelligenz, die vor dem Denken existiert, doch es existiert auch im Denken; es ist in der Lage, Denken zu wissen, und kann Denken, wenn nötig, benutzen.

Die Tradition des Hinduismus kennt vier natürliche Zustände des Bewusstseins. Die ersten drei kennen wir sehr gut: Ego-Bewusstsein, unser alltäglicher Wachzustand, Schlaf und Träumen oder Tagträumen. Der vierte natürliche Zustand, auf Sanskrit *Turiya*, ist ausgedehntes Gewahrsein, das allen vier Zuständen inhärent ist. Es erkennt auch einen fünften »zustandslosen« Zustand an, *Turiyatita*, der da ist, wenn ausgedehntes Gewahrsein als der Grund unseres Daseins realisiert wird.

Wenn waches Gewahrsein als die Quelle des Bewusstseins erlebt wird, gibt es keine Begierden und keine Angst, sondern ein Gefühl von Frieden, Wohlbefinden und Klarheit. Wenn Gewahrsein als die primäre Dimension bleibt, von der aus man sein Leben erfährt, können sich andere Dimensionen des Bewusstseins frei bewegen und zu ihren natürlichen Funktionen zurückkehren.

In wachem Gewahrsein verweilend, kann man verschiedene essenzielle Qualitäten wahrnehmen, wenn formloses Gewahrsein anfängt, mit verschiedenen Aspekten des Bewusstseins in Berührung zu kommen. Wenn sich waches Gewahrsein mit Hören verbindet, kann es sein, dass man Stille wahrnimmt. Wenn es mit Denken in Kontakt kommt, kann es sein, dass man inneren Frieden empfindet oder man eine Einsicht hat. Wenn ausgedehntes Gewahrsein verkörpert wird, kann es sein, dass man es als eine innerkörperliche Präsenz oder Glück wahrnimmt. Wenn es mit Emotionen in Kontakt kommt, empfindet man vielleicht Freude, Wohlbefinden oder eine mitfühlende Verbundenheit. Wenn es mit dem Sprachzentrum in Berührung kommt, kann es sein, dass man eine »ruhige, leise Stimme« wahrnimmt. Wenn waches Gewahrsein die physischen Sinne berührt, kann es sein, dass man es innen als Stille wahrnimmt. Vom Gesichtssinn aus kann es die Erfahrung von grenzenlosem Raum, Leere oder Klarheit sein. Jede Erfahrung wachen Gewahrseins, das mit Bewusstsein in Kontakt steht, ist ein wenig anders.

Konzeptuelles Denken von wachem Gewahrsein zu unterscheiden, besteht aus drei Schritten: als erstes hat man einen kurzen Eindruck von wachem Gewahrsein; dann kommt als zweiter Schritt waches Gewahrsein in den Vordergrund und kennt sich selbst; und drittens weiß man *von* wachem Gewahrsein innerhalb unseres physischen, emotionalen und denkenden Bewusstseins *aus*. Wenn man die Übungen in diesem Buch ausprobiert, wird man sehen, dass man ausgedehntes Gewahrsein genauso natürlich erleben kann, wie man die anderen, sehr vertrauten Zustände wahrnimmt. Wichtig ist zu erkennen, dass ausgedehntes Gewahrsein die Quelle von Wissen ist, und anzufangen zu verstehen, dass es nicht vom Denken abhängt.

Was ist ausgedehntes Gewahrsein?

Waches Gewahrsein ist wie ein Diamant mit verschiedenen Facetten, die sich zu verschiedenen Zeiten zeigen. Ausgedehntes Gewahrsein ist der grenzenlose, zeitlose, inhaltslose, unsichtbare und doch wissende Ausdruck wachen Gewahrseins. Ausgedehntes Gewahrsein ist auch physischen Formen und energetischen Mustern inhärent. Es ist wichtig, dass sich ausgedehntes Gewahrsein als die primäre Dimension kennt, sowohl als Natur des Geistes als auch als Seinsgrund. Dann kann ausgedehntes Gewahrsein alle Dimensionen des Bewusstseins umfassen, ohne sich mit etwas zu identifizieren oder sich zu verlieren. Die Reise des Erwachens endet nicht bei ausgedehntem Gewahrsein, sondern geht weiter und enthüllt Präsenz als Gewahrsein, das verkörpert ist, ohne zurück zur Ego-Identifikation zu gehen.

Die natürlichen Qualitäten, nach denen wir im Außen suchen – Frieden, Freude, Verbundenheit – entstehen innen von selbst, wenn ausgedehntes Gewahrsein im Vordergrund steht. Ausgedehntes Gewahrsein ist zwar leer wie Raum, aber wissend. Sich an das Gefühl dieses neuen, nichtkonzeptuellen Wissens zu gewöhnen, ohne zum Denken zurückzugehen, ist einer der wichtigsten Übergänge, um in offenherzigem Gewahrsein zu bleiben und von ihm aus zu leben. Man kann beginnen, das Gefühl ausgedehnten Gewahrseins zu verstehen, das sich auf zweierlei Weise enthüllt: durch Leere und durch Wissen. Dann entdeckt man verkörpertes waches Gewahrsein und seinen mitfühlenden Ausdruck als offenherziges Gewahrsein. Ausgedehntes Gewahrsein ist absolut reines Potential: das Potential zu wissen, sich zu manifestieren, kreativ zu sein oder irgendetwas oder nichts zu sein.

AUSGEDEHNTES GEWAHRSEIN IST LEER

Leere, die in östlichen Meditationstraditionen so wesentlich ist, wird im Westen oft missverstanden: sie sei die »Abwesenheit von allem« wie eine leere Tasse oder ein Vakuum. Das Wort *leer* bedeutet in diesem Kontext nicht »unbesetzt« oder »unausgefüllt«. Der Sanskrit-Begriff *Sunyata*, der diese Leere bezeichnet, leitet sich von der Wurzel *svi* ab, die »reif an Möglichkeiten« bedeutet – wie ein leerer Schoß. Eine traditionelle Definition für Leere ist »die unsichtbare Lebenskraft in einem Samen, die ihn befähigt, zu einem Baum heranzuwachsen«. Unsichtbar, aber lebendig und real. Diese unsichtbare Lebenskraft ist nicht nur leer und lebendig, sondern auch wach und bewusst.

Leere betont auch, dass es letztlich keine unabhängigen, getrennten Dinge gibt; nicht weil alles irreal oder Illusion wäre, sondern weil alles essenziell miteinander verbunden und voneinander abhängig ist. Der Apfel auf Ihrem Tisch existiert nicht unabhängig von der Erde, der Sonne, dem Regen, der Luft, von dem Bauern, der ihn gepflückt hat, dem Lastwagenfahrer, der ihn auf den Markt gebracht hat, dem Gemüsehändler oder der Kassiererin im Supermarkt. Keines dieser Dinge und keine dieser Personen ist von dem Apfel – oder voneinander – getrennt. Es gibt keinen unabhängigen, getrennten Apfel.

Eine andere, wichtige Betonung des Buddhismus ist die Leere des Selbst: *Anatta*. Ein Aspekt von Anatta ähnelt der Einsicht der Neurowissenschaft: Es gibt keine Entität und keinen Teil des Gehirns, die den

Ort eines Selbst beherbergen würden. Durch die Achtsamkeitsmeditation erkennt man, wie die Erfahrung von »Ich« ein sich kontinuierlich verändernder Prozess des Bewusstseins ist. Wenn man die Ego-Identifikation verlassen hat, ist ausgedehntes Gewahrsein bewusst, aber selbstlos. Man beginnt auch die Leere von Besitz und Leistungen zu sehen, von denen man geglaubt hat, sie würden dieses illusorische Selbst zufrieden machen. Von ausgedehntem Gewahrsein aus erlebt man eine Erleichterung von Leiden, das durch das Gefühl hervorgerufen wird, dass man etwas bekommen oder loswerden sollte.

Ausgedehntes Gewahrsein ist unsichtbar. Es ist weder solide noch ein Ding, das getrennt von irgendetwas anderem wäre. Obwohl waches Gewahrsein keine Substanz hat und frei von aller relativen Existenz ist, ist es nicht leer von sich selbst. Es ist nicht leer von wahrer Natur. Obgleich ohne Inhalt und Form, ist es voller Leben. Ausgedehntes Gewahrsein ist keine Energie. Es ist formloses, reines Bewusstsein, das der Entstehung von Mustern, wie zum Beispiel Gedanken, vorausgeht. Aus diesem Grund wird es *unberührtes reines Gewahrsein*, *nacktes Gewahrsein* oder *inhaltsloses Gewahrsein* genannt. Ausgedehntes Gewahrsein ist unermesslich weit und unendlich, nicht durch Grenzen eingeschränkt; wenn man die Leere eines getrennten Selbst erkennt, empfindet man *grenzenloses Gewahrsein.*

Man hat ausgedehntes Gewahrsein als *unbedingtes Gewahrsein* beschrieben, weil es nicht von Bedingungen abhängt. Unbedingtes Gewahrsein verändert sich nicht, wenn sich Umstände oder Bedingungen verändern. Es weiß, ohne ein konditioniertes Gedächtnis zu verwenden.

Andere bezeichnen ausgedehntes Gewahrsein als *nichtmanifestes Gewahrsein.* Die lateinische Wurzel *mani* bedeutet »Hand«, daher bedeutet *nicht*manifest, dass man ausgedehntes Gewahrsein nicht in den Händen halten kann. Man kann es nicht mit unseren fünf Sinnen oder mit Denken wahrnehmen, was wichtig ist.

AUSGEDEHNTES GEWAHRSEIN IST WISSEN

Man hat ausgedehntes Gewahrsein als einen *natürlichen Wachzustand* bezeichnet, weil es keine informationsbasierte Intelligenz ist, die hergestellt oder entwickelt würde. Vielmehr entdeckt man, dass es schon von Natur aus wach und bewusst ist. Es wird auch *Gewahrsein klaren Lichts* genannt; es ist keine Energie, kein physischer Raum und auch nicht buchstäblich Licht. »Licht« wird hier wie in dem Begriff *Erleuchtung* verwendet. Stellen Sie sich eine Glühbirne auf einem unbenutzten Dachboden vor. In dem Moment, in dem man das Licht einschaltet, kann man alles sehen – gleich, wie lange der Raum dunkel gewesen ist. Licht steht für die Klarheit des neuen, nichtkonzeptuellen Wissens, das Dinge so sieht, wie sie sind.

Nichtkonzeptuelles Gewahrsein ist ein anderer Begriff, der hilfreich sein könnte, um ein Gefühl für diesen Ausdruck wachen Gewahrseins zu bekommen. Nichtkonzeptuell bedeutet nicht, dass man einen vorrationalen Zustand wie ein Baby erleben würde. Ausgedehntes Gewahrsein ist eher eine postkonzeptuelle, fortgeschrittene Ebene einer Intelligenz, die manchmal *Weisheits-Bewusstsein* genannt wird und die konzeptuelles Wissen einschließt und durchdringt. Weisheits-Bewusstsein ist die subtilste, ursprünglichste Dimension des Bewusstseins und die Quelle von Intelligenz, auch bekannt als die *Natur des Bewusstseins* oder *Essenz des Bewusstseins*.

Denken oder Glauben können ausgedehntes Gewahrsein nicht wahrnehmen, das gedankenfreier Wachzustand genannt wurde, weil es nicht Denken benutzt, um zu wissen. Wenn ausgedehntes Gewahrsein jedoch die primäre Art ist, wie man weiß, entstehen Gedanken und Erfahrungen weiter und werden in ausgedehntes Gewahrsein aufgenommen. Während ausgedehntes Gewahrsein frei von Denken und Konzepten ist, ist es nichtsdestoweniger aller menschlichen Aktivität inhärent und in der Lage, Denken zu verwenden.

Wenn lokales Gewahrsein – der zweite Ausdruck wachen Gewahrseins – zu ausgedehntem Gewahrsein geht, ist sich ausgedehntes

Gewahrsein seiner selbst bewusst, ohne Subjekt oder Objekt. Daher wird es der »ungesehene Seher« genannt. Ausgedehntes Gewahrsein kann nicht als ein Objekt gewusst werden; es kann nur sich selbst wissen.

Als reine Wahrnehmung kann ausgedehntes Gewahrsein alles direkt sehen, so wie es wirklich ist, ohne Projektion. Reine Wahrnehmung sieht durch Illusion hindurch und nimmt die wache, leere Natur in allen und in allem wahr. Wie der Dichter William Blake schreibt: »Wenn die Tore der Wahrnehmung gereinigt wären, würde dem Menschen alles so erscheinen, wie es ist, unendlich.«[3]

Wenn man von Wissen aus operiert, das auf Denken beruht, schauen wir auf Denken, um zu wissen; wir denken über Denken nach, grübeln, sind besessen und orientieren uns durch Denken. Wenn man in ausgedehntes Gewahrsein als den Seinsgrund wechselt, geht Denken in den Hintergrund und man sieht nicht die Dialogfenster und vielen Programme, die auf unserem inneren Bildschirm laufen. Dann ist unser konzeptueller Geist still, aber so wie wir jederzeit unsere Hände benutzen können, können wir Denken benutzen, wann immer wir es brauchen. Waches Gewahrsein in seiner Fülle ist leer, wissend, liebevoll und verkörpert.

Was ist Nichtdualität?

Die Kunst und die Schönheit der Praxis von Dharma werden immer subtiler und tiefer, wenn wir den Tanz der relativen und absoluten Wahrheiten lernen …
Wenn wir zu praktizieren beginnen, befinden wir uns typischerweise auf der konventionellen oder relativen Ebene, die schließlich, wenn sie gut geübt wird, zu einer Realisierung des Absoluten führen kann. Die letzte Stufe, also die, über die wir hier sprechen, ist jedoch die Realisierung der Untrennbarkeit der zwei.

TSOKNYI RINPOCHE[4]

Beim Übergang in die Freiheit geht es nicht darum, die menschliche Natur zu transzendieren; er ist ein Ausdruck von Nichtdualität, von formlosem Leben in wachem Gewahrsein, das sich als verschiedene Formen menschlichen Bewusstseins ausdrückt. Das Ziel von Erwachen ist es, unser volles Potential als Menschen zu realisieren. Die Erfahrung von Nichtdualität zu verstehen, ist für das Leben von offenherzigem Gewahrsein aus essenziell. Es gibt eine Reihe von Definitionen von Nichtdualität. Nach meinem Verständnis umfasst sie zwei Ebenen der Realität, die gleichzeitig existieren: die relative und die absolute. Relative Realität ist, wie uns Dinge im Alltag erscheinen, die Erfahrung verschiedener Muster von Energie und Formen, die mit unseren Sinnen beobachtbar sind.

Absolute Realität ist leeres ausgedehntes Gewahrsein. Ausgedehntes Gewahrsein als die absolute Ebene der Realität ist der Grund, der relativer Realität zugrunde liegt. Von absoluter Realität aus gibt es keine getrennten oder isolierten Dinge. Auf der relativen Ebene ist ein Baum ein deutlich erkennbarer Gegenstand. Versuchen Sie nicht, mit einem Auto durch ihn hindurchzufahren. Auf der absoluten Ebene ist ein Baum aber kein getrenntes Ding. Der Baum besteht aus Zellen, chemischen Substanzen, Atomen und Quarks, die zum großen Teil leerer Raum sind.

Manche Menschen definieren Nichtdualität ausschließlich als absolute Realität und betrachten relative Realität als eine Illusion. Manche verwenden das Wort »Nichtdualität« nur im Sinn von Leere, andere meinen damit nur »reines« waches Gewahrsein. Diese zwei Definitionen betonen, über das Wahrnehmen von unserem dualistischen Geist aus hinauszugehen. Wenn man aber nicht daran denkt, dualistisches Denken einzubeziehen, hat man eine neue Dualität hergestellt. Mein Verständnis von Nichtdualität ist näher an dem, was im Herz-Sutra beschrieben wird: »Form ist Leere und Leere ist Form.«

Wenn man in zeitloses, inhaltsloses, ausgedehntes Gewahrsein wechselt, erlebt man, was man »Nicht-Dualität« nennen könnte, weil man nicht vom dualistischen Denken ausgeht. Das ist jedoch nicht Nichtdualität, weil es relative Realität nicht einschließt. Manche verwenden

»Nichtdualität« und meinen »Einssein«, doch im Sanskrit gibt es viele Wörter für »Einssein«. Das Wort *advaita* bedeutet »nicht zwei« und bezieht sich auf das Paradox, dass die zwei Ebenen der Realität nicht getrennt sind. Dass die zwei Ebenen der Realität untrennbar sind, bedeutet nicht, sie können auf eine reduziert werden; vielmehr werden sie paradoxerweise als zwei, eine, viele, leer und alle oder alles zugleich wahrgenommen.

Im Buddhismus beginnt Nichtdualität damit, zu unterscheiden, dass es zwei Wahrheiten gibt, bevor man erkennt, dass sie gleichzeitig sind. Diejenigen, die nur die relative Wahrheit sehen, gehen in die Fallen des Materialismus, Intellektualismus und der Ego-Zentriertheit. Diejenigen, die nur die absolute Wahrheit sehen, gehen in die Fallen des Nihilismus, Eskapismus und eines weltverneinenden ethischen Relativismus.

Nichtdualität umfasst zugleich sowohl Einssein als auch das Viele, sowohl leeres Gewahrsein als auch alle Erscheinungen. Nichtdualität ist nicht der Gegensatz von Dualität, sondern Nichtdualität schließt Dualität ein. Tatsächlich schließt sie alles ein. Nichtdualität erkennt das Unvermögen an, die Realität konzeptuell zu beschreiben. Sie versucht, die Extreme des Nihilismus (der sagt, alles sei in Wirklichkeit leer), des Materialismus (der sagt, relative Realität sei die Grundlage der Realität) und des Externalismus (der sagt, Essenz oder Einssein seien unveränderlich) zu vermeiden.

Unser Alltagsgeist, unsere Sinne und unsere Ego-Identifikation können absolute Realität nicht wahrnehmen; sie können die Welt nur von der relativen Realität aus sehen. Man kann in der Welt nicht nur von absoluter Realität aus leben. Erwachen verändert die Realität nicht. Erwachen verändert unsere Sicht, sodass wir von der absoluten Realität aus sehen können, die relativer Realität schon inhärent ist. Dies ist der Grund, weshalb man, wenn man in wachem Gewahrsein gegründet ist, ein Auto fahren kann, ohne gegen den Baum zu fahren, den ich oben erwähnt habe.

Nichtduale Weisheit

Ein hoher IQ, eine Position an der Spitze des Universitätskurses oder ein Sieg bei Trivial Pursuit haben nichts mit nichtdualer Weisheit zu tun. Weisheit beginnt, wenn waches Gewahrsein das primäre Betriebssystem ist, das Informationen, Gedächtnis, Beziehung, Kommunikation und das Identitätsgefühl organisiert. Im tibetischen Buddhismus gibt es zwei Arten von Unwissenheit, die zu Leiden führen. In das gewahrseinsbasierte Betriebssystem zu wechseln, erhellt die erste Art Unwissenheit, die »konzeptuelle Unwissenheit«, die darin besteht, dass konzeptuelles Denken zu einem illusorischen Gefühl eines Selbst führt. Die zweite Art, ko-emergente Unwissenheit, herrscht dann, wenn Erscheinungen und Formen nicht als spontane Selbstdarstellungen wachen Gewahrseins erkannt und entweder für Illusion oder reale, getrennte Dinge gehalten werden.

Nichtduale Weisheit beginnt mit verkörpertem Gewahrsein, das die notwendigen unterscheidenden Funktionen des Geistes umfasst, aber den inneren Kritiker mit seiner Angst, seinem Gefühl von Getrenntheit und kontrollierender Aggression hinter sich lässt. Selbstbewertung und Befangenheit sind abwesend. Vielmehr werden unsere normalen Bewertungsfunktionen zur unterscheidenden Weisheit offenherzigen Gewahrseins transformiert. Wenn man zu nichtdualem verkörpertem Gewahrsein wechselt, empfindet man sich weniger wertend und hat mehr Mitgefühl. Dann entwickelt man ein reiferes Gewissen neben einem bescheidenen Gefühl von Integrität und Mitgefühl.

Die Weisheit und das Wissen von wachem Gewahrsein aus können sich anfangs im Vergleich zum sich schnell bewegenden Denken des Alltagsgeists sehr langsam anfühlen. Waches Gewahrsein bezieht sich nicht bewusst auf Gedanken; vielmehr ruht es in einer Weisheit, die intuitiv mit allem verbunden ist, was wir wissen. Wenn der Alltagsgeist durch unsere Augen hinausschaut, sind die ersten Dinge, die wir wahrnehmen, Getrenntheit, Unterschiede und Bewertung. Im Vergleich dazu erkennt verkörpertes waches Gewahrsein zuerst das, was in uns allen dasselbe ist, und sieht dann unsere Individualität und bringt ihr Wertschätzung entgegen. Von dieser Art zu wissen aus fühlt sich alles in der Welt verbunden an, wie tanzende Gegensätze oder ein einheitliches Feld.

Die folgende Blickübung ermöglicht Ihnen, den Ausdruck wachen Gewahrseins als vier Felder des Seinsgrundes zu sehen.

FLÜCHTIGER BLICK 1: **Die vier Felder des Seinsgrundes**

Der Physiker Stephen Hawking sagt, dass man, um ein Universum zu erschaffen, »nur drei Bestandteile braucht: Materie, Energie und Raum«.[5] Dies sind drei der Felder, die wir wahrnehmen werden. Wir fügen jedoch ein viertes Feld hinzu: Gewahrsein, das einem erlaubt, sich aller vier Felder bewusst zu sein. Das erste Feld des Seinsgrundes ist objektloser, gedankenfreier, grenzenloser Raum, in dem Dinge passieren und sich Erscheinungen einstellen.

Das zweite Feld des Seinsgrundes ist Energie, die Lebendigkeit, die innerhalb der Grenze des Körpers wirkt. Dieses zweite Feld kann man den subtilen Körper und Geist nennen. Der Körper auf seiner körperlichsten oder gröbsten Ebene wird häufig als das gesehen, was man sieht: Haut, Knochen und Muskeln. Aber der subtile Körper ist das, wie sich unser Körper von innen als Lebendigkeit in vielen Mustern des Bewusstseins anfühlt. Um dieses zweite Feld zu fühlen, fokussieren wir uns nicht auf irgendwelche besonderen Gedanken, Emotionen oder Geschichten, sondern spüren Lebendigkeit, Energie und Sinnesempfindungen unmittelbar. Dieses zweite Feld ist da, wo sich die Ego-Identifikation bilden konnte. Auf dieser Erfahrungsebene des subtilen Körpers werden sich Denkmuster jedoch nicht zu einer Ego-Identität formen.

Das dritte Feld des Seinsgrundes ist Materie, das, was wir in der physischen Welt vor uns sehen. Zu ihm gehören Interaktionen mit Menschen, Natur, Situationen und Aktivitäten. Das vierte Feld ist waches nichtduales Gewahrsein, das in den anderen drei Feldern enthalten ist und eine Einheit ohne einen auf sich selbst bezogenen Standpunkt wahrnimmt.

Man kann diesen flüchtigen Blick mit jeder der drei Hauptarten beginnen, Gewahrsein abzulösen: indem man es ablöst und in den Körper fällt, durch panoramaartiges Gewahrsein oder indem man vom Hören zu ausgedehntem Gewahrsein übergeht. Wählen Sie die Art, die für Sie am besten funktioniert (physisch, visuell oder auditiv). Oder fangen Sie einfach mit dem folgenden ersten Schritt an, wenn das für Sie geht:

1. Lassen Sie lokales Gewahrsein sich vom Denken lösen und bewusst zum Raum hinter Ihrem Rücken gehen.
2. Erlauben Sie lokalem Gewahrsein, sich hinzugeben und sich mit dem formlosen und inhaltslosen Raum zu mischen, bis Sie entdecken, dass ausgedehntes Gewahrsein schon von sich aus seiner selbst bewusst ist.
3. Nehmen Sie sich Zeit, bis sich Gewahrsein ganz von Ihren Gedanken und Sinnesempfindungen gelöst hat.
4. Seien Sie sich bewusst, wie Sie das schon wache Feld ausgedehnten Gewahrseins entdecken und in es übergehen. Warten Sie hier, bis sich Gewahrsein seiner selbst bewusst ist.
5. Spüren Sie jetzt, da Sie sich absichtlich nach hinten hingeben, das Feld ausgedehnten Gewahrseins, das schon nach vorne schaut und sich mit der Lebendigkeit und Energie in Ihrem Körper mischt.
6. Beobachten Sie, wie es ist, wenn Gewahrsein die primäre Art ist, Ihren Körper von innen zu wissen. Spüren Sie die Wellen der Lebendigkeit im Meer von Gewahrsein tanzen.
7. Lassen Sie dieses verkörperte Gewahrsein auf sich wirken.

8. Nehmen Sie nun wahr, dass Gewahrsein schon mühelos mit allen Ihren Sinnen, Gedanken und Gefühlen von Kopf bis Fuß vereint ist.

9. Bemerken Sie jetzt, wie Gewahrsein von der Mitte Ihrer Brust ausgeht, um mit allen und allem vor Ihrem Körper Kontakt aufzunehmen.

10. Sie fühlen vielleicht eine Verbindung mit allem oder als wäre alles lebendig oder von innen erleuchtet.

11. Vielleicht sehen Sie alles als zugleich verbunden, leer und besonders oder einfach als Sein selbst, wie es ist, ohne dass Gedanken auf es projiziert werden.

12. Fühlen Sie nun ausgedehntes Gewahrsein gleichermaßen hinter, in und vor dem Körper und ganz um ihn herum.

13. Sie fühlen jetzt möglicherweise die drei Felder von Materie, Energie und Raum als ein ununterbrochenes, selbsterhaltendes Feld bewusster Präsenz.

14. Beginnen Sie nun zu spüren, wie sich ausgedehntes Gewahrsein von vorn in Ihren Körper und dann nach hinten zur Unterstützung ausgedehnten Gewahrseins hinter Ihrem Rücken bewegt.

15. Nehmen Sie wahr, dass alle Informationen, die durch die Sinne hereinkommen, natürlich nach hinten und durch das Feld des subtilen Körpers weitergehen und von ausgedehntem Gewahrsein empfangen werden.

16. Bemerken Sie, wie es ist, wenn Ihre Identität nicht im Feld der Ego-Identifikation zentriert ist. Fragen Sie sich: »Wo ist ›Ich‹?« Prüfen Sie das mittlere Feld daraufhin, ob dort ein Gefühl eines getrennten Selbst als Objekt oder Subjekt zu finden ist. Wenn

Sie keinen Standpunkt finden, nehmen Sie das ununterbrochene Feld bewusster Präsenz, sowohl formloses Gewahrsein gemischt mit Lebendigkeit innen als auch Objekte in der Welt vor Ihnen, wahr. Sie sind auf der essenziellen Ebene nicht getrennt, sondern gleichzeitig einzigartige Erscheinungen von Energie und physischer Form.

17. Lassen Sie sich von dem Meer von Gewahrsein tragen. Ihr Atem ist eine Welle, die sich von innen nach außen und von außen nach innen bewegt. Lokales Gewahrsein ist das Surfboard. Lassen Sie sich von Ihrem Atem zurück zu ausgedehntem Gewahrsein tragen, dann voran durch das Feld des inneren Körpers, um sich mit dem zu verbinden, was vor Ihnen ist. Anschließend lassen Sie sich wieder zurück durch das Feld des inneren Körpers zum ausgedehnten Gewahrsein hinter Ihnen tragen, ohne eine Identität im mittleren Feld Ihres Körpers und Geistes herzustellen.

18. Spüren Sie nun alle vier Felder auf einmal. Fühlen Sie sich bewusst, unendlich, endlich, nirgendwo, überall, hier und jetzt.

19. Während Sie sich durch die Unterstützung ausgedehnten Gewahrseins hinter Ihnen bewegen, spüren Sie die Verkörperung von Liebe. Gehen Sie mit offenherzigem Gewahrsein in die Welt hinaus, und verbinden Sie sich mit allen Wesen.

10

OFFENHERZIGES GEWAHRSEIN

Wenn ich nach innen schaue und sehe,
dass ich nichts bin, ist das Weisheit.
Wenn ich nach außen schaue und sehe,
dass ich alles bin, ist das Liebe.
Und zwischen diesen beiden dreht sich mein Leben.
SRI NISARGADATTA MAHARAJ[1]

An einem frischen Herbsttag in New York City war ich zu einem Termin unterwegs. Als ich am Eingang der nächstgelegenen U-Bahn-Station an der Ecke 116. Straße und Broadway ankam, hörte ich unten den Zug in den Bahnhof einfahren. Ich griff nach meiner MetroCard, ging durch das Drehkreuz, eilte nach unten und erreichte den Bahnsteig gerade noch rechtzeitig, um zu sehen, wie sich die Türen schlossen und der Zug den Bahnhof verließ.

Ich stand da, sah auf meine Uhr und war frustriert, weil ich wahrscheinlich zu spät zum Termin kommen würde. Der Bahnsteig war leer. Als ich die Bahnsteigkante verließ, spürte ich Enttäuschung als Kontraktion in meinem Bauch aufsteigen. Dann merkte ich, dass ich angefangen hatte, mir Sorgen zu machen, und diese Gedanken brachten mich nach oben in meinen Kopf, wo ich anfing, mir Szenarien des ungünstigsten Falls auszudenken. Dann wurde mir bewusst: *»Oh, ich bin in meinen Gedanken gefangen, aber es gibt eine andere Art zu sein.«* Mir wurde klar, dass meine Situation eine Gelegenheit bot, in verkörpertes waches Gewahrsein zu wechseln.

Als ich aus der Ego-Identifikation in verkörpertes waches Gewahrsein wechselte, fing ich an, mich sicher, geerdet, offen und freudig lebendig zu fühlen. Meine Emotionen und Gedanken über das Verpassen des Zuges sowie meine Verspätung waren ganz von selbst in das köstliche, ungeteilte Gefühl und die Klarheit eingeschlossen, von wachem Gewahrsein aus zu sehen. Mir war klar, dass waches Gewahrsein nicht etwas war, was ich hergestellt hatte, sondern eine existierende Dimension der Realität, die immer schon da war. Mit einer kleinen Verschiebung war waches Gewahrsein spontan und unmittelbar für mich verfügbar gewesen, was mein Gefühl von mir und die ganze Situation zum Besseren verändert hatte.

Warten in einer U-Bahn-Station, eine Aktivität, die ich für langweilig gehalten hatte, war zu einem Mini-Retreat, zur kostbarsten Gelegenheit des Tages geworden. Nach ein paar Minuten war ich so entspannt und offen, dass ich sinnierte: *»Das ist toll. Was könnte besser sein als das?«* Deshalb erwartete ich nicht, was als nächstes passierte.

Der Zug fuhr ein, die Türen öffneten sich und ich stieg ein. Ich schaute nach rechts, um einen freien Platz zu suchen, und war verblüfft, als mein Blick den Blicken der paar Leute begegnete, die aufschauten. Es schien, als hätte sich ein Schleier zwischen uns gehoben; unsere Masken waren abgefallen. Ich fühlte mich verletzlich, aber sicher und mit allen und allem verbunden. Es war, als ob ich den Spruch »Unsere Augen sind die Fenster der Seele« wahrhaft verstand – zum ersten Mal. Es war, als sähen die anderen Fahrgäste und ich einander von Herz zu Herz. Diese neue Art zu wissen ist das, was ich jetzt offenherziges Gewahrsein nenne. Zwischen den anderen Fahrgästen und mir schien es keine Trennung zu geben. Ich hatte ein tiefes Gefühl sowohl von der Wachheit als auch der Unvollkommenheit in uns allen. Erstaunt schnappte ich bei dieser neuen Art zu sehen und zu sein vor Ehrfurcht nach Luft. Dann fing ich an zu lachen, weil sich dieser Modus des Sehens von offenherzigem Gewahrsein aus in gewisser Weise so einfach und gewöhnlich anfühlte – und es war so eine Erleichterung!

Eine neue Art zu sein, zu wissen und in Beziehung zu sein

Der Philosoph Jiddu Krishnamurti sagte: »Es gibt keine Intelligenz ohne Mitgefühl.«[2] Offenherziges Gewahrsein ist diese mitfühlende Intelligenz, die in unserer Welt heute so sehr gebraucht wird. Offenherziges Gewahrsein ist jedoch kein fernes Ideal. Es ist eine natürliche Fähigkeit in uns allen, und wir alle sind fähig, offenherziges Gewahrsein zu entdecken und uns mit ihm vertraut zu machen, bis es in unserem Leben zur neuen Normalität wird. Offenherziges Gewahrsein ist die Begegnung von Geist und Herz, Weisheit und Liebe, Kontemplation und Handeln. Es ist eine Verschiebung vom Kopf zum Herzen, von konzeptuellem Denken zu einer neuen Art, von nichtkonzeptuellem Herz-Geist aus zu wissen. Es ist eine andere Art, die Welt und andere Menschen zu sehen und mit ihnen in Beziehung zu sein. Wenn man von offenherzigem Gewahrsein aus operiert, hat man die Fähigkeit zu sehen, wie wir alle gleich sind, und mit Mut zu handeln.

Wir wechseln von Wissen, das auf Denken beruht, zu wachem Gewahrsein. Anam Thubten sagt: »Ein offenes Herz kann man nur erfahren, wenn man über den Bereich des intellektuellen Geistes hinausgeht.«[3] Unsere erste Erfahrung von wachem Gewahrsein kann die Erfahrung ausgedehnten Gewahrseins sein, das frei von Denken, aber auch ein distanzierter Beobachter von Emotionen und Sinnesempfindungen ist. Dann ist es möglich, zu spüren, dass man in eine verkörperte Präsenz übergeht, die aus dem Inneren unserer Erfahrung statt von außerhalb unserer Erfahrung weiß. Offenherziges Gewahrsein ist waches Gewahrsein, das verkörpert ist und sich außerdem mit allen und allem verbunden fühlt. Es ist nicht möglich, offenherziges Gewahrsein von einem Selbstgefühl aus wahrzunehmen, das sich mit dem Ego identifiziert. Von dort aus, wo wir beginnen, kann man offenherziges Gewahrsein nicht einfach *machen*. Es ist keine innere Haltung, kein emotionales Gefühl und kein positives Denken. Es ist eine natürliche Fähigkeit in jedem von uns, die verlangt, dass wir die Ebenen des Geistes wechseln.

Offenherziges Gewahrsein in der Geschichte

Die Realität des offenherzigen Gewahrseins, das von alters her erkannt und wertgeschätzt wurde, hat viele Namen, darunter: »Herz-Weisheit«, »heiliges Herz« und »Herz-Geist«. Der frühchristliche Theologe Augustinus verwendete den Begriff *oculus cordis*, »Auge des Herzens«, und empfahl, es durch »Einkehr in sich selbst« zu suchen. Der Schriftsteller G. K. Chesterton sagte: »Es gibt einen Weg vom Auge zum Herzen, der nicht durch den Intellekt geht.«[4] In unserer Zeit bezeichnete Bruder Wayne Teasdale diese Art zu wissen als »das mystische Herz«, und der spirituelle Lehrer Adyashanti nennt es das »spirituelle Herz«.

In der Dzogchen-Tradition des Bön ist offenherziges Gewahrsein als die »Sphäre des Wissens« bekannt. In der Sufi-Tradition ist es das »Herz der Herzen«. Der tibetische buddhistische Lehrer Tsoknyi Rinpoche nennt es »Essenz-Liebe«. Eine Reihe spiritueller Traditionen hat diese Art des Wissens »das diamantene Herz« genannt und damit ihre Kostbarkeit, Klarheit und unzerstörbare Natur betont. Im tibetischen Buddhismus lautet das dem offenherzigen Gewahrsein entsprechende Wort *Bodhicitta.* Im Sanskrit bedeutet *bodhi* »wach«, und *citta* kann man wörtlich mit »Bewusstsein« übersetzen. Bodhicitta beschreibt also den Zustand, wenn unser Bewusstsein wach ist. Aber interessanterweise ist die Übersetzung von Bodhicitta nicht »waches Bewusstsein« sondern »Herz-Geist«, »erwachtes Herz« oder »die Weisheit, die zu mitfühlender Aktivität führt«.

Es gibt »relatives« Bodhicitta, das Positives beabsichtigt, wie zum Beispiel zum Wohl aller Lebewesen über liebende Güte zu meditieren. Und es gibt »absolutes« Bodhicitta: das offenherzige Gewahrsein, das vom natürlichen erwachten Herzen aus lebt. Diejenigen, die von offenherzigem Gewahrsein aus leben, werden manchmal Bodhisattvas genannt, weil sie ihr Leben der Vertiefung von Erwachen, Liebe und Wohlbefinden in allen Menschen widmen, denen sie begegnen.

Offenherziges Gewahrsein ist nicht das physische Herz und auch nicht das Herz-Chakra oder unser emotionales Herz. Offenherziges Gewahrsein ist eher wie eine offene Tür der Liebe und Weisheit in der Mitte der

Brust, die sich nach außen hin öffnet, um sich mit anderen zu verbinden und andere von unserem liebevollen Seinsgrund aus zu unterstützen. Dieser neue Modus von Gewahrsein benötigt einen Wechsel in eine andere Art Bewusstsein, die glücklicherweise immer schon erreichbar ist – wenn man einmal weiß, wohin und wie man schauen muss. Offenherziges Gewahrsein ist ein moderner Begriff für eine Realität, die von den alten Weisheitstraditionen der Welt erkannt und anerkannt wurde.

Herz-Geist verkörpern

Wenn wir unser Bewusstsein verschieben, entdecken wir, dass wir biologisch betrachtet in der Lage sind, uns an die neue Art zu sehen und zu sein anzupassen. Auf dem 2014 in den Niederlanden abgehaltenen Symposium »Die Erziehung des Herzens« beschrieb Daniel Siegel das Potential des Geistes als »voll verkörpert und in Beziehung«.[5] Er sprach darüber, wie der Geist nicht in einen Schädel eingeschlossen, sondern im ganzen Nervensystem innerhalb des Körpers verteilt ist und uns durch Beziehungen mit anderen Menschen und der Umwelt verbindet. Er beschrieb unsere neuronalen Netzwerke als gewebeähnliche Konfigurationen um das Herz und den Bauch und erklärte, dass sie – neben dem Gehirn – an dem beteiligt sind, was die Neurowissenschaft »parallel verteilte Verarbeitung« nennt. Zu dem, was die parallel verteilte Verarbeitung bewirkt, gehört, dass sie in mancher Hinsicht die menschliche Intelligenz in signifikanter Weise effizienter als Computer macht.

Siegel berichtete, dass sich neuerer neurowissenschaftlicher Forschung zufolge Wissen aus einem vollen Körper-Geist-Netzwerk tatsächlich von Zellen im Herzen und den Eingeweiden aus durch die Wirbelsäule nach oben ins Gehirn bewegt. Diese neuronalen Strukturen nutzen »Spiegel«-Neuronen, um subtile Mitteilungen anderer Menschen wahrzunehmen, unabhängig davon, ob einem das bewusst ist oder nicht. Diese Neuronen spiegeln buchstäblich das Verhalten anderer Menschen, indem sie im Beobachter eine emotionale Resonanz bewirken und eine

Empfindung von der gefühlten Erfahrung des anderen vermitteln. Wenn Sie zum Beispiel jemanden lächeln sehen, feuern Ihre Spiegelneuronen für Lächeln und lösen einen Eindruck in Ihrem eigenen Gehirn aus, der das Gefühl des Lächelns ist.

Obwohl das Gehirn im Kopf ist, belegen jüngere wissenschaftliche Studien, dass »der Geist« ganz verkörpert und relational ist. Dies verlangt eine neue holistischere Definition – ähnlich der Beschreibung des offenherzigen Gewahrseins, die hier formuliert wurde. Ein Mann erzählte mir vor Kurzem, wenn er in offenherziges Gewahrsein wechselte, würde er sich fühlen, als fiele sein Kopf in sein Herz und sein Herz in seinen Bauch. Eine Frau erzählte mir, ihr Herz hätte sich geöffnet, und sie könnte eine Verbindung mit anderen Menschen »von Herz zu Herz« fühlen. Jemand anders berichtete: »Mein Gewahrsein, das immer hinter meinen Augen lokalisiert zu sein schien, ist jetzt gleichmäßig in meinem ganzen Körper verteilt, als wäre jede Zelle meines Körpers erleuchtet.« Diese Beschreibung erinnert an das Bild des Bodhisattva des Großen Mitgefühls, der mit Augen auf allen seinen Körperteilen abgebildet wird.

Emotionale Intelligenz

Die meisten von uns können sich an Momente erinnern, als sie ihre normale, selbstbezogene Angst hinter sich ließen, um jemandem in Not zu helfen. Wenn sie später daran zurückdenken, könnten sie sich sagen: »Ich kann nicht glauben, dass ich das gemacht habe, aber ich bin froh, es gemacht zu haben.« In solchen Momenten, wenn man persönliche Angst transzendiert, handelt man spontan von offenherzigem Gewahrsein aus – auch wenn man es vielleicht nicht als solches erkennt. Von offenherzigem Gewahrsein aus kann man sehen, wenn andere aus Angst oder um der Selbsterhaltung willen handeln, und man kann empathisch und mitfühlend statt defensiv auf sie reagieren. Offenherziges Gewahrsein hat natürliche Qualitäten wie Stärke, Sicherheit und Mut, die sich einstellen, wenn man lernt, wie man in es überwechselt.

Es scheint zwei Arten zu geben, wie Menschen leiden, wenn sie noch nicht gelernt haben, von offenherzigem Gewahrsein aus zu leben. Übermäßig mental, verkopft zu sein, ist eine Art: wenn man versucht, Gefühle zu vermeiden, indem man »rational«, »objektiv« und auf weltliche Leistungen fokussiert ist. Das Leiden entsteht hier durch Distanziertheit, Dissoziation und dadurch, dass man gefangen lebt in seinem Kopf. Übermäßige Emotionalität ist die zweite Art zu leiden: alles »persönlich« zu nehmen und sich überwältigt, ängstlich und/oder deprimiert zu fühlen. Dazu kommt es, wenn man sensibel und verletzlich ist, aber die Unterstützung durch waches Gewahrsein fehlt und unser System, das sich mit dem Ego identifiziert, zu klein ist, um mit einem vollen emotionalen Leben umzugehen.

Ein verschlossenes Herz zu haben, ist ebenso schmerzhaft, wie mit einem überwältigten emotionalen Herzen durch den Tag zu gehen. Wie *Ebenezer Scrooge* in Charles Dickens' *A Christmas Carol* kann man den größten Teil seines Lebens mit einem verschlossenen Herzen leben und sogar in der Welt erfolgreich sein, ohne zu wissen, dass es eine Alternative gibt. Die Möglichkeit einer Transformation und eines Schrittes in offenherziges Gewahrsein besteht aber für jeden von uns – gleich, wo man sich auf seiner Lebensreise befindet.

Wenn man nicht in offenherziges Gewahrsein wechselt, kann das Herz schmerzhaft verschlossen oder zu offen sein, sodass man sich häufig überwältigt fühlt. Das kann dann schließlich dazu führen, dass man auf Gedanken zurückgreift, um ein Gefühl eines Selbst herzustellen. Das Ergebnis ist ein kleines, mentales Gefühl eines Selbst, das ängstlich macht und von der Empfindung begleitet ist, wertlos zu sein. Leider schneidet uns eine auf Denken beruhende Identität von unseren größten Ressourcen für Beziehung, liebende Güte und Wohlbefinden ab. Solange man sich einzig und allein mit einem mentalen Selbst identifiziert, kann es sein, dass man den Ruf des offenherzigen Gewahrseins nicht hören kann. Kein Wunder, dass wir in Bezug auf das Verlangen unseres eigenen Herzens verwirrt werden und schließlich an allen falschen Stellen nach Liebe suchen.

Manche Menschen sind in ihrem emotionalen Herzen gefangen: Sie empfinden alles, machen sich Sorgen und fühlen sich fast immer verletzt und ohne Unterstützung. Der Wechsel in offenherziges Gewahrsein hat viele Menschen transformiert, die sagen, dass sie »jedes Gefühl auffangen und für die Emotionen anderer zu sensibel sind«. Diese Menschen haben sich nicht verschlossen. Sie können die Emotionen anderer weiter fühlen, aber statt sie in ihrem Körper zu halten, können sie sie weiter nach hinten durch die offene Tür ihres Herzens zur Unterstützung des Feldes wachen Gewahrseins in und hinter sich lassen.

Offenherziges Gewahrsein baut auf emotionaler Intelligenz auf, der Fähigkeit, unsere Emotionen zu erkennen, zu unterscheiden und zu artikulieren. Es ist auch die Fähigkeit, die Emotionen anderer und die Art, wie sie mit uns kommunizieren, zu verstehen und wertzuschätzen. Offenherziges Gewahrsein muss Emotionen nicht abwehren. Von offenherzigem Gewahrsein aus kann man »mit« Emotionen sein, die früher überwältigend gewesen wären. Von offenherzigem Gewahrsein aus muss man sich nicht für unterentwickelt oder schwach halten, wenn man das durchmacht, was Teresa von Ávila die »Gabe der Tränen« nannte.

Auch wenn wir aus der Identifikation mit dem Ego erwachen, ist es immer noch notwendig, hinsichtlich der Liebe zu verlernen und neu zu lernen. Was wir Liebe nennen oder was wir für Liebe halten, ist häufig mit einer Menge früher persönlicher Konditionierungen, alter Glaubenssysteme und etwas gemischt, woran wir emotional anhaften. Wenn das Herz nicht nach *außen* geht und dort nach Liebe sucht, sondern die Liebe stattdessen zurück zu ihrer Quelle blickt – dem Seinsgrund –, kann man bedingungslose Liebe entdecken, die wir immer schon gewesen sind. Dann kann diese neue Erfahrung von Liebe zur Grundlage werden, von der aus Beziehungen gebildet werden. Eine ganz andere, emotionale Art zu sein und zu sehen lässt eine neue, sehr viel mitfühlendere und verbundenere Weise entstehen, in Beziehung zu sein.

Das von unserem Herz-Geist aus operierende offenherzige Gewahrsein beginnt, notwendige Beurteilungsfunktionen des Denkens einzuschließen, lässt aber die Angst, Getrenntheit und kontrollierende Wut hinter sich, die uns »wertend« gemacht haben. Unsere normalen Bewertungsfunktionen werden durch offenherziges Gewahrsein zu Urteilsvermögen und differenzierender Weisheit transformiert. Der Richter, der Kritiker und das Über-Ich sind keine essenziellen oder streng fixierten Teile der menschlichen Psyche. Sobald wir in offenherziges Gewahrsein wechseln, entsteht ein unmittelbares Gefühl, nichtwertend und mitfühlender zu sein. Man entwickelt ein reiferes Gewissen, ein Gefühl der Integrität und eine Akzeptanz dessen, was ist, während man die Fähigkeit und Motivation besitzt das zu verändern, was verändert werden muss.

Auch wenn wir uns nicht so sehr mit Gedanken oder Geschichten identifizieren, stellen sich weiter einige tief verborgene Stimmungen und lange in uns gehaltene Emotionen ein. Aber im Kontext des offenherzigen Gewahrseins ist das eine natürliche Phase, während der unsere unterdrückten Emotionen entgiftet werden und die Energie, die sie zurückgehalten haben, wieder unserer natürlichen Lebenskraft zur Verfügung gestellt wird. Die Entdeckung von offenherzigem Gewahrsein ist der Anfang einer ganz neuen Weise, mit Emotionen zu sein, die nur von diesem Zustand aus möglich ist und die zu einer stabilen Stufe unserer Entwicklung werden kann.

Offenherziges Gewahrsein beginnt damit, die Unterstützung durch waches Gewahrsein zu entdecken. Dann empfindet man nicht nur Liebe für andere, sondern auch Zartheit und Mitgefühl für sich selbst. Man kann sich sowohl verletzlich als auch mutig fühlen, weil unser Boden waches Gewahrsein ist. Unser emotionales Herz wird keine schützende Hülle mehr um sich herstellen müssen. Wenn wir einen großen Verlust oder eine tiefe Verletzung empfinden, die sich anfühlt, als wäre unser »Herz gebrochen«, sehen wir nun, dass unser Herz nicht gebrochen ist. Es ist in Wirklichkeit die Schutzhülle des Herzens aus Abwehrmechanismen, die aufbricht und uns damit alle Emotionen ganz fühlen lässt. Offenherziges Gewahrsein verleiht uns die Fähigkeit, ein emotional erfülltes Leben zu führen, ohne uns zu verschließen oder überwältigt zu werden.

Wir können uns sowohl verletzlich als auch mutig fühlen, während wir wissen, dass – im Grunde – alles gut ist. Wenn man zum ersten Mal in die Phase verkörperter Präsenz wechselt, kommt es häufig zu einer Periode tiefer Erholung, und man ist einfach bei der inneren Stille, der Ruhe und dem Wohlbefinden, die nicht auf Denken oder Handeln beruhen. Wenn wir in offenherziges Gewahrsein wechseln, kommt es zu einer großzügigen Akzeptanz von anderen und uns selbst, die uns nicht passiv, sondern vielmehr neugierig und kreativ macht.

Im Übergang von verkörperter Präsenz bewegen wir uns von nicht konditioniertem wachem Gewahrsein zur bedingungslosen Liebe offenherzigen Gewahrseins. Jemand hat dies so beschrieben: »Ich habe das Gefühl, dass ich mich von Gewahrsein aus, das sich Gewahrseins bewusst ist, hin zu Liebe bewege, die Liebe liebt.« Die Qualität des formlosen Gewahrseins, das physischer Form begegnet, kann sich wie ein Gewebe der Liebe, ein Tanz der Gegensätze oder ein Feld der Einheit anfühlen. Der Schlüssel hierbei ist, dass das Herz-Wissen uns erlaubt, unsere Identität nicht nur als eine begrenzte, getrennte, physische Person wahrzunehmen, sondern auch als jemanden, der untrennbar mit einer Gemeinschaft, dem Gewebe der Liebe und etwas verbunden ist, das größer als unser individuelles Selbst existiert.

Erwachte Herzweisheit

Wenn Menschen offenherziges Gewahrsein zu entdecken beginnen, berichten sie häufig davon, eine Erleichterung zu empfinden, als ob sie eine Last losgelassen hätten. Wenn man zum ersten Mal mit offenherzigem Gewahrsein in Berührung kommt, kann es sein, dass man seine physischen und energetischen Formen von bedingungsloser Liebe, Glück oder Stille empfindet. Menschen berichten, dass sie sich sicher, verbunden, neugierig und weichherzig fühlen, wenn sie eher von offenherzigem Gewahrsein als von ihrem Kopf aus wissen. Dies ist für viele eine tiefgehende, schöne Erfahrung, die sie spontan in poetischen Sätzen beschreiben, wie zum Beispiel, dass sie »ein Herz so groß wie die Welt« hätten, »süße Traurigkeit« empfänden, wüssten, »dass alles gut ist« oder »ein zartes Vertrauen« fühlten.

Wenn Menschen, die in offenherziges Gewahrsein gewechselt sind, gefragt werden: »Was weißt du von offenherzigem Gewahrsein aus?«, antworten sie häufig:

> Liebe – ein Gefühl von Einheit, Einssein, Mitgefühl
> und Beziehung.
>
> Sicherheit – alles ist gut.
>
> Es gibt überhaupt keine Angst, Scham oder Sorge.
>
> Nichts fehlt. Und nichts muss weggedrückt werden.
>
> Wer ich bin, kann nicht bedroht werden.
>
> Ich dachte, ich wäre verloren, aber es stellt sich heraus, dass
> offenherziges Gewahrsein schon immer da gewesen ist.

Wenn wir in offenherziges Gewahrsein wechseln, erkennen wir möglicherweise, dass seine Zartheit und verletzliche Stärke mit der ungeheuren Weite des Seins verbunden sind. Viele berichten auch, dass sie sich mehr an Aktivitäten wie praktischem Engagement für soziale Gerechtigkeit, Dienst an Bedürftigen, Tierschutz und anderen spontanen Akten der Wohltätigkeit beteiligen. Am Tag nach dem 11. September 2001 empfand ich den Impuls, in Lower Manhattan zur Stelle zu sein, und während der nächsten Jahre arbeitete ich weiter mit Familien, die Angehörige verloren hatten. Ich traf viele Menschen im ganzen Land, die sich aufgerufen gefühlt hatten, während der Tragödie vom 11. September da zu sein, und wenn ich mit ihnen sprach, war klar, dass viele anscheinend von offenherzigem Gewahrsein aus handelten.

Wenn man von offenherzigem Gewahrsein aus handelt, hört man nicht mehr auf den inneren Erzähler und auf das beliebige Geplapper unserer automatischen Gedanken. Diese Stimmen werden zu wenig mehr als einem Hintergrundgeräusch wie Kinder, die hinter dem Haus spielen. Waches Gewahrsein hat sich in den Vordergrund des Bewusstseins bewegt, wo es ruhig ist. Man ist nicht länger von den Anstrengungen erschöpft, seine Gedanken zu organisieren. Man fühlt sich verkörpert, erfrischt, aufmerksam und ausgestattet mit dem Potential, zu wissen, was zu wissen ist, wenn man es wissen muss. Man wendet sich nicht länger an das Denken, um etwas zu wissen. Wenn man durch offenherziges Gewahrsein erlebt und wahrnimmt, lässt man mehr von der Welt in sich hinein, und, was noch erstaunlicher ist, man hört auf, Gedanken und Emotionen auf andere zu projizieren.

Von offenherzigem Gewahrsein aus scheint die Welt von innen erleuchtet zu sein, und was einmal als das »andere« erschien, ist tatsächlich verbunden. Offenherziges Gewahrsein kann einen Wechsel in eine neue Art zu sehen bewirken. Die Augen sind dann nicht nur mit dem Gehirn, sondern durch den Herz-Geist mit dem Seinsgrund verbunden. Die auf dem Ego beruhende Identität schaut nicht mehr aus den Augen. Vielmehr ist Blicken von offenherzigem Gewahrsein aus so, als schaute man direkt durch die Augen des erwachten Herzens ohne die Gedanken, Glaubensvorstellungen und Projektionen des Bewusstseins, die die Erfahrung interpretieren. Es bestehen keine Ängste oder Sorgen über das, was die andere Person denken könnte; es besteht ein Vertrauen, dass man wissen wird, wie man reagieren sollte – mit einer natürlichen, intuitiven Achtsamkeit des Herzens.

Während des Übergangs von gewöhnlichem Bewusstsein zu offenherzigem Gewahrsein braucht man Vertrauen und Geduld. Wenn wir anfangen, diesen Wechsel vorzunehmen, stehen uns unser Denken und die Ego-Funktionen noch nicht vollständig zur Verfügung. Daher kann es sich so anfühlen, als vollzöge sich der Wechsel zu langsam, aber es ist lebenswichtig, nicht aufzugeben. Es gibt eine Phase, während der man auf die Reaktion wartet, ohne auf das Denken zu schauen – auch wenn man das Gefühl hat, dass keine Reaktion kommen wird. Das Ego-Bewusstsein sagt: »Beeil dich!«, oder: »Schau, ich habe dir gesagt, ohne mich als Führer wirst du versacken.« Aber die neue Verschaltung wird zu einer anderen Art des Sprechens von offenherzigem Gewahrsein aus führen. Jemand hat dies so beschrieben: »Sprechen wird wie Atmen. Es ist leicht und natürlich und fließt einfach, ohne planen zu müssen, was man sagen wird.«

Erstaunlicherweise muss man nicht versuchen, diese Erfahrung von offenherzigem Gewahrsein herzustellen. Man muss einfach lernen, aus Denken, das sich mit dem Ego identifiziert, in den Herz-Geist zu wechseln; mit der Zeit wird man immer vertrauter damit, auf diese Weise zu sein. Leben von offenherzigem Gewahrsein aus vermittelt einem ein Gefühl, als wäre man wieder nach Hause gekommen, als wäre man wieder ganz und als würde man nie wieder allein sein.

FLÜCHTIGER BLICK 1: **Sich offenherzig verbinden**

Die buddhistische Tonglen-Praxis ist interessant, weil sie das Gegenteil einiger heutiger Praktiken ist, wie zum Beispiel positive Energie und Liebe einatmen und negative Energie und Leiden ausatmen. Tonglen ist eine Praxis von Geben und Nehmen auf relativer Ebene, bei der man angeleitet wird, das Leiden anderer mit dem Wunsch in sein Herz zu atmen, ihre Unwissenheit und ihren Schmerz zu entfernen. Dann atmet man aus seinem Herzen aus und schickt damit bestimmten Personen oder Gruppen von Menschen gute Gefühle, Mitgefühl und Glück.

Diese nächste Übung ist eine Version der Tonglen-Praxis auf absoluter Ebene. Sie ist dieselbe wie die auf relativer Ebene, außer dass man nicht aufhört, das Leiden in seinen Körper aufzunehmen, wenn man in sein Herz atmet. Vielmehr lässt man es durch den Herz-Raum zur Unterstützung wachen Gewahrseins hinter dem Rücken weitergehen. Dann fühlt man, wie die Unterstützung von wachem Gewahrsein in den Körper kommt. Als nächstes fühlt man, wie liebevolles Gewahrsein hinaus zu der Person vor einem geht und sich mit dem wachen Gewahrsein in und hinter ihr verbindet. Wenn man einatmet, spürt man, wie ihre Unwissenheit und ihr Leiden zurück und durch den eigenen Körper kommen – und dann nach hinten zur Unterstützung von wachem Gewahrsein. Die Schlüsselerfahrung könnte man so zusammenfassen: *Waches Gewahrsein steht hinter Ihnen*. Man kann lernen, von hier aus zu empfangen und zu geben. Abbildung 4 veranschaulicht diese Übung visuell.

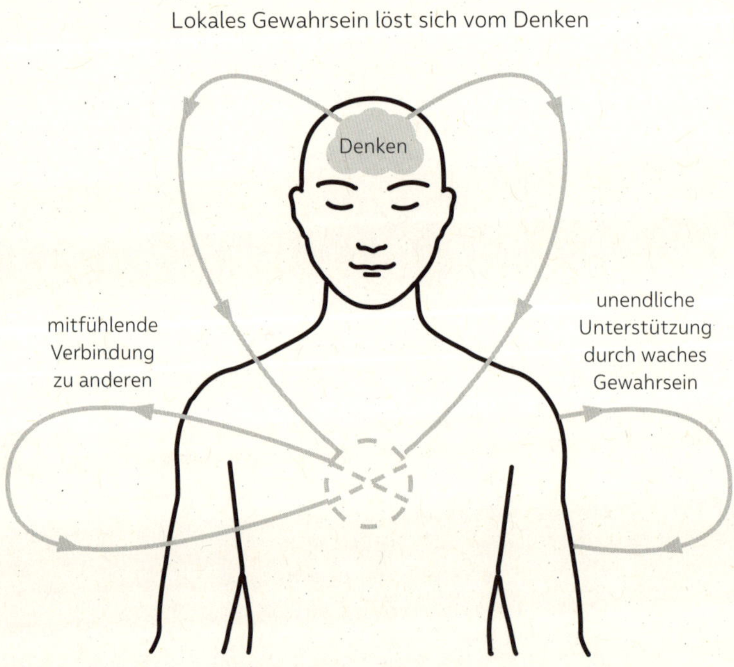

ABBILDUNG 4: Einen neuen Ort in offenherzigem Gewahrsein finden.

Nehmen Sie sich für diese Übung ein paar Minuten Zeit, um selbst einen Blick auf offenherziges Gewahrsein zu werfen.

1. Sitzen Sie bequem mit offenen oder geschlossenen Augen und seien Sie sich einfach aller Ihrer Sinne bewusst. Nehmen Sie die Aktivität des Denkens in Ihrem Kopf wahr.

2. Lösen Sie als erstes lokales Gewahrsein von Gedanken in Ihrem Kopf. Lassen Sie es dann nach unten durch Ihren Hals in Ihre Brust sich bewegen und wissen Sie – direkt – aus dem Inneren Ihres Oberkörpers.

3. Werden Sie mit dieser Art direkten Wissens von innen vertraut; sie schaut weder von Ihrem Kopf aus nach unten noch schaut sie nach oben zu Ihren Gedanken.

4. Spüren Sie Gewahrsein und Lebendigkeit zusammen: Ruhen Sie, ohne einzuschlafen, und bleiben Sie bewusst, ohne auf Denken zurückzugreifen, um zu wissen.

5. Spüren Sie, dass Gewahrsein sowohl Gewahrsein als auch Lebendigkeit aus dem Inneren Ihres Körpers wissen kann.

6. Nehmen Sie ein Gefühl eines offenherzigen Raums aus dem Inneren des Zentrums Ihrer Brust wahr.

7. Fühlen Sie sich so, als hätten Sie Ihren Ort von Ihrem Kopf zu diesem offenherzigen Raum verlagert, von dem aus Sie jetzt wissen und bewusst sind.

8. Nehmen Sie wahr, dass Sie alle Gedanken nach unten einladen und dort annehmen können, sodass Sie in Ihrem Herzen bleiben und sich doch Informationen aus der Position Ihres Kopfes quasi via WLAN kommen lassen können.

9. Seien Sie hier, empfangen Sie mit Ihren Augen Licht und schauen Sie mit den Augen offenherzigen Gewahrseins hinaus in die Welt.

10. Spüren Sie, wie lokales Gewahrsein sich nach hinten und durch Ihren Herz-Raum bewegen kann, um sich ausgedehnten Gewahrseins hinter Ihrem Körper bewusst zu werden.

11. Geben Sie lokales Gewahrsein auf, wenn lokales Gewahrsein mit ausgedehntem Gewahrsein verschmilzt, sodass es seiner selbst bewusst wird.

12. Warten Sie, bis Sie aus dem Inneren des zeitlosen, inhaltslosen, gedankenfreien Gewahrseins wissen.

13. Nehmen Sie wahr, dass das Feld ausgedehnten Gewahrseins hinter Ihrem Herzen schon Ihren ganzen Körper umfasst, wenn Sie Gewahrsein aufgeben.

14. Spüren Sie, wie Gewahrsein sich selbst als reines Gewahrsein hinter Ihrem Körper und von Ihren Zehen bis zu Ihrem Kopf als die Lebendigkeit in Ihrem Körper kennt. Spüren Sie die Freude und Leichtigkeit dieser innerkörperlichen Präsenz.

15. Nehmen Sie nun wahr, wie lokales Gewahrsein sich auch durch Ihren Herz-Raum hinaus in die Welt bewegt und sie anschaut.

16. Seien Sie sich von diesem Feld ausgedehnten Gewahrseins – hinter Ihnen, in Ihrem Inneren und vor Ihnen – aus bewusst. Es ist zugleich ausgedehnt und allgegenwärtig: ein kontinuierliches Feld von Gewahrsein, Stille und Lebendigkeit.

17. Nehmen Sie wahr, dass Sie nicht zwischen bewusst sein außen und dann innen abwechseln müssen. Gewahrsein ist zugleich außen und innen.

18. Fragen Sie, ohne auf Denken zurückzugreifen: »Was weiß offenherziges Gewahrsein?«

19. Lassen Sie einfach los und lassen Sie sein. Ruhen Sie in diesem neuen Wissen und Fließen; schauen Sie vom Sein aus.

Nehmen Sie wahr, wie liebevolles Gewahrsein sich mühelos einstellt.

TEIL III

DIE NEUE NORMALITÄT

11

DIE NÄCHSTE STUFE MENSCHLICHER ENTWICKLUNG

Wir sind nicht Menschen mit einer spirituellen Erfahrung.
Wir sind spirituelle Wesen, die eine menschliche Erfahrung machen.
PIERRE TEILHARD DE CHARDIN[1]

Während der letzten 30 Jahre als Psychotherapeut und Meditationslehrer hatte ich das Privileg, Tausenden von Menschen zuzuhören, die mir von ihren inneren Reisen erzählten. Ich habe die ganze Breite menschlicher Entwicklung sich entfalten sehen vor meinen Augen. Menschen verschiedener Nationalität, aus verschiedenen sozioökonomischen Gruppen, verschiedener Rassen, verschiedenen Geschlechts und Alters haben mir Gelegenheit gegeben, mit ihnen zu arbeiten. Zu meinen Klienten haben Doktoranden, Menschen in psychiatrischen Rehabilitationseinrichtungen, Professoren, CEOs, Obdachlose, Feuerwehrleute, Ärzte, Alkoholiker in Behandlung, Vollzeit-Eltern, Künstler, Schauspieler, Geistliche, Klempner, Yogalehrer und ein Schlepperkapitän gehört.

Während der sechs Jahre, in denen ich in Brooklyn in einer kommunalen psychiatrischen Klinik arbeitete, habe ich entdeckt, dass Klienten mit einer problematischen Hirnchemie oder solche, die als Kind nicht ausreichend Zuwendung bekommen hatten, dennoch eine unmittelbare

Erfahrung von wachem Gewahrsein als ihrem Seinsgrund haben konnten. Diese Erfahrung zu erkennen, wer sie im Grunde sind – eine Art grundlegende Güte oder ursprüngliche Unschuld –, erwies sich für meine Klienten als tiefer und wirksamer als die ebenso wichtige Arbeit, ihnen zu helfen, in Bereichen zu wachsen, in denen sie in ihrer Entwicklung behindert waren. Sie erkannten, dass ihre wahre Natur nie beschädigt worden war, und sie konnten sehen, dass die traumatischen Ereignisse der Vergangenheit im Hier und Jetzt nicht mehr vorkamen. Ein Klient berichtete: »Jetzt, da ich mein normales Ich kenne, ist es mir egal, ob Leute denken, dass ich nicht normal bin.« Ein anderer sagte: »Mir geht es dieser Tage so gut. Zu versuchen, ›jemand‹ zu sein, hat mich erschöpft. Es hat mich verrückt gemacht.« Viele der Menschen, mit denen ich gearbeitet habe, haben sofort ihren Humor und die Leichtigkeit des Seins wiedergefunden. Sie hatten immer noch Beeinträchtigungen, aber wenn man einmal einen Blick auf den Seinsgrund geworfen und sich mit ihm verbunden hat, kann man besser mit den vielen ungelösten emotionalen Themen umgehen, die sich während des ganzen Lebens angesammelt haben.

Viele Patienten meiner Privatpraxis, die für die gewahrseinsbasierte Psychotherapie zu mir kamen, waren in ihren Berufen, Familien und Gemeinden nach außen hin manchmal erfolgreich. Die meisten waren in Bezug auf die Ursache ihres Leidens verwirrt. Obwohl das Leiden bei allen denselben Grund hatte, litt jeder an anderen Symptomen: an Depression, Angst, Verzweiflung, Entfremdung, Furcht, Wertlosigkeit, Selbstverachtung oder Groll. In den meisten Bereichen ihres Lebens waren sie alle erwachsen. Manche hatten Jahre an Psychotherapie, Meditation oder Selbstoptimierung hinter sich, aber die meisten hatten eine Stelle unerträglicher Unzufriedenheit erreicht. Selbst mit all ihrem Erfolg und ihrer Ich-Stärke berichteten sie: »Ich finde es nicht heraus«, »Ich halte es nicht aus«, »Ich kann so nicht weitermachen«, »Nichts, was bisher funktioniert hat, funktioniert mehr«, »Ich bin überwältigt und kann mit so viel Schmerz nicht umgehen« oder »Ist dies alles, was es gibt?« Diese Klienten hatten das Gefühl, sie wären an eine Art Wand gestoßen: eine emotionale unterste Talsohle oder, wahrscheinlicher, an eine Obergrenze ihres Wachstums. Die meisten Menschen entdecken in der Mitte ihres Lebens, wenn nicht früher, dass sich auch die erfolgreichste, gepflegteste Ego-Identität schließlich unbefriedigend anfühlt, weil sie nicht in der Lage ist, ein menschliches Leben in all seiner Tiefe zu leben.

Viele meiner Klienten hatten schon versucht, ihre Probleme durch einen Wandel von äußeren Situationen und Verhaltensweisen oder durch Veränderung ihrer Gedanken und innerer Haltungen zu lösen. Da sie aufgegeben hatten zu flüchten, versuchten sie, das Beste aus ihrer Situation zu machen, indem sie die Wände ihres Trotts dekorierten, in dem sie feststeckten. Diese besondere Gruppe von Menschen hatte die Grenze ihres gegenwärtigen Betriebssystems erreicht: ihrer auf dem Ego beruhenden Identität. Um weiter zu wachsen und heranzuwachsen, mussten sie den Prozess des Erwachens jenseits der Ego-Identifikation beginnen.

Wenn wir nicht aus der Ego-Identifikation erwachen und psychisch heranwachsen, kann es sein, dass wir in der Lebensmitte oder nach einem Viertel des Lebens in eine Krise geraten. Die aktuelle Forschung zeigt, dass Menschen zwischen 20 und 30 höhere Niveaus an Stress und Depression erreichen als in jeder früheren Generation.[2] Wenn man nicht in eine neue Identität hineinwächst, kann es sein, dass man zu Verhaltensweisen regrediert, die der der Pubertät ähneln: Man richtet sich in einer falschen Persona ein, verschließt sich in einer Depression oder fühlt sich ständig von Angst überwältigt. Es ist möglich, dass man sie ausagiert oder versucht, sich selbst mit einer Abhängigkeit zu medikamentieren. Man kann bewusst anfangen, aus der Ego-Identifikation herauszutreten, und lernen, sich auf den Seinsgrund zu verlassen, *bevor* es zu einer Krise kommt. Wenn es dann zu einer Lebenskrise kommt – einer, die sonst zu einer dunklen Nacht der Seele geführt hätte –, kann sie als wohltätige Wachstumsschmerzen, emotionale Entgiftung und Neuverschaltung erlebt werden, um von offenherzigem Gewahrsein aus zu leben.

Ich fing an wahrzunehmen, dass viele meiner Klienten und Schüler anfingen, über das hinaus zu erwachen, was konventionelle

Entwicklungsmodelle beschreiben. Ich sah Menschen unter meinen Augen auf eine andere Stufe des Erwachens wechseln. Bei manchen kommt es unabsichtlich und spontan zu dem Wechsel, häufig liegt eine Krise zugrunde. Diese Menschen erleben gelegentlich einen Zusammenbruch, bevor sie wechseln und einen Durchbruch machen können. Ein paar bewirken diese Veränderung einfach dadurch, dass sie sich für das Licht wachen Gewahrseins öffnen, aber viele haben schon ihre dunkle Nacht der Seele durchgemacht, wenn ich ihnen begegne. Manche geben sich einfach hin, hören auf zu suchen und zu kämpfen und lassen sich einfach öffnen. Andere treten um sich, schreien und hinterlassen die Spuren ihrer Fingernägel, wenn sie versuchen, sich festzuhalten. Manche Menschen müssen erst das Feuer unter sich spüren – die stechende Hitze und die Angst, verbrannt zu werden –, bevor sie bereit sind, alte Abwehrmechanismen ihres Egos aufzugeben und in ein neues Gefühl von Sein zu wechseln. Doch immer mehr Menschen, mit denen ich zur Zeit arbeite, machen absichtlich den Sprung ins Unbekannte und erlauben sich, dort zu ruhen und das loszulassen, woran immer sie sich festgehalten haben, während sie sich weiter zeigen und in ihrem Leben heranwachsen.

Die Frage, die sich heute stellt, lautet: Kann der Durchschnittsmensch Zugang zum Potential für eine neue Stufe erwachsener menschlicher Entwicklung bekommen, das bisher auf ein paar weise Frauen und Männer beschränkt zu sein schien? Kann man sich entscheiden, dies *vor* einem Zusammenbruch zu tun und ohne in ein Kloster einzutreten? Wenn man moderne Psychologie, Neurowissenschaft und uralte Weisheit kombiniert, kann man anfangen, die besonderen Veränderungen zu beschreiben, die nötig sind, um die nächste Wachstumsphase einzuleiten und zu unterstützen. Um das Potential unserer vollen menschlichen Entwicklung zu erweitern, müssen wir diese neue Stufe des Lebens gemeinsam erforschen und studieren.

Die Anfänge des Modells menschlicher Entwicklung

Als mein Neffe Justin fünf Jahre alt war, gingen wir zum ersten Mal zusammen angeln. In diesem Sommer war er so begeistert davon, mit seinem Onkel angeln zu gehen, dass er ein paar Wochen lang jeden Tag darüber sprach, bevor ich ankam. Als wir schließlich Seite an Seite mit einer einzigen Angelrute am Teich standen, wollte – und *konnte* von seinem Entwicklungsstand her – Justin die Rute mit mir nicht teilen.

»Noch ein Fisch, und ich gebe sie dir.« Seine fünf Jahre alte Stimme war voller Entschlossenheit. »Noch zehn Minuten bin ich dran, und dann kannst du es versuchen.« Aber mein Neffe konnte nicht loslassen. Im folgenden Jahr, als Justin sechs Jahre alt war, teilte er die Angelrute gern mit mir. Was für einen Unterschied ein Jahr ausmachen kann! Wir alle wissen aus unserer Erfahrung und der Beobachtung anderer, wie radikal man sich beim Aufwachsen verändert.

Zu Beginn des 20. Jahrhunderts begannen Anthropologen und Entwicklungspsychologen zu erkennen, dass Kinder weltweit, unabhängig von ihrer Kultur oder Umwelt, dazu neigen, bestimmte Stufen der Entwicklung in derselben Reihenfolge zu erreichen. Auf Grundlage sorgfältiger wissenschaftlicher Beobachtung konnten diese Sozialwissenschaftler allgemeine Phasen und Übergänge bei Heranwachsenden beschreiben.

Phasen und Stufen menschlicher Entwicklung wurden in vielen Bereichen beobachtet. Der Psychologe Jean Piaget arbeitete bekanntlich mit der kognitiven Entwicklung; die Ärztin Margaret Mahler erforschte die frühkindliche Entwicklung. Der Psychoanalytiker Erik Erikson beschrieb die Lebensphasen von der frühen Kindheit bis zum Erwachsenenalter. Lawrence Kohlberg erforschte die Stufen moralischer Entwicklung; Carol Gilligan die ethische Entwicklung im Kontext des weiblichen Geschlechts. In jüngerer Zeit erweiterte Ken Wilber das Konzept der Entwicklungsstudien in Bereiche wie Spiritualität, Meditation und Bewusstsein.

Wenn wir von normaler menschlicher Entwicklung sprechen, reden wir über das Säugetier *Homo sapiens*, und wie alle anderen Tiere haben wir Menschen eine natürliche Entwicklung, die für unsere Spezies typisch ist. Sowohl »Natur« (unsere biologische, genetische Ausstattung) als auch »Erziehung« (unsere Beziehung mit Bezugspersonen, Umwelt und sozialem Lernen) tragen zu einer normalen menschlichen Entwicklung bei. Einzigartig an menschlicher Entwicklung ist eine Art Bewusstsein, die uns erlaubt, die inneren Inhalte unseres Geistes und die äußeren Muster in der Welt zu beobachten. Diese Fähigkeit menschlichen Bewusstseins zur Selbstreflexion, »Selbstbewusstheit« genannt, kann überentwickelt worden sein und ein eingeschränktes Gefühl eines Selbst bewirken, aus dem man erwachen muss.

Frühe psychologische Beschreibungen der ganzen menschlichen Entwicklung endeten bei der Stufe der Ego-Identifikation, die auf konzeptuellem Denken beruht. Westliche Psychologen sagen uns, dass Kleinkinder nicht mit einem Gefühl eines Selbst auf die Welt kommen. Wir bilden ein Gefühl eines Selbst zur selben Zeit aus, in der wir konzeptuelles oder begriffliches Denken entwickeln: im Alter von 18 Monaten bis zwei Jahren. In diesem Alter entwickelt man Selbstrepräsentationen, die mentale Bilder des eigenen Selbst sind, und Objektrepräsentationen, die internalisierte Bilder anderer Menschen sind. Konzeptuelles Denken und Selbstbewusstheit sind wichtige Entwicklungen, die uns in Richtung Unabhängigkeit bewegen, uns ermöglichen zu funktionieren und uns helfen, mit anderen in Beziehung zu sein. Selbstbewusstheit ist auch die Weise, wie man ein ausgeprägtes Selbstbild entwickelt, das für die Ego-Funktion wichtig ist. Diese normale Weise, »mich« (wie in »mein Körper«) von der Umgebung zu unterscheiden, ist zum Überleben und Gedeihen wichtig. Wir alle haben beobachtet, wie zweijährige Kinder diese Errungenschaften der neuen Entwicklung anwenden: »*Mein* Spielzeug«, »*Meine* Mama« und »Ich mache das *allein*«.

Das Modell menschlichen Wachstums erweitern

Eine neue Grundlage der Identität entdecken ist notwendig, um heranzuwachsen. Tatsächlich kann man die späteren Stufen emotionaler und psychischer Arbeit, die zu essenziellem Wohlbefinden führen, nicht machen, bevor Erwachen beginnt. Um diese nächste Stufe zu erreichen, muss man die Entwicklungsmodelle erweitern und neue Wege finden, in diese nächsten Stufen hineinzuwachsen. So wie Eltern die Fortschritte eines Kindes auf jeder Ebene unterstützen, müssen wir auch einander beim Erwachen und im Wachstum unterstützen.

Obwohl Erwachen für jeden anders ist, scheint es einen Entfaltungsprozess mit allgemeinen Prinzipien und Stufen zu geben. Viele spirituelle Traditionen erkennen an, dass es nach dem anfänglichen Schritt des Erwachens Entwicklungsstufen gibt. Es existiert zum Beispiel sogar in Traditionen wie dem Zen, das ein plötzliches erstes Erwachen betont (*Kensho* oder *Satori*), eine Anerkennung der Notwendigkeit zu reifen. Der Zen-Lehrer Tozan unterscheidet fünf Entwicklungsstufen nach dem ersten Erkennen. Die Dzogchen-Tradition benennt vier fortschreitende Stufen von Anerkennung, Realisierung, Stabilisierung und Ausdruck. Die christliche Mystik erörtert die Bewegung durch Reinigung, Erleuchtung und Vereinigung. Die Mahamudra-Tradition beschreibt vier Stufen: Einsgerichtetheit ohne jedwede Ablenkung, derselbe Geschmack, Nicht-Unterscheidung und Nicht-Meditation. Der zeitgenössische Lehrer, Adyashanti, beschreibt Stufen von »Erwachen des Kopfes, Erwachen des Herzens, Erwachen des Bauches und Erwachen an der Wurzel«. Obwohl jede dieser Stufen in verschiedenen kulturellen Sprachen beschrieben wird, stimmen alle überein, dass es Stufen der Entfaltung nach dem ersten Erwachen gibt.

Um sich über einen gewissen Punkt des Erwachsenseins hinaus weiterzuentwickeln, müssen wir unsere Identität in das Gewahrsein verschieben, das in allen Entwicklungslinien relevant ist. Man kann psychologisches Wissen und uralte Weisheit über das Erwachen zusammenbringen, um eine neue Entwicklungsstufe zu erreichen. Die meisten Menschen, die dieses Buch lesen, befinden sich schon auf einer Stufe, die entwickelt genug ist, um mit dem hier besprochenen Training für das Erwachen zu beginnen.

Dieses neue Modell menschlicher Entwicklung baut auf dem früheren auf. Obwohl kein Modell statisch sein kann, weil Menschen nicht in derselben Weise erwachen, gibt es allgemeine Prinzipien, die zu kennen sehr hilfreich sein kann. Ich schlage ein Modell des Bewusstseins vor, das die drei traditionellen Stufen psychischen Wachstums beschreibt – *Abhängigkeit*, *Unabhängigkeit* und *Sozialisation* – und drei parallele Stufen des Erwachens – *Transzendenz*, *Verkörperung* und *wechselseitige Verbundenheit*. Transzendenz bezeichne ich als »Erwachen«, Verkörperung als »Einwachen« und wechselseitige Verbundenheit als »Auswachen«.

STUFEN DER EGO-ENTWICKLUNG	STUFEN DES ERWACHENS
Abhängigkeit	Erwachen (Transzendenz)
Unabhängigkeit	Einwachen (Verkörperung)
Sozialisation	Auswachen (wechselseitige Verbundenheit)

Wenn man als Säugling auf die Welt kommt, ist man nicht in der Lage, für sich selbst zu sorgen, und ist von Erwachsenen *abhängig*, um zu überleben. In der ersten Lebensphase bilden wir starke Bindungen mit unseren Bezugspersonen. Wenn wir älter werden und fähig sind, allein für uns zu sorgen, entwickeln wir *Unabhängigkeit*. Wenn wir noch älter werden, ist es wichtig, dass sich unsere Ego-Funktionen weiterentwickeln, damit wir kontinuierlich neue Informationsebenen internalisieren und emotional weiterwachsen, sodass wir letztlich unabhängig leben können. *Sozialisation* verlangt von Kindern, dass sie anfangen, mit anderen zu teilen und zu kooperieren. Im frühen Erwachsenenalter hat man gelernt, mit anderen bei der Arbeit zu interagieren und Aufgaben in der Gemeinschaft zu übernehmen. Um Empathie und Mitgefühl zu entwickeln, lernt man, die Sicht eines anderen Menschen einzunehmen und zu fühlen, wie es wäre, an seiner Stelle zu sein.

Es ist möglich, diese Phasen zu erkennen und in heutiger, verständlicher Sprache zu beschreiben. Erwachen beginnt damit, dass man aufwacht, indem man die Ego-Identifikation transzendiert und in wachem Gewahrsein bleibt, setzt sich mit Einwachen in unseren Körper und unsere Emotionen fort und geht dann zum Auswachen für Beziehungen und zum Funktionieren in der Welt über. Erwachen weiß von wachem Gewahrsein aus. Einwachen weiß von verkörpertem wachem Gewahrsein aus. Auswachen weiß von offenherzigem Gewahrsein aus.

ERWACHEN

Diese Phase besteht aus zwei Teilen: der erste Teil ist Erwachen *aus* der Identifikation mit dem Ego, der zweite das Erwachen *in* waches Gewahrsein als unser neues Betriebssystem. Wenn man von wachem Gewahrsein aus schaut, ist man sofort frei vom Leiden an Gier und Angst. Wir haben unsere Identität von der Ego-Identifikation zum beobachtenden Selbst und zum Wissen von nichtkonzeptuellem Gewahrsein aus verlagert.

Beim Erwachen transzendieren wir nicht unsere Ego-Funktionen, nicht unseren Körper, nicht unsere Persönlichkeit, sondern unseren permanenten Prozess der Ego-Identifikation. Einer der Hauptgründe, weshalb man sich nicht von Natur aus in die erste Phase des Erwachens entwickelt, besteht darin, dass die Stärken und Abwehrmechanismen unseres Egos, die für die frühe Entwicklung so entscheidend sind, uns jetzt davon abhalten, uns weiterzuentwickeln. Wie Kindergartenkindern, denen es am ersten Schultag schwerfällt, die Hände ihrer Eltern loszulassen, kann es für uns schwierig sein, unsere vertraute Ego-Identifikation loszulassen. Die Entwicklung einer gesunden Ego-Funktion ist wichtig, um die Schule zu bewältigen, eine Berufsausbildung zu machen, sich eine Karriere aufzubauen und eine Familie zu gründen. Weil wir aber aus konzeptuellem Denken und Ego-Funktionen eine beschränkte Ego-Identifikation hergestellt haben, haben wir eine Abwehr gegen unsere nächste Wachstumsstufe aufgebaut. In der Tat sieht es so aus, als würden unsere Abwehrmechanismen gegen das Loslassen einer alten Identität umso komplexer, je klüger wir werden. Wir werden sehen, dass wir tatsächlich eine Neuverschaltung von Ego-Funktionen wie Gedächtnis und Sprache durchmachen, wenn wir in waches Gewahrsein als unseren Seinsgrund wechseln.

Erwachen ist eine wichtige, aber dramatische Veränderung im Leben. Wenn man die Anfangsphase des Loslassens durchmacht, kann es scheinen, als würden wir zurückgehen oder in eine Leere fallen – und es kann sich gefährlich anfühlen und Angst machen. Ein Schüler berichtete, dass sich der Durchgang durch Nichtwissen »anfühlt, als würde ich alles aufgeben, was ich weiß, als würde ich festen Boden aufgeben – und mich in eine Lücke von Nichtwissen bewegen«. Wenn man mit dem ersten Teil des Erwachens aus der Ego-Identifikation aufhört, kann uns die Angst vor dem Unbekannten lähmen. Unsere starken Ego-Abwehrmechanismen sagen uns, wir sollten »die Leere vermeiden«. Wir müssen in den zweiten Teil weitergehen: Erwachen in waches Gewahrsein.

Obwohl es einem Durchschnittsmenschen auf der Straße seltsam oder esoterisch vorkommen mag, ist Erwachen eigentlich natürlich und kann zum »neuen Natürlichen« werden. Sowohl für ein Baby als auch für eine Person in einer frühen Phase des Erwachens – ein »Baby-Wesen« – sind ein Gefühl von Sicherheit und Vertrauen von essenzieller Bedeutung. Für das Baby gibt es Sicherheit in physischem Kontakt und gesundem Bonding mit Bezugspersonen, in dem, was man gemeinhin eine *Bindung* nennt. Ein beständiges Gefühl des physischen Körpers, wie er andere Körper berührt, wie er gehalten und beruhigt wird, führt zu einem gesunden, sicheren psychischen Fundament.

Statt Identität in der Bindung mit einer anderen Person zu finden, wird die Identität eines Baby-Wesens zunächst durch Nichtbindung gegründet: das Loslassen des Halts an der physischen Welt, seinem eigenen Körper, anderen Menschen und mentalen Selbstbildern. Dann findet das Baby-Wesen Sicherheit und Vertrauen in nichtphysischem wachem Gewahrsein und sich verändernder Lebendigkeit. Die schematische

Gegenüberstellung hier illustriert das Gemeinsame und die Unterschiede zwischen der ersten Stufe der kindlichen Entwicklung und der ersten Stufe des Erwachens:

ERSTE STUFE DER KINDLICHEN ENTWICKLUNG	ERSTE STUFE DES ERWACHENS
Thema: Sicherheit und Vertrauen	**Thema:** Sicherheit und Vertrauen
Modus: körperliches Bonding	**Modus:** waches Gewahrsein als Fundament
Verhalten: Halten	**Verhalten:** Loslassen
Aufgabe: Bindung	**Aufgabe:** Nichtbindung

EINWACHEN

Man beginnt einzuwachen, wenn man die Erfahrung macht, dass formloses waches Gewahrsein nicht von Energie und Formen getrennt ist. Einwachen bringt das formlose wache Gewahrsein mit unserem menschlichen Körper zusammen. Unsere Identität bewegt sich vom beobachtenden Selbst zum Sein. Die frühen Stufen der kindlichen Entwicklung entfalten sich von selbst, aber um spätere, potentiell höhere Stufen zu erreichen, braucht man Training, Unterstützung und Bestätigung. Zu der Stufe, die *Schulalter-Entwicklung* genannt wird, kommt es zum Beispiel nicht von selbst. In diesem Alter besitzen Kinder die natürliche Fähigkeit zu lesen und zu schreiben, aber sie entwickeln sich nicht zur nächsten Stufe weiter, wenn sie diese Fertigkeiten nicht wirklich üben. Einwachen funktioniert ganz ähnlich. Wir besitzen die Fähigkeit einzuwachen und von einem verkörperten, gewahrseinsbasierten Wissen und einer darauf beruhenden Identität aus zu leben. Wenn man heranwächst und erwacht, muss man aktiv beteiligt sein und lernen, wie man bewusst an dem Entfaltungsprozess teilnimmt.

Wenn wir angefangen haben aufzuwachen, sind wir von einem großen Teil des inneren Leidens aufgrund von heftigem Verlangen, Abneigung, Sorge und Depression des Egos befreit. Dennoch kann man den Bodenkontakt verlieren und von der Fähigkeit abgetrennt bleiben, ein voll verkörpertes menschliches Leben zu führen. Solange man nicht weiter einwachen und auswachen kann, ist es möglich, ethisch relativ und emotional distanziert zu bleiben.

Einwachen ist die Stelle, wo sich Erwachen und Heranwachsen treffen. Um weiter einzuwachen, lernen wir, wie man in Gewahrsein geerdet bleibt, das zu physischer Form gehört. Wenn waches Gewahrsein verkörpert wird, entdeckt man die natürlichen Qualitäten von Mut, Mitgefühl und Akzeptanz, die einem helfen, ethisch, emotional und im Hinblick auf Beziehung zu wachsen. Waches Gewahrsein ist unser gemeinsamer Seinsgrund. Wenn man einwacht, entdeckt man sein individuelles menschliches Wesen als ein unschuldiges und weises »Sein«. Von hier aus sind die Kerngeschichten und die alten Gefühle der Scham – »Ich bin nicht gut genug«, »Mit mir stimmt etwas nicht«, »Ich bin nicht liebenswert« – nicht länger überzeugend.

Auf der letzten, äußersten Ebene kommt es von selbst zur Entfaltung. Das Lernen, das nötig ist, um Sein zu verkörpern, wird nicht durch konzeptuelles Denken erreicht, sondern durch das neue Wissen. Waches Gewahrsein entfaltet sich von selbst; lokales Gewahrsein ist aktiv und besitzt Neugier, Intentionalität und Kreativität.

AUSWACHEN

Einwachen führt ganz natürlich zur Realisierung unserer Einheit mit allen Menschen und der ganzen Schöpfung, sodass wir eine spontane, mitfühlende Motivation empfinden und anfangen auszuwachen. Die große Veränderung liegt in der Erfahrung unserer Identität. Wenn man den Wechsel vollzieht, ist man nicht mehr darauf beschränkt, sich nur wie eine getrennte, individuelle physische Person zu fühlen. Vielmehr ist man auch mit allem Leben verbunden, so wie eine Welle untrennbar vom Meer ist. Von offenherzigem Gewahrsein aus fühlen wir Liebe und Empfindsamkeit gegenüber anderen und uns selbst, doch wir sind von unserer Verletzlichkeit nicht überwältigt, weil wir auch eine furchtlose Unterstützung wahrnehmen. Wenn man anfängt auszuwachen, entdeckt man Achtsamkeit des Herzens, die Fähigkeit, mit anderen in Beziehung zu sein und neue innere Verbindungen herzustellen, sodass man von einem Flow-Zustand aus leben kann – wie man es vom Sein aus zu tun lernt.

Die Beziehung zwischen Erwachen und Heranwachsen

Es ist wichtig, sich psychisch zu entwickeln *und* durch Stufen des Bewusstseins voranzuschreiten. Ken Wilber sagt: »In Stufen wachsen wir heran; in Zuständen wachen wir auf.«[3] Wilber nennt die Weise, wie man durch Bewusstseinsstufen fortschreitet, »Zustands-Stufen« (*state-stages*), und die Weise, wie man durch Entwicklungsstufen geht »Struktur-Stufen« (*structure-stages*). Wir kennen den enormen Unterschied, wenn wir von einer Stufe zu einer anderen heranwachsen wie mein Neffe, als er soweit gereift war, dass er seine Angelrute mit mir teilen konnte. Man kann auch den dramatischen Unterschied zwischen dem Zustand des Alltagsgeists und dem Sehen von wachen Gewahrsein aus erkennen.

Man kann entweder in psychischen Struktur-Stufen oder in bewusstseinsbasierten Zustands-Stufen stärker entwickelt sein, und viele richten ihren Fokus entweder auf Meditation oder auf Psychologie, als würde das eine irgendwie das andere natürlicherweise einschließen. Wir können die Strukturen unserer psychischen Entwicklung nicht sehen, wenn wir uns auf innere Meditationszustände fokussieren. Die Meditationserfahrung wird durch das Objektiv der Struktur des gegenwärtigen Entwicklungsniveaus interpretiert. Ohne Meditation und Gewahrseinstraining wird man subtile Ebenen des Geistes jedoch nicht einfach von selbst dadurch entwickeln, dass man heranwächst.

Während der Entwicklung der Zustands-Stufe, bei der man Selbsterforschung und Meditation anwendet, hat man nicht einfach nur erholsame meditative Zustände; man verändert auch die Struktur des Gehirns und verschiebt seine Identität. Aus jüngeren Studien mithilfe funktioneller Magnetresonanztomographie wissen wir jetzt, dass Meditation unser Gehirn nicht nur kurzzeitig verändert, sondern auch langfristig. Meditation anzuwenden, um zu verändern, wie das Gehirn Emotionen, Informationen und Identität verarbeitet, ist eine der wichtigsten Entdeckungen unserer Zeit. Wenn man Meditation verwendet, um seine Identität zu verschieben, kann man auf neue Weise weiterwachsen.

Die Identität verlagert sich vom Ego zum Selbst zum Sein. Dieser Prozess wacher Identität ist nur dann eine Option, wenn Heranwachsen und Erwachen zusammentreffen. Die Entwicklungsstufe wacher Identität ermöglicht uns, unsere unterdrückten gespeicherten Emotionen zu entgiften und unser Gehirn neu zu verschalten, sodass wir auf das Leben antworten können, statt nur zu reagieren.

Zwei Dinge sind mir im Laufe der Jahre klar geworden, in denen ich Menschen beobachtet habe, den Prozess des Erwachsenwerdens und Erwachens durchzumachen. Zum einen kann keine Ego-Identität – gleich, wie stark sie ist – ein glückliches Menschenleben in all seiner Tiefe führen. Wenn man nicht erwacht, empfindet man permanente Unzufriedenheit. Zweitens ist es heutzutage sogar schwieriger und gefährlicher zu versuchen, von der Stufe der Ego-Identifikation aus »es zusammenzuhalten« und »das Beste zu tun, was man kann«, als es zu Beginn der Reise des Erwachens ist. Man muss einfach wissen, dass Erwachen möglich ist, und man muss eine Ahnung haben, wie man vorgehen muss. Unsere Alternative ist heute, entweder zusammenzubrechen, abzuschalten, auszuagieren – oder den Durchbruch zu wagen und zu erwachen.

Waches Gewahrsein selbst entwickelt sich niemals und wächst auch nicht heran. Seiner Essenz nach ist waches Gewahrsein immer dasselbe. Es ist in allen veränderlichen Dimensionen unserer Erfahrung enthalten, so wie Raum in Atomen existiert. Waches Gewahrsein ähnelt insofern physischem Raum, als es in uns ist, unsichtbar und allgegenwärtig, aber anders als physischer Raum, weil es ein wissender Raum ist. Wenn dieses nichtkonditionierte wache Gewahrsein primär wird und unsere menschliche Konditionierung umfasst, besteht das Potential für eine neue, höhere Stufe menschlicher Entwicklung. Meditationstraining, Studium und vorbereitende spirituelle Praktiken und Übungen sind Teil der Entwicklungslinien von spiritueller Praxis und Meditation. Aber man kann jederzeit kurze Erfahrungen von wachem Gewahrsein machen, unabhängig vom Entwicklungsniveau der Person. Man kann ohne vorangehendes Meditationstraining und ohne spirituelle Praxis erwachen. Waches Gewahrsein macht keinen Entwicklungsprozess durch. Ob es erkannt und anerkannt wird oder nicht – Gewahrsein ist immer schon wach. Letztlich kann kein Mensch erwachen, der sich mit dem Ego identifiziert; der, der die Reise beginnt, ist nicht der, der ankommt. Die Ego-Identifikation als derjenige, für den wir uns halten, ist das, woraus man erwacht. Zu Erwachen kommt es dann, wenn waches Gewahrsein zur primären Dimension unseres Bewusstseins, zum Grund unseres Seins wird.

Es kann sein, dass jemand erwacht, aber dennoch nicht wächst und heranwächst. In der Meditation Fortschritte machen oder mystische Zustände allein werden nicht zur vollen menschlichen Entwicklung führen. Es kann sogar sein, dass jemand beginnt, aus der Ego-Identifikation zu erwachen, und ein distanzierter, nichtwertender Beobachter bleibt. Von diesem Ort ausgedehnten Gewahrseins aus ist man frei von einem Großteil inneren Leidens an heftigem Verlangen, Abneigung, Sorge und Depression, die auf das Ego zurückgehen. Wenn man jedoch nicht fortfährt einzuwachen und auszuwachen, kann es sein, dass man ethisch neutral, emotional distanziert und ohne Bodenkontakt bleibt.

Es gibt Beispiele für spirituelle Lehrer aus allen Ländern, die erste Erfahrungen von Erwachen hatten. Einige dieser Lehrer handeln auf unreife Weise: Sie benutzen Menschen, Macht, Geld, Sex, Drogen und Alkohol, wobei sie behaupten, sie hätten grundlegendes ethisches Verhalten transzendiert. In *Buddhismus & Psychotherapie. Der Weg persönlicher und spiritueller Transformation* weist John Welwood auf diese potentielle Falle hin: »Daher besteht oft eine Tendenz, spirituelle Praxis zu benutzen, um zu versuchen, sich über unsere emotionalen und persönlichen Themen zu erheben – über alle diese ungeordneten oder wirren, ungelösten Dinge, die uns runterziehen. Ich nenne diese Tendenz, menschliche Grundbedürfnisse und Entwicklungsaufgaben zu vermeiden oder vorzeitig zu transzendieren, spirituelle Umgehung.«[4]

Jemand kann heranwachsen, aber nur bis zu einer bestimmten Stufe, ohne zu erwachen. Unsere auf Denken beruhende Ego-Identifikation ist ein Betriebssystem, das wie das Betriebssystem eines Computers nur eine begrenzte Kapazität hat. Es gibt eine Grenze unserer menschlichen Entwicklung, bis wir aus unserem mit dem Ego identifizierten Gefühl eines Selbst erwachen und anfangen, in wachem Gewahrsein zu leben. Auch wenn man in seinem psychischen Wachstum gute Fortschritte macht, stößt man schließlich an eine Grenze, weil das kleine Gefühl eines Selbst nur eine begrenzte Kapazität hat. Ein Gefühl eines Selbst, das auf dem Ego beruht, kann einen nur bis zu einem bestimmten Punkt bringen. Wenn man sich weiterentwickeln möchte, muss man die Identifikation mit dem Ego aufgeben – was wiederum verlangt, dass man erwacht. Ein erwachtes Leben zu führen, verlangt auch Einwachen, Auswachen und Erwachsenwerden.

Man muss nicht warten, bis man ganz reif ist, sein Leben ganz »auf der Reihe« oder ein hohes Alter erreicht hat, bevor man anfangen kann zu erwachen. Tatsächlich ergeben sich viele der Gelegenheiten für ein erstes Erwachen in Zeiten des Übergangs, einer Krise, eines Verlustes und des Chaos im äußeren und inneren Leben von Menschen. Dies sind Momente, wenn die Ego-Identifikation kollabiert, weil sie die Kontrolle über die Intensität des Lebens nicht aufrechterhalten oder seine Intensität nicht bewältigen kann. Sie können jetzt anfangen zu erwachen, bevor Sie Ihr Leben vollkommen im Griff haben oder bevor es zerfällt.

WO SICH HERANWACHSEN UND ERWACHEN BEGEGNEN

Während die Stufen des frühen Erwachsenenalters kulturell mit Ritualen und Feiern – Examina, Hochzeiten, erste Jobs, Geburten, Partys zum Einzug, Beförderungen und so weiter – unterstützt werden, bleiben die subtileren Stufen des Erwachens unbeachtet und werden kulturell nicht anerkannt. An dem Punkt, wo sich Erwachen und Heranwachsen berühren, findet der Wechsel aus unserer Identität oder dem Gefühl, wer wir sind, statt. Nur durch einen Wechsel von der Ego-Identifikation zum Seinsgrund erlangen wir wirklich die Fähigkeit, ein emotional erfülltes, stimmiges Leben voller Mitgefühl zu führen. Offenherziges Gewahrsein erlaubt uns, das Leben ganz zu fühlen, ohne überwältigt, ängstlich, depressiv oder süchtig zu werden. Nur von offenherzigem Gewahrsein aus kann man ertragen, was unerträglich zu sein scheint.

Jetzt, da wir in einer Zeit globalen Zugangs zu Informationen und eines Dialoges zwischen Kulturen und spirituellen Traditionen leben, ist meine Hoffnung, dass unser Verständnis der Weise, wie Erwachen und Heranwachsen zusammenwirken und sich entfalten, Menschen unterstützen wird, zu diesen nächsten Stufen menschlicher Entwicklung weiterzugehen.

FLÜCHTIGER BLICK 1: **Die Tür der Erinnerung**

Ein nützlicher Hinweis, den Meditationslehrer häufig geben, besteht darin, einem Schüler zu sagen, er solle nicht versuchen, bei der Meditation unbedingt eine positive Erfahrung zu machen oder auf einen guten Zustand aus zu sein. Die Anleitung besteht vielmehr darin, einfach alles natürlich und ohne Hoffnung, Angst oder Erwartung auftauchen zu lassen. Dies ist ein guter Rat. Hier ist jedoch eine Art, wie man Erinnerungen nutzen kann, um eine Tür zu dem zu öffnen, was jetzt hier ist.

Eine Schülerin, die zum ersten Mal dabei war, kam in einer Pause einer eintägigen Einführung in offenherziges Gewahrsein zu mir. Sie sagte: »Ich bin sehr frustriert. Ich erreiche nicht das Gefühl von Raum oder den Frieden oder das Wohlbefinden, das alle anderen zu erleben scheinen.« Ich fragte sie: »Können Sie sich an einen Moment erinnern, als Sie Frieden, Raum und Wohlbefinden empfunden haben?«

Sie sah ratlos aus, aber dann sagte sie: »Oh ja. Vor ein paar Wochen, als ich mit Freunden wandern war und wir auf den Gipfel eines Hügels kamen und die Aussicht erlebten.«

»Sehr gut«, sagte ich. »Nehmen wir diese vergangene Erfahrung für Sie als Hilfe, um zu sehen, dass dieselbe Fähigkeit jetzt hier vorhanden ist.« Ich habe dann die folgende Übung mit ihr gemacht, die nur ein paar Minuten lang dauerte.

Wenden Sie diese Übung auf eine besondere eigene Erfahrung an, an die Sie sich erinnern können. Probieren Sie sie jetzt aus, nachdem Sie dieses Beispiel gelesen haben:

1. Schließen Sie die Augen. Erinnern Sie sich jetzt daran, wie Sie gewandert sind. Sehen und fühlen Sie jedes Detail dieses Tages vor Ihrem inneren Auge. Hören Sie die Geräusche, riechen Sie die Düfte und spüren Sie die Luft auf Ihrer Haut. Nehmen Sie die Freude wahr, mit Ihren Freunden zusammen zu sein. Spüren Sie, wie Sie dieses letzte Stück wandern, als Sie sich dem Gipfel des Hügels nähern.

2. Visualisieren und fühlen Sie jetzt, dass Sie Ihr Ziel erreicht haben und die weite offene Aussicht vor Ihnen überblicken. Spüren Sie diese Offenheit, Ihre Verbindung mit der Natur, Ihr Gefühl von Frieden und Wohlbefinden. Fühlen Sie jetzt, da Sie Ihr Ziel erreicht haben, wie es ist, wenn es kein Streben und nichts mehr zu tun gibt. Sehen Sie diesen weiten offenen Himmel, ohne etwas zum Nachdenken zu haben, und fühlen Sie dieses tiefe Wohlbefinden.

3. Beginnen Sie jetzt, die Visualisierung, die Vergangenheit und alle damit verbundenen Erinnerungen langsam aber vollständig loszulassen. Bleiben Sie mit der Freude und Freiheit zu sein verbunden, die jetzt da sind. Öffnen Sie jetzt langsam Ihre Augen. Machen Sie sich klar, dass sich das Wohlbefinden, das Sie damals empfunden haben, auch jetzt hier befindet und es nicht nötig ist, an einen besonderen Ort in der Vergangenheit oder der Zukunft zu gehen, wenn man es einmal im Inneren entdeckt hat.

FLÜCHTIGER BLICK 2: **Die Höhle des Herzens**

Diese Übung ähnelt einer Meditationspraktik aus dem Yoga, die *Nirvikalpa Samadhi* heißt. Dabei handelt es sich um eine Übung der Versenkung ohne Selbstbezug und um das, was Tibeter die Übung des »Geistes von schwarzem Beinahe-Erlangen« nennen. Sie ähnelt auch *Yoga Nidra* (»yogischer Schlaf«), einer Übung tiefer Ruhe. Sie kennen vielleicht die Yoga-Nidra-Übung *Shavasana*, die üblicherweise am Ende eines Yogakurses gemacht wird und auf einer sehr tiefen Ebene eine großartige Auswirkung auf die Erholung des ganzen Nervensystems hat. Sie ist wie ein Tagschlaf, der sehr viel Energie gibt.

Diese Übung ist eine, bei der man das Nicht-Selbst auf eine Weise erfahren kann, die erholsamer ist als Schlaf, man bleibt jedoch hellwach ohne Inhalt oder ein Selbst. Die meisten Blickübungen haben eine ursprüngliche, unendliche Sicht des Taghimmels bewirkt. Bei der Übung der Höhle des Herzens ist die Erfahrung von Nicht-Selbst wie der unendliche Nachthimmel: eine Erfahrung von Gewahrsein wie schwarzer Samt.

Ramana Maharshi, der große Weise, empfahl meist zwei Übungen. Die eine war die Selbsterforschung, die direkt untersucht: »Wer bin ich?« Die zweite Übung, die weniger bekannt ist, ist das, was Ramana »Ruhen in der Höhle des Herzens auf der rechten Seite der Brust« nannte. Er hat nie sehr detailliert beschrieben, wie man diese Übung macht, aber ich habe ein bisschen mit ihr experimentiert, um zu sehen, wie sie sich anfühlt. Wenn ich lokales Gewahrsein verwendete, um in die Höhle des Herzens zu gehen, schien sie eine tiefe Dimension von Gewahrsein zu öffnen. Hier ist eine Version, die meiner Ansicht nach Sinn ergibt und bei vielen anderen eine gute Wirkung zu haben scheint. Viele meiner Schüler sagen, dies sei eine ihrer Lieblingsübungen.

Auf der linken Seite Ihres Brustkorbs befindet sich Ihr biologisches Herz. Menschen fühlen, dass ihr emotionales Herz oben im Brustkorb in der Nähe des Halses ist. Das Herz-Chakra – oder Energiezentrum – hat man in der unteren Mitte des Brustkorbs lokalisiert. Auf der rechten Seite der Brust ist die Höhle des Herzens – der sichere Raum des Herzens. Sie ist da, wo sich das physische Herz befände, wenn es auf der rechten Seite des Brustkorbs wäre – stattdessen befindet sich dort ein Raum.

Bei dieser Übung lösen Sie lokales Gewahrsein vom Denken und lassen es nach unten zu der sicheren, erholsamen Stelle sinken, die die Höhle des Herzens ist. Es ist eine Weise, sich tiefer als im Schlaf auszuruhen, obwohl man hellwach ist. Wenn Ihr Körper tief ruht, tendiert unser Bewusstsein normalerweise dazu einzuschlafen. Wenn Sie hier Ihrem Körper und Geist erlauben, sich tief auszuruhen, schauen Sie, ob es auch ein Gewahrsein gibt, das hellwach bleibt – eine Art Klarheit schwarzen Samts wie der Nachthimmel.

Manche Menschen berichten, dass ihnen eine kurze Ruhezeit in der Höhle des Herzens das Gefühl gibt, sie hätten das gehabt, was dem besten vollständigen Nachtschlaf ihres ganzen Lebens entspricht. Viel Vergnügen.

1. Setzen Sie sich bequem hin oder legen Sie sich auf den Rücken. Schließen Sie die Augen und atmen Sie einmal oder zweimal tief durch, sodass Sie sich aufmerksam, lebendig und wach fühlen.

2. Erlauben Sie nun, dass sich lokales Gewahrsein vom Denken löst. Lassen Sie es langsam wie ein Blatt unter Ihren Hals sinken und eine sichere, erholsame Stelle in Ihrem Oberkörper auf der rechten Seite Ihres Brustkorbs finden. Dieser sichere Raum kann sich anfühlen, als gäbe es dort ein kleines Licht oder Lichtpunkte – oder er ist vollkommen dunkel wie schwarzer Samt.

3. Lassen Sie Ihr Gewahrsein in dieser Stille von schwarzem Samt ruhen, ohne einzuschlafen. Spüren Sie, wie jede Zelle diese Ruhe und Erneuerung trinkt. Lassen Sie waches Gewahrsein sich in die Höhle des Herzens hinein aufgeben und als diese tiefe, glanzvolle Dunkelheit ruhen, tiefer als Schlaf, aber hellwach. Bleiben Sie hier 10 bis 15 Minuten lang oder solange, bis Sie von sich aus aufstehen oder die Augen öffnen.

12

MÜHELOSE ACHTSAMKEIT

Der Meditierende sagte: »Ich erlebe einen Zustand, der nicht durch Meditation hergestellt wurde, der aber von selbst eine Weile anhält.« »Weiter so!«, sagte Jamgön Kongtrül. »Nun verbringe den Rest deines Lebens damit, das zu üben.«

TULKU URGYEN RINPOCHE[1]

Achtsamkeit ist heutzutage in unserer Kultur sehr populär geworden. Anwendungen von Achtsamkeit haben sich in vielen verschiedenen Zusammenhängen als effektiv erwiesen: in der Psychotherapie und Spiritualität, bei der Verringerung von Schmerz, Behandlung von Sucht und Verbesserung mentaler Konzentrationsfähigkeit. *Mühelose Achtsamkeit*, eine nächste Stufe im Achtsamkeitstraining, ist sehr hilfreich für Menschen, die Probleme damit haben, sich bei der Arbeit oder in der Schule zu konzentrieren. Denn sie lehrt, wie man sich von ausgedehntem Gewahrsein aus fokussieren kann.

Der sich im Teenager-Alter befindende Sohn einer meiner Schüler, bei dem eine Aufmerksamkeitsdefizit-/Hyperaktivitätsstörung (ADHS) diagnostiziert worden war und der Mühe im Unterricht hatte, kam speziell zu mir, um mühelose Achtsamkeit zu lernen. Als wir uns trafen, hatte er Probleme bei Tests und längeren schriftlichen Aufgaben. Weil er frustriert war, hatte er in der Schule und zu Hause Wutanfälle. Er erzählte mir, dass er paradoxerweise umso abgelenkter wurde, je mehr er sich zu konzentrieren versuchte. Dazu sagte ich: »Es sieht so aus, als hätte es einen hohen Preis, wenn du dich sehr anstrengst, aufmerksam zu sein.« Er antwortete: »Genau. Ich habe so sehr aufgepasst, dass es sich angefühlt hat, als würde ich zusammenbrechen.«

Ich fragte ihn, welche Aktivitäten ihm Spaß machten, und er erzählte, dass er sehr gern Trompete in der Schulband spiele. Er erwähnte auch, dass dies die einzige Sache sei, bei der er spüre, er könne konzentriert bleiben. Ich brachte ihm bei, wie er mühelose Achtsamkeit nutzen konnte, und es gefiel ihm sofort. Er berichtete: »Ich kenne diese Art, sich zu fokussieren! Das mache ich, wenn ich Musik spiele.«

Ich erklärte ihm, wie er bewusst Zugang zu müheloser Achtsamkeit bekommen könnte, wann oder wo immer er sie bräuchte, und er war in der Lage, sich die Techniken, die man dazu braucht, in sechs Wochen anzueignen. Er lernte, in ausgedehntes Gewahrsein zurückzutreten, wodurch er die Fähigkeit erhielt, sich von einer panoramaartigen Sicht aus zu fokussieren. Er war in der Lage, seine Emotionen der Frustration und Wut zu beobachten, wenn sie sich ankündigten, und sich dann klar zu machen, dass er sich dafür entscheiden konnte, sie nicht auszuagieren. Am Ende des nächsten Schuljahrs war ihm mühelose Achtsamkeit in Fleisch und Blut übergegangen, es ging ihm in der Schule so gut wie noch nie, und Lernen machte ihm sogar Spaß.

Nachdem ich noch vielen Menschen mehr geholfen habe, diese neue Weise des Fokussierens zu erlernen, glaube ich jetzt, dass man das Phänomen, das man »Aufmerksamkeitsdefizit« nennt, in »Aufmerksamkeitsüberlastung« umbenennen sollte. Denn dabei versucht man nämlich, eine Art Aufmerksamkeit übermäßig zu benutzen, die ihre Grenzen hat. Es ist gut, dass es eine andere Option gibt: mühelose Achtsamkeit.

Achtsamkeit ist wichtig, gleich wo man sich im Prozess des Erwachens befindet, weil Achtsamkeit letztlich die Verbindung mit dem ist, was in der relativen Welt passiert. Achtsamkeit ist die Fähigkeit, von jeder Geistesstufe aus verbunden und in Beziehung zu bleiben. Welcher Dinge man sich mit Achtsamkeit bewusst sein kann, hängt jedoch davon ab, von welcher Stufe des Geistes aus man achtsam ist.

Bewusste Achtsamkeit und mühelose Achtsamkeit

In seinem Buch *Regenbogenbilder. Aspekte der Dzogchenpraxis* sagt Tulku Urgyen Rinpoche, dass es im Dzogchen sechs Formen von Achtsamkeit gebe. Dann spricht er über die zwei Hauptkategorien: »Es gibt zwei Arten von Achtsamkeit: bewusste und mühelose.«[2] Man kann bewusste Achtsamkeit als eine einführende Übung benutzen, die zu müheloser Achtsamkeit hinführt, oder man beginnt das Meditationstraining mit müheloser Achtsamkeit. Wenn man mit müheloser Achtsamkeit beginnt, genießt man dennoch alle Vorzüge bewusster Achtsamkeit.

Bewusste oder absichtliche Achtsamkeit ist die Grundform von Achtsamkeit, der die meisten von uns schon begegnet sind. Das Wort, das im Theravada-Buddhismus für Achtsamkeit verwendet wird (ein Pali-Wort), ist *Sati*. Es wird häufig als »Erinnern« übersetzt. Es bedeutet aber nicht Erinnern im Sinn einer Rückschau auf vergangene Ereignisse. Wenn das Wort im Kontext bewusster Achtsamkeit verwendet wird, bedeutet Sati Erinnern, um zum Objekt des Fokus zurückzukehren, wenn die Aufmerksamkeit abschweift. Bewusste Achtsamkeit verlangt, ständig zurückzukehren – sich wieder zu erinnern und wieder aufmerksam zu sein.

Mangel an Willenskraft ist nicht der Grund, weshalb man den Fokus verliert. Der Grund, nicht fokussiert bleiben zu können, ist, dass sich der Alltagsgeist, von dem aus man schaut, ständig bewegt und verändert. Bei der bewussten Achtsamkeit muss man sich ständig wieder der Aufgabe zuwenden, indem man nicht nur den Fokus, sondern auch »den, der fokussiert«, immer wieder im Alltagsgeist aktiv wiederherstellt.

Die zwei bekanntesten Übungen bewusster Achtsamkeit sind die einsgerichtete Aufmerksamkeit und das nichtwertende Beobachten von Gedanken, Gefühlen und Sinnesempfindungen. Traditionell bezieht sich bewusste Achtsamkeit auf beides: *Shamatha* (»ruhiges Bleiben«) und *Vipassana* (»Einsicht«). Forscher haben diese beiden Typen bewusster Achtsamkeit in jüngerer Zeit ausführlich untersucht, und sie bezeichnen *Shamatha* als »fokussierte Aufmerksamkeit« und *Vipassana* als »offenes Beobachten«.

Einige Traditionen bewusster Achtsamkeit fokussieren sich auf die Beruhigung des plappernden Geistes mit disziplinierter Konzentration; andere ermutigen zu einem Ansatz mit mehr Geduld, der darauf beruht, jedes Mal, wenn man innerlich abschweift, behutsam zurückzukehren. Die erste Methode der Konzentration verwendet Praktiken wie Zählen der Atemzüge (wie beim Zen) oder die »Neun Stufen der Entwicklung der Aufmerksamkeit« (wie im tibetischen Buddhismus), um die Konzentration aufrechtzuerhalten, bis man sich die Fähigkeit angeeignet hat. Die zweite Methode bewusster Achtsamkeit beginnt mit der Aufgabe zu versuchen, Aufmerksamkeit aufrechtzuerhalten. Wenn der Kopf dann unvermeidlich abschweift, wird man sich bewusst, dass man abgelenkt ist, und bringt die Aufmerksamkeit dann immer wieder zurück. Dieser Ansatz betont nichtwertendes Gewahrsein vor Konzentration.

Mühelose Achtsamkeit – die zweite Art Achtsamkeit – wird auch *angeborene Achtsamkeit* genannt. Mühelose Achtsamkeit bedeutet nicht, dass man sich anfangs nicht anstrengen muss. Man wird nicht aufgefordert, »nichts zu tun« oder zu »versuchen, sich nicht anzustrengen«. (Wenn man versucht, sich nicht anzustrengen, kann das ziemlich anstrengend sein!) Das Adjektiv »mühelos« bezieht sich auf die Entdeckung, dass waches Gewahrsein spontan, ohne unsere Hilfe und Anstrengung bewusst ist. Müheloses Gewahrsein ist eine Beschreibung der Art, wie wir von Natur aus das Leben wahrnehmen, wenn wir von wachem Gewahrsein aus operieren.

Eine Weise, mit müheloser Achtsamkeit zu beginnen, besteht darin, lokales Gewahrsein zum achtsamen Meditierenden zurückschauen zu lassen. Wenn nach dem Meditierenden gesucht wird, kann man keinen finden. Stattdessen entdeckt man, dass ausgedehntes Gewahrsein ohne Anstrengung bewusst ist. Wenn man von wachem Gewahrsein aus lebt, wird man durch das unterstützt, was schon bewusst ist. Mit dieser Unterstützung ist man in der Lage, mühelos von ausgedehntem Gewahrsein aus zu fokussieren. Es gibt keine Notwendigkeit, willentlich von mühelosem Gewahrsein zu fokussieren. Ausgedehntes Gewahrsein ist die Grundlage wach-bewussten Geists – der, anders als der Alltagsgeist, nicht aus sich bewegenden Gedanken besteht. Das ist der Grund, weshalb man sich mühelos auf Dinge fokussieren und aufmerksam bei ihnen sein kann. Wenn sich waches Gewahrsein vom Hintergrund in den Vordergrund bewegt, ist unsere Art zu wissen nicht mehr in den Inhalten unseres Bewusstseins lokalisiert oder durch sie gebunden.

Man kann von jeder der fünf Ebenen des Geistes aus, die ich oben erwähnt habe, achtsam sein: Alltagsgeist, subtiler Geist, wach-bewusster Geist, simultaner Geist oder Herz-Geist. Bewusste Achtsamkeit wird von den ersten zwei Ebenen des Geistes aus praktiziert: vom Alltagsgeist und subtilen Geist aus. Zu müheloser Achtsamkeit kommt es von den nächsten drei Ebenen des Geistes aus. Am wichtigsten ist, dass man mühelose Achtsamkeit nicht vom Alltagsgeist oder subtilen Geist aus praktizieren kann.

Ein berühmter Modernisierer der Achtsamkeitsmeditation, Jon Kabat-Zinn, definiert bewusste Achtsamkeit so: »Achtsamkeit bedeutet, auf eine bestimmte Weise aufmerksam zu sein: mit Absicht, im gegenwärtigen Moment und ohne zu werten.«[3] Diese Definition gilt für bewusste Achtsamkeit sowohl vom Alltagsgeist als auch vom subtilen Geist aus. Der Alltagsgeist muss bewusst versuchen, nicht zu werten, denn er geht von dualistischem Denken aus, das immer vergleicht und bewertet. Ein Anzeichen dafür, dass man von subtilem Geist aus achtsam ist, besteht jedoch darin, ganz von sich aus nicht zu werten. Bewusste Achtsamkeit ohne einen Gegenstand, die manchmal »objektloses Shamatha« oder ungerichtetes Gewahrsein genannt wird, sieht dennoch aus der Sicht subtilen Geistes.

Betrachten Sie den Unterschied von müheloser Atmung und bewusster Atmung. Stellen Sie sich vor, Sie müssten jedes Mal daran denken, wenn Sie Atem holen müssen. Mühelose Achtsamkeit wahrzunehmen, ist wie wahrnehmen, dass man von selbst atmet. Wenn man von wachem Gewahrsein aus schaut, muss man sich nicht anstrengen, um mühelos achtsam zu sein. Von müheloser Achtsamkeit aus besitzt man die

Fähigkeit, für absichtlichen, bewussten Fokus lokales Gewahrsein zu verwenden, während waches Gewahrsein weit offen bleibt. Mühelose Achtsamkeit verleiht uns die natürliche Fähigkeit, bei unseren Gedanken und Emotionen zu sein, ohne ständig beobachten zu müssen. Man findet müheloses Gewahrsein, indem man zu ausgedehntem Gewahrsein wechselt und dann von dort aus fokussiert.

Es gibt zwei weitere Arten müheloser Achtsamkeit. Wenn man zu verkörpertem wachem Gewahrsein wechselt, kann man *nichtduale Achtsamkeit* benutzen. Die nächste Art müheloser Achtsamkeit ist *Herz-Achtsamkeit*, die darin besteht, dass man sich nicht von transzendentem ausgedehntem Gewahrsein oder von verkörperter Präsenz, sondern von offenherzigem Gewahrsein aus bewusst ist.

Bei dem schrittweisen Weg, den viele Ansätze zur Meditation beschreiben, wird mühelose Achtsamkeit als eine fortgeschrittene Praxis betrachtet, aber sie kann für Anfänger genauso leicht zu lernen sein wie absichtliche Achtsamkeit. Mühelose Achtsamkeit ist etwa so wie Fahrradfahren auf einer leicht abfallenden Straße: Wenn man einmal gelernt hat, sein Gleichgewicht zu halten, kann man es rollen lassen, ohne in die Pedale zu treten.

Die Tradition des Dzogchen sagt: »Erhalte ursprüngliches freies Gewahrsein mit angeborener Achtsamkeit.«[4] Dieser Satz ist sowohl eine Beschreibung dessen, was auf der Ebene von wachem Gewahrsein passiert, als auch eine Anleitung dafür, von wach-bewusstem Geist aus zu operieren. Hier besteht der erste Unterschied zu bewusster Achtsamkeit darin, dass waches Gewahrsein sowohl das Subjekt als auch das Objekt ist. Der zweite Unterschied ist, dass man sich aus dem Inneren des Körpers und Geistes bewusst ist, statt von außen zu beobachten. Es ist so, als sagte man: »Erhalte deine Liebe zu der Person, mit der du total in Liebe verbunden bist.« Da ist eine Qualität von Verehrung, Bereitschaft, Interesse, Fokus und auch Hingabe. Das Erhalten wird nicht durch eine Anstrengung der aktuellen Ego-Identifikation oder durch den Willen des Egos bewirkt. Das Erhalten ist jedoch eine wichtige Anleitung für

Stabilisierung, Verweilen und Ausdruck, die auch vermeidet, dass man eine zu passive innere Haltung einnimmt. Mühelose Achtsamkeit macht den Übergang von einer ersten Realisierung zur Fähigkeit, von ursprünglichem, freiem Gewahrsein aus zu leben. Von offenherzigem Gewahrsein aus ist Herz-Achtsamkeit die Verbindung des Unendlichen mit dem Endlichen und jedes einzelnen Menschen mit anderen Menschen und der Welt.

In der Mahamudra-Tradition wird die Weise, wie absichtliche Achtsamkeit fokussiert, die »Ereignis-Perspektive« genannt, da man Ereignisse oder die Inhalte unseres Geistes betrachtet. Mühelose Achtsamkeit benutzt eine Methode der Fokussierung, die die »Geistes-Perspektive« genannt wird, weil man die Richtung des Fokus verändert, um zurück auf die Natur des eigenen Geistes zu schauen. Mühelose Achtsamkeit beginnt häufig mit der Praxis von Gewahrsein von Gewahrsein. Diese Umwendung von Gewahrsein wird eine »Anleitung zur Orientierung« genannt. Die Praxis müheloser Achtsamkeit, von ausgedehntem Gewahrsein aus zu schauen, wird »König von Samadhi« genannt und als ein hochfliegender Adler beschrieben, der auf sein Nest zurückschaut.

Mühelose Achtsamkeit wird zwar im tibetischen Buddhismus verwendet, aber sie findet sich auch in anderen Meditationstraditionen. In seinem Buch *Achtsamkeit. Eine praktische Anleitung zum Erwachen* schreibt Joseph Goldstein, der Mitbegründer der Insight Meditation Society, dass der Hauptfokus im Theravada-Buddhismus zwar auf absichtlicher Achtsamkeit liege, mühelose Achtsamkeit dennoch als »nicht veranlasste Achtsamkeit« anerkannt werde. Goldstein schreibt, dass die nicht veranlasste Achtsamkeit »spontan durch die Kraft ihres eigenen Schwunges entsteht. Keine besondere Anstrengung ist notwendig. Sie passiert einfach von selbst. In diesem Zustand mühelosen Gewahrseins kann man weiter die Anwesenheit oder Abwesenheit eines Bezugspunktes der Beobachtung und eines Gefühls erkennen, dass jemand beobachtet oder achtsam ist«.[5]

Mit müheloser Achtsamkeit sind wir dazu übergegangen, von ausgedehntem Gewahrsein aus zu sehen. Wir befinden uns auf einer anderen Ebene des Geistes, die stabil, ruhig und von Natur aus in der Lage ist, unabgelenkt zu bleiben. Ausgedehntes Gewahrsein besitzt die Fähigkeit, das Entstehen von Gedanken, Gefühlen, Emotionen und sogar Subpersönlichkeiten mühelos zu beobachten – ohne sich mit ihnen identifizieren zu müssen, sie zu bewerten, zu beurteilen oder zu verleugnen, sich ihnen entgegenzustellen oder sie auf andere zu projizieren. Wie Raum selbst kann ausgedehntes Gewahrsein durch irgendwelche Formen, die in seinem Feld in Erscheinung treten, weder gesteigert noch vermindert werden. Es gibt nur eine natürliche Akzeptanz von allem. Mühelose Achtsamkeit ist wie ein Spiegel, der reflektiert, ohne zu werten.

Absichtliche Achtsamkeit kann entweder erreicht werden, indem man sich von den Inhalten des Geistes zurückzieht, oder durch Ruhen, bis die Inhalte des Geistes vom achtsam Meditierenden getrennt sind. Bei müheloser Achtsamkeit geht es nicht darum, fortschreitend immer weiter zurückzutreten, wie eine unendliche Regression zu einem immer größeren Beobachter. Sie beginnt damit, dass man Gewahrsein umdreht, um durch das beobachtende Ego zu schauen. Wenn man das tut, öffnet sich der Ort des Beobachters oder er löst sich auf. Das Ziel besteht darin, die Abwesenheit der Ego-Identifikation zu entdecken und ausgedehntes waches Gewahrsein als unser neues Fundament zu realisieren.

Zwei Ansätze zu Ruhe und Einsicht

Obwohl das letzte Ziel von Erwachen dasselbe ist, nähern sich absichtliche Achtsamkeit und mühelose Achtsamkeit ruhigem Verweilen und Einsicht auf verschiedene Weise. Bei müheloser Achtsamkeit tritt man, statt zu versuchen, die Inhalte des Geistes zu beruhigen, aus dem Alltagsgeist heraus und in einen schon ruhigen, aufmerksamen, wach-bewussten Geist ein. Absichtliche Achtsamkeit nähert sich ruhigem Verweilen durch einsgerichtete Konzentration und Meditation liebender Güte. Einsgerichtete Konzentration bedeutet, sich auf ein Objekt wie den Atem zu fokussieren, ohne zu werten wahrzunehmen, wenn die Aufmerksamkeit abschweift, und immer wieder zurückzukommen, um sich wieder auf den

Gegenstand zu fokussieren. Meditation liebender Güte verwendet einfache positive Sätze, um Gefühle emotionalen, physischen und mentalen Wohlbefindens zu bewirken. Die Meditation liebender Güte bewirkt ruhiges Verweilen und reduziert Angst, Hass und Wut, indem man Liebe zu sich selbst, zu Menschen, die einem nahestehen, zu Bekannten und sogar zu schwierigen Menschen, mit denen man zu tun hat, bekräftigt und fühlt.

Einsgerichtete Konzentration unterdrückt den Alltagsgeist und das Ruhezustandsnetzwerk. Während sie einem Ruhe ermöglicht, unterdrückt sie auch einen Teil der Kreativität, Emotionen und des höheren Funktionierens. Das ruhige Verweilen müheloser Achtsamkeit *gleicht* das Ruhezustandsnetzwerk *aus*, statt es zu unterdrücken. Daher bringt uns selbstbezogenes Gedankenwandern nicht weg, und unsere kreativen Fähigkeiten stehen uns weiter zur Verfügung. Wenn man absichtliche Achtsamkeit verwendet, schaut man auf seine Gedanken, als wären sie etwas, was man besitzt, oder Figuren auf einem Schachbrett, die man bewegen kann. Mingyur Rinpoche beschreibt den Ansatz müheloser Achtsamkeit so:

> Wir bekommen Zugang zum Geist ruhigen Verweilens durch Anerkennen. Was erkennen wir an? Gewahrsein: die immer anwesende wissende Qualität des Geistes, von der wir nicht auch nur einen Moment getrennt sind. Auch wenn man normalerweise Gewahrsein nicht anerkennt, kann man so wenig ohne sie leben, wie man ohne zu atmen leben kann. Aus diesem Grund verwende ich die Begriffe Shamatha und Gewahrseinsmeditation häufig austauschbar. Unser eigenes Gewahrsein zu entdecken ermöglicht uns, Zugang zu der natürlichen Stetigkeit und Klarheit des Geistes zu bekommen, die unabhängig von Bedingungen und Umständen und unabhängig von unseren Emotionen und Stimmungen existieren.[6]

Bei Herz-Achtsamkeit lernt man, wie man in das liebevolle Bewusstsein – letztes oder äußerstes Bodhicitta – wechselt, das das Feld immer mit allgegenwärtiger, mitfühlender Weisheit durchdringt. Statt mit ruhigem Verweilen beginnt man mit der unmittelbaren Anerkennung wachen Gewahrseins und der tiefen Entdeckung, dass wach-bewusster Geist schon da ist, von Natur aus ruhig, einsichtsvoll und liebevoll.

Wenn man mühelose Achtsamkeit und Herz-Achtsamkeit verwendet, beginnt man, eine intimere Beziehung mit seinen Gedanken und Gefühlen zu haben. Man kann auf die Stimmen und Bedürfnisse von Subpersönlichkeiten hören, mit denen man sich gewohnheitsmäßig identifiziert hat, aber man glaubt nicht mehr, dass diese Anteile das Zentrum dessen sind, wer wir sind. Jetzt erkennen wir diese Anteile leicht als reine Ego-Funktionen – Rollen, die man annehmen könnte –, doch nicht als das, was wir sind. Wenn wir offenherziges Gewahrsein entdecken, müssen wir nicht zur Ego-Identifikation zurückkehren, denn nichtkonzeptuelles Gewahrsein hat uns aus unserem früheren Betriebssystem befreit, das auf Denken beruhte. Wenn man frei von Ego-Identifikation wird, ist man nicht mehr Stimmungen, Ängsten vor der Zukunft oder Bedauern über die Vergangenheit ausgeliefert.

Das Experiment müheloser Achtsamkeit

Im Laufe der Jahre habe ich die Wirksamkeit müheloser Achtsamkeit in Meditationsworkshops in vielen verschiedenen Settings überprüft. Die 34 verschiedenen Gruppen von Menschen, die ich beobachtet habe, variierten in einer Größe von zwölf bis 150 Teilnehmer. Ihr Erfahrungsniveau variierte vom Anfänger bis zum erfahrenen Meditierenden.

Für das Experiment versuchten die Gruppen, kontinuierlich Aufmerksamkeit aufrechtzuerhalten, wobei sie zwei unterschiedliche Meditationsstile verwendeten: absichtliche Achtsamkeit und mühelose Achtsamkeit. Den Teilnehmern gab ich die folgende Anleitung: »Fokussieren Sie sich auf die Empfindung Ihres Atems entweder an den Nasenlöchern oder in Ihrem Bauch, und versuchen Sie, den Fokus möglichst ohne Unterbrechung aufrechtzuerhalten.« Um festzustellen, ob sie einen ständigen Fokus aufrechterhalten konnten, forderte ich die Teilnehmer auf, ihre Atemzüge bei der Einatmung zu zählen, von eins bis 50, dann wieder von vorn. Ich habe sie aufgefordert, beim Ausatmen keine Zahl zu verwenden, sondern »sich des subjektiven Gefühls der Ausatmung bewusst zu bleiben«. Zudem sagte ich ihnen: »Versuchen Sie den Fokus bei Ihrer Atmung zu halten, ohne das Zählen zu unterbrechen oder abzuschweifen. Wenn Sie abschweifen oder beim Zählen den Anschluss verlieren, nehmen Sie das wahr. Sie können mit dem Zählen wieder von vorn beginnen oder da weiterzählen, wo sie aufgehört haben.«

In einer Gruppe mit 85 Männern und Frauen, die ich kürzlich leitete, habe ich damit angefangen, die Teilnehmer aufzufordern, zuerst absichtliche Achtsamkeit zu verwenden. Nur zwei Teilnehmer von den 85 berichteten, dass sie in der Lage gewesen seien, einen kontinuierlichen Fokus aufrechtzuerhalten, ohne aus dem Zählen zu kommen. Nachdem ich dann in derselben Gruppe 15 Minuten lang mühelose Achtsamkeit angeleitet hatte, berichteten 80 Teilnehmer, dass sie bis 50 hatten zählen können, ohne zu unterbrechen.

Ich führe dieses Experiment häufig zu Beginn von Workshops durch, ohne den Teilnehmern den Sinn zu erklären, um das Ergebnis nicht zu beeinflussen. Ich habe abwechselnd zuerst Übungen zu müheloser und zu absichtlicher Achtsamkeit angeleitet. Ich habe auch Teilnehmer als Kontrollgruppe eingesetzt und sie aufgefordert, nur zu versuchen, 50 Atemzüge zu zählen, ohne weitere Anleitungen. Die Ergebnisse waren immer ähnlich: In jeder Gruppe zählten im Durchschnitt fünf Prozent der Teilnehmer 50 Atemzüge ohne weitere Anleitung, und etwa zehn Prozent waren erfolgreich, wenn sie absichtliche Achtsamkeit verwendeten. Im Gegensatz dazu konnten 85 Prozent der Meditierenden in meinen Gruppen bis 50 zählen, ohne ihre Atemzüge aus den Augen zu verlieren, wenn sie mühelose Achtsamkeit verwendeten.

Die Vorteile, mit müheloser Achtsamkeit zu beginnen

Bei bewusster Achtsamkeit dekonstruiert man die Identifikation mit dem Ego, ohne eine alternative Grundlage zur Verfügung zu stellen. Wenn man die Ego-Identifikation aufgibt, werden auch Abwehrmechanismen dekonstruiert, die mit ihr in Beziehung stehen, und eine Flut unbewussten Materials und unterdrückter Emotionen kann auftauchen. Die Intensität dieser Flut kann schwer zu ertragen sein, wenn man nicht mehr seine alte Identität und keine neue Grundlage hat – ein Zustand, der gelegentlich die »Lücke der Egolosigkeit« genannt wird. Der Neurowissenschaftler Willoughby Britton von der Brown University, der einige der potentiell negativen Nebenwirkungen der Achtsamkeitsmeditation erforscht hat, sagt: »Eine Menge psychischen Materials wird auftauchen und verarbeitet werden. Alter Groll, Wunden, solche Sachen.«[7]

Alternativ habe ich die Erfahrung gemacht, dass es ein großer Vorteil ist, mit der unmittelbaren Anerkennung von wachem Gewahrsein zu beginnen, um zu vermeiden, in die Falle der Lücke der Egolosigkeit zu geraten. Ein wichtiger Grund dafür, mit müheloser Achtsamkeit zu beginnen, ist, dass man sofort in waches Gewahrsein eingeführt wird, eine unendliche Ressource, die in der Lage ist, mit allen schwierigen Emotionen umzugehen. Darüber hinaus ist waches Gewahrsein ein viel stärkeres und überzeugenderes Fundament für das Funktionieren in der Welt als die Identifikation mit dem Ego. Mit der Lücke der Egolosigkeit umzugehen, ist schwierig genug, aber es wird noch verstärkt, wenn die Abwehrmechanismen des Egos uns weiter zurück in die Identifikation mit dem Ego ziehen. Viele Menschen gehen aus Angst zurück in die Ego-Identifikation. Von wachem Gewahrsein aus kann man die Angst spüren, die Zweifel hören – und sie annehmen.

Um bewusste Achtsamkeitseinsicht zu praktizieren, braucht man normalerweise einen besonderen Platz – einen Meditationsraum, ein Retreat-Zentrum oder einen stillen Raum –, damit die innere Erfahrung beobachtet werden kann. Im Gegensatz dazu kann man mühelose Achtsamkeitseinsicht mit offenen Augen und mitten im Alltag praktizieren.

Es ist entscheidend, sich klar zu machen, dass die Art Aufmerksamkeit, die bei bewusster Achtsamkeit benutzt wird, nicht verwendet werden kann, um zu müheloser Achtsamkeit überzugehen.

Bewusste Achtsamkeit geht an Einsicht mit den vier Grundlagen der Achtsamkeit heran, die im Satipatthana Sutta beschrieben werden: die Praxis, vier verschiedene Arten innerer Objekte zu beobachten. Diese vier sind körperliche Sinnesempfindungen, Wahrnehmungen von Angenehmem und Unangenehmem, Bewusstsein und geistige Objekte. Die Praxis der vier Grundlagen absichtlicher Achtsamkeit dekonstruiert das Mini-Ich durch die Beobachtung der Teile des Bewusstseins, die zu einem Gefühl von Getrenntheit führen. Absichtliche Achtsamkeit führt zu der Einsicht in das, was wir *nicht* sind. Im Gegensatz dazu ermöglicht uns die Einsicht müheloser Achtsamkeit, die Grundlage dessen zu erkennen, wer wir *sind*, indem sie uns dahin führt, waches Gewahrsein direkt zu erkennen.

Die fünf Grundlagen müheloser Achtsamkeit

Als eine Art, die Praxis müheloser Achtsamkeit in einem Stil zu organisieren, der absichtlicher Achtsamkeit ähnelt, beschreibe ich die fünf Grundlagen müheloser Achtsamkeit: Gewahrsein von Gewahrsein nimmt Gewahrsein achtsam wahr; Gewahrsein ist sich seiner selbst als der Natur des Geistes bewusst; Gewahrsein von ausgedehntem Gewahrsein aus ist sich von wach-bewusstem Geist aus bewusst; waches verkörpertes Gewahrsein ist sich von simultanem Geist aus bewusst; und offenherziges Gewahrsein verwendet Herz-Achtsamkeit, um schöpferisch und in Beziehung zu sein.

1. **Gewahrsein von Gewahrsein ist Achtsamkeit von Gewahrsein.** Die achtsame Aufmerksamkeit, die bei der absichtlichen Achtsamkeit verwendet wurde, um sich auf die Atmung und die Gedanken zu fokussieren, kann man nicht nutzen, um waches Gewahrsein zu finden. Daher muss man einen Weg finden, wie man in der Natur des Geistes ruhen oder lokales Gewahrsein verwenden kann, um sich ausgedehnten Gewahrseins bewusst zu werden. In der bewussten Achtsamkeitsmeditation ist man im subtilen Geist lokalisiert und betrachtet dabei die Inhalte des Bewusstseins. Diese erste Grundlage müheloser Achtsamkeit ist jedoch eine Umwendung zu einem selbst; man hört auf, durch die eigenen Augen nach außen zu schauen, um die Inhalte von Geist und Körper zu betrachten. Gewahrsein von Gewahrsein ist kein endlos fortschreitendes Zurückziehen von Gewahrsein, sondern eine Umwendung von Gewahrsein, um durch den Meditierenden zu schauen und zu entdecken, dass waches Gewahrsein sich schon als Subjekt wie als Objekt bewusst ist.

2. **Gewahrsein ist sich seiner selbst als der Natur des Geistes bewusst.** Wenn sich lokales Gewahrsein ausgedehnten Gewahrseins bewusst wird, beginnt es sich selbst zu erkennen. Wenn sich lokales Gewahrsein und ausgedehntes Gewahrsein vereinigen, erkennen sie, dass sie schon immer vereint gewesen sind. Die Erfahrung ist so, als ob Luft aus einem Ballon entweicht und sich mit der übrigen Luft im Raum vermischt. In ähnlicher Weise verschmelzen Subjekt und Objekt; es gibt kein Subjekt mehr, das ein Objekt erkennt – aus dieser Perspektive gibt es nur Gewahrsein. Gewahrsein weiß sich selbst, indem es selbst Sein ist. Man entdeckt, dass Gewahrsein schon ohne unsere Hilfe wach ist. Gewahrsein von Gewahrsein trägt uns über die Ego-Identifikation hinaus und weiß, ohne auf Gedanken oder unsere Sinne zurückzugreifen. Bei dieser zweiten Grundlage müheloser Acht-

samkeit geht man über ausgedehntes Gewahrsein als den Meditationsgegenstand hinaus. Ein Weg, dies zu überprüfen, besteht in der Frage: »Bin ich mir ausgedehnten Gewahrseins bewusst oder ist sich ausgedehntes Gewahrsein seiner selbst bewusst?« Überspringen Sie bitte nicht die Erfahrung von Gewahrsein, das als es selbst ruht, und gehen Sie nicht voreilig zur nächsten Grundlage beobachtenden Gewahrseins. Wenn Sie auch nur drei bis fünf Sekunden lang als Gewahrsein seiner selbst – inhaltslos, zeitlos, grenzenlos, wissend – verweilen können, kann diese Erfahrung Sie in den Seinsgrund bringen.

3. **Gewahrsein von ausgedehntem Gewahrsein aus ist sich von wach-bewusstem Geist aus bewusst.** Dies ist die Erfahrung, wenn man sich zu seinem Körper und Geist umwendet und von einer panoramaartigen Sicht eines offenen Himmels aus beobachtet. Als eine radikale Veränderung der Perspektive kann einen dieses Prinzip aus der Ego-Identifikation und in ausgedehntes Gewahrsein als das beobachtende Selbst bewegen. Wir sind von der Natur des Geistes aus kein einzelner Punkt in einem Feld. Man kann von wach-bewusstem Geist aus mühelos fokussiert bleiben, weil sein Fundament aus ausgedehntem Gewahrsein und nicht veränderlichen Gedanken und Wahrnehmungen besteht. Man lernt vertrauen, dass Wissen von ausgedehntem Gewahrsein aus geschieht. Dann muss man nicht mehr zum Denken zurückkehren, um sich abzusichern. Da das beobachtende Selbst seinen Ort in ausgedehntem Gewahrsein hat, kann es mühelose Achtsamkeit verwenden, um zu fokussieren und in der Welt zu funktionieren. Lokales Gewahrsein, das Mittel, das uns geholfen hat, ausgedehntes Gewahrsein zu entdecken, wird jetzt zu einem Werkzeug, das das beobachtende Selbst benutzt, um sich auf besondere Aufgaben zu fokussieren.

4. **Verkörpertes waches Gewahrsein ist sich von simultanem Geist aus bewusst.** Es ist ein lebendiges, verkörpertes Gewahrsein, ähnlich wie in einem »Flow-Zustand« zu sein oder »völlig in etwas aufzugehen«. Wir haben damit begonnen, uns nur als ein getrenntes, unveränderliches Selbst zu erfahren, das dann erkannte, dass wir formloses Gewahrsein sind. Jetzt erkennt formloses Gewahrsein, dass es auch Form inhärent ist. Waches Gewahrsein macht eine zweite Kehrtwendung zu einem selbst und tritt nach innen zurück, um die Inhalte und Energien des Körpers einzuschließen, aber diesmal mit einer neuen Sichtweise: Wir beobachten nun alles, was auftaucht, nicht nur von außen, sondern auch aus dem Inneren des Körpers. Wir sind keine distanzierten Beobachter, sondern fühlen unsere Gedanken, Emotionen und Sinnesempfindungen von innen – ohne wieder ein Ego als Manager erschaffen zu müssen. Von müheloser Achtsamkeit aus kann man Ebenen des Geistes, die für absichtliche Achtsamkeit nicht sichtbar sind, offen beobachten. Mühelose Achtsamkeit kann den Prozess von Selbstbewusstheit, Subpersönlichkeiten, lange gehegten Annahmen, Schattenanteilen, Selbstrepräsentationen und Selbstbildern deutlich sehen. Verkörpertes waches Gewahrsein wird in der Mahamudra-Tradition häufig »Einheitsbewusstsein« oder die Stufe »eines einzigen Geschmacks« genannt. Der Ort verschiebt sich vom beobachtenden Himmel zum Meer von Gewahrsein, in dem Wellen von Erfahrung entstehen, einen Gipfel erreichen und zurückkehren, ohne sich je vom Meer zu trennen. Simultaner Geist nimmt alle Ebenen der Realität von nichtdualem Gewahrsein aus wahr: Leere und Fülle, absolutes Gewahrsein und die relative Welt, unendlich und endlich – sowie nirgendwo, überall und hier zu sein. Von dieser vierten Grundlage müheloser Achtsamkeit aus kann man sich von ausgedehntem Gewahrsein aus der Realität innen und außen zugleich bewusst sein. Dies balanciert das Ruhezustandsnetzwerk aus, und man kann lernen,

verbunden und mühelos unabgelenkt zu bleiben. Menschen, die diese Grundlage nichtdualer Achtsamkeit lernen, sind erstaunt, dass sie sofort in verkörpertes waches Gewahrsein wechseln können, während sie Alltagsaktivitäten in einem stressfreien Flow-Zustand nachgehen – mit offenen Augen.

5. **Offenherziges Gewahrsein benutzt Herz-Achtsamkeit, um schöpferisch und in Beziehung zu sein.** Wir entdecken jetzt Herz-Geist und das nichtkonzeptuelle Gewahrsein, die wichtige Quelle der neuen Weise zu wissen. Von offenherzigem Gewahrsein aus nehmen wir alle Gedanken und Emotionen an und erkennen dasselbe wache Gewahrsein in anderen. Wir bewegen uns von einem beobachtenden Selbst zu Nicht-Selbst zu Sehen vom Sein aus, wo man das Gefühl hat, dass nichts fehlt und »man« – als offenherziges Gewahrsein – keinen Schaden erleiden kann. Wir sind uns unserer Emotionen, Muster der Ego-Identifikation und Subpersönlichkeiten, die in uns entstehen, bewusst, aber wir identifizieren uns nicht mit ihnen. Diese Fähigkeit, mit allem verbunden zu bleiben, gibt uns mehr Raum und Weisheit, mehr Fähigkeit, zu entscheiden, wie wir reagieren sollten, wenn Emotionen, Meinungen und Gedanken ständig entstehen. Durch die Unterstützung offenherzigen Gewahrseins kann man beginnen, verdrängte Emotionen zu entgiften und das Gehirn zum Besseren neu zu verschalten. Indem wir uns als einen Teil des Feldes des Lebens fühlen, können wir mit lokalem Gewahrsein fokussieren. Mitfühlende Aktivität wird zum natürlichen Ausdruck.

FLÜCHTIGER BLICK: **Mühelose Achtsamkeit**

Die Übung müheloser Achtsamkeit, die ich im Experiment verwendete (es wurde weiter oben in diesem Kapitel besprochen), kann man mithilfe der zwei Übungen »Fokus ohne Anstrengung« oder »Panoramaartiges Gewahrsein« in Kapitel 5 machen. Diese zwei Übungen macht man von der dritten Grundlage aus, dem Gewahrsein von wachem Gewahrsein.

Um alle fünf Grundlagen müheloser Achtsamkeit zu üben, probieren Sie diese Übungen aus früheren Kapiteln aus: »Die einfachen Schritte: Ablösen, Wegfallen, Öffnen, Sehen, Einbeziehen, Wissen, Sein lassen« in Kapitel 4, »Die vier Felder des Seinsgrundes« in Kapitel 9 oder »Offenherzige Verbundenheit« in Kapitel 10.

Einer der wichtigsten, ungewöhnlichsten und manchmal schwierigsten Teile der fünf Grundlagen müheloser Achtsamkeit besteht in den zwei Kehrtwendungen zu einem selbst. Die erste Kehrtwendung, Erkennen genannt, ist die Umwendung vom Schauen nach außen mithilfe unseres Geistes, der sich mit dem Ego identifiziert, um lokales Gewahrsein zurück zu wachem Gewahrsein schauen zu lassen. Viele Menschen, die an meinen Gruppen teilnehmen oder zu Einzelsitzungen zu mir kommen, sind in der Lage, diesen ersten flüchtigen Blick zu haben. Waches Gewahrsein ist jedoch nicht nur eine vorübergehende Erfahrung, die man hat, sondern kann als die Grundlage dessen erkannt werden, wer wir sind.

Die zweite Kehrtwendung, Realisierung genannt, besteht darin, in waches Gewahrsein zu wechseln und als es zu verweilen. Dieses schaut und fühlt dann zurück, um unseren Körper von innen her einzubeziehen und nach außen zu blicken, damit es die Verbindung mit anderen wahrnehmen kann. Ich habe die Erfahrung gemacht, dass es die Grundlage dieses Wechsels in die Freiheit ist, sich auch nur eine Minute oder zwei Minuten Zeit zu nehmen, um vollkommen loszulassen und zu fühlen, wie Gewahrsein seiner selbst bewusst ist, bevor man von ausgedehntem Gewahrsein aus zurückschaut.

13

LEBEN VOM SEIN AUS

Ein Gasthaus ist dieses menschliche Dasein.
Jeden Tag eine Neuankunft.
Eine Freude, ein Kummer, eine Gemeinheit, ein kurzes
Achtsamsein kommt als unerwarteter Gast.
Heiße alle willkommen und mach's allen schön!

RUMI[1]

Haben Sie sich schon einmal mit einem Seil über die Uferlinie eines Sees geschwungen? Das Loslassen des Seils, das über das Wasser schwingt, kann Angst machen, denn man gibt die Kontrolle des Halts an etwas Bekanntem und Sicherem auf, um durch die Luft zu fliegen und dann ins Wasser zu fallen. Trotz unseres Zitterns schwingen wir über den See und springen, weil wir wissen, was das für eine aufheiternde Erfahrung ist. Wenn man ins Wasser platscht, merkt man, dass das Wasser nicht dieselbe Qualität wie das Land hat, das man gerade verlassen hat. Obwohl der Sprung ins Wasser mit Freude und Erfrischung verbunden ist, ist zuerst auch eine leichte Desorientierung da. Wenn man dann an die Oberfläche kommt, spürt man den Auftrieb und wie einen das Wasser trägt.

Dies ist ganz so, wie es sich anfühlt, wenn man von der Ego-Identifikation zum Sein übergeht. Wenn man das Sein entdeckt, ist es eine große Erleichterung. Endlich kann man ausruhen. Es gibt nichts, was man tun muss, um zu sein. Man muss nicht denken, weil das Sein nicht vom Denken abhängt. Für das Sein gibt es nichts, was sich ändern müsste; es muss nicht geheilt werden, um gut zu sein, wie es ist. Obwohl wir alle die natürliche Fähigkeit besitzen, als das Sein zu verweilen, finden die meisten Menschen es zuerst desorientierend. Aufgrund dieser Desorientierung kann die Identifikation mit dem Ego versuchen, sich wieder zu behaupten. Es ist so, als würde man in die Ego-Identifikation zurückgezogen, zurück zum scheinbar sicheren Ufer. Normalerweise muss man immer wieder das Seil fassen und ins Wasser springen, bevor man als das Sein bleiben und schließlich vom Sein aus leben kann.

Seien Sie nicht von dem inneren Widerstand überrascht, dem Sie vielleicht begegnen, wenn Sie anfangen zu üben, als das Sein zu verweilen. Wenn man den Übergang weg von der Ego-Identifikation hin zur Identifikation mit dem Sein macht, schaltet man von einem Betriebssystem auf ein anderes um. Die alten Programme, die mit dem gegenwärtigen Betriebssystem der Ego-Identifikation verbunden sind, sind dazu ausgelegt, dass sie überlebt. Die Ego-Identifikation benutzt diese Überlebensprogramme, sodass man die Stimmen der Angst hört – wie Kinder, die uns erzählen, dass Monster unter ihrem Bett sind. Wenn man diesen Stimmen glaubt, kann es sein, dass man in den Kampf-oder-Flucht-Modus wechselt – als wäre Erwachen eine Gefahr. Wenn man Angst hat, muss man überprüfen, ob sie aus dem System der Ego-Identifikation stammt. Mit Übung kann man diese Stimmen unterscheiden. Schließlich sieht man sie als Kinder, die sich auf dem Rücksitz mit einem Spielzeuglenkrad beschäftigen und so tun, als würden sie das Auto fahren! Sie brauchen einfach die Bestätigung, dass sie sicher sind, um sich entspannen und die Fahrt genießen zu können.

Wenn wir die Ego-Identifikation aufgeben, fühlen wir uns von permanenter Unzufriedenheit und Trennung befreit. Die Abwesenheit des Mini-Ichs bringt Erleichterung, Entspannung, inneren Frieden und Freiheit von Streben mit sich. Man kann sein Leben jedoch nicht von Abwesenheit aus leben. Die Anfangsstufe von Nicht-Ego und Nicht-Wissen hat nicht das Wasser zum Ziel, sondern den Übergang, das Loslassen des Seils. Man muss die Anwesenheit des Seinsgrundes entdecken und lernen, von dort aus zu operieren. Eine Gruppe essenzieller Qualitäten stellt sich als Unterstützung vom Seinsgrund ein: Freude, Grenzenlosigkeit, verkörperte Präsenz, Verbundenheit, offenherzige Liebe und Kreativität. Die wichtigste dieser Qualitäten ist das neue Wissen, das sich nicht wieder an den Alltagsgeist wendet, um sich abzusichern. Dieses neue »Nicht-Wissen, das weiß« muss entwickelt werden, um das funktionale Erwachen zu stabilisieren. Wenn man mit dem neuen, gewahrseinsbasierten Betriebssystem vertraut wird, kann man anfangen, vom Sein aus zu leben.

Wenn wir von offenherzigem Gewahrsein aus sehen, machen wir die Erfahrung, dass Gedanken, Gefühle und Sinnesempfindungen (sowohl angenehme als auch unangenehme) in verkörpertem Gewahrsein weiter entstehen, es aber kein getrenntes Selbst gibt, das an sie anhaften oder sich von ihnen bedroht fühlen kann. Daher kann man eine Ebene von grundlegender Güte, Gleichmut, Mitgefühl und bedingungsloser Liebe empfinden, die nicht auf das physische Schmerz-Lust-System beschränkt ist. Körper wie Geist empfinden die Freiheit und das Glück von Präsenz. Dann muss man bei dem Prozess der Neuverschaltung von Körper und Geist sowie dem Lernen bleiben, wie man vom Sein aus schöpferisch und in Beziehung sein kann.

Es kommt sehr selten vor, dass jemand nach einem anfänglichen flüchtigen Blick vom Sein aus lebt. Man kann Erkennen und auch Realisierung erreichen, aber Stabilisierung und Ausdruck brauchen eine gewisse Entfaltung, weil die Ego-Identifikation und das Ruhezustandsnetzwerk mit fest etablierten Gewohnheiten verbunden sind, die ihrem Überleben dienen. Es ist wichtig, in bewusster Präsenz zu ruhen und Erwachen zu erlauben, sich von selbst zu entfalten, aber das einfache Verweilen führt nicht immer dazu, dass man von offenherzigem Gewahrsein aus leben kann. Wenn man im Entfaltungsprozess zu aktiv wird, besteht die Gefahr, zu intellektualisieren oder ein spirituelles Ego herzustellen. Wenn man zu passiv ist, läuft man Gefahr, in Zuständen von Glück, Klarheit oder Stille zu bleiben, wie man sie aus der Meditation kennt. Man kann lernen, waches Gewahrsein mit unserer menschlichen Konditionierung zu verbinden, indem man aktiv und mit Absicht vom Sein aus handelt. In waches Gewahrsein überzugehen und dann kleine Handlungen vom Sein aus auszuführen, wie zum Beispiel eine E-Mail schreiben, ist ein Weg, Vertrauen und neue neuronale Netzwerke aufzubauen, um die Entfaltung von Erwachen zu unterstützen.

Das falsch wahrgenommene Bedürfnis der Ego-Identifikation nach Sicherheit stellt weiterhin alte Abwehrmechanismen wieder her, die das wache Gewahrsein verdunkeln. Wenn man sich mit dem Ego identifiziert, ist man kontrahiert, und Wahrnehmungen entstehen von dieser Ebene des Geistes aus. Gibt man die Ego-Identifikation auf, kann man seine eigenen Gedanken, Gefühle und Subpersönlichkeiten als veränderliche Inhalte des Bewusstseins erkennen. Wenn man sich auf die Entfaltung von Erwachen einlässt und mit dem Leben von offenherzigem Gewahrsein aus vertraut wird, wird die alte defensive Konditionierung allmählich an Dominanz verlieren. Die Qualitäten vom Sein und das neue Wissen von offenherzigem Gewahrsein aus werden einen führen, aber man muss die nächste Stufe des Wachstums aktiv nähren, sonst kann es sein, dass man zurückgleitet.

Zu einer Periode der Integration kommt es, wenn formloses, waches Gewahrsein als Präsenz verkörpert wird und es sich dann mit anderen durch offenherziges Gewahrsein verbindet. Man kann sich erlauben, von den liebevollen Armen wachen Gewahrseins gehalten und unterstützt zu werden. Von dort aus wird man neue Motivation entdecken, daher streckt man die Hand aus, um andere zu unterstützen, die es brauchen.

In der Übergangszeit wird man Abwehrmechanismen auftauchen sehen, die entstanden sind, um der Ego-Persönlichkeit zu helfen, während der Entwicklungsjahre zu gedeihen und zu überleben. Diese Abwehrmechanismen müssen angenommen, befreit und neu angelegt werden. Auch wenn einen alte Muster wie Angst, Schuld, Scham und Wut im

Griff haben, kann man lernen, leichter in waches Gewahrsein zurückzutreten, und dann erkennen, dass es allem inhärent ist. Ob man es glaubt oder nicht, wir alle können ein allgegenwärtiges Wohlbefinden fühlen, das nicht in den Hochs und Tiefs des täglichen Lebens geerdet ist – eine grundlegende Güte. Wenn sich Erwachen entfaltet, wechselt man natürlicherweise zwischen Ego-Identifikation, beobachtender Selbstbewusstheit und Leben vom Sein aus. Man kann lernen, während dieses Entfaltungsprozesses kleine Verschiebungen vorzunehmen, die große Veränderungen zur Folge haben.

Die Psychologie vor und nach dem ersten Erwachen

Ein gewisses Maß an emotionaler Reife und psychologischer Einsicht wird benötigt, um sich auf die Verkörperung von Gewahrsein vorzubereiten. Aber auch die beste psychologische Arbeit von der Ego-Identifikation aus kann uns nur ein Stück weit bringen. Wenn es unser Ziel ist zu verweilen, schöpferisch und in Beziehung zu sein, braucht man einen anderen Ansatz, wenn das Erwachen begonnen hat. Ein Grund, weshalb es so schwierig ist, mit verdrängten Emotionen, Schattenanteilen und traumatischen Erinnerungen umzugehen, besteht darin, dass diese Energien stärker als das mentale Muster der Ego-Identifikation sind. Damit sich unsere emotionalen Knoten lösen können, muss offenherziges Gewahrsein traumatische Gefühle annehmen und die entsprechenden Subpersönlichkeiten befreien, die sich im Gefängnis der Erinnerungen an die Vergangenheit befinden. Unsere neuronalen Netzwerke feuern solange ständig Erinnerungen an Traumata ab, bis diese traumatischen Muster sowohl angenommen als auch entladen werden. Nur wenn man ins Sein gewechselt ist, besitzt man die Fähigkeit, alle unterdrückten Emotionen, karmischen Muster und Schattenanteile zu entgiften, zu befreien, zu transformieren und zu lieben.

Spuren früherer Entwicklungsstufen überdauern im Gehirn, und starke emotionale Erfahrungen lassen präverbale Emotionsknoten im Gehirn und sensiblen Nervensystem eines Kindes entstehen. Diese neuronalen Eindrücke führen nicht nur zu emotionalen Mustern, sondern auch zu Mustern der Identität. Subpersönlichkeiten sind Gewohnheiten des Gehirns, die in einem Alter um Formen des Umgangs mit schwierigen emotionalen Situationen herum gebildet wurden, als wir weniger Ressourcen und weniger kognitive Fähigkeiten besaßen. Obwohl ihr Sinn darin besteht, Stabilität zu erhalten, damit ein Trauma überlebt werden kann, können sie letztlich unabsichtlich Wunden der Kindheit bewahren.

Seit den Anfängen der westlichen Psychologie wurde anerkannt, dass verschiedene Teile von uns Leiden verursachen können, wenn sie unsere Identität dominieren. Sigmund Freud teilte die Psyche in drei Teile: das *Es*, das *Ego* und das *Über-Ich*. C. G. Jung entwickelte auch eine psychologische Theorie von mehreren Teilen, darunter Personae, Schatten und Archetypen; Jung betrachtete das Selbst als einen Archetyp. Roberto Assagioli, ein anderer bedeutender Denker, beschrieb in einer Theorie, die er Psychosynthese nannte, mehrere interagierende Subpersönlichkeiten. Fritz Perls, der die Gestalttherapie entwickelte, ließ Klienten verschiedene Aspekte ihres Selbst imaginieren – am bekanntesten sind Topdog, Underdog, die internalisierten Eltern und das innere Kind – und forderte sie auf, mit ihnen zu sprechen. Richard Schwartz entwickelte die Systemische Therapie mit der inneren Familie (IFS), die verschiedene innere Anteile als Exilierte, Beschützer, Feuerwehrleute und Manager anerkennt. Eine Besonderheit der IFS ist das Ziel, mit Subpersönlichkeiten zu arbeiten, um ein Selbst zu etablieren, das sich nicht mit dem Ego identifiziert, dem ähnlich, was ich als das Sein bezeichne. Richard Schwartz sagt, dass die esoterischen Traditionen der Religionen vom Selbst als »einer Manifestation des absoluten Seinsgrundes« sprechen, und er sagt weiter, dass es »häufig nicht Jahre meditativer Praxis braucht, um Zugang zum Seinsgrund zu bekommen, weil er in uns allen existiert, dicht unter der Oberfläche unserer extremen Anteile. Wenn sie [die Subpersönlichkeiten] einmal zustimmen und bereit sind, sich von uns zu trennen, haben wir plötzlich Zugang zu dem, der wir wirklich sind.«[2]

Wenn man sich in der Gegenwart in einer schwierigen Lebenssituation befindet, kann unser Nervensystem einen Anteil reaktivieren, der sich als Opfer fühlt oder uns zu schützen versucht. Die Macht einer neuronalen Gewohnheit (oder Subpersönlichkeit) ist so zwingend, dass man, wenn man in ihrem Griff ist, zu dem Hirnmuster *regrediert*, das im entsprechenden Alter gebildet wurde. Man fühlt sich wirklich so, als wäre man wieder das wehrlose Kind. Subpersönlichkeiten und verborgene Schattenanteile können auftauchen, wenn sie getriggert werden, und uns besetzen, wenn man sie nicht ans Licht bringt, wo man sie willkommen heißen und entladen kann. Weil diese Wunden aus der Kindheit so tief im Inneren verborgen sind, glauben viele Menschen, dass schlechte Gefühle in ihrem Kern sind. Wenn sie aus der Ego-Identifikation heraustreten, beginnen sie zu erkennen, dass diese schlechten Gefühle nur Energiemuster und Glaubenssysteme sind, die befreit werden müssen. Wenn man einwacht und lernt, vom Sein aus zu leben, kann man anfangen, einige dieser verbannten Schattenanteile einzubeziehen und zu befreien.

Solange wir nicht vom Sein aus sehen und uns nicht von offenherzigem Gewahrsein aus ausdrücken, werden wir durch verschiedene Subpersönlichkeiten rotieren – oder genauer: Sie werden durch uns rotieren. Bevor man aufwacht, sitzen Subpersönlichkeiten abwechselnd im Fahrersitz der Identität. Die eine Subpersönlichkeit treibt uns zu sehr, eine andere fühlt sich zögerlich, jung und verwirrt an. Ein Anteil möchte versorgt werden, ein anderer ist leidenschaftlich unabhängig. Diese Subpersönlichkeiten stehen häufig miteinander in Konflikt und kämpfen um Kontrolle. Nach einem ersten Erwachen entstehen Subpersönlichkeiten und Denkmuster weiter und versuchen, die Identität zu bestimmen. Wenn eine Subpersönlichkeit den Platz der Identität einnimmt, fühlt sie sich an, als wäre sie das wahre »Ich«. Die wichtige neue Fähigkeit ist also Herz-Achtsamkeit, damit man sich dieser entstehenden Muster bewusst werden kann, ohne sich mit ihnen zu identifizieren. Viele Menschen, die zu mir gekommen sind, um mit mir zu arbeiten, haben gesagt: »Ich habe das kleine Selbst durchschaut. Es kommt mir verkehrt vor, sich diesen

Denkmustern gegenüber zu verhalten, als wären sie Persönlichkeiten.« Dies ergibt intellektuell Sinn – und ich habe auch versucht, so an sie heranzugehen. Doch das ist die Weise, in der sie sich bildeten und in der sie erscheinen. Wenn man ihnen also nicht so begegnet, wie sie sind, können sich die Subpersönlichkeiten unbemerkt nähern und in unserem Leben Chaos anrichten.

Arbeiten mit verschiedenen inneren Anteilen hilft die Illusion überwinden, es gäbe ein einziges, stabiles, getrenntes Selbst. Es ist notwendig, diese Illusion zu überwinden, damit man erwacht und heranwächst. Zum Beispiel ist in einer Paartherapie ein Partner in der Lage zu sagen: »Ein Anteil von mir ist wirklich wütend, dass du dieses Wochenende nicht meine Schwester besuchen willst, und ein anderer Anteil kann hören, warum du das nicht möchtest. Kann ich erst von dem wütenden Teil sprechen?« Dies ermöglicht den beiden, ihre liebevolle Beziehung aufrechtzuerhalten – und sich nicht angegriffen zu fühlen –, auch wenn der Partner starke Emotionen ausdrückt. Innere Anteile wahrzunehmen, erlaubt uns, einen Schritt aus der Identifikation mit dem Ego zurück in ein beobachtendes Selbst zu machen. Dann kann man sich wieder nach vorne zum offenherzigen Gewahrsein neigen, das alle unsere vielen Aspekte umfasst. Nach dem ersten Erwachen ist die Fähigkeit, alle Anteile einzubeziehen, eine der wichtigsten Entwicklungen in Richtung Stabilisierung. Von offenherzigem Gewahrsein aus haben wir die Fähigkeit, diese Subpersönlichkeiten als Anteile von uns und nicht als unsere primäre Identität wahrzunehmen.

Meiner Erfahrung nach ist es möglich, mit der Arbeit mit Subpersönlichkeiten zu beginnen und den Seinsgrund zu erreichen. Häufiger aber beginne ich damit, dass ich Menschen direkt mit dem Seinsgrund bekannt mache und sie dann ermutige, ihre Subpersönlichkeiten willkommen zu heißen, mit ihnen in Beziehung zu treten und sie zu entlasten. Diese Anteile können sich bedürftig, ängstlich und feindselig anfühlen, aber kein Anteil ist an sich schlecht. Alle Anteile versuchen aus ihrer eingeschränkten Sicht ihr Bestes, um sicher zu sein und Liebe zu finden. Wenn man den Schattenanteilen, die man ängstlich vermieden hat, wirklich begegnet, kann man erkennen, dass sie nur ängstliche, verletzte oder mit Wut geladene Subpersönlichkeiten sind, die Unzufriedenheit oder Ärger darüber zum Ausdruck bringen, nicht gesehen oder gehört zu werden. Der Ego-Identifikation fehlt die Fähigkeit, diesen Anteilen die Liebe zu geben, die sie brauchen. Aber auch Schattenanteile, die äußerst verletzt oder hasserfüllt zu sein scheinen, können entlastet werden, wenn sie von der bedingungslosen Liebe des Seins angenommen werden. Was als ein verwundetes inneres Kind begann – erstarrt in der Zeit und wie in einer traumatischen Filmszene in ständiger Angst –, kann sich schließlich zu einer beitragenden, spielerischen Rolle in einem tatkräftigen menschlichen Leben entwickeln. Während des Erwachensprozesses melden sich ständig Subpersönlichkeiten als Anwärter auf den Thron der Identität; das Sein kann sie alle annehmen und mit offenherzigem Gewahrsein integrieren.

Im Sein einfach zu verweilen, kann schmerzhaften Emotionen, Glaubensvorstellungen und starken Subpersönlichkeiten erlauben, mit dem Auftauchen zu beginnen, um sich zu befreien. Drei Bilder, die für spontane Befreiung häufig verwendet werden, sind: 1. Wenn eine alte Emotion auftaucht, beginnt man das Gefühl zu haben, als sähe man das Gesicht eines alten Freundes. 2. Unangenehme Emotionen können sich spontan so entladen, wie sich eine zusammengerollte Schlange aufrollt. 3. Emotionen entstehen, aber es gibt niemanden, der auf sie reagiert – als würden Diebe in ein leeres Haus einbrechen.

Das neue Seinsgefühl ist genau das, wonach die verwundeten inneren Anteile immer gesucht haben. Wenn sich diese Subpersönlichkeiten gesehen und geliebt fühlen, können sie endlich entlastet werden. Ihre destruktiven und schmerzhaften Gewohnheiten werden nicht mehr genährt und verlieren an Motivationskraft. Wenn Subpersönlichkeiten verdrängt, verleugnet oder angegriffen werden, interpretieren sie die intensiven Energien des physischen Körpers als eine Gefahr für ihre Existenz und übernehmen die instinktiven Reaktionen von »Flucht«, »Kampf«, »Erstarren« und »Gefälligkeit«. Diese defensiven Strategien führen schließlich zu noch schmerzhafteren mentalen und emotionalen Schichten über dem ursprünglichen Schmerzsignal. Vom Sein aus kann man Herz-Achtsamkeit praktizieren und die Fähigkeit kultivieren, den Einfluss starker Gedanken, Emotionen und Subpersönlichkeiten zu entdecken, bevor – oder kurz nachdem – man sich mit ihnen identifiziert.

Einer der wichtigsten Wege, Leben vom Sein aus zu unterstützen, besteht darin, den Unterschied zwischen Subpersönlichkeiten und Personae zu erkennen. Personae (Masken oder Rollen, die durch ihre Funktion definiert werden) können natürlich und im täglichen Leben hilfreich sein. Sie sind jedoch nicht die Quelle der Identität. Wir haben verschiedene Personae, die im passenden Moment in den Vordergrund oder Mittelpunkt rücken. Denken Sie an die Personae des Arbeiters, des Freundes, des Familienmitglieds und des Partners in einer Beziehung. Diese Rollen helfen uns, in der Welt zurechtzukommen, aber man kann lernen, sie wie Kleider zu tragen, die man dem Anlass entsprechend wechselt, ohne sich mit ihnen zu identifizieren. Wenn es einem mit seinen Emotionen, der Persönlichkeit und den Personae gut geht, braucht man sich nicht zu sorgen, dass man durch das Erwachen auf eine Rolle oder einen einzigen Ausdruck der Identität beschränkt wird. Eigentlich verhält es sich umgekehrt: Wenn man zufriedener wird und seinen Emotionen weniger ausgeliefert ist, gewinnt man eine größere persönliche Bewegungsfreiheit und Flexibilität.

Einige unserer Kerngeschichten sind auf eine verwickelte Weise in uns eingebettet. Wenn man zu diesen Geschichten Zugang bekommt, ist emotionale Schmerzhaftigkeit die Folge. Ferner entsteht, wenn etwas Schwieriges oder Unangenehmes passiert, eine dualistische Spaltung von »ich gegen sie«. Typische negative Kernüberzeugungen sind: »Etwas stimmt mit mir oder mit ihnen nicht«, »Ich bin schlecht oder sie sind schlecht«, »Ich bin wertlos oder sie sind wertlos«, »Ich bin nicht liebenswert oder sie sind nicht liebenswert«, »Ich bin dumm oder sie sind dumm« und Variationen von Scham, Vorwürfen, Schuld und Hass. Wenn man Positionen einnimmt, die sich mit dem Ego identifizieren, einschließlich ihrer begleitenden Gefühle und Glaubensvorstellungen (wie »Ich bin wertlos«), verschmilzt man mit ihnen. Wir nehmen diese Glaubensvorstellungen und Emotionen irrtümlicherweise als das wahr, was wir sind, statt als Gefühle, die wir haben. Es kann so scheinen, als gäbe es keinen Ausweg, was uns ermöglicht, in Negativität zu schwelgen. Oder man entwickelt Methoden dafür, sich von negativen Gedanken abzuspalten und die Gefühle abzuwehren, die sie mit sich bringen.

Im Gegensatz dazu ist man vom Sein aus einsichtig und zeigt Mitgefühl für Subpersönlichkeiten, ohne von ihren Argumenten verführt zu werden. Das Problem ist nicht die Intensität dieser Energien, sondern für wen oder was diese Energien entstehen. Man muss vor starken Emotionen nicht fliehen, wenn man einmal das weite, verkörperte Gefühl von Sein gefunden hat, das offenherziges Gewahrsein begleitet. Der Schlüssel zum Umgang mit der Desorientierung, der Entgiftung und den zunehmenden Schmerzen des Erwachens ist, Vertrautheit mit dem Seinsgrund und dem Prozess der Entfaltung zu entwickeln und ihnen zu vertrauen. Wenn Subpersönlichkeiten im offenherzigen Gewahrsein auftauchen, können bisher abgelehnte Gefühle und Erfahrungen der Kindheit akzeptiert, befreit und integriert werden. Die Weisheit des offenherzigen Gewahrseins versteht, wie Unwissenheit und Verwirrung die schmerzhaften Handlungen verursacht haben, die die Subpersönlichkeiten durch Verschmelzung überhaupt erst entstehen ließen. Wenn man vom Sein aus lebt, können diese bisher abgespaltenen, unerfüllten menschlichen Grundbedürfnisse wie »Ich möchte gesehen werden« oder »Ich möchte wertgeschätzt sein« angesprochen und befriedigt werden. Man kann schließlich erkennen: »Ich bin wertvoll und einzigartig … wie jeder andere auch.« Mit dieser tiefen Verschiebung der Perspektive wird die verbleibende emotionale Energie einer Kernwunde oder eines Knotens dem Individuum als Lebenskraft und Kreativität zurückgegeben.

Eine Schülerin hat mir einmal von einem kleinen Vorfall bei der Arbeit erzählt, der ihr das Gefühl gab, nicht beachtet zu werden: Sie wurde nicht zu einem Mittagessen mit ein paar Kollegen eingeladen. Als sie sie lachen sah, während sie aus der Tür gingen, begann eine starke Emotion sie zu überwältigen. Weil sie viele Male flüchtige Blicke geübt hatte, konnte sie schnell zum Sein zurückkehren. Sie konnte sich sofort lösen und ging zu offenherzigem Gewahrsein zurück, auch als das Gefühl, »ignoriert zu werden«, stärker wurde. Dann hörte sie das Gefühl mit der Stimme eines inneren Kindes sprechen: »Ich bin nicht liebenswert. Niemand sieht mich. Warum sollte ich mich überhaupt anstrengen?« Als sie bei diesem Gefühl blieb, konnte sie die Antwort der liebevollen Präsenz des Seins hören. Eine mitfühlende Stimme erklang, die das verletzte innere Kind ansprach: »Okay, mein Schatz, ich bin da. Erzähl mir mehr.«

Zuerst machte diese Einladung das verwundete innere Kind noch unwilliger: »Alle ignorieren mich! Niemand hört mich!« Aber vom Sein aus konnte sie mit Empathie antworten: »Ja, ich bin da. Ich höre, was du darüber sagst, dass dir niemand zuhört.« Sie fühlte, wie ihr verletztes inneres Kind von Neuem protestieren wollte und dann anhielt, da es merkte, dass ihm endlich mit mitfühlendem Zuhören vom Sein begegnet wurde. Sie konnte ganz bei tiefer unangenehmer Trauer sein – zum ersten Mal. Etwas tief in ihr war weich geworden und fing an, sich zu verändern. An diesem Punkt fühlte sie, dass ihre wirkliche Identität die liebevolle Präsenz von Sein war, die in der bedingungslosen Liebe geerdet war, die auch die »nicht liebenswerten« Teile von ihr annahm. Sie erklärte später, dass sie das Gefühl hatte, als wäre sie die »Liebe selbst«. Nur ihre alten Gewohnheiten, sich mit vergangenem Schmerz zu identifizieren, hatten sie bisher davon abgehalten, dies zu erkennen. Das Gewicht eines alten Musters begann abzunehmen. In den folgenden Monaten und Jahren tauchten die Denkmuster »Ich bin nicht liebenswert« und »Niemand hört mir zu« periodisch weiter auf, aber sie hatten nicht mehr die Macht, sie zu besetzen. Wenn sie auftauchten, wurden diese Gedanken erkannt und befreit, manchmal schnell, manchmal langsam, aber mit immer mehr Leichtigkeit.

Entgiftung

Offenherziges Gewahrsein erlaubt uns zu beginnen, in kreativen Ausdruck und in Beziehungen mit anderen hinein auszuwachen. Offenherziges Gewahrsein bedeutet nicht nur die Fähigkeit, als das Sein zu ruhen, sondern auch schöpferisch zu sein und ein erwachtes Leben zu leben. Es ist die neue Weise, vom Sein aus zu wissen. In offenherziges Gewahrsein zu wechseln, befreit Subpersönlichkeiten von der Last, als unsere primäre Identität aufzutreten. Denkmuster entwirren sich; die Emotionen und die Geschichte, welche die Leidenskreisläufe an Ort und Stelle gehalten haben, lockern sich schließlich und lösen sich auf. Offenherziges Gewahrsein ist der Beginn eines Prozesses emotionaler Reintegration. In Leben vom Sein aus zu wechseln, öffnet uns für eine Ebene emotionaler Sensibilität, die vorher nicht zur Verfügung stand.

Wenn man einmal lernt, durch Wechseln zu beginnen, wird das, was traditionell die »dunkle Nacht der Seele« genannt wird, zu einer Zeit der Entgiftung. Wenn waches Gewahrsein verkörpert wird, kann es eine Periode notwendiger Trauer oder das geben, was ich zu Ehren der Figur der *Peanuts* Charlie Brown »gute Trauer« nenne. Wir alle kennen Verluste: den Tod eines geliebten Menschen, die Scheidung der Eltern, das Ende eines Lebenstraums oder einer Liebesbeziehung. Ein häufiges Vorkommnis, wenn jemand die Stufe offenherzigen Gewahrseins erreicht, ist die Entdeckung von Herz-Achtsamkeit und der Fähigkeit, bisher erstarrte, ungelöste Trauer auftauen zu lassen, zu verarbeiten und aufzulösen.

Viele Menschen berichten davon, ein neues Gefühl »süßer Traurigkeit« oder zartherziger Intimität zu empfinden, wenn sie diese Stufe erreichen. Andere beschreiben ein Gefühl, als ob ihre Herzen ohne einen Grund brächen. Wenn sie dies jedoch untersuchen, entdecken sie, dass ihr Herz nicht bricht! Vielmehr bricht die Abwehr um ihr Herz auf. Die Emotionen, die zu groß waren, als dass die Ego-Identifikation mit ihnen hätte umgehen können, können jetzt ganz gefühlt werden. Mit der Unterstützung offenherzigen Gewahrseins kann man großen Kummer fühlen, während man zugleich sowohl verletzlich als auch mutig bleibt.

Anfangs kann es sein, dass man das Sein als Ruhen in Stille oder Bewegungslosigkeit erlebt, aber um primär zu bleiben, muss das Sein sich selbst kennenlernen. Das bedeutet zu vermeiden, in Stille oder abgehoben, ohne Bodenkontakt im distanzierten, achtsamen Beobachter stecken zu bleiben. Statt in einem transzendenten Zustand zu sein, kann man lernen, wie sich formloses Gewahrsein mit unserer körperlichen Form mischt und für Unterstützung unserer Entgiftung sorgt.

Man kann auf allen Ebenen entgiften: auf der physischen, mentalen, energetischen, emotionalen und spirituellen Ebene. Um bei dem Prozess der Entgiftung zu bleiben, ist es wichtig, zwischen zwei Arten von Schmerz zu unterscheiden: es gibt Schmerzsignale, die auf eine wirkliche Gefahr hinweisen und eine unmittelbare Reaktion benötigen – zum Beispiel die blitzartige Angst, wenn man auf die Straße tritt und ein Auto herankommen sieht. Dann gibt es Wachstumsschmerzen. Bei Wachstumsschmerzen kann es sein, dass man ein Schmerzsignal wahrnimmt, aber keine reale Gefahr besteht – wie bei schmerzenden Muskeln, nachdem man Sport getrieben hat. Diese Art Schmerz signalisiert, dass eine Verbesserung auftritt, weil man die Muskulatur absichtlich überfordert, als Schritt in dem umfassenderen Prozess, sie stärker zu machen.

Der Schmerz der Entgiftung oder das Schmelzen verdrängter Emotionen signalisiert, dass man einen Schritt dahin macht, stärker zu werden. Wenn man bei Frost hineinkommt und den Schmerz auftauender Hände spürt, versucht man ihn nicht zu lindern, indem man seine Hände wieder ins Kalte streckt. Wenn wir erkennen, dass wir auftauen, erlaubt uns das, während des Entgiftungsprozesses nicht abzuschalten. Vielmehr können wir lernen, bei dem positiven, aber schmerzhaften Prozess zu sein, wenn unser Körper zu vollem Leben zurückkehrt. Zu lernen, während der »Entgiftung« bei schmerzhaften Emotionen zu sein, verändert unsere Beziehung zu unserem ganzen emotionalen Leben.

Im Hinblick auf Identität wächst man vom Ego zum beobachtenden Selbst und von dort zum Sein. Wenn man sich mit dem Ego identifiziert, befindet man sich im Chaos und in einer Verleugnungshaltung, kämpft mit verstörenden Emotionen und Situationen oder ist von ihnen überwältigt. Wenn man zum beobachtenden Selbst zurücktritt, hat man den Raum zu beobachten, doch man ist von der Fülle des Lebens abgetrennt. Entdeckt man Präsenz, kann man verkörpert sein, während man von innen beobachtet. An einem bestimmten Punkt wird man erkennen, dass das Sein alle unsere Gefühle willkommen heißt und annimmt, im Wissen, dass sie keine reale Bedrohung darstellen. Das Sein ist wie eine weise Großmutter, die bei einem schreienden zweijährigen Kind bleiben und es seinen Wutanfall haben lassen kann, ohne zu überreagieren.

Wenn unsere primären Energien frei werden, kann sich das so anfühlen, als würde etwas im Inneren buchstäblich ausgeschüttelt, als würden wir den Schmutz von unseren Stiefeln abklopfen oder einen Lappen auswringen. Man kann das Gefühl haben, als würde uns die Hitze unserer befreiten Energie langsam backen, uns reinigen bis auf unsere Essenz. Während dieser Periode der Entgiftung kann es sein, dass man ungewöhnlich starke Emotionen empfindet: nicht nur Wut, sondern Zorn und sogar extremen Zorn; nicht nur Angst, sondern Schrecken. Manchmal geht mit den starken Gefühlen eine persönliche Situation oder traumatische Erinnerung einher und manchmal nicht. *Somatic Experiencing* (SE), der von Peter A. Levine entwickelte Ansatz zur Heilung von Trauma, empfiehlt, dass man die Menge Energie, die man freilässt, dosiert oder reguliert und man sich mit einer unterstützenden Ressource versorgt. Man kann diese Ressource in der Quelle wachen Gewahrseins finden und bewusste Entscheidung verwenden, um den Entgiftungsprozess zu regulieren, obwohl er manchmal ein Eigenleben annehmen kann. Wenn wir erkennen – als Sein –, dass es ein Gefühl von Schrecken, aber keine reale Gefahr gibt, können wir uns dem stellen, was bisher unerträglich zu sein schien, ohne in Widerstand gehen oder uns identifizieren zu müssen. Es ist wichtig, in offenherzigem Gewahrsein die Qualitäten von Mut zu finden und zu nähren, geleitet von unserem Herzenswunsch, frei zu sein.

Vor einigen Jahren habe ich so eine Phase der Entgiftung durchgemacht. Während ich in einem Café bei einer Tasse Tee saß, angenehme

Hintergrundmusik hörte und mit einem alten Freund sprach, den ich eine Weile nicht gesehen hatte, wurde mein Körper plötzlich von reinem Schrecken überflutet. Ich spürte das Bedürfnis zu fliehen. Ich nahm nichts in dem Restaurant wahr, was diese Reaktion ausgelöst haben könnte, also suchte ich in mir, um zu sehen, ob eine Erinnerung aufgetaucht war oder ob es vor Kurzem eine emotionale Situation gegeben hatte, die mich besonders ängstigte. Dann wurde mir klar, dass die Erfahrung des Schreckens zu meiner andauernden Entgiftung gehörte. Mein ganzes Leben lang hatte ich intensive Gefühle wie Wut, Schrecken und Einsamkeit abgewehrt. Diese Entgiftung taute meine tief verdrängten Emotionen auf. Sie wissen ja, wie man sich sagt: »Das kommt später dran.« Also, später war jetzt. Diese Einsicht veränderte alles für mich. Ich beschloss, an meinen Schrecken mit »Hunde-Zen« heranzugehen. »Bleib einfach da, bleib da«, dachte ich. Kontrolliere nicht, wehre dich nicht und identifiziere dich nicht mit etwas.

Mein Freund muss gesehen haben, wie mir der Schweiß das Gesicht herunterlief, denn er fragte: »Geht es dir gut?«

»Ja«, antwortete ich. »Es ist etwas, was ich fühle. Nichts Persönliches.« Als ich mich sagen hörte: »Es ist nichts Persönliches«, lachte ich. Dieser Schrecken war keine persönliche Reaktion auf etwas, was mein Freund gesagt hatte; eigentlich war die starke Emotion nicht einmal eine persönliche Gefahr für mich. Mein Freund fuhr mit seiner Geschichte fort, und ich atmete weiter, während der Schrecken durch mich hindurchging.

Ich nenne diese Art Entgiftung »Schütteln-und-Backen«. Der Schmerz, den ich empfand, war ein normaler Wachstumsschmerz. Die Energie, die mich zuerst wie einen Lappen schüttelte, öffnete mich daraufhin für eine Vitalität, die ich nie zuvor empfunden hatte. Eine Art Furchtlosigkeit und Mut folgte und wurde für mich verfügbarer. Es ist ziemlich typisch, dass ein paar Subpersönlichkeiten denken, sie verlieren die Kontrolle und »sterben«, wenn es zu solchen intensiven Gefühlen kommt. Wenn Subpersönlichkeiten ihren eigenen Tod fürchten und wir uns mit ihnen identifizieren, haben wir auch das Gefühl, als würden wir physisch zugrunde gehen oder in einer »Hölle« unveränderlichen Schmerzes bleiben. Wenn man im Gegensatz dazu vom Sein aus lebt, sind Subpersönlichkeiten und Lebensenergien, selbst starke, keine Bedrohung.

Eine Schülerin, die ihre eigene »Schütteln-und-Backen«-Entgiftung durchlief, berichtete, dass sie einen starken Impuls aus ihrem Bauch aufsteigen spürte, als sie bei der Arbeit mit ihrem Vorgesetzten sprach. Der Impuls lief ihre Wirbelsäule hinauf, in ihren Unterkiefer, ihre Schultern und sogar in ihre Augen, bevor er einen Kampf-Impuls auslöste. Sie erkannte dieses heftige Gefühl als ein Bedürfnis, recht zu haben, auch wenn ihr Vorgesetzter ihr nicht unterstellte, sie hätte unrecht. Sie nahm vertraute Gefühle aus der Kindheit wahr, nicht ernstgenommen, nicht gesehen, verletzt und verspottet zu werden. Dann bemerkte sie eine Subpersönlichkeit, die diese Gefühle abwehrte – genau die Gefühle, die sie auch dazu angetrieben hatten, im Leben Erfolg zu haben. Sofort konnte sie ins Sein wechseln. Vom Sein aus sprach sie mit diesem Anteil aus der Kindheit: »Du musst nicht mehr die Kontrolle haben, mein Schatz.« Ihr ganzer Körper wurde weich. Danach konnte sie ihrem Vorgesetzten auf eine einfache, klare und herzliche Weise ihre Meinung sagen.

Neuverschaltung, um als das Sein zu bleiben

Die Identität, die die Reise beginnt, ist nicht die, die wir nach dem Erwachen als unsere kennen. Aber weil wir uns anfangs nicht vorstellen können, wie wir ohne unser Ego als Manager leben können, kommt uns ein Leben vom Sein aus wie ein unmögliches Projekt vor. Das ist es nicht. Man muss aber den Rebound-Effekt erkennen, der einen auf verschiedene Weise zurückprallen lassen kann. Viele Menschen, die die Reise des Erwachens begonnen haben, berichteten davon, das Gefühl zu haben, »von Angst zurück in den Kopf getrieben worden zu sein« oder »von Langeweile zurück in den Kopf getrieben worden zu sein«. Wenn man bei Nichtwissen und Nicht-Ego bleibt, kann das starke Angstsignale und entsprechende Reaktionen der Abwehrmechanismen des Egos auslösen. So seltsam es erscheinen mag, man muss bereit sein, sich anfangs von Frieden gelangweilt zu fühlen. Weil wir gewohnt sind, eine Menge Stimuli von emotionalem Drama und mentaler Faszination zu erhalten, kann es ein gewichtiger Übergang sein, sich an Frieden und Wohlbefinden zu gewöhnen – auch wenn es das ist, was man in Wahrheit will. (Wir sollten bloß unterwegs nicht verführt werden und in der Strömung von Frieden, Stille und Ruhe bleiben.) Es kann ein Ziehen zurück zur Ego-Identifikation geben, um gleich »jemand zu sein«, nachdem wir unsere alte Identität losgelassen haben. Es ist möglich, dass man »zurück zum Denken überwältigt« wird, wenn man die Entgiftung und den langsamen Übergang der Neuverschaltung nicht aushalten kann. Das Sein kann die Ängste und Proteste der alten Programme ertragen und wissen, dass unsere Emotionen real sind, aber dass das, was sie sagen, nicht wahr ist.

Wenn wir die Fähigkeit ausbilden, im Seinsgrund zu bleiben, bewirkt das Gewebe der Liebe, das wir spüren, dass wir uns mitfühlendem und kreativem Handeln und Ausdruck widmen. Wenn wache Achtsamkeit unserem Menschsein begegnet, verschränken sich vier Qualitäten: *liebende Güte*, *Mitgefühl*, *Mitfreude* und *Gleichmut*. Diese essenziellen Qualitäten führen dazu, dass sich waches Gewahrsein als die Liebe und Verbundenheit verkörpern kann, die unseren Körper durchdringen. Die vier Qualitäten der Liebe werden auf Pali *Brahmaviharas*, »Häuser des Göttlichen« oder »höchste Wohnsitze«, genannt. Wenn formloses Gewahrsein in Formen des Bewusstseins kommt, manifestieren sich diese vier Qualitäten und offenbaren sich als essenzielle Strukturen und natürliche Funktionen der Liebe.

Das Tun vom Sein aus

Es gibt einen chinesischen Begriff, *Wu wei*, der als »Spontaneität« oder »müheloses Handeln« übersetzt werden kann. Wu wei bedeutet nicht passives Warten, sondern aktives Erkennen, dass es spontanes Handeln schon gibt, ohne von einem »Macher« ausgeführt zu werden, der sich mit dem Ego identifiziert. Das Sein ist immer schon von Natur aus da, aber wir sind noch nicht darauf eingestellt, vom Sein aus zu funktionieren. Funktionieren vom Sein aus bedeutet, von einem panoramaartigen Flow-Zustand aus, in dem man sich frei von Selbstbezogenheit und Ego-Identifikation fühlt, zu interagieren, zu reagieren, zu antworten und schöpferisch zu sein, aber vollen Zugang zum Gedächtnis und zu erlernten Fertigkeiten zu behalten. Die meisten von uns, die nicht in einem Kloster oder in einer Höhle leben – oder die nicht den größten Teil des Tages meditieren –, müssen ein Gleichgewicht zwischen tun und sein lassen finden. Daher muss man lernen, in der Welt zu funktionieren, ohne zum Macher zurückzukehren. Waches Gewahrsein als der Seinsgrund besitzt Intentionalität und die Fähigkeit, Entscheidungen zu treffen.

Die Entdeckung lokalen Gewahrseins und die Intentionalität offenherzigen Gewahrseins befähigen uns, dem spontanen Handeln zu vertrauen, das vom Sein ausgeht. Um vom Verweilen zum Stabilisieren und vom Stabilisieren zum Ausdruck gehen zu können, muss man den paradoxen Tanz des Handelns vom Sein aus lernen. Letztlich ist Tun vom Sein aus viel leichter und angenehmer, als von unserer überwältigten und verängstigten Ego-Identifikation aus zu handeln. Je mehr man vom Seinsgrund statt von der Ego-Identifikation aus handelt, umso leichter wird es. Schließlich wird Handeln vom Sein aus zur neuen Gewohnheit und geschieht von selbst.

Nichthandeln im Sinn von Mühelosigkeit bedeutet nicht, dass man nichts tut; bei Wu wei geht es darum, dass man sich nicht mit dem alten »Macher« identifiziert. Der unverrückbare Glaube, »es gibt nichts zu tun«, kann jedoch – falsch verstanden – Trägheit verstärken. Verglichen mit Wu wei kann sich das alte Macher-Programm der Ego-Identifikation zwanghaft anfühlen und an einen Hund erinnern, der besessen nach einem Knochen gräbt. Wenn man eigenwillige, sich mit dem Ego identifizierende Subpersönlichkeiten aufgibt, beginnt man Erfahrungen mit mühelosem Handeln zu machen, da man mit einer spontanen, lebendigen Intelligenz in Kontakt kommt, die das Kennzeichen des erwachten

Lebens ist. Man kann sich unterstützt und zufrieden fühlen, wie ein Kind an einem Sommertag, das ein befreites Gefühl von Verspieltheit und Neugier genießt. Außerdem kann man die Macht zu handeln und die Freiheit zu entscheiden und zu wählen empfinden. Paradoxerweise überlässt man den persönlichen Willen einer Macht, die größer als unser Ego ist; aber wenn man das tut, gewinnt man wahre Freiheit und Verantwortung zusammen mit der Fähigkeit zu antworten und zu reagieren.

Wenn Leben von offenherzigem Gewahrsein aus unsere neue Normalität ist, entspringen unsere Motivation, Absicht, Bereitschaft und Entschlossenheit einem neuen Ort. Der Seinsgrund ist nicht auf unsere individuelle Identität beschränkt; er sieht sich selbst in anderen. Als Ergebnis entsteht zwischen Menschen und innerhalb von Gruppen auf vielen Ebenen ein Gefühl von Verbundenheit und Kommunikation. Wenn wir andere wie uns selbst sehen, sind wir frei, von einer neuen Ethik aus zu leben, die auf dem Allgemeinwohl beruht, statt von Angst vor Mangel oder von einer Liste von Dingen angetrieben zu werden, die man »tun sollte«.

Eine Schülerin berichtete nach einer Reihe telefonischer Sitzungen mit mir, dass sie begonnen habe, Zugang zu einem Gefühl von Sein zu bekommen. »Es ist unglaublich, die Offenheit, die ich fühle«, sagte sie. »Aber ich habe ein bisschen Angst, mit diesem Erwachen weiterzumachen, denn ich möchte meine Leidenschaft für meine Kunst nicht verlieren, die immer die Liebe meines Lebens gewesen ist.«

»Welche Gedanken lassen Sie glauben, dass Sie Ihre Leidenschaft verlieren könnten?«, fragte ich.

»Wenn ich denke, alles ist gut, so wie es ist, bin ich besorgt, dass ich alle meine Motivation und meinen Antrieb verliere. Dass ich nichts mehr erschaffen werde. Es ist fast wie: ›Wozu die Mühe?‹ Meine Gedanken sagen mir, dass Befriedigung zu Lethargie führt.«

»Sie beschreiben die erste Stufe der Entdeckung von Sein: als Sein ruhen«, sagte ich. »Sein hängt nicht von Tun oder Denken ab. Um zu *sein*, wer man ist, braucht man nichts zu *tun*.« Ich schloss: »Wenn das

Sein zur Quelle Ihrer Identität wird, kommt es zu einer neuen Verschaltung, die es der Lebensenergie zu sprudeln erlaubt. Wenn Sie warten und vertrauen können, werden Sie ganz frisch inspiriert, auf eine neue Weise zu handeln und zu tun.«

Ich schlug meiner Schülerin vor, dies zu untersuchen: »Wie wäre es in diesem Augenblick, wenn Ihre vorrangige Motivation, Kunst zu erschaffen, auf Ihrem Gefühl des Wohlbefindens, der Neugier und Energie beruhen würde?« Meine Schülerin nahm sich diese Frage zu Herzen. Drei Monate später rief sie mich an und berichtete, dass ihre Kunst eine neue Richtung angenommen und sie einen Auftrag für eine Installation in einem öffentlichen Park erhalten hatte.

Wenn sie die Neuverschaltung und Entgiftung durchlaufen, ergreifen manche Menschen die Gelegenheit, Aspekte ihres Lebens zu verändern. Viele aber bleiben in denselben Beziehungen, Berufen und äußeren Lebensumständen. Es ist wichtig, die erste Zeit der Ruhe, des Nicht-Tuns oder Lösens vom Antrieb des Willens anzuerkennen, und dieser Prozess ist häufig notwendig, bevor die neue Form des Tuns eintritt. So wie Heranwachsende häufig mehr schlafen als Kinder, können Wachstumsschübe ein Bedürfnis nach Schlaf zur Folge haben. Das Wegfallen unserer alten Motivation kann für kurze Zeit unseren Antrieb reduzieren, wenn wir neue Verknüpfungen herstellen und zu unserem neuen Betriebssystem übergehen. Das Bewusstsein mancher Menschen wird während dieser Zeit ruhig. Andere beginnen, energetisch aufzutauen, und empfinden vielleicht notwendige Trauer, wenn sie ihr emotionales Leben aus der Erstarrung lösen. Für dieselben Menschen fühlt sich das Auftauen an, als ob sich emotionale und physische Knoten in ihren Körpern lockerten. Es ist wichtig, sich daran zu erinnern, dass dieselben Abwehrmechanismen, die vor emotionalem Schmerz schützen, auch die natürliche Lebenskraft eindämmen. Wenn diese Emotionsknoten (und Abwehrmechanismen gegen Emotionen) sich endlich entwirren, wird mehr spirituelle, emotionale und physische Energie verfügbar als jemals zuvor.

Wenn wir unseren Abwehrmechanismen erlauben aufzutauchen, durch unseren Körper zu laufen und sich aufzulösen, rufen uns einige unserer alten Glaubenssysteme mit Drohungen und alten Sprüchen wie »Du bist faul!« oder »Du wirst als nichtsnutziger Penner enden!« zurück. Weil der Ozeanriese Ihres Lebens bis zu diesem Punkt in eine einzige Richtung gefahren ist, muss er erst ganz anhalten, bevor er drehen und eine andere Richtung einschlagen kann. Es mag so scheinen, als würde man langsamer werden und nirgendwohin fahren, wenn man eigentlich gerade dabei ist, den extrem wichtigen Wechsel zum Leben vom Sein aus vorzunehmen.

Leben vom Sein aus

Einer der Gründe, weshalb man nicht als das Sein bleibt, ist, dass das »neue Wissen« und die Entwicklung von »Tun vom Sein aus« sowohl Pflege als auch Praxis brauchen. Es ist leicht, anzuhalten und sich in Übergangszuständen wie im Glück des feinstofflichen Körpers oder im meditativen Beobachten zu verlieren, weil diese Zustände frei von den intensiven Energien des Lebens sind. Es ist essenziell, dass man die nächste Stufe des offenherzigen Gewahrseins und nichtkonzeptuellen Wissens erreicht und lebt. Wem diese Grundlage fehlt, wird unfähig sein, in der Welt zu funktionieren, ohne zur Ego-Identifikation zu regredieren, um den Alltag zu bewältigen. Das neue Wissen von wachem Gewahrsein aus kann uns schließlich neu verschalten, sodass Ego-Funktionen und Gedächtnis mit dem Sein verknüpft sind.

Nachdem man in waches Gewahrsein gewechselt ist und es eine Weile verkörpert hat, kann es einen nervös stimmen, etwas Neues zu machen – zum Beispiel einen Vortrag halten –, aber es gibt keine zugrundeliegende Sorge, man könnte versagen. Man wird Fehler machen, wenn man in dieser Übergangsphase damit experimentiert, vom Sein aus zu handeln, doch man wird selbst über diese Fehler lachen und Mitgefühl mit sich haben können. Wenn man mit einer schwierigen Aufgabe konfrontiert ist, wird man nicht abschalten oder zur Identifikation mit dem Ego zurückkehren müssen, denn es steht einem eine andere Qualität des Herzens zur Verfügung: ein Gefühl von Mut und Aufrichtigkeit. Offenherzigkeit und Verletzlichkeit sind möglich, wenn man die Unterstützung durch waches Gewahrsein hat. Man kann sich Widrigkeiten oder Problemen stellen, ohne zusammenzubrechen.

Ein Paar, das eine eigene Firma besaß und sich jahrzehntelang mit verschiedenen Formen spiritueller Arbeit beschäftigt hatte, nahm an einem Wochenend-Retreat teil, das ich abhielt. Sie fanden, dass der Ansatz des offenherzigen Gewahrseins sofort alles zusammenführte, was sie bis dahin erfahren hatten. Nachdem sie ein paar Monate praktiziert hatten, begannen sie, wichtige Veränderungen vorzunehmen. Sie hatten sich bis dahin an einen inneren Auftrag gebunden gefühlt, »immer positiv zu sein«. Wie sie berichteten, hatte sie das in eine Co-Abhängigkeit und eine Wischiwaschi-Unentschlossenheit geführt, besonders ihren Angestellten gegenüber. Sie hatten früher Termine verstreichen und Projekte scheitern lassen, weil sie Angst hatten, die Gefühle der Leute zu verletzen. Jetzt erkannten sie, dass sie sich selbst sabotiert hatten, weil sie bisher unfähig gewesen waren, klar zu kommunizieren und angemessene Risiken einzugehen.

Das Paar berichtete, dass sie frischen Mut, Klarheit und Bereitschaft zu handeln gefunden hatten. Ein Jahr später wurde ihr Unternehmen zum ökologisch nachhaltigsten in ihrem Staat gewählt. Der Mann sagte: »Wir wurden frei, uns nicht mehr selbst im Weg zu stehen und unseren Angestellten unsere Bedürfnisse mitzuteilen. Wir hatten den Mut, aufrichtig und entschlossen zu sein.«

Das Wohlbefinden, über das wir hier sprechen, ist nicht nur ein physisches, mentales, emotionales oder auch psychisches Wohlbefinden; dies ist das Wohlbefinden der Essenz selbst – eine wahre Sicherheit, die nicht verletzt werden kann, und ein Grundvertrauen, das das Fundament der neuen Identität ist. Weil die Identität nicht auf Ideen, Handlungen oder Erwartungen beruht, gibt es eine Empfindung von Offenheit und ein tiefes Gefühl, dass alles gut ist. Das Gefühl von Wohlbefinden ist nicht auf die eigene innere Erfahrung beschränkt; es erstreckt sich horizontal auf die Weise, wie man andere Menschen und die Welt wahrnimmt. Dieses Wohlbefinden beruht nicht auf Glauben oder positivem Denken, sondern geht auf die grundlegende Einsicht zurück, dass wir nicht von anderen getrennt sind.

Wenn die Entfaltung von Erwachen unten und innen fortschreitet – zur Quelle des Seins –, erreicht man eine Tiefe, die erfrischendes Lebenswasser zu den dunkelsten verborgenen Teilen von uns bringt. Indem sie alle bewussten und unbewussten Dimensionen durchdringt, weiß sie, dass Empfindungen der Scham, der Wertlosigkeit und des Sich-nicht-liebenswert-Fühlens nicht wahr sind. Dies erstreckt sich bis zur Wurzelenergie des Überlebens. Diese vertikale Dimension des Seins verbindet uns mit den feinstofflichen Kanälen und Energiezentren unseres Körpers von oben bis unten und wieder nach oben. Es gibt eine Fähigkeit, sich in und mit unserem eigenen Körper und Fleisch zu Hause zu fühlen.

Leben vom Sein aus gibt uns die Ruhe und Liebe, nach der wir uns alle gesehnt haben. Wir kennen waches Gewahrsein, das die ursprüngliche Klarheit eines ungeheuer weiten, atemberaubend schönen Morgenhimmels hat. Der Seinsgrund bringt das Gleichgewicht des Nachthimmels, wo es ein Gefühl der Stille gibt, das tiefer als Schlaf ist, jedoch hellwach, eines uranfänglichen Friedens. Ein Schüler hat es so ausgedrückt: »Der Seinsgrund ist das Einzige, was den Schrecken verschwinden lässt.« Die Angst vor der Angst vor dem Tod wird endlich durchschaut. Zum ersten Mal kann man zwei wichtige Wahrheiten zugleich fühlen: dass waches Gewahrsein als unser Seinsgrund ungeboren ist und nicht sterben oder auch nur verletzt werden kann; und dass unser kostbarer Körper geboren wird, sich verändert und Schmerz und Liebe empfindet, bis er eines Tages stirbt. Von dem Jetzt an können wir beide Wahrheiten fühlen und wissen, dass alles gut ist.

Die Leitungen der Liebe

Offenherziges Gewahrsein sorgt für ein neues Fundament von Mitgefühl und Ethik hinsichtlich der Art und Weise, wie wir andere Menschen behandeln. Wenn man durch die Ebenen des Geistes voranschreitet, gewinnt man auf jeder Stufe etwas Positives dazu, wie beispielsweise die Fähigkeit, rationalere Entscheidungen zu treffen sowie rücksichtsvoll und achtsam gegenüber anderen zu sein; es bleiben aber Beschränkungen, wenn man nicht weiterwächst. Wenn man im sehr subtilen Geist des reinen Beobachters verharrt, kann es sein, dass man distanziert ist und eine spirituelle Umgehung seiner eigenen Emotionen und der anderer Menschen benutzt. Schließlich kann man in einem Zustand von ethischem Relativismus landen, in dem einem alles gleich erscheint und man schließlich den Schmerz und das Leiden im Alltag der Menschen verharmlost.

Wenn man im Gegensatz dazu in ein Leben wechselt von offenherzigem Gewahrsein aus, kann man den Schmerz anderer fühlen, ohne abzuschalten oder von ihm überwältigt zu werden, weil man zugleich auch die weite Wachheit sieht. Liebe ist eine Kraft, die vereint. Offenherziges Gewahrsein sieht von der bedingungslosen Liebe unserer wahren Natur aus, dass wir alle miteinander verbunden sind.

Ab einem gewissen Punkt beginnt man sich von gewohnten Mustern der Ego-Identifikation befreit zu fühlen. Man fängt an, den grenzenlosen Grund der unendlichen, unsichtbaren Lebensquelle wahrzunehmen. Wenn man diese Verbundenheit unmittelbar erlebt, beginnt man, zur Absicht des Herzens zu erwachen und zu lernen, Kontemplation und Handeln zu vereinigen. Das Fundament ist an diesem Punkt bedingungsloses Gewahrsein und bedingungslose Liebe. Vom offenherzigen Gewahrsein aus sieht man auch die Einzigartigkeit und Individualität anderer Menschen. Obwohl man sich grenzenlos fühlt, respektiert man auch persönliche Grenzen. Man sieht Stärken und Schwächen anderer Menschen und lernt, mit Respekt und Integrität in Beziehung zu sein.

Bedingungslose Liebe fließt durch bestimmte Kanäle von Respekt, Integrität, Entschlossenheit, Sinn, Wert, Verantwortung, Bereitschaft zur

Vergebung, Freundlichkeit und Mitgefühl – und diese bilden die Grundlage unseres neuen, natürlichen ethischen Lebens. Wenn sich Erwachen entfaltet, beginnt man zu sehen, dass es verschiedene Arten von Liebe und Respekt gibt und jede ihrer eigenen Linie folgt, wie verschiedenfarbige elektrische Drähte. Es gibt Freundesliebe, Liebe zwischen Mann und Frau, brüderliche Liebe, schwesterliche Liebe, Eltern-Kind-Liebe, Kind-Eltern-Liebe, Schüler-Lehrer-Liebe, kollegiale oder gemeinschaftliche Liebe und Liebe zwischen Arbeitnehmer und Arbeitgeber. Jede Art Liebe hat ihren eigenen Draht, und wenn bedingungslose Liebe durch den Draht fließt, kann sie voll und stark wie ein Fluss sein, der ins Meer fließt. Wenn die Arten der Liebe innerhalb respektvoller Grenzen bleiben und die »Drähte« sich nicht kreuzen, gibt es normalerweise keine Verwirrung, Verführung oder keinen Missbrauch.

Aus Sicht unseres konventionellen Selbstgefühls wird uns unsere Moral häufig von außen auferlegt, vielleicht durch eine Reihe von Geboten, Gesetzen oder Regeln. Uns wird gesagt, dass uns Strafe oder Schuld drohen, wenn wir ihnen nicht gehorchen. Wie leicht folgen Menschen der Moral einer Gruppe oder eines Staates, der eine intellektuell »richtige Art und Weise« festlegt und Abweichler oder kulturelle Minderheiten als »falsch« oder »anders« definiert.

Von offenherzigem Gewahrsein aus startet man von einer sehr anderen Position; das Potential, mit Mitgefühl zu sehen und spontan und sogar mutig zu handeln – persönlich wie sozial –, ist eine ganz neue Dynamik. Dies ist nicht etwas, über das man nachdenken oder das man nur mit Mühe herstellen kann. Diese neue Fähigkeit hilft uns, mit äußeren Schwierigkeiten wie auch dem inneren Prozess der Neuverschaltung und Entgiftung unseres emotionalen Lebens umzugehen. Wenn man einmal die Ebenen des Geistes und Herzens gewechselt hat, beginnt man sich zu Hause zu fühlen, wo immer man hingeht.

Wechseln ermöglicht uns, zu einer neuen Sicht zurückzutreten, die uns tiefgehend verändern kann. Viele Menschen machen eine ähnliche Erfahrung, wenn sie zum ersten Mal ein Bild unseres blauen Planeten sehen, das aus dem Weltraum aufgenommen wurde. Jedes Mal, wenn wir unsere eigene innere Wahrheit entdecken und uns dann zusammenschließen, wobei wir Verschiedenheit in Einheit respektieren, können wir unser Herz einsetzen, um von bedingungsloser Liebe aus zu handeln und die Art zu transformieren, wie wir zusammenleben.

FLÜCHTIGER BLICK: **Schattenanteile willkommen heißen**

Man kann diese Blickübung am Ende einer Übungssitzung oder jederzeit im Laufe des Tages machen, wenn man das Gefühl hat, dass man etwas Liebe und Gewahrsein braucht oder dieser Teil des Selbst wieder eine Ego-Identifikation hergestellt hat. Menschen, die ein erstes Erwachen erlebt haben, verleugnen diese Schattenanteile häufig oder sehen sie nicht, weil sie denken, dass sie die Ego-Identifikation endgültig hinter sich gelassen haben. Unsere Schattenanteile zu konfrontieren und in unseren Seinsgrund aufzunehmen, ist jedoch der Weg zu Stabilisierung und Ausdruck.

Beginnen Sie damit, in Ihrem Körper und um ihn herum zu prüfen, ob es Subpersönlichkeiten oder Anteile von Ihnen gibt, derer Sie bewusst sind. Richten Sie Ihr Interesse von offenherzigem Gewahrsein aus auf diese Anteile. Schauen Sie, ob Sie zulassen können, einen dieser Teile klar und deutlich zu spüren.

1. Fühlen Sie, dass der, der Sie sind, vom Sein aus sieht. Fragen Sie sich: »Bin ich mir dieses Anteils bewusst? Wie sieht dieser Anteil aus, wie hört oder er fühlt er sich an?« Lassen Sie diesen Teil, das innere Kind, die Persona oder den Kommentator sich ganz zeigen – nicht nur als vorübergehenden Gedanken, Glauben oder innere Haltung, sondern als ein personifiziertes Muster, das in Ihnen organisiert ist. Häufig ist dies ein Teil, der so spricht, als wäre er Sie.

2. Während Sie diesen Anteil klarer sehen, stellen Sie sich diese Fragen: »Bin ich mir dieses Anteils von meinem Kopf oder von meinem Herzen aus bewusst? Wie geht es mir gegenüber diesem Anteil von offenherzigem Gewahrsein aus?« Fühlen Sie, dass Sie vom Sein aus sehen.

3. Dann fragen Sie diesen Anteil: »Bist du dir meiner bewusst? Wie fühlt es sich für dich an, dass ich hier bin und dich sehe? Bist du dir meines Mitgefühls für dich bewusst?«

4. Warten Sie, bis Sie deutlich wahrnehmen, dass dieser getrennte Teil mit Ihnen kommuniziert.

5. Fragen Sie als Nächstes diesen Anteil direkt: »Was möchtest du, was ich über dich wissen soll?« Und: »Gibt es etwas, wovor du Angst hast und das dich verborgen hielt?« Ein Anteil könnte sagen: »Ich fühle mich allein. Ich habe nicht das Gefühl, dass mir irgendjemand zuhört. Ich habe Angst, dass ich abgelehnt werde.« Wenn Sie diesen Anteil in Ihrem Inneren akzeptieren, sobald Sie von offenherzigem Gewahrsein aus zuhören, dann beginnt sich alles zu verändern.

Das erste Ziel dieses Prozesses besteht darin, diese Anteile zu sehen und eine Beziehung mit ihnen einzugehen, wenn sie auftauchen, damit sie nicht den zentralen Platz Ihrer Identität einnehmen und durch Sie sprechen. Das zweite Ziel dieses Prozesses besteht darin, sich mit den Subpersönlichkeiten zu verbinden, damit sie sehen, dass sie bedingungslos geliebt werden. »Bedingungslos« bedeutet, dass es überhaupt *keine* Bedingungen gibt. Die Subpersönlichkeiten sind Muster, so wie die Ego-Identifikation, die auf der Reise des Erwachens häufig unbewusst unsere Identität übernehmen, wenn sie ignoriert oder auf bloße Gedanken und Gefühle reduziert werden. Ein verborgener Anteil, dem mit bedingungsloser Liebe begegnet wird, kann sein Programm loslassen. Die Schattenanteile können dann gesehen und befreit, sowie ihre Lebensenergien zurückgegeben werden, sodass man vom Sein aus leben kann.

SCHLUSS

TANZENDE STILLE

Manchmal muss man lange spielen,
damit man spielen kann wie man selbst.
MILES DAVIS

Stellen Sie sich vor, wie unsere Welt wäre, wenn immer mehr Menschen erwachen würden. Wie wäre es, wenn das Erwachen uns allen als eine normale Entwicklungsstufe zugänglich würde? Es ist möglich, und ich habe die Hoffnung, dass es eintritt.

In der heutigen Zeit mit so vielen Wahlmöglichkeiten kann es passieren, dass man abgelenkt wird und schließlich nur noch an der Oberfläche lebt. Ich habe dieses Buch und diese Übungen so angelegt, dass sie mitten in unserem Alltag zu Erfahrungen der einfachsten und tiefsten Dimensionen unserer menschlichen Erfahrung ermutigen können. Wir alle haben das Potential, waches Gewahrsein zu erkennen, das zu wahrem innerem Frieden und zu einem offenen Herzen führt. Ich verstehe nicht genug von Evolution, um sagen zu können, dass sich unsere Spezies in einem evolutionären Sinne weiterentwickeln wird, aber ich *kann* sagen, dass diese Stufe des Wachstums bewusst entwickelt werden kann. Vielleicht verlangt diese Evolution, dass wir uns zeigen, da sind und permanent teilnehmen, so wie man das tut, wenn man lesen und schreiben lernt. Erwachen ist eines der größten Geschenke, das wir unseren Mitmenschen und unserem Planeten machen können.

Wie die Veränderung jeder Gewohnheit verlangt Erwachen, dass man der Praxis eine Priorität einräumt. Es braucht ebenso viel Verlernen wie Lernen. Dass man den Tag damit beginnt, kurz zu sitzen oder zehn bis 20 Minuten lang eine Übung zur Einstimmung zu machen, ist so wichtig wie Frühstücken. Man kann das überspringen, aber der ganze Tag wird anders sein.

Lernen Sie die Prinzipien der flüchtigen Blicke und des Verweilens. Machen Sie eine der Blickübungen aus dem Buch, die am besten bei Ihnen wirkt. Machen Sie sie sich zu eigen. Verschieben Sie das Gewahrsein, stimmen Sie sich ein, lassen Sie es auf sich wirken und öffnen Sie dann die Augen und fangen Sie an, vom Sein aus zu sehen und zu tun, bis Sie sich wieder mit etwas identifizieren. Dann machen Sie eine kleine Blickübung, um die Anerkennung aufzufrischen. Sie können das überall machen. Ich mache es zu Hause, in der U-Bahn, wenn ich in einem Geschäft in einer Schlange stehe und warte, wenn ich auf der Straße unterwegs bin und wenn ich mit jemandem spreche. Die innere Stille, die tanzende Ruhe und das Gewahrsein sind immer verfügbar.

Letztlich hoffe ich, dass Sie sich in die Liebe verlieben, indem Sie mit flüchtigen Blicken beginnen. Wenn Sie sich in Ihre eigene wahre Natur und ihre natürlichen Qualitäten verlieben, werden Sie zurückkommen wollen. Es ist wie in einer Liebesbeziehung: Wenn Sie sich in Ihr wahres Selbst verlieben, haben Sie ein natürliches Interesse und eine natürliche Motivation und Verehrung. Dann besteht der nächste Schritt nicht mehr darin, auf dem spirituellen Marktplatz zu suchen, sondern sich innerlich zu binden. Die Liebe, die Sie gesucht haben, ist schon der, der Sie sind – Sie leben also schon zusammen! Sie waren womöglich besorgt, es würde eine Beerdigung für Ihr Ego geben, aber stattdessen gibt es eine Hochzeitsfeier.

Wenn Sie sich die flüchtigen Blicke einmal zur Gewohnheit gemacht haben, werden Sie Veränderungen in Ihrem Alltagsleben feststellen. Sie werden ein Wohlbefinden und eine Leichtigkeit bei Dingen entdecken, die Sie bisher aufgeregt oder verärgert haben. Sie werden auch anfangen, dieses Gewahrsein und diese grundlegende Güte sowie den Schmerz des Nichtwissens bei anderen Menschen in Ihrer Umgebung zu erkennen. Wenn Sie in dem Gewahrsein geerdet sind, das weiß, dass es nicht Schaden nehmen kann, können Sie anderen Menschen, die leiden, antworten, statt zu reagieren.

Das Leben ist ein Lehrer, und man kann aus Fehlern, Schwierigkeiten und Enttäuschungen so viel lernen wie aus Erfolgen. Während dieses Prozesses ist es wichtig zu erkennen, dass Zweifel ein anspruchsvolles Hilfsmittel des Denkens ist. Wie zum Beispiel in dieser Aussage: »Ich bin nicht sicher, ob Gewahrsein vom Denken gelöst ist. Ich probiere es noch einmal.« Man sollte diese Art Zweifel, Untersuchung mit offenem Geist oder Neugier nicht aufheben wollen. Aber man sollte sich einer anderen Art Zweifel bewusst sein, die zu einer Identität werden kann und die häufig der Grund dafür ist, dass jemand seinen Prozess des Erwachens aufgibt. Dieser Zweifel flüstert: »Alle anderen verstehen das anscheinend. Ich werde das nie verstehen. Ich kann es genauso gut sein lassen.« Diese Art Zweifel ist ein Zeichen, dass man sich wieder mit dem Ego oder einer Subpersönlichkeit, dem »Zweifler«, identifiziert hat. Von offenherzigem Gewahrsein aus fängt man an, die Stimme dieses Zweiflers zu hören, und antwortet: »Danke für diese Mitteilung.« Dann werden alle Gedanken, Gefühle und Anteile willkommen geheißen und angenommen.

Die Blickübungen dieses Buches werden Sie dazu bringen, die natürliche Liebe und Weisheit in sich zu entdecken. Freundlichkeit und Gewahrsein werden zu Ihrem Leben. Es fällt leichter, die Bereitschaft zu Vergebung in sich zu finden und Groll auf andere aufzugeben. Wenn Sie sonst nichts aus dem Buch mitnehmen, denken Sie daran, dass der erste Schritt in schwierigen Situationen darin besteht, Ihre Geistesebene zu wechseln. Im Voraus kann man keinen Rat geben, wie Sie handeln sollten, es gibt keine Garantie, wie Sie reagieren werden oder es aussehen wird. Machen Sie einfach den Schritt und Sie werden sehen. Wenn Sie großen Schmerz erlebt haben, ist waches Gewahrsein die eigentliche Medizin. Ihr Herz kann heilen. Veränderung, Verlust und Tod gehören immer zum Leben. Selbst Personen wie ich, die den tragischen Verlust von geliebten Menschen erlebt haben, können sich für etwas öffnen, das größer als der Griff der Trauer ist.

Man kann sich zu jeder beliebigen Tageszeit entscheiden, aus dem Zug des Denkens auszusteigen und in waches Gewahrsein zu wechseln. Wenn Sie dies einmal gemacht haben, werden Sie ganz natürlich neue Motivation, Kreativität, Freundlichkeit und Leidenschaft für das Leben finden. Warten Sie bitte nicht damit, die Reise zu genießen, bis Sie in Ihrem Erwachen stabil sind.

Hier ein paar Dinge, die Sie auf dem Weg tun sollten: Machen Sie das, was Sie lieben. Durchlaufen Sie Ihre ethische und psychische Entwicklung und entfalten Sie Ihre Art, mit anderen in Beziehung zu sein. Wachsen Sie weiter in allen Bereichen Ihres Lebens. Gehen Sie in die Natur, tanzen Sie, spielen Sie mit Tieren, seien Sie am Wasser, verbinden Sie sich mit Freunden, machen Sie etwas Dummes, lachen Sie laut. Singen Sie unter der Dusche. Gehen Sie in ein Museum oder ein Konzert. Verbringen Sie Zeit mit Kindern und trinken Sie mit unsichtbaren Freunden und ausgestopften Tieren Tee. Seien Sie ungeplant freundlich, geben Sie zum Beispiel jemandem einen Kaffee aus (machen Sie manche solcher Dinge einfach mutig und direkt, andere anonym). Erkunden Sie Aktivitäten, die Spaß machen, allein und genießen Sie es, sich selbst Gesellschaft zu leisten, aber ergreifen Sie auch die Initiative und laden Sie einen Freund ein, mit Ihnen zusammen etwas Lustiges zu unternehmen. Gehen Sie in waches Gewahrsein. Akzeptieren Sie alles, was passiert, so wie es ist. Reagieren Sie nicht auf Reaktivität. Bewerten Sie keine Wertungen. Lassen Sie einfach alles durch Sie hindurchgehen.

Machen Sie jemandem ein Kompliment; fertigen Sie eine Liste von Dingen an, für die Sie dankbar sind, und sammeln Sie alles, womit Sie gesegnet sind. Bitten Sie um eine Umarmung und nehmen Sie sie an. Tragen Sie an einem Tag (oder an den meisten Tagen) helle Farben; seien Sie mit einem inneren Lächeln unterwegs. Seien Sie freundlich zu Ihren inneren Stimmen und sagen Sie: »Ich höre dich, mein Schatz. Es ist gut.«

Schicken Sie jemandem, den Sie kennen, von Herzen kommende gute Wünsche, und beten Sie dann für einen Fremden, der ganz am Boden zu sein scheint. Nehmen Sie die Unterstützung des Universums an. Legen Sie eine Pause ein, bevor Sie wichtige E-Mails abschicken.

Widmen Sie Ihre Praxis allen Menschen, Tieren, der Erde und dem Universum. Machen Sie eine Liste all derjenigen, die Ihnen geholfen haben oder die freundlich zu Ihnen gewesen sind, auch im Kleinen, und spüren Sie, dass sie jetzt Tag und Nacht als Ihr Unterstützungsteam da sind. Untersuchen Sie Ihre Vorurteile. Vergeben Sie jemandem bedingungslos. Versuchen Sie, jemanden, der böse ist, als jemanden zu sehen, der leidet; hassen Sie ihn nicht und geben Sie nicht nach, sondern sprechen Sie liebevoll mit ihm. Rufen Sie jemanden an, mit dem Sie lange nicht gesprochen haben, und sagen Sie ihm, dass Sie an ihn denken. Lächeln Sie, nehmen Sie einen ruhigen kühlen Atemzug und erfreuen Sie sich am Jetzt. Spenden Sie eine kleine Summe für eine wohltätige Organisation. Hören Sie jemandem zu, ohne Rat zu geben oder darüber nachzudenken, was das mit Ihnen zu tun hat – hören Sie einfach nur zu, und seien Sie ganz bei ihm oder bei ihr. Schließen Sie sich erst an Ihre Quelle als Ihre Ressource an und seien Sie dann dafür empfänglich, was jetzt in Ihrem Leben schmerzt. Fühlen Sie Ihre Gefühle vom Sein aus, ohne daraus eine Geschichte zu machen oder in die Zukunft zu gehen. Schreiben Sie zwei oder drei Sätze in Ihr Tagebuch, um aufrichtig mitzuteilen, was Sie wissen, denken und fühlen. Seien Sie die tanzende Stille.

Sagen Sie danke.

Wenden Sie sich an das Universum: »Bitte hilf mir.«

Sagen Sie »Nein« zu etwas, was Sie nicht tun möchten; dann sagen Sie »Ja« zum Leben.

Wechseln Sie in waches Gewahrsein und umarmen Sie das Leben.

Atmen und lächeln Sie.

ANMERKUNGEN

Einleitung

1. Mary Oliver: *The Summer Day*, in: *House of Light*, Boston 1990: Beacon Press, S. 60.
2. Dzogchen Ponlop Rinpoche: *Der große Augenblick. Das wilde Erwachen zur wahren Natur des Geistes*, Bielefeld 2012: Theseus

Kapitel 1: Zu Hause sein und zugleich nach Hause kommen

1. Lama Gendun Rinpoche, aus einem populären Lied, das unter dem Titel »Frei und leicht« bekannt ist.
2. Dies ist ein bekannter Weisheitsspruch, der möglicherweise aus der Zen-Tradition stammt. Er wird ohne Quellenangabe bei Anthony de Mello zitiert, in: *Eine Minute Weisheit*, Freiburg i. Br./Basel/Wien 2011: Herder.
3. Seng-ts'an: *Die Meißelschrift vom Glauben an den Geist. Das geistige Vermächtnis des dritten Patriarchen des Zen in China*, Bern/München/Wien 1991: O. W. Barth.

Kapitel 2: Unmittelbares Erkennen, schrittweise Entfaltung

1. Tulku Urgyen Rinpoche: *Regenbogenbilder. Aspekte der Dzogchenpraxis*, Freiamt im Schwarzwald 2003: Arbor.

2. Eugen Herrigel: *Zen in der Kunst des Bogenschießens*, Frankfurt a. M. 2008: O. W. Barth.
3. Ebd.
4. Sam Harris: *Erwachen. Spiritualität jenseits von Glaube und Religion*, Winterthur 2018: Edition Spuren.
5. B. Alan Wallace: *Die Achtsamkeits-Revolution. Aktivieren Sie die Kraft der Konzentration*, Frankfurt a. M. 2008: Fischer.
6. Ebd.
7. Das Tennyson-Zitat stammt aus einem Brief von 1874. Es ist der Fußnote 228 entnommen, in: William James: *The Varieties of Religious Experience. A Study in Human Nature*, Rockville, MD 2008: Arc Manor, S. 280 – dt.: *Die Vielfalt religiöser Erfahrung. Eine Studie über die menschliche Natur*, Frankfurt a. M./Leipzig 1997: Insel.

   Dasselbe Zitat findet sich in William T. Stead: »Tennyson the Man. A Character Sketch«, in: *The Review of Reviews*, Bd. 6, 1893 (American Edition, hrsg. von Albert Shaw), S. 569.
8. Adyshanti, *True Meditation*, von seiner Website Adyashanti.org, unter: adyashanti.org/index.php?file=writings_inner&writingid=12 (abgerufen am 11. Februar 2015).
9. Franz von Assisi, in: Ken Wilber: *Das holographische Weltbild. Wissenschaft und Forschung auf dem Weg zu einem ganzheitlichen Weltverständnis*, München 1990: Heyne.
10. Sri Ramana Maharshi: *Wer bin ich? Who am I?*, Hamburg 2002: Advaita Media.
11. Ebd.

Kapitel 3: Lokales Gewahrsein

1. Thomas Cleary (Hg.): *Das Geheimnis der goldenen Blüte,* übersetzt von Heinz Knotek, Hamburg 2011: Aurinia.

2. IX. Karmapa Wangschuk Dorje: *Mahamudra. Das Dunkel der Unwissenheit beseitigen*, übersetzt von Thomas Geist und Karin Behrendt, Langenfeld/Eifel 2014: Kagyü Dharma Verlag.
3. Dudjom Rinpoches Zitat ist zu finden in: Sogyal Rinpoche: *Das tibetische Buch vom Leben und vom Sterben. Ein Schlüssel zum tieferen Verständnis von Leben und Tod*, übersetzt von Thomas Geist und Karin Behrendt, München 2010: Knaur.
4. Merriam-Webster OnLine, s.v. »attention«, unter: www.merriam-webster.com/dictionary/attention (abgerufen am 6. März 2015).
5. William James: *The Principles of Psychology*, Bd. 1, New York 1890: Henry Holt, S. 420.

Kapitel 4: Der Ort ist entscheidend

1. Ken Wilber: *The Fourth Turning. Imagining the Evolution of an Integral Buddhism*, Boston 2014: Shambhala.
2. Tulku Urgyen Rinpoche: *Regenbogenbilder. Aspekte der Dzogchenpraxis*, Freiamt im Schwarzwald 2003: Arbor.
3. Stephan L. Franzoi: *Social Psychology*, New York 5 2008: McGraw-Hill, S. 61.
4. Merriam-Webster OnLine, s.v. »moment«, unter: merriam-webster.com/dictionary/moment (abgerufen am 15. Februar 2015).
5. Yongey Mingyur Rinpoches Worte werden zitiert in: Tony Duff: *A Complete Session of Meditation*, Katmandu 2014: Padma Karpo Translation Committee, S. 108.
6. Gampopa zitiert in Ken McLeod: *Wake Up to Your Life. Discovering the Buddhist Path of Attention*, New York 2001: Harper Collins, S. 415.
7. George Santayana: *Reason in Common Sense,* New York 1905: Charles Scribner's Sons, S. 284.
8. Tulku Urgyen Rinpoche: *Wie es ist. Essenz von Dzogchen und Mahamudra*, Bd. 1, Oy-Mittelberg 2011: Joy.

Kapitel 5: Die Kunst und Wissenschaft des Erwachens

1. Blaise Pascal: *Pensées – Gedanken*, Darmstadt 2016: WBG.
2. Britta K. Hölzel et al.: »How Does Mindfulness Meditation Work? Proposing Mechanisms of Action from a Conceptual and Neural Perspective«, in: *Perspectives on Psychological Science* 6 (2011) 6, S. 537–559.
3. Donald O. Hebb: *The Organization of Behavior*, New York 1949: John Wiley & Sons, S. 5.
4. Rich McManus: »PET Pioneer Raichle Intrigued by Brain's Default Mode«, in: *NIH Record 59* (2007) 9, S. 2.
5. Matthew A. Killingsworth und Daniel T. Gilbert: »A Wandering Mind Is an Unhappy Mind«, in: *Science* 330 (2010), S. 932.
6. Ebd.
7. Ebd.
8. Samantha J. Broyd et al.: »Default-Mode Brain Dysfunction in Mental Disorders. A Systematic Review«, in: *Neuroscience and Biobehavioral Reviews* 33 (2009), S. 279–296.
9. Kathleen A. Garrison et al.: »Effortless Awareness. Using Real-Time Neurofeedback to Investigate Correlates of Posterior Cingulate Cortex Activity in Meditators' Self-report«, in: *Frontiers in Human Neuroscience* 7 (2013), S. 440.
10. Zoran Josipovic et al.: »Influence of Meditation on Anti-Correlated Networks in the Brain«, in: *Frontiers in Human Neuroscience* 5 (2012), S. 11.
11. Andrew Newberg und Mark Robert Waldman: *Why We Believe What We Believe. Uncovering Our Biological Need for Meaning, Spirituality, and Truth*, New York 2006: Free Press, S. 176.
12. Andrew Newberg, Eugene D'Aquili und Vince Rause: *Der gedachte Gott. Wie Glaube im Gehirn entsteht*, München/Zürich 2004: Piper.
13. Ebd.
14. David Bohm zitiert in Anna F. Lemkow: »Reflections on Our Common Lifelong Learning Journey«, in *Holistic Learning and Spirituality in Education*, hrsg. J. P. Miller et al., Albany, NY 2005: State University of New York Press, S. 24.

15. Thrangu Rinpoche: *Essentials of Mahamudra. Looking Directly at the Mind*, Somerville, MA 2004: Wisdom Publications.
16. Adyashanti im Interview mit Oprah Winfrey, *Super Soul Sunday*, Oprah Winfrey Network, Episode 510, 20. April 2014.
17. Jill Bolte Taylor: *My Stroke of Insight*, aufgenommen im Februar 2008, TED-Video, 18:44, unter: www.ted.com/speakers/jill_bolte_taylor (abgerufen 9. 12. 2018).
18. *Cortical Visual Impairment, Traumatic Brain Injury, and Neurological Vision Loss*, Website der American Foundation for the Blind, unter: www.afb.org/info/living-with-vision-loss/eye-conditions/cortical-visual-impairment-traumatic-brain-injury-and-neurological-vision-loss/123 (abgerufen am 5. Mai 2014).

Kapitel 6: Denken als sechster Sinn

1. Yogi Berra zitiert in: Patrick Goold (Hg.): *Sailing—Philosophy for Everyone. Catching the Drift of Why We Sail*, Malden, MA 2012: Wiley-Blackwell, S. 31.
2. Adam S. Radomsky et al.: »Part 1 — You Can Run but You Can't Hide. Intrusive Thoughts on Six Continents«, in: *Journal of Obsessive-Compulsive and Related Disorders* 3 (2014) 2, S. 269–279, unter: hdl.handle.net/1959.3/369325 (abgerufen am 9. Dezember 2018).
3. Aus der Zusammenfassung bei Patricia Sharp: »Meditation-Induced Bliss Viewed as Release from Conditioned Neural (Thought) Patterns That Block Reward Signals in the Brain Pleasure Center«, in: *Religion, Brain & Behavior* 4 (2014) 3, S. 202–229, unter: www.tandfonline.com/doi/abs/10.1080/2153599X.2013.826717#.VPyXnUs-7KN (abgerufen am 8. März 2015).
4. Ebd.

Kapitel 7: Nichtkonzeptuelles Gewahrsein

1. Tulku Urgyen Rinpoche: *Regenbogenbilder. Aspekte der Dzogchenpraxis*, Freiamt im Schwarzwald 2003: Arbor.
2. Howard Gardner: *Abschied vom IQ. Die Rahmentheorie der vielfachen Intelligenzen*, Stuttgart 1994: Klett-Cotta.
3. Mihaly Csikszentmihalyi: *Flow. The Secret to Happiness,* aufgenommen im Februar 2004, TED-Video, 18:56, unter: ted.com/talks/mihaly_csikszentmihalyi_on_flow?language=en (abgerufen am 24. Oktober 2008).
4. Lao Tse: *Tao Te King. Das Buch vom Sinn und Leben*, übersetzt von Richard Wilhelm, München 1994: Diederichs.
5. Mark Leary, Claire Adams und Eleanor Tate: »Hypo-Egoic Self-Regulation. Exercising Self-Control by Diminishing the Influence of the Self«, in: *Journal of Personality* 74 (2006) 6, S. 1804.
6. Malcolm Gladwell: *Blink. Die Macht des Moments*, übersetzt von Jürgen Neubauer, München/Zürich 2007: Piper.
7. William Shakespeare: *Hamlet*, übersetzt von Holger Klein, Stuttgart 2014: Reclam.
8. Jill Bolte Taylor: *Mit einem Schlag. Wie eine Hirnforscherin durch ihren Schlaganfall neue Dimensionen des Bewusstseins entdeckt*, übersetzt von Theda Krohm-Linke, München 2010: Knaur.

Kapitel 8: Ein einfacher Fall von falscher Identität

1. Dōgen: *Shōbōgenzō. Der Schatz des Wahren Dharma*, Frankfurt a. M. 2012: Angkor.
2. Lukas 9: 23–24.
3. Rick Hanson und Rick Mendius, Train Your Brain #6: Mindful Presence (10. Juli 2007). Website des Wellspring Institute for Neuroscience and Contemplative Wisdom, unter: wisebrain.org/MindfulPresence.pdf (abgerufen am 15. Februar 2015).
4. Dieses Zitat stammt aus einem Leitartikel eines ungenannten Autors: »In Search of Self«, in: *Nature Neuroscience* 5 (2002) 11, S. 1099.

5. Joshua Fields Millburn: *Waking Up. Sam Harris Discusses the Benefits of Mindfulness*, unter: theminimalists.com/sam/.
6. *Oxford Dictionaries*, s.v. »ego«, unter: oxforddictionaries.com/definition/english/ego (abgerufen am 15. Februar 2015).
7. Das Beispiel der Evolution eines Mikroorganismus ist entnommen: Christian de Quincey: *Radical Nature. Rediscovering the Soul of Matter*, Rochester, VT 2010: Park Street Press, S. 273–274.
8. Ebd.
9. Eckhart Tolle, zitiert in John W. Parker: *Dialogues with Emerging Spiritual Teachers*, Fort Collins, CO 2009: Sagewood Press, S. 101–102.

Kapitel 9: Die Anatomie des Gewahrseins

1. Shunryu Suzuki: *Zen-Geist, Anfänger-Geist. Unterweisungen in Zen-Meditation*, übersetzt von Silvius Dornier, Bielefeld 2016: Theseus.
2. Patañjali: *Der Yogaleitfaden des Patañjali*, übersetzt von Reinhard Palm, Stuttgart 2016: Reclam.
3. William Blake: *Die Hochzeit von Himmel und Hölle. Ausgewählte Dichtungen*, Erftstadt 2005: Area.
4. Tsoknyi Rinpoche: *Two Truths—Indivisible*, in: Lion's Roar (Online-Magazin), 12. August 2014, unter: lionsroar.com/two-truths-indivisible-2/ (abgerufen am 9. Dezember 2018).
5. Stephen Hawking: *Curiosity. Did God Create the Universe?* The Discovery Channel, 7. August 2011.

Kapitel 10: Offenherziges Gewahrsein

1. Sri Nisargadatta Maharaj, Zitat aus dem Blog *Stream of Life*, Gaiam Website, unter: blog.gaiam.com/quotes/authors/nisargadatta (abgerufen am 16. Februar 2015).
2. Jiddu Krishnamurti: *Intelligence, Love and Compassion. Sixth Public Talk at Saanen*, Online-Video und Transkription, aufgenommen im Juli 1979,

Website J. Krishnamurti, unter: http://legacy.jkrishnamurti.org/krishnamurti-teachings/view-video/intelligence-love-and-compassion-full-version.php (abgerufen am 9. Dezember 2018).

3. Anam Thubten: *Das Gras wächst von selbst. Achtsamkeit, Gewahrsein und spontanes Erwachen*, Oberstdorf 2013: Windpferd.
4. G. K. Chesterton, aus dem Essay »A Defence of Heraldry«, in: *The Defendant*, Reprint der Ausgabe von 1901, unter: gutenberg.org/files/12245/12245-h/12245-h.htm.
5. Daniel J. Siegel, Vortrag beim Symposion *Education of the Heart* in den Niederlanden 2014, unter: garrisoninstitute.org/about-us/thegarrison-institute-blog/1950-educating-the-heart.

Kapitel 11: Die nächste Stufe menschlicher Entwicklung

1. Pierre Teilhard de Chardin, zitiert in Robert J. Furey: *The Joy of Kindness*, New York 1993: Crossroads, S. 138.
2. Stephen Ilardi: *Depression Is a Disease of Civilization*, aufgenommen im April 2013, TEDxEmory-Video, 22:20, unter: youtube.com/watch?v=drv-3BP0Fdi8 (abgerufen am 16. Februar 2015).
3. Vijay Rana: »The Future of Spirituality: An Interview with Ken Wilber«, in: *Watkins Mind Body Spirit* (Online-Magazin), geposted am 8. Juli 2014; watkinsmagazine.com/the-future-of-spirituality-an-interview-with-ken-wilber. Erstmals veröffentlicht in: *Watkins Mind Body Spirit* 35, Herbst 2013.
4. John Welwood: *Buddhismus & Psychotherapie. Der Weg persönlicher und spiritueller Transformation*, Freiburg i. Br. 2010: Arbor, S. 34.

Kapitel 12: Mühelose Achtsamkeit

1. Tulku Urgyen Rinpoche: *Regenbogenbilder. Aspekte der Dzogchenpraxis*, Freiamt im Schwarzwald 2003: Arbor.
2. Ebd.
3. Jon Kabat-Zinn: *Im Alltag Ruhe finden. Meditationen für ein gelassenes Leben*, München 2015: Knaur.

4. Tulku Urgyen Rinpoche: *Regenbogenbilder. Aspekte der Dzogchenpraxis*, Freiamt im Schwarzwald 2003: Arbor.
5. Joseph Goldstein: *Achtsamkeit. Eine praktische Anleitung zum Erwachen*, Burgrain 2017f.: KOHA.
6. Yongey Mingyur Rinpoche: *Werde ruhig wie ein tiefer See. Vorbereitende Übungen des tibetischen Buddhismus*, München 2015: Arkana.
7. Stephany Tlalka und Willoughby Britton: *The Messy Truth about Mindfulness*, Mindful.org, 4. Juli 2014, unter: mindful.org/mindfulness-practice/willoughby-britton-the-messy-truth-about-mindfulness (abgerufen am 9. Dezember 2018).

Kapitel 13: Leben vom Sein aus

1. Rumi: *Die Musik, die wir sind.* Nach den Versionen von Coleman Barks ausgewählt und übersetzt von Christoph Engen. Freiamt im Schwarzwald 2009 (6: 2016): Arbor, S. 33.
2. Richard Schwartz: *The Larger Self*, ein Essay auf der Website »The Center for Self Leadership«, unter: selfleadership.org/the-larger-self.html (abgerufen am 16. Februar 2015).

DANK

Jedes Buch ist ein Werk, an dem viele Einflüsse beteiligt sind. Ich mag es niedergeschrieben haben, aber ich hatte enorme Hilfe – dies war eine gemeinsame Arbeit mit einer wachsenden, sich verändernden und unterstützenden Gemeinschaft.

Es gibt ein paar Lehrer, die mir auf dem Weg geholfen haben: Tulku Urgyen Rinpoche, Tsoknyi Rinpoche, Godwin Samaratne, Kosuke Koyama, Coleman Brown, Ann Ulanov, Fr. Bede Griffiths, Dan Brown, Anthony DeMello, Traleg Rinpoche, Namkhai Norbu, Khenchen Thrangu Rinpoche und besonders Adyashanti und Mingyur Rinpoche.

Ich möchte besonders meinen Lektoren danken: Robin Reinarch, Amy Rost, Naomi Rosenblatt, Stephanie Gunning, Ann McNeal und Jenny Tufts.

Es gibt Menschen, die mir auf zahllose Weise geholfen haben und die ich gerne anerkennen möchte: Maggi Kelly, Melissa Kerr, Nick Herron, Alice McLelland, John Irwin, Dick und Susan Roth, John Slicker, James Brosnan, Robin Rose, Katy Perlman, Nick Herron, Scott McBride, Paige Kelly, Carrington Morris, Satja Khalsa, Zach Hodges, Amy Gross, Susan und Scott Anderson, Lalita Devi, Nancy Schaub, Dawn Legere, Yoga Science Foundation, Nick Rutherford, Dorothy Lichtenstein, Kurt Johnson und mein Agent Bill Gladstone.

Ich kann nicht allen namentlich danken, die mir geholfen haben; aber sie sollen wissen, dass ihre Unterstützung dazu beigetragen hat, dieses Buch vielen Menschen zugänglich zu machen.

Und schließlich möchte ich allen meinen Klienten und Schülern danken, die mir über die Jahre erlaubt haben, an ihrer Reise teilzuhaben, und mir mit ihrer umfassenden Resonanz geholfen haben, anderen helfen zu können.

ÜBER DEN AUTOR

Loch Kelly ist der Direktor des gemeinnützigen Open-Hearted Awareness Institute. Er ist Pädagoge und approbierter Psychotherapeut. Als Lehrer auf dem Gebiet der Meditation ist er anerkannt und führend. Mingyur Rinpoche hat ihn aufgefordert, Sutra Mahamudra zu lehren – und Adyashanti, nichtduale Realisierung.

Kelly besitzt akademische Abschlüsse in Psychologie und Spiritualität von der Columbia University und vom Union Theological Seminary, wo ihm ein Forschungsstipendium gewährt wurde, um die Meditationstraditionen in Sri Lanka, Indien und Nepal zu studieren. Er hat dabei mitgewirkt, Obdachlosenasyle und Suppenküchen für Bedürftige einzurichten, und war in einer ambulanten psychiatrischen Einrichtung in Brooklyn, New York tätig.

Kelly arbeitet zusammen mit Neurowissenschaftlern in Yale, der University of Pennsylvania und der New York University an der Erforschung von Meditation, um Möglichkeiten zu finden, wie Mitgefühl und Wohlbefinden verbessert werden können. Er wohnt zurzeit mit seiner Frau Paige und der Katze Duffy in New York. Mehr Informationen finden sich auf der Website des Open-Hearted Awareness Institute bei www.lochkelly.org.

WEITERE LITERATUR AUS DEM ARBOR VERLAG

Jon Kabat-Zinns Grundlagenwerke zu Wirkung und Praxis der Achtsamkeit:

Meditation ist nicht, was Sie denken
Warum Achtsamkeit so wichtig ist
ISBN 978-3-867-81-250-4

Wach werden und unser Leben wirklich leben
Wie wir Achtsamkeit im Alltag praktizieren
ISBN 978-3-867-81-251-1

Das heilende Potenzial der Achtsamkeit
Eine neue Art, zu sein
ISBN 978-3-867-81-252-8

Achtsamkeit für alle
Weisheit zur
Transformation der Welt
ISBN 978-3-867-81-253-5

Jason Siff

Die Gedanken sind nicht der Feind

Wie Sie eine entspannte und wirkungsvolle Meditationspraxis entwickeln

Jason Siff nimmt sich in diesem Band einer der vielleicht schwierigsten, aber zentralen Praktiken aktueller Spiritualität an: der Meditation. Er blickt dabei auf über 25 Jahre persönliche Meditationserfahrung zurück – sowohl auf die eigene als buddhistischer Mönch als auch als Psychotherapeut und Medi-tationslehrer seiner Recollective-Awareness-Meditation. Mit durchgängig höchsten Ansprüchen an die persönliche Ehrlichkeit, ethische Integrität und kritische Selbstdistanz verarbeitet er Tausende von Erfahrungsberichten seiner Meditationsschüler und seine eigene lebenslange Praxis zu einem Blick auf Meditation von erfrischender Nüchternheit, Aufrichtigkeit und Bescheidenheit.

Dies ist kein Lehrbuch, wie Sie durch Meditation zu irgendeiner Form von Erleuchtung gelangen. Es ist viel mehr: Es vermittelt Ihnen eigene Kompetenz und Urteilsvermögen darüber, was Meditation leisten kann. Der Autor erläutert, was Sie von einer Meditationspraxis erwarten können und wie diese den einzigartigen Menschen, der Sie sind, auf einzigartige Weise verändern kann – wenn Sie es wirklich wollen. Meditation ist keine Fertigkeit, die Sie durch Anstrengung einüben können. Sie ist ein Abenteuer, in das Sie sich hineinziehen lassen können.

ISBN 978-3-86781-179-8

Russell Kolts & Thubten Chodron

Die Weisheit eines offenen Herzens

Eine Synthese aus buddhistischer Praxis
und westlicher Psychotherapie

Wie wir lernen, Mitgefühl im Alltag zu entwickeln

Seit einigen Jahren versteht die westliche Wissenschaft immer besser, was der Buddhismus uns seit Jahrtausenden lehrt: dass das bewusste Entwickeln von Mitgefühl sich positiv auf unseren Geist, unser Gehirn und unser allgemeines Wohlbefinden auswirkt.
Die Weisheit eines offenen Herzens ist ein Handbuch fürs tägliche Leben. Leicht nachvollziehbare Geschichten und Betrachtungen dienen als Inspiration und Anleitung, wie wir durch Mitgefühl unsere Beziehung zu uns selbst wohlwollender und freundlicher gestalten können, eigene negative Programme erkennen, um diese hinter uns zu lassen, und so zu mehr Gelassenheit und innerem Frieden finden.

Dieses Buch ist eine große Inspiration, denn es berührt unsere tiefste Sehnsucht: dass alle Wesen, auch wir selbst, glücklich und frei von Leiden sein mögen.

Christopher Germer

In „Die Weisheit eines offenen Herzens" verbinden sich höchst wirkungsvoll Weisheit und praktische Anleitung auf der Grundlage von Russell Kolts umfassender Erfahrung mit der Compassion Focused Therapy (CFT) und Thubten Chodrons lebenslanger Hingabe an die Praxis des tibetischen Buddhismus.

Sharon Salzberg

ISBN 978-3-86781-159-0

Paul Gilbert & Choden

Achtsames Mitgefühl

Ein kraftvoller Weg, das Leben zu verwandeln

Neueste Forschungsergebnisse weisen darauf hin, dass Mitgefühl für sich selbst und andere äußerst positive Auswirkungen auf unseren Geist und Gesundheitszustand, unser Glücksempfinden sowie auf die Menschen in unserer Umgebung hat, während Achtsamkeit uns befähigt, innerlich „einen Schritt zurückzutreten" und die Dinge objektiver zu sehen.

- Achtsamkeit kann zu innerer Stabilität und Klarheit beitragen.
- Selbstakzeptanz hilft, mit unseren unterschiedlichen Persönlichkeitsanteilen und Wesensmerkmalen zurechtzukommen und uns konstruktiv mit selbstkritischen Tendenzen auseinanderzusetzen.
- Mitgefühlsübungen helfen, unsere inneren Ressourcen der Güte, Kraft und Weisheit zu stärken und besser mit stressigen Situationen und Herausforderungen in unserem Leben umzugehen.

Achtsames Mitgefühl bietet praxisbezogene Schritt-für-Schritt-Anleitungen, mit denen wir lernen können, intelligenter und liebevoller auf inneren, emotionalen Stress sowie widersprüchliche Anforderungen und den Druck unseres Alltagslebens zu reagieren.

„Dieses Buch ist eine geniale Synthese aus zwei großen psychologischen Traditionen: Achtsamkeit und Mitgefühl. In klarer, überzeugender Sprache legen Gilbert und Choden dar, wie uns die Beschaffenheit des menschlichen Gehirns immer wieder in Schwierigkeiten bringt. Dann erläutern sie, warum sowohl Mitgefühl als auch Achtsamkeit notwendig sind, um uns aus unnötigem Leiden zu befreien, und bieten wirkungsvolle Übungen an, mit denen wir den Geist in diesen lebenswichtigen menschlichen Fähigkeiten trainieren können."

Christopher Germer,
Autor des Buches „Der achtsame Weg zum Selbstmitgefühl"

ISBN 978-3-86781-110-1